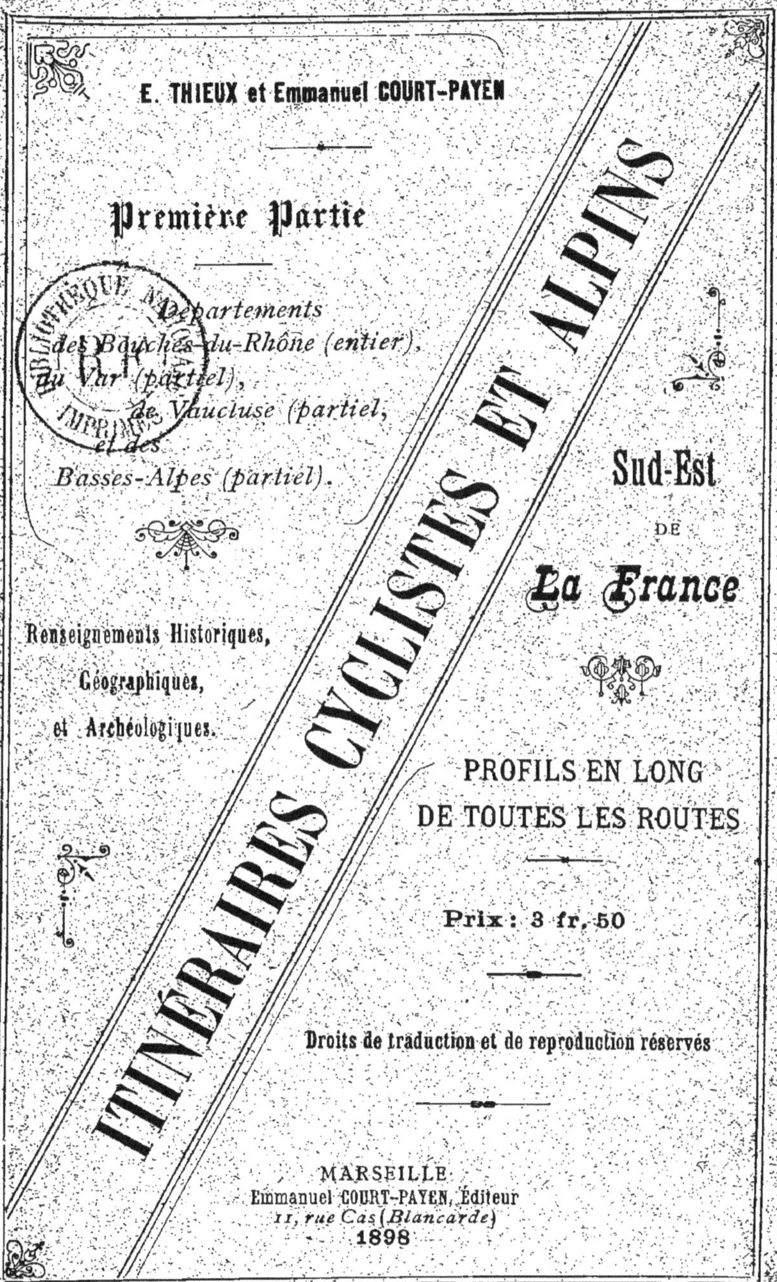

E. THIEUX et Emmanuel COURT-PAYEN

Première Partie

Départements
des Bouches-du-Rhône (entier),
du Var (partiel),
de Vaucluse (partiel,
et des
Basses-Alpes (partiel).

Renseignements Historiques,
Géographiques,
et Archéologiques.

ITINÉRAIRES CYCLISTES ET ALPINS

Sud-Est
DE
La France

PROFILS EN LONG
DE TOUTES LES ROUTES

Prix : 3 fr. 50

Droits de traduction et de reproduction réservés

MARSEILLE
Emmanuel COURT-PAYEN, Éditeur
11, rue Cas (Blancarde)
1898

NOTA

Pour éviter un trop long retard, nous publions séparément le premier fascicule des Itinéraires Cyclistes et Alpins du Sud-Est.

Cette première partie comprend les départements des Bouches-du-Rhône (entier), du Var (partiel), de Vaucluse (partiel) et des Basses-Alpes (partiel).

De nombreux voyages, nécessités par cette publication, nous ont empêché de vérifier minutieusement certaines épreuves, ce qui fait que quelques erreurs se sont glissées, bien malgré nous, dans le texte; nous prions donc nos lecteurs de se rapporter à la table des « errata » et de vouloir bien les corriger.

La deuxième partie (sous presse) comprendra :

Le Var (partiel), région de Toulon :
1° Les Gorges d'Ollioules, Le Camp, Vallée du Gapeau ;
2° Les Gorges d'Ollioules et le Littoral ;
3° Les Gorges de Dardennes, Presqu'île de Giens, Vallée de Sauvebonne ;
4° Forêt du Don, Vallée de la Môle, Sainte-Maxime, Les Maures ;
5° Les Maures, Golfe de Saint-Tropez, Cavalaire ;
6° Traversée de la Chaîne des Maures.

Région de Draguignan, les départements : des Alpes-Maritimes (entier), des Basses-Alpes (entier), des Hautes-Alpes (partiel) et de Vaucluse (partiel, partie Nord). Les Itinéraires Alpins dans les

Alpes-Maritimes et les Basses-Alpes.

La troisième partie (*en composition*) *comprendra les départements de Vaucluse (partiel), de la Drôme, de l'Isère, du Gard et de l'Hérault, ainsi que les tableaux des grands kilométrages rayonnant sur les deux tiers de la France, la table générale de l'ouvrage et la table des auteurs consultés, etc.*

Ces trois parties ne formeront qu'un seul ouvrage dont la pagination se suivra pour éviter toute confusion ; chaque partie aura sa table particulière et la dernière contiendra un répertoire général de tout l'ouvrage.

E. T. et E. C. P.

TABLE DES MATIÈRES

INDEX ALPHABÉTIQUE

ERRATA

pages.

94 Miramas-le-Vieux : **Chapelle romane** au lieu de romaine.

95 Tableau de tête. Codolive : **2 kil. 500** au lieu de 2 kil.
(voir errata des tableaux).

99 Tableau de tête. Septèmes : **Alt. 212 m.** au lieu de 218 m.

99 » Le Pin : **3 kil. 500** au lieu de 2 kil. 500.

99 » Pourcieux : **Alt 355 m.** au lieu de 370 m.

103 » Gardanne : **15 kil.** au lieu de 14 kil. 500.
(voir errata des tableaux).

103, 106, 133, 139, 144 et 146 : Saint-Cannat, **210** au lieu de 260.

108 Tableau de tête. L'Establon : **3 kil. 600** au lieu de 3 k.
(voir errata des tableaux).

108 » L'Estaque : **3 kil 500** au lieu de 4 k. 100.
(voir errata des tableaux).

138 Lafare : Remplacer les trois dernières lignes ..... en
plaine toujours à l'Est, etc. ..... par : **en montée douce et accidentée jusqu'à Aix.**

144 Lambesc : **5 kil.** au lieu de 4 k. 500 ; Venelles : **11 k.** au
lieu de 12 k. 500. (voir errata des tableaux).

173 Cavaillon : **7 kil.** au lieu de 9 k. 500 ; Orgon : **7 kil.** au
lieu de 9 k. 500. (voir errata des tableaux).

185 15e ligne, lire : .....songea **même à en faire etc.**

190 25e ligne, lire : .....**que la dédicace** au lieu de .....que
la dédice et ajouter après : **qui est indiscutable,** car la
ligne ne peut contenir que les mots **Rodani decursum,**
ancien cours du Rhône.

206 23e ligne, lire : **Il a encore été...,** au lieu de : était....

247 A la fin des totaux, lire : **90 k. 600** au lieu de 80 k. 600.

TABLEAUX RECTIFICATIFS

Les errata des tableaux d'itinéraires changeant le total des kilométrages, nous donnons ci-dessous ces tableaux rectifiés. Nous prions nos lecteurs de vouloir bien les découper et les coller à leur place respective.

Page 15.

Septèmes	212	3 500	121
Saint-Antoine	145	3 500	124 500
Marseille	10	9	133 500

Page 69,

Châteauneuf-le-Rouge	248	5 500	37
La Grande-Pugère	240	11 500	48 500
La Petite-Pugère	247	1 500	50
Pourrières	300	2 500	52 500
Trets	261	7 500	60
Peynier	291	4	64
La Pomme	316	8 500	72 500
La Bouilladisse	219	2	74 500
La Destrousse	197	2	76 500
Roquevaire	174	2 800	79 300
Aubagne	95	7 500	86 800
Marseille	10	17 500	104 300

Page 76.

Septèmes	212	3 500	60 800
Saint-Antoine	145	3 500	64 300

Page 144.

Totaux												
α	10 500	15 500	22	24	30 500	32 800	42 800	48 800	54 800	62 800	73 800	83 300

Page 173.

Totaux												
α	13	24 500	31 500	41	48	55	61 500	67	74	80	92	103 500

Page 95.

Codolive	300	2 500	33
Le Terme	377	1 500	31 500
Logis-Neuf	150	7 500	42
Allauch	233	2 500	44 500
Les Fabres	100	4 500	49
La Valentine	80	1 800	50 800
Saint-Marcel	60	2	52 800
Marseille	10	8 400	61 200

Page 99.

Saint-Antoine	145	»	»
Septèmes	212	3 500	3 500
Le Pin	220	3 500	7
Gardanne	229	8	15
Trets	261	19 500	34 500
Pourcieux	355	9	43 500
Saint-Maximin	311	7	50 500
Logis-de-Nans	300	9 500	60
La Sambuc	360	3	63
Saint-Zacharie	275	4 500	67 500
Auriol	196	6 500	74
Roquevaire	174	4	78
Aubagne	95	7 500	85 500
Marseille	10	17 500	103

Page 103.

Totaux	»	15	19 500	24 500	31 200	37 700	46 200	50 700	58 200	63 200	73 200	79 700	84 700	91 700	95 200

Page 108.

L'Establon	90	3 600	58 800
L'Estaque	4	3 500	62 300

CARNET DE ROUTE

pour l'Inscription par jour des distances parcourues

JANVIER		
DATE	ITINÉRAIRE	KIL.
	TOTAL.....	

DATE	ITINÉRAIRE	KIL.
	TOTAL.....	

FÉVRIER

DATE	ITINÉRAIRE	KIL.
	TOTAL...	

DATE	ITINÉRAIRE	KIL.
	AVRIL	
	TOTAL...	
DATE		KIL.

<table>
<tr><td colspan="3" align="center">MAI</td></tr>
<tr><td>DATE</td><td>ITINÉRAIRE</td><td>KIL.</td></tr>
<tr><td></td><td align="right">TOTAL....</td><td></td></tr>
</table>

JUIN		
DATE	ITINÉRAIRE	KIL.
	TOTAL.....	

<table>
<tr><td colspan="3" align="center">JUILLET</td></tr>
<tr><td>DATE</td><td>ITINÉRAIRE</td><td>KIL.</td></tr>
<tr><td></td><td align="right">TOTAL.....</td><td></td></tr>
</table>

DATE	ITINÉRAIRE	KIL.
	TOTAL....	

<table>
<tr><td colspan="3" align="center">SEPTEMBRE</td></tr>
<tr><td>DATE</td><td align="center">ITINÉRAIRE</td><td>KIL.</td></tr>
</table>

TOTAL.

<table>
<tr><td colspan="3" align="center">OCTOBRE</td></tr>
<tr><td>DATE</td><td>ITINÉRAIRE</td><td>KIL.</td></tr>
</table>

DATE	ITINÉRAIRE	KIL.

TOTAL...

<table>
<tr><td colspan="3" align="center">NOVEMBRE</td></tr>
<tr><td>DATE</td><td>ITINÉRAIRE</td><td>KIL.</td></tr>
<tr><td></td><td align="right">TOTAL....</td><td></td></tr>
</table>

DATE	ITINÉRAIRE	KIL.
	TOTAL....	

BARÊME DES PRIX DU P.-L.-M.
PAR KILOMÈTRE

CLASSES	BILLETS SIMPLES	ALLER-RETOUR	BILLETS COLLECTIFS
Première	11 c. 2	16 c. 8	8 c. 4
Deuxième	7 » 56	12 » 9	6 » 45
Troisième	4 » 93	7 » 88	3 » 94

Pour déterminer le prix d'un billet quelconque, multiplier le kilométrage indiqué dans les itinéraires sous la rubrique « Station ligne de...... » par le chiffre porté dans la colonne du billet et de la classe choisis.

Exemple : *Marseille-Aubagne.*

Nous trouvons dans les itinéraires : Aubagne, Station ligne de Marseille (*17 k.*) à Toulon (*50 k.*).

Le voyageur prenant un billet de 1re classe à Marseille pour Aubagne devra établir son calcul de la manière suivante :

Aller :   *11 c. 2 × 17 = 1, 904 soit 1 fr. 90*
Aller-Retour :   *16 c. 8 × 17 = 2, 856 soit 2 fr. 85*
Billet collectif :   *8 c. 4 × 17 = 1, 428 soit 1 fr. 45*

Billets Aller et Retour. — Les billets aller et retour sont valables comme suit :

1° jusqu'à 200 kilomètres 2 jours
2°   »   300   »   3   »
3°   »   400   »   4   »
4°   »   500   »   5   »

Les délais sont calculés de minuit à minuit et comprennent le jour du départ.

Les billets délivrés le samedi ou la veille des fêtes légales, sont valables pendant le jour de l'émission, la journée du lendemain et celle du surlendemain. Pour les fêtes doubles la validité de ces billets est prolongée d'un jour.

Sont considérées comme fêtes légales :

1ᵉʳ Janvier, Mardi-Gras, Lundi de Pâques, l'Ascension, Lundi de Pentecôte, 14 Juillet, l'Assomption, la Toussaint et le jour de Noël.

La durée de validité peut être, à deux reprises, prolongée de moitié (*les fractions de jour comptant pour un jour*) moyennant le paiement pour chaque prolongation d'un supplément égal à 10 °/₀ du prix du billet.

La prolongation peut être demandée pour les deux périodes à la fois. Elle peut être demandée même lorsque la durée de la validité primitive ou la première période de prolongation est expirée. (*Extrait du livret Chaix.*)

Billets Collectifs. — Les billets collectifs, dits de société, bénéficiant d'une réduction de 50 °/₀ sur le prix de l'aller et du retour, ne sont délivrés qu'à l'avance et seulement aux sociétés régulièrement constituées, par demande écrite faite au chef de gare (*dernier délai la veille au soir*).

L'accès des trains rapides et express est *en principe* interdit aux sociétés bénéficiant d'un billet collectif.

Les billets collectifs ne sont délivrés que pour un nombre minimum de 10 personnes, mais ils peuvent être utilisés encore avantageusement par un nombre inférieur de 7 ou 8 voyageurs.

Pour le retour en billets collectifs par une ligne autre que celle de l'aller, faire la demande à l'administration de Paris, 6 jours avant, dernier délai.

PRÉFACE

Ce livre n'est pas un livre à lire,
mais un livre à consulter.

L'ouvrage que nous présentons aux touristes est le résultat de vingt années d'études, de voyages, de courses et de recherches à travers la Provence. Ces voyages, faits à pied ou à bicyclette, nous ont amené à constater, avec regret, l'inutilité de tous les Guides au point de vue du tourisme et surtout du cyclisme.

En effet, ces ouvrages, construits sur un principe faux et erroné, ne décrivent généralement que les voies ferrées et n'indiquent que les kilométrages de station à station ; ces renseignements sont donc nuls pour le tourisme, le cyclisme et l'automobilisme. De plus, la méthode descriptive adoptée, par grandes lignes, nous semble défectueuse, en ce sens qu'elle disperse dans le livre, des localités voisines.

En somme, ce qui nous a manqué, et ce qui manque encore actuellement, c'est un Guide donnant la description complète de toutes les routes dans un ordre facile à suivre et à consulter, et indiquant les montées, les descentes, les kilométrages, les altitudes, les bifurcations, les points dangereux, etc.

Nous avons tenté de combler cette lacune, et, sans prétendre y avoir réussi d'une manière parfaite, nous croyons présenter un ensemble de renseignements absolument nouveaux et réclamés par les touristes en général.

Ce n'est qu'après de nombreux essais et des modifications sans nombre que la disposition définitive de cet ouvrage a été adoptée ; elle nous semble pratique ! En tous cas, son utilité est incontestable.

Ce Guide est composé d'itinéraires fermés, rayonnant autour de divers centres, et se complétant les uns par les autres, de sorte qu'en partant de l'un quelconque de ces centres, il est facile de se raccorder au centre suivant et de continuer ainsi dans toutes les directions, sans être forcé de suivre les itinéraires telsanb nous les donnons.

Nos kilométrages sont mesurés *du centre de chaque agglomération* et non de l'extérieur des villes, ainsi que cela est pratiqué pour les plaques kilométriques ; nous sommes donc rarement d'accord avec elles. De plus, ces plaques sont généralement erronées et ne concordent jamais entre elles. En voici quelques exemples pris au hasard et qu'on pourra vérifier :

Route d'Aubagne à Cuges.

A 4 kil. 600 d'Aubagne, bifurcation de Gémenos à gauche, la plaque porte :

Aubagne, 4 kil. 600. — Cuges, 7 kil. 800, soit **12 kil. 400.**

A Cuges, en entrant, la plaque porte :

Aubagne, **11 kil. 900.**

Route d'Aix à la Grande-Pugère.

A 8 kil. d'Aix, bifurcation de Passerelle, la plaque porte :

Aix, 8 kil. 300. — La Pugère, 14 kil. 874, soit **23 kil. 174.**

A 12 kil. d'Aix, bifurcation de Châteauneuf-le-Rouge, la plaque porte :

Aix, 11 kil. 992. — La Pugère, 11 kil. 439, soit **23 kil. 431.**

Route de Tourvès à Brignoles.

A Tourvès, place de la Mairie, la plaque porte :

Brignoles, **11 kil. 600.**

A 700 mètres de Tourvès, bifurcation de Roquebrussanne, la plaque porte :

Brignoles, 10 kil. 700. — Tourvès, 0 kil. 700, soit **11 kil. 400.**

A 6 kil. de Tourvès, bifurcation de la Roquebrussanne, la plaque porte :

Brignoles, 4 kil. 700. — Tourves, 6 kil. 600, soit **11 kil. 300**.

A 8 kil. 300 de Tourves, bifurcation de Bras, la plaque porte :

Brignoles, 3 kil. 500. — Tourves, 8 kil. 300, soit **11 kil. 800**.

Route de Saint-Maximin à Brue Auriac.

A Saint-Maximin, la plaque porte :

Brue Auriac, **11 kil. 800**.

A Brue Auriac, la plaque porte :

Saint-Maximin, **11 kil. 600**.

Route de Carcès à Entrecasteaux.

A Carcès, la plaque porte :

Entrecasteaux, **7 kil. 300**.

A Entrecasteaux, la plaque porte :

Carcès, **7 kil. 600**.

Route de Barjols à Montméyan.

A Barjols, la plaque porte :

Montméyan, **15 kil. 100**.

A Montméyan, la plaque porte :

Barjols, **15 kil. 500**.

Nous pourrions multiplier ces exemples à l'infini, car la liste en est longue, mais nous préférons la clore par un exemple inverse qui rend rêveur.

Sur la route de Trets à Pourcieux, le pilône de limite entre les départements des Bouches-du-Rhône et du Var, porte, gravé sur son socle :

Marseille, 44 kil., 406 m., **40 centimètres**.

A *priori*, la détermination des longueurs semble très facile, mais on voit qu'elle est pourtant très difficile. Elle ne peut être qu'approximative ; même avec un compteur kilométrique bien réglé, adapté sur une bicyclette, si l'on fait trois fois la même route, on obtiendra trois totaux fort différents les uns des auters.

Il ne nous restait donc qu'un seul procédé : mesurer les longueurs sur la carte. C'est celui que nous avons employé. Nos kilométrages sont mesurés au compas et *par développement*, méthode aussi exacte que possible. Les cartes qui nous ont servi sont : la Carte de l'Etat-major au 80.000ᵉ ordinaire, et le 80.000ᵉ avec courbes de niveaux ; la Carte au 100.000ᵉ du Ministère de l'Intérieur et la nouvelle au 50.000ᵉ ; la Carte des étapes militaires et diverses autres locales.

Nous avons pu doubler les cotes d'altitudes portées sur toutes ces cartes en consultant les profils en long du réseau des voies ferrées Paris-Lyon-Méditerranée, des canaux et rivières, ce qui nous a fourni les cotes des gares, passages à niveaux, ponts, etc., et nous a permis d'établir des **profils en long** donnant, d'une manière suffisante, les dénivellements *d'ensemble* de toutes les routes.

Les renseignements généraux sur chaque ville, village ou hameau sont les suivants :

Altitude ; nombre d'habitants (dernier recensement); *hôtel ; auberge ou café-restaurant ; Postes et Télégraphes ; réseau téléphonique urbain et suburbain ; station, indication du tronçon de ligne et stations de tête et terminus avec leur distance kilométrique. Les foires et fêtes locales, etc.*

Une notice historique et archéologique accompagne ces renseignements et renferme toute l'histoire de la Provence depuis les temps préhistoriques. Cette partie, que nous avons traitée avec quelques développements, constitue un ensemble dont les détails sont actuellement épars dans une centaine de livres presque tous peu lus, rares ou introuvables en librairie. Nous y avons joint les résultats de nos études et recherches personnelles sur la période préhistorique, les habitats et l'époque romaine.

Ce livre est terminé par des Itinéraires alpins dans les Alpes-Maritimes, indiquant tous les chemins muletiers, les sentiers, les bifurcations, les points dangereux ou remarquables, les sources, la durée des parcours, etc. Ces beaux itinéraires, dans la plus belle partie de nos Alpes provençales, ont été tous faits et écrits par notre ami et collaborateur, M. E. Court-Payen, dont nous ne saurions trop louer le zèle et le dévouement, car c'est grâce à sa collaboration assidue et persévérante que nous avons pu mener à sa fin le travail considérable que nous présentons aujourd'hui.

Nous espérons que le développement de cetat publication compensera les erreurs inévitables qu'elel doit renfermer, et qu'on nous saura quelque gré des longues et fatigantes études auxquelles nous avons dû nous livrer.

E. THIEUX. *(1898).*

Soucieux d'arriver à la perfection de cet ouvrage, nous serons heureux et reconnaissants de voir nos lecteurs devenir nos collaborateurs. Nous les prions de bien vouloir noter sur les feuillets qu'ils trouveront ci-après les observations ou rectifications qu'ils auront à nous transmettre. Elles seront insérées, avec leur nom, dans la seconde édition.

E. T. & E. C.-P.

NOTES:

NOTES:

NOTES:

PRÉFACE HISTORIQUE

On a dit souvent, mais on n'a pas répété assez, qu'entre toutes les provinces françaises, la Provence était la plus intéressante au point de vue archéologique.

Il n'est pas une commune, si modeste qu'elle soit, qui ne renferme quelque curiosité remarquable et qui ne soit susceptible d'exciter l'envie de la parcourir.

LA PROVENCE ANCIENNE

Habitats préhistoriques.
Camps retranchés Liguriens [1]

Vers la fin de l'époque quaternaire (*époque de la pierre taillée*), et au commencement de la période néolithique (*époque de la pierre polie*), la Provence était habitée par de nombreuses tribus, de peuplades sauvages, Celtes, Ibères, Ligures, ou Celto-Lygiens ; leur nom est mal défini et très discuté par les auteurs, mais leurs traces sont indiscutables et leurs habitats très nombreux.

Les caractères de ces habitats sont les suivants : ils sont toujours placés sur des plateaux dominant les vallées. Le régime des eaux à cette époque était tout différent de celui d'aujourd'hui, et la plupart des vallées étaient transformées en vaste lacs, par suite des crues diluviennes des fleuves et des rivières, dont les thalwegs étaient encore barrés par de nombreuses digues actuellement disparues, qui formaient de vastes cataractes ; telle, la barre du pont de Mirabeau, qui fermait un immense lac, s'étendant jusqu'aux Mées ; à la hauteur de Mallemort, une autre digue retenait les eaux de la

(1) Voir l'article ; Bédoin, pour la période précédente.)

Durance, et faisait remonter son niveau à 30 m. au-dessus de l'étiage actuel ; pareillement à Orgon. Il en était de même pour toutes les rivières de la Provence, des lacs existaient dans presque toutes les vallées. Aussi les peuplades riveraines avaient placé leurs habitations au-dessus du niveau des plus grandes crues.

Ces plateaux sont généralement incultes, peu boisés, très secs, et recouverts d'une énorme quantité de pierres. Les plus grosses de ces pierres sont en tas arrondis, d'un diamètre de 2 à 5 mètres sur 1 ou 2 mètres de hauteur. Toutes ces pierres sont fortement altérées par les lichens et les attaques des pluies, de la gelée et du soleil. Ces amoncellements sont espacés les uns des autres de 5 à 10 mètres ; ce sont les restes des habitations primitives, aux-quelles on donne le nom de *bories* ; *(de boria, habitations rustiques ; Ducange)*. Elles étaient formées par un mur circulaire de 2 à 3 mètres de hauteur, construit en pierres sèches, recouvert de branchages et peut-être d'une sorte de coupole en pierre. Autour de ces ruines d'habitations primitives, le sol est couvert d'une couche épaisse de débris de roche brisée, dans lesquels on trouve, en cherchant avec beaucoup de soins, des haches et des pointes de flèches taillées, polies et prises dans le calcaire même de la montagne. Les haches sont en forme de trapèze allongé ou arrondi, et dont le grand côté est aminci en tranchant. Les pointes de flèches ont généralement la forme d'une amande, ou d'une feuille de saule à section triangulaire et à pointe très aigue ; la plupart sont très régulières comme forme et parfaitement polies. La forme triangulaire est la plus répandue et peut être considérée comme le type classique ; mais il y a une infinité de variétés : en formes de lame de lance aplatie, à deux tranchants, à tranchant perpendiculaire à l'axe, ou oblique, à section ronde en forme de noyau d'olive, etc.... Leurs dimensions sont aussi très variables. Nous possédons des pointes de flèches qui n'exèdent pas 7 millimètres, d'autres qui dépassent 6 centimètres.

Toutes ces armes sont extrêmement abondantes, et dans les grands habitats, tels que ceux d'Aiguines, de Montméyan, d'Aups, de Brignoles, de Caronte, de Constantine, etc., on peut, en une heure, en ramasser plusieurs centaines. En dehors de ces armes en pierres locales on trouve, plus rarement, des pointes de flèches en silex, des haches en diorite, serpentine, basalte, etc., ainsi que des fragments de poterie en terre noire faite à la main et très primitive ; des os taillés ou brisés, des vestiges de foyers et quelques objets de parures, os, ou coquilles percées, cristaux de carbonate de chaux, etc.

La période de la pierre polie, qui dura une longue série de siècles, fut suivie par celle de l'*Age du bronze*, qui marque le commencement d'une civilisation fort avancée relativement à la période précédente ; mais l'usage des métaux ne s'est répandu que très lentement parmi les peuplades de cette époque.

Il existe encore entre l'âge de la pierre polie et celui du

bronze, une différence bien prononcée ; l'âge de la pierre polie ne nous a laissé que de rares sépultures, tandis qu'elles sont très abondantes à la période suivante, ce qui dénote un changement radical dans les usages religieux.

Dans beaucoup d'habitats on trouve, à la fois, des armes en pierre polie, des armes en bronze, des poteries grecques et romaines, et des monnaies de ces époques, ce qui prouve qu'ils furent occupés par les conquérants successifs de la Provence.

Quelques villages s'élèvent encore sur les emplacements et au milieu des ruines de ces primitives agglomérations ; mais presque tous ont abandonné les sommets et se sont construits, à flanc de côteau à l'époque romaine, et dans la plaine vers la fin du Moyen-Age. Un seul habitat a souvent donné naissance à plusieurs villages.

Parmi ces bourgades préhistoriques, beaucoup devaient être considérables. A Aiguines, Montmeyan, Aups, Saint-Maximin, etc., on peut compter plus de trois mille ruines de *bories* sur un espace de 2 kilomètres de long, et 1 de large ; mais beaucoup ne devaient contenir qu'une centaine de familles et souvent moins. La principale ou pour mieux dire, la seule occupation de ces hommes primitifs, dénués de toutes ressources et comparables aux Australiens et aux Fuégiens actuels, devait être la recherche de la nourriture. La Provence, largement boisée à cette époque, leur fournissait un gibier assez abondant, mais combien difficile à capturer. Aussi les hommes devaient-ils chasser sans trève ni repos. Aux femmes et aux enfants, devait être dévolu le soin d'entretenir la *borie*, et de fabriquer des armes, dont l'extrême fragilité explique l'abondance.

L'étude de ces primitifs villages est pleine d'attrait, fertile en découvertes intéressantes, et permet de faire revivre une humanité qui vivait, souffrait et espérait il y a plus de dix mille ans.

Lorsque les Phocéens vinrent en Provence, 600 ans environ avant notre ère, ils apportèrent une civilisation dont ces peuplades durent rapidement bénéficier ; la culture des céréales et l'élevage du bétail, furent bientôt répandus, et prospérèrent si bien, qu'un ou deux siècles après, plusieurs habitats devinrent des comptoirs Phocéens : Alleins, Aurons, Vernègues, Saint-Jean de Garguier, Auriol, etc.

Lors de l'invasion romaine, toutes ces peuplades passèrent sous le joug du vainqueur, qui les réduisit à un état voisin de l'esclavage. Beaucoup résistèrent et voulurent garder leur indépendance, mais ils furent impitoyablement combattus et finalement vaincus.

La Provence était romaine.

LISTE

DES

PRINCIPAUX HABITATS PRÉHISTORIQUES OU LIGURIENS

DE LA PROVENCE

BOUCHES-DU-RHONE

Cordes et le Castellet, près Montmajour.

Les Baux, Costa-Pera et Castellas de Romany dans les Alpines.

Orgon, Calès (*Lamanon*) et Salonet (*Salon*).

Caronte (*Pélissanne*), Gros-Majour (*Grans*).

Marlès (*Miramas*), Constantine (*Calissanne*).

Les Escalèdes (*Sibourg*), Les Cauvins (*Beaulieu*).

Le Foussa, et Grand Saint-Paul (*Rognes*).

Jas d'Amont (*entre Rognes et Puyricard*), Sainte-Anne de Goiron (*Roque d'Anthéron*).

Entremont (*Aix*), Saint-Antonin et le Cengle, Claps (*Vauvenargues*).

Les Bonfillons (*Vauvenargues*), Roquefavour et Le Deffend de Roquefavour (*près d'Arbois*).

Sainte-Eutropie (*Velaux*), La Pomme (*Belcodène*), Mimet.

Simiane ; Camp Majour et Camp Julien (*Roquefort*).

Ceyreste, L'Olympe (*Trets*), Le pain de Munition (*Pourrières*.

Vallon de la Fontaine de Voire (*Marseille*).

Vallon de la Nerthe (*Marseille*), Barres de l'Etoile (*Marseille*).

Garlaban (*Aubagne*), Roquefourcade (*Gémenos*) Auriol.

VAR

Aiguines (*considérable, les armes en pierres abondent*).

Ampus, Aups (*considérable*), Castellet (*Toulon*) Gonfaron.

Fouirette (*Le Luc*), Flassans, Pas de Recours (*Canet-du-Luc*), Les Magons (*Le Luc*), La Môle, Montméyan (*considérable, les armes abondent*), La Bastide-Blanche (*Pourcieux*) Saint-Probas (*Tourves*) La Verdière (*considérable, les armes abondent*).

Aux environs de Brignoles, La Celle, Plaines de Rolland près du Vicary (*les armes abondent*), Sommet de la Loube, Tombarel (*route de Camps*), Le Val, Les Mures (*Salernes*), Camp de Piol (*Callas*) Figanières et Lantier (*près Draguignan*).

Le Lauron (*le Revest, Toulon*).

ALPES-MARITIMES

Saint-Vallier, Saint-Cézaire, Mauvans (*entre Saint-Vallier et Cabris*), Camp Long, L'Audido, Castel-à-Bram, Casteou Vassou, Castellaras de la Tourre.

La Malle (*environs de Saint-Vallier*) Roquevignon, (*sur le plateau de Roquevignon qui domine Grasse*).

Estra-Mousse (*colline de Saint-François, au-dessus de Grasse*), Pas de la Faye, Dos de l'Ane, Camp Durand, Camp de la Tour, Grau de la Moutto, Camp Carbonel, (*placés entre le plateau des Ferriers et la Liagne*).

Peyloubet, Camp du Rouret, Le Castellas (*Grasse*), les Tours (*Roquefort*), Camptracien (*Roquefort*), La Sarrée (*Le Bar*), Pierrefeu (*Gourdon*), Basthiaz et Combe (*Caussols*), L'Eouvière (*Le Tignet*).

La Colette, Le Camp Mounjoun, Le Clédar et Rouguières (*quartier de Frontignan-Séranon*).

Carten dei gaï (*Tourettes-lès-Vence*).

La Tourraque (*à 6 k. nord de Tourettes*).

Le Coulet de la Serro (*entre Valette et Audon*), Leveur et La Fubia (*La Roquette*).

Cimiez (*Nice*), La Colline du Château de Nice, Lou Casteu (*La Turbie*), Les Mulets et le cap d'Ail (*Monte-Carlo*), Camp Ricard, Millo, La Vigna, Val Fenouil, Col d'Albin, Peymenarga, Tourracca, l'Ours, Cartillon et Sirococca (*Roquebrune*).

SÉPULTURES DE L'ÉPOQUE DU BRONZE

Bouches-du-Rhône

Allées couvertes du Castellet et de Cordes, le tumulo-dolmen de Coutignargues, la grotte des Fées, la grotte de Bounias, la grotte de la Source, la grotte du Castellet (*près de Montmajour et de Fontvieille*), allées couvertes de Saint-Rémy.

Var

Grotte de Gonfaron, grotte de Châteaudouble, grotte de Belgencier, tombeau de la Vieille-Verrerie (*à 5 k. de Saint-Paul-les-Fayence*).

Alpes-Maritimes

Le Brusquet, tumulus de l'Aspe, du Graou, les dolmens des Puades, le Deffend (*entre Saint-Cézaire et Saint-Vallier*).

Cimetière ligure de Camp-Long et le Trou Camatte (*Saint-Cézaire*).

Tombeaux mégalithiques des Verdolines, de Castel-à-Bram, de la descente de Saint-Cézaire, d'Arboin, des Mauvans et de l'Appara-Cachette de la Coumbo, reste de crémation à la Collette (*Saint-Vallier*).

Tumuli des Nôves (*Vence*).

Camp de la Tourraque (*Tourettes les-Vence*), Roquesteron, grottes de Menton, Montgros (*Nice*), grotte et tumulus de l'Albaréa (*Sospel*).

Cette liste, qui n'indique que les grands habitats, prouve que la Provence était largement peuplée, bien longtemps avant l'arrivée des Phocéens, et que ceux-ci, lorsqu'ils abordèrent sur notre territoire, 600 avant notre ère, trouvèrent de nombreuses peuplades plus ou moins disposées à les recevoir.

CHRONOLOGIE PRÉHISTORIQUE
DE
LA PROVENCE

1° Période protopaléolithique

Fin de l'époque géologique tertiaire. Apparition de l'Anthropopithèque. Ossements de Trinil, découvert à Java en 1892. Type simiesque ; capacité cranienne 900 à 1000 centimètres cubes (*les grands gorilles actuels cubent 600 centimètres cubes*). Ce type n'a pas encore été trouvé en Provence.

2° Période paléolithique

Commencement de l'époque géologique quaternaire.

A. — Chelléen (*Chelles, Seine-et-Marne*).

Type moins simiesque, capacité cranienne 1000 à 1200 centimètres cubes, intermédiaire entre l'Anthropopithèque de Java et l'Australien et le Boschiman actuels dont la capacité cranienne est de 1200 à 1300 centimètres cubes. Ossements mêlés à ceux des animaux suivants : Éléphants, Rhinocéros, Hippopotames, Lions, Ours, etc.

Les volcans de la France centrale sont encore en activité. L'Europe est reliée à l'Afrique par l'Espagne et l'Italie. La Méditerranée couvre tout le Sahara. Station découverte aux environs de Bédoin, Mont-Ventoux. Seul outil, silex taillés à grands éclats ou fragments de roche martelés.

B. — Moustérien (*Moustier, près de Peyrac, Dordogne*).

Commencement de l'époque géologique glacière. Type presque humain. Capacité cranienne 1200 à 1300 centimètres cubes.

Règne du Mammouth, du Rhinocéros à narines cloisonnées et du grand ours des cavernes. Cerf du Canada et Bœuf musqué. Climat très humide, analogue à celui de la Nouvelle-Zélande. Silex taillés sur un seul côté, plus légers, et plus fins que les précédents, forme plus régulière.

Stations découvertes : la Valbelle (*Sisteron*), Bédoin

(*Vaucluse*), Forêt du Deffend (*Vaucluse*), Grotte de la Masque (*Mont-Ventoux*), Grotte des Peyrards (*Cadenet*), Grotte de Buoux (*Lourmarin*), Toulon, Nice, Beaulieu, Menton, etc.

Durée et date impossible à déterminer mais remontant au moins à 50,000 ans.

C. — Solutréen (*Solutruée, près de Mâcon, Saône-et-Loire*).

Période intense de l'époque géologique glacière. Type humain. Capacité cranienne, 1300 à 1400 centimètres cubes.

Animaux : Eléphant, Rhinocéros, Cheval, Ours, Loup, Renard, Léopard, Cerf, Chevreuil, Chamois, etc.

Climat très sec et froid, inférieur de 5 à 7 degrés à la température actuelle. Les glaciers descendent jusqu'à Sisteron d'un côté et jusqu'au confluent du Drac et de la Tinée de l'autre.

Apogée de la taille de la pierre ; pointes de flèches en feuille de laurier, admirablement taillées ; bijoux primitifs en pierres ou coquilles. Premières poteries, faites à la main, et peu ou pas cuites. Stations découvertes : Menton, Nice, Beaulieu, Belgencier, Derboux près de Sérignan (*Vaucluse*), Mormoiron, Gargas et Saint - Saturnin, près d'Apt, les Aussiels près Cavaillon, Orange, Marseille, Arles, Saint-Andiol, etc. Durée et date indéterminées mais remontant au moins à 30,000 ans.

D. — Magdalénien (*La Magdeleine, près Sarlat, Dordogne*).

Fin de la période glacière.

Type humain presque actuel. Capacité cranienne variant entre 1200 et 1400 centimètres cubes.

Animaux : Cheval, Ours, Loup, Renard, Cerf, Renne, Chevreuil, Chamois, Lapin, Blaireau, etc.

Climat très froid et très sec, inférieur de 8 ou 10 degrés à la température actuelle.

Silex taillés très finement, mais toujours de la même forme. Os taillés en aiguilles percées d'un chas, en pointe de javelot, harpons, peignes, boutons, sifflet, poteries, etc.

L'art se développe et produit des gravures sur os, en creux et en relief. Bijoux nombreux, faits avec toutes sortes de pierres dont quelques-unes très rares et provenant de pays éloignés, indice de rapports commerciaux. Civilisation naissante. Stations nombreuses : Allauch, la Nerthe, les Baux, etc.

Durée probable, 6 à 8000 ans.

3° Période néolithique ou de la pierre polie

Fin de l'époque géologique quaternaire et commencement des temps actuels. Type humain actuel, capacité cranienne 1300 à 1550 centimètres cubes. La race humaine commence ses grandes migrations. Première invasion indo-européenne. La flore et la faune sont presque semblables à celles d'aujourd'hui. Armes et instruments en pierre taillée et *polie*, en os, etc. Poteries bien cuites et ornées de dessins géométriques. Civilisation accentuée. Rapports commerciaux. Bijoux en pierres rares ou en métaux, or, argent, cuivre, etc. Tous les habitats de la Provence datent de cette époque. Durée probable 5 à 6000 ans.

4° Période du Bronze

Température, faune et flore semblables à celles d'aujourd'hui. Le bronze, importé par les Phéniciens, remplace peu à peu la pierre polie. Poteries cuites, faites au tour, à pâte noire ou grise, ornées de dessins géométriques ; quelques monnaies. Cités lacustres sur les grands lacs. Civilisation très avancée. Durée 3 à 4000 ans.

5° Période du Fer

Époque qui porte les noms de : Celtique, Gauloise, Druidique, etc. Le fer apparait pour la première fois dans la fabrication des armes, instruments, etc. Poteries cuites, faites au tour, à pâte noire mêlée de grains blancs siliceux ; quelques poteries phéniciennes, à pâte grise ou rouge et à couverte noire, brillante, dite poterie étrusque, avec ou sans dessins, couleur terre de Sienne. Établissements des Phéniciens sur les côtes de la Méditerranée.

Vers la fin de cette époque, les Phocéens abordent en Provence et fondent Marseille. Monnaies phéniciennes, phocéennes et massaliotes. Durée 2700 ans.

Période Historique

Epoque Grecque. — Commence environ 600 ans avant notre ère et finit 49 ans avant J.-C., à l'invasion de César. Durée 650 ans.

Epoque Romaine. — Ne commence réellement qu'à Auguste, 29 ans avant J.-C. et finit vers 480, à l'invasion Wisigothe. Durée 510 ans.

CLASSIFICATION DES POTERIES

1° Préhistorique. — Pâte noire ou grise, faite à la main peu ou pas cuite.

2° Age du Bronze. — Faite au tour, pâte noire, mal cuite, mélangée de grains siliceux, et pâte grise, fine, sans grain siliceux et ornée de dessins géométriques.

3° Age du Fer. — Comme la précédente mais mieux cuite, faite au tour ou au moule, un peu grossière et rugueuse au toucher, parsemée de grains siliceux.

4° Phénicienne. — A pâte grise ou rouge couverte d'une irisation noire, avec ou sans dessins, couleur terre-de-sienne, toujours fine, légère et élégante.

5° Grecque ou Massaliote. — Deux types, un à pâte grise, dure, mate et fine ; l'autre à pâte jaune pâle, tendre, spongieuse et très légère.

6° Romaine. — Six types. 1° à pâte grise ou noirâtre, grossière, légèrement vernissée. 2° à pâte jaune, mêlée de grains siliceux (*tuiles de tombes*). 3° rouge, à pâte très grossière, mêlée de gros grains siliceux, ayant l'aspect de la brique, (*dolium, amphores, etc*). 4° rouge, pâte fine, mate, (*coupes, lampes, etc*). 5° rouge, pâte très fine, couverte brillante, rouge vif, presque toujours ornée de dessins en relief, dite poterie de Samos, (*coupes, lampes, vases, etc*). 6° jaune, pâte très fine, couverte plombée, (*lampes, coupes, etc.*).

7° Sarrasines. — Pâte fine, grise ou rouge, recouverte d'un vernis blanc irisé, et ornée de dessins métalliques.

LES VOIES PRIMITIVES

Les habitats, ou camps retranchés, communiquaient entre eux par quelques sentiers frayés, formés par une sucession de longs alignements droits ; à l'époque du bronze ces sentiers devinrent des chemins rudimentaires, dont on retrouve encore des traces sur les montagnes.

Les Phôcéens, les premiers et dans un but commercial, ouvrirent une voie grandiose, la **Via Héracléa**, qui traversait toute la Provence ; c'est la plus ancienne route que l'on puisse jalonner avec certitude. Elle partait du sud de l'Espagne, franchissait les Pyrénées, passait à Nîmes et atteignait le Rhône près de Beaucaire, ou l'on traversait le fleuve et les marais de la Durance, à l'aide de radeaux, pour aborder vers Saint-Gabriel. Sur la rive droite, la voie antique se subdivisait en trois branches : une montait au Nord, passait par Avignon, Orange, Valence et Lyon ; une seconde traversait Saint-Rémy et Orgon, franchissait la Durance sur un bac, puis passait à Cavaillon, Apt, Reillanne, Saint-Maime, rencontrait une deuxième fois la Durance, près de la Brillanne *(chapelle de N.-D. des Anges)*, et suivait la rive droite de cette rivière jusqu'à Sisteron, pour aller en suite par Gap, Embrun et Briançon, franchir les Alpes au Mont-Genèvre.

La troisième branche, contournait les Alpines et passait au Paradou, Aureille, Pélissanne, Eguilles, Aix, Septèmes et arrivait à Marseille, d'où elle gagnait l'Italie par les Maures, l'Estérel, Auribeau, Oppio, la vallée du Loup, Tourrettes, Gattières ou elle franchissait le Var, Cimiez, Sospel, Saorge, le col de Tende, Tortone et Vado.

C'est cette dernière voie, qui, d'après Aristote, Diodore, Silius Italicus, etc., fut tracée par Hercule.

Toutes les villes indiquées sur le parcours de cette voie n'existaient pas, lorsqu'elle fut construite, quelques-unes furent fondées par les Phôcéens, mais les autres ne datent que de l'époque romaine.

Les Massaliôtes rectifièrent plusieurs fois cette voie et la jalonèrent de bornes, espacées de huit stades, pour indiquer les distances parcourues.

Les Romains pénétrèrent en Provence par cette route.

Après leur établissement dans les gaules ils en créèrent immédiatement de nouvelles et réparèrent les anciennes. C'est de cette époque que date une viabilité, solide, durable et construite selon des règles invariables. La plupart de ces voies ont été empruntées par nos chemins actuels, mais, là ou elle n'ont pas été détruites, elles subsistent encore dans un état de conservation remarquable. Le plus beau tronçon que nous connaissions, est celui qui se trouve au sud de Saint-Maximin, en face la borne kil. 4, sur la route de Rougiers. Ce tronçon s'amorce même sur la grande route *(côté Est)* et descend droit dans la vallée, vers l'Est, sur plus de 2 kil., en traversant un habitat considérable, berceau de Saint-Maximin ; il est bien conservé, et malgré l'usure des siècles, sa construction est presque intacte. La partie Ouest a disparu sur 500 m., mais on la retrouve plus loin, sur la montagne, où elle a encore une longueur de 3 kil.

L'ancienne voie Héracléa, réparée et rectifiée par les romains, prit le nom de Voie Domitienne, sur la rive droite du Rhône, et celui de Voie Aurélienne sur la rive gauche, c'est-à-dire en Provence.

Les voies nouvelles, ouvertes par les Romains, furent les suivantes : Arles, Saint-Gabriel, Saint-Rémy et Aix (*existe encore en partie*). Aix, Luynes, La Malle, Septèmes, les Aygalades, Marseille (*route nationale actuelle*). Aix, Trets, Saint-Maximin (*au sud à 4 kil.*). Tourves, Cabasse, Vidauban (*ruines du Pont sur l'Argens*). Le Muy et Fréjus. De Fréjus, la voie Aurélienne passait par Agay, contournait en corniche le Cap Roux (*où elle existe encore*) et passait à la Napoule et Antibes, traversait le Var (*peut-être sur un pont*), puis continuait par Cimiez, La Turbie, le Cap Martin, Menton, Vintimille et Gênes.

Une autre voie partait d'Arles, descendait vers Fos, contournait l'Etang de Berre et rejoignait la route d'Aix à Marseille, vers Calas.

Une, partait d'Aix, se dirigeait vers Riez et se prolongeait probablement jusqu'à la Durance où elle rejoignait la voie Héracléa primitive.

D'autres, enfin, suivaient les tracés suivants : Toulon, Cuers, Gonfaron, Le Luc et Vidauban (*route nationale actuelle*).

Marseille, Saint-Marcel, Aubagne, Saint-Jean-de-Garguier, Roquevaire, Auriol, Saint-Zacharie, Rougiers et Tourves (*route nationale actuelle*).

Vidauban, les Arcs, Draguignan, Vérignon, Bauduen (*ruines du pont*) et Riez.

Telles étaient, sauf quelques tronçons secondaires ou de raccordement, les voies de communication de la Provence à l'époque romaine. (I. Gilles, *Voies romaines*; E. Cameau, *Géographie ancienne*).

LA PROVENCE MODERNE

Description Géographique

La Provence qui forme presque la partie la plus méridionale de la France, se divise en deux parties littorales bien distinctes. Son rivage dessine deux courbes différentes, l'une s'avançant dans la mer, l'autre au contraire, rentrant dans les terres.

C'est d'abord du côté de l'Italie, la chaîne des Alpes-Maritimes, qui semble marcher à la rencontre de la mer, la fait reculer, et projette jusque dans les flots ses masses granitiques, qui abritent des rades ou des ports magnifiques, dont l'ensemble forme le plus merveilleux pays qui existe en Europe.

Rien ne dépasse la splendeur de cette longue côte, qui, de Menton à Marseille, forme un unique feston de verdure et de fleurs, baignée par les flots d'azur de la Méditerranée, cette mer admirable, dont le léger flux et reflux, doux et calme comme la respiration de la vierge Athénée, porta nos aïeux, les Phocéens, vers les rivages de Massalia la grecque.

L'œil ne peut se lasser d'admirer et de contempler toutes les sinuosités, tous les méandres harmonieux de cette côte inoubliable. C'est une fête perpétuelle pour les regards éblouis du luxe de la végétation, de la majesté des montagnes, des contours pittoresques des rivages et du bleu éclatant du ciel et de la mer qui rivalisent de limpidité et de lumière. Sur la côte, l'eau est d'un bleu si fluide, la nuance en est si fraîche, que cette eau semble avoir été exprimée des zones les plus profondes de l'azur céleste.

La pointe extrême de ce vaste cap est formée par la chaîne des Maures et la chaîne de l'Estérel qui envoient leurs derniers gradins de porphyres et de granits vers ces rivages si artistement découpés. Les rades d'Hyères et de Toulon sont les plus méridionales et marquent la partie saillante de la courbe dessinée par les terres. Cette courbe rentre ensuite assez brusquement pour laisser la mer envahir les terres basses des Bouches-du-Rhône et dessiner le **Golfe du Lion**.

Après Marseille, c'est une courbe en sens contraire qui va rejoindre les Pyrénées par des terres basses et inondées ; c'est la région des étangs, des terres alluviales, la Camargue et la côte du Languedoc, qui contrastent de la manière la plus triste avec l'éclat et la richesse des côtes de la Provence. Cette seconde partie offre une opposition saisissante avec les côtes en saillies que nous venons de décrire.

Cependant, avant l'embouchure du Rhône, à l'ouest de Marseille, une chaîne de montagne, la chaîne de l'Estaque, dernier ressaut des montagnes des Bouches-du-Rhône et du Var, forme le golfe de Fos, sur lequel se trouve Port-de-Bouc.

Une grande partie du golfe de Fos jouit, durant les gros temps, d'un calme qui lui a fait donner par les marins le nom d'**anse** ou **baie du repos**. Il y a 15 à 20 ans, de grands navires à voiles ou à vapeur et même des vaisseaux de guerre, pouvaient s'y réfugier en toute sécurité dans le mauvais temps ; mais aujourd'hui cette superbe rade-refuge s'ensable de jour en jour, et, avant 20 ans, elle sera complètement obstruée par les alluvions du Rhône, que des endiguements aussi coûteux que peu censés, dirigent en totalité vers ses plus grands fonds, déjà en partie comblés.

Le golfe de Fos pourrait être un magnifique avant-port. Il communique par l'étang de Caronte et le canal des Martigues avec le golfe intérieur, l'étang de Berre, qui, dans sa plus grande longueur, a 22 kil. et dans sa plus grande largeur, 14 kil. Cet étang, entouré par un amphithéâtre de collines, les unes verdoyantes, les autres tristes et sauvages, offre une magnifique nappe d'eau où tiendraient toutes les flottes du monde, si elles pouvaient y entrer et si la profondeur leur permettait de s'y maintenir.

La profondeur maxima atteint 10 m.; la moyenne 3 m. à 5 m.; en un siècle, à cause des terres d'alluvion qu'y amènent plusieurs rivières, l'Arc, la Touloubre, etc., et les canaux d'irrigation venant de la Durance, la profondeur générale a diminué d'un mètre.

De telle sorte que, si l'art de l'homme est impuissant à rendre le chenal des Martigues praticable, ou que l'impéritie habituelle de nos gouvernants néglige de nous donner là une rade admirable, la nature toujours bonne pour nous, se charge, avec le temps, de combler et de rendre à la culture les 15.000 hectares que couvre l'étang de Berre.

Cette immense surface n'est cependant pas improductive; on y pêche en abondance d'excellents poissons, et sur les bords se trouvent des salines considérables qui produisent plus de 80 mille tonnes de sel par an.

Après le golfe de Fos et l'étang de Berre, vient la région basse des Bouches-du-Rhône.

Comme tous les grands fleuves, le Rhône arrive trop plein, trop chargé à la mer, la masse de ses eaux coule moins facilement à mesure que la pente devient plus faible, les cailloux et les terres qu'il entraîne s'accumulent; il est forcé de se diviser, au-dessous d'Arles, en deux branches, le **Grand Rhône**, la branche principale à l'est, le **Petit Rhône**, à l'ouest. Autrefois il existait encore vers l'ouest une autre branche qui est fermée, et qu'on appelle le Rhône mort, *(vers Montpellier)*.

Ces deux branches du Rhône, très écartées, embrassent un delta analogue à celui du Nil, mais moins grand et moins fertile. Ce delta c'est la **Camargue**. *(voir page 187)*

La côte, toujours basse et noyée à partir de la Camargue, infléchit au sud-ouest; elle limite, en partie les départements du Gard et de l'Hérault. Dans le Gard se trouve l'ancien port d'Aigues-Mortes, aujourd'hui ensablé, et situé à 3 lieues de la mer. C'est pourtant là que Saint-Louis s'embarqua pour sa croisade d'Égypte.

Climat Méditerranéen

Le voyageur qui descend de Lyon vers Marseille, ne s'aperçoit d'abord d'aucun changement dans l'aspect du paysage. Vienne, Tournon, Valence, passent devant lui sans que rien dans la végétation lui annonce qu'il s'avance vers le midi. Seulement, la teinte du ciel, dont le bleu devient de plus en foncé, l'air tiède et doux, que les poumons aspirent avec volupté, l'atmosphère plus transparente, qui semble rapprocher les objets les plus éloignés, font pressentir le voisinage de la Méditerranée. Mais après avoir dépassé Pont-Saint-Esprit, le Rhône est brusquement resserré entre deux escarpements qui se dressent comme des murailles sur les bords du fleuve. Ce sont les colonnes d'Hercule des climats du Nord; et dès que l'on a dépassé cette gorge, tout est changé, c'est une nature nouvelle qui apparait aux yeux du voyageur étonné.

Des montagnes calcaires, nues et petites, des édifices d'un ton fauve et chaud, des oliviers au feuillage grisâtre et argenté, de noirs cyprès et des pins d'un vert sombre, se détachent vigoureusement sur un ciel d'outre-mer : c'est un paysage de Grèce ou d'Italie. La Provence est un morceau détaché de ces beaux pays et jeté sur le bord septentrional de la Méditerranée. Son climat est une heureuse exception dans celui de la France. Protégée par un vaste cercle de montagnes contre les vents du nord, et s'abaissant par gradins successifs vers la Méditerranée, elle jouit d'une tempéperature supérieure à celle des provinces plus méridionales qui bordent les Pyrénées.

Ses limites sont : au nord, Pont-Saint-Esprit, les Cévennes et la ligne sinueuse qui dans les Basses-Alpes circonscrit la région des Oliviers, en passant par Orange, Nyons et Sisteron; au midi, la Méditerranée; à l'ouest, les hauteurs formant le point de partage entre le bassin de l'Aude et celui de la Garonne.

Le climat provençal est donc celui des départements de Vaucluse, des Bouches-du-Rhône, du Var, des Alpes-Maritimes, de l'Hérault, d'une partie du Gard, de l'Aude et des Pyrénées-Orientales. A l'est, le climat provençal se confond insensiblement avec celui plus doux encore qui règne sur le littoral de la Ligurie, le long de cette bande étroite désignée sous le nom de Rivière de Gênes. La température annuelle moyenne y est plus élevée que dans aucune autre partie de la France : elle atteint presque 15 degrés. Les étés sont plus chauds et les hivers moins froids et moins humides que ceux du climat Girondin. Le voisinage de la mer tempérant les ardeurs de l'été, le thermomètre ne s'élève pas proportionnellement aussi haut que dans le nord de la France; mais les chaleurs durent plus longtemps, et la moyenne de l'été n'est nulle part au-dessous de 21 degrés. La quantité annuelle de pluie n'est pas supérieure à celle qui mouille moyennement la surface de la France, mais sa distribution dans les quatre saisons de l'année est très caractéristique.

Près de la moitié tombe en automne, l'autre moitié en

hiver et au printemps, aussi l'été est-il d'une sécheresse remarquable. La moyenne annuelle de la lame d'eau qui tombe sur la Provence est de 600 millimètres pour 70 jours de pluie par an ; la moyenne du reste de la France est de 700 à 1.200 $^{m/m}$ pour 100 à 200 jours de pluie.

Grâce à toutes ces circonstances réunies, le climat de la Provence est le plus beau de la France. Le vent du nord-ouest, le mistral, autrefois un des trois fléaux de la Provence, (les deux autres étaient le Parlement et la Durance), tend, d'année en année, à diminuer d'intensité. La diminution de ces bourrasques, autrefois terribles, est due en partie au colmatage de la Crau et au reboisement de certaines montagnes; si la Crau était entièrement cultivée, il est certain que le mistral ne serait plus qu'une brise modérée, tempérant les chaleurs de l'été.

Les effets physiologiques du mélange des races, s'ajoutant à l'influence physique du climat, il en est résulté chez les Provençaux et les Languedociens, un assemblage de défauts et de qualités, qui souvent produisent dans le même individu, les contrastes les plus singuliers. Aux habitudes les plus douces et les plus aimables, succèdent brusquement, dès que les passions sont éveillées, des colères et des violences incroyables; une franchise des plus expansives dans le commerce de la vie, s'allie avec une finesse et une réserve extrême lorsque les intérêts sont en jeu.

Les départements du Var et Alpes-Maritimes, jouissent sur le littoral d'un climat tout particulier, ou plutôt du vrai climat de la Provence, moins le mistral. Ce climat délicieux commence à Hyères. A Cannes, sous l'abri des rochers porphyriques de l'Estérel, les orangers viennent en pleine terre, les palmiers croissent au milieu des jardins, les aloés forment les buissons, les haies. A Grasse, derrière un rameau des Alpes, les fleurs de la parfumerie, les violettes, les roses, les tubéreuses, les jasmins, les résédas, les œillets, les géraniums odorants, etc., se cultivent par hectares, comme dans le nord le colza, les haricots et la pomme de terre.

La végétation arrosée du midi est merveilleuse, le développement des plantes étant en raison de l'intensité de la lumière; les feuilles et les fleurs atteignent des dimensions extraordinaires et une vigueur de ton merveilleuse.

A Nice, à Menton, même luxe de végétation, même beauté du ciel, même douceur des hivers. (Kleine, *Les richesses de la France*.

NOTES SUR LES ROUTES DE LA PROVENCE

Le réseau des routes qui circulent dans les départements de la Provence est excessivement variable au point de vue de la viabilité.

Les voies nationales sont en général très bien entretenues et très bonnes, sauf dans les grandes villes et dans leurs environs; mais elles sont toujours très fortement accidentées et leurs pentes et rampes sont généralement assez fortes.

Ces routes, très anciennes, s'étant presque partout superposées aux voies romaines, ont été très peu régularisées et suivent avec docilité toutes les inflexions du terrain, ce qui les rend fatigantes et ennuyeuses à parcourir.

Les routes départementales, dont la création fut décidée en 1815, sont, dans leur ensemble, moins accidentées que les routes nationales; on y rencontre de grands alignements qui adoucissent fortement les dénivellements du terrain.

Au point de vue de l'entretien, elles varient beaucoup d'un département à un autre. Excellentes dans les Bouches-du-Rhône, le Gard (*Vallée du Rhône*), l'Hérault, Vaucluse (*Vallée du Rhône*) elle sont relativement médiocres dans le Var et les Alpes-Maritimes et mauvaises dans les Basses-Alpes et les parties montagneuses des autres départements. Certaines parties ne peuvent être comparées qu'aux plus mauvais chemins vicinaux des Bouches-du-Rhône.

Les chemins de Grande Communication et d'Intérêt Commun sont bons, bien cyclables et doucement accidentés dans les Bouches-du-Rhône, la région du Rhône, dans l'Hérault, le Gard, et Vaucluse, ainsi que dans les environs d'Hyères, de Cannes et de Nice. Mais dans le reste de la Provence ils sont toujours mauvais et quelques fois incyclables.

Les chemins vicinaux ordinaires sont à peu près cyclables dans les Bouches-du-Rhône, mais d'une manière générale on doit les considérer comme **absolument incyclables** dans les autres Départements.

Nous conseillons même aux cyclistes de ne jamais les emprunter, à moins d'un cas exceptionnel, sous peine d'être obligé neuf fois sur dix de les parcourir à pied.

Liste des Maisons

SPÉCIALEMENT RECOMMANDÉES

DANS

CET OUVRAGE

Les réclames sont insérées dans le même ordre que les Itinéraires

HOTEL & CAFÉ REBUFFAT

Sur le Cours à **Gardanne** (B.-du-R.)

Petit déjeûner de 0,75 à 1,50 ; Déjeûner, 2,50 ; Souper, 3 fr.
Chambre, 1er étage: 2 fr. 2me étage, 1,50, service compris.
Garage et nécessaire de réparations pour bicyclettes

HOTEL DE LA GARE

Félix ROUX, propriétaire. — **Pas-des-Lanciers**

GARAGE POUR CYCLES. — REMISE POUR AUTOMOBI-
LES. — NÉCESSAIRE DE RÉPARATIONS. — POSTE DE
SECOURS.

SERVICE A LA CARTE - REPAS A PRIX-FIXE A 1,50, 2 F. ET 3 F.

CHAMBRES, SALON ET SALLE pour noces et banquets

Etablissement Ferréol à Marignane. - Grand Jardin

TRETS (Bouches-du-Rhône)

CAFÉ DU COURS

Paul ANDRÉ, propriétaire

MARTIGUES

J. ROUBIEU, mécanicien

33, Rue Lamartine, 33

DESCRIPTION

DES

GRANDES VOIES DU SUD-EST

Dans l'intérêt des cyclistes et des automobilistes nous croyons utile de décrire les principales routes nationales et départementales du sud-est de la France, permettant de se rendre directement d'une extrémité à l'autre de cette région, sans avoir recours aux itinéraires partiels contenus dans ce volume. Ces grandes voies comprennent les routes suivantes :

1° **MONTPELLIER**, Nîmes, Salon, **MARSEILLE**

2° **VALENCE**, Romans, Grenoble, SISTERON
            SISTERON, Manosque, **MARSEILLE**

3° **VALENCE** Avignon, SÉNAS, Salon, Rognac,
                           MARSEILLE
            SÉNAS, Aix, Brignoles, LE LUC

4° **MARSEILLE**, Toulon, Nice, **VINTIMIGLIA**

5° **TOULON**, Hyères, Sainte-Maxime, FRÉJUS

6° **NICE**, Puget-Théniers, Digne, **SISTERON**

Vu la quantité considérable de routes coupées par ces grands itinéraires, nous n'indiquons d'une manière précise que les bifurcations douteuses. Les routes coupées à angle droit sont simplement indiquées comme telles sans indication des localités qu'elles desservent.

MONTPELLIER-NIMES
ARLES-MARSEILLE

	Altitudes	Kilomètres	Totaux
Montpellier	32	»	»
Vendargues	50	9	9
Lunel	8	15	24
Uchaud	25	14	38
Nimes	40	13	51
Beaucaire-Tarascon	10	26	77
Arles	2 et 32	17	94
Salon	80	38	132
Rognac	30	21 600	153 600
Saint-Antoine	145	19	172 600
Marseille	10	9	181 600

De Toulouse à Montpellier, la route sera décrite dans les **Itinéraires Cyclistes du Sud-Ouest**, en préparation.

MONTPELLIER.

Chef-lieu de département. Alt. 32 m. Habitants 73.930. Hôtels. P. T. Téléphone. Station : ligne de Tarascon *(77 k.)* à Cette *(28 k.)*; Tête de ligne du Vigan *(92 k.)*.

DÉPÔTS D'ESSENCE : Automobiline, Rudelle. méc, Rue du Cheval-Vert. Moto-Naphta, Ch. Caraman, méc. 10, Rue de l'Observatoire.

Sortir de Montpellier par la route de Nîmes, qui, d'une manière générale, est à peu près plate jusqu'à cette ville. A 2 k. 500 bifur : *(à gauche route de Castelnau et Assas ; à droite route qui revient vers Montpellier et se dirige sur Lattes et Pérols)* prendre en face et à droite. A 4 k. 500 bifur: *(à droite Saint-Aunès)* prendre à gauche et 2 k. 200 plus loin nouvelle bifur : *(à gauche Castries et Vendargues au pied duquel on passe)* prendre à droite.

De ce point à Lunel, la route laisse à droite 3 chemins et 1 à gauche, traverse le village de Saint-Brès, et suit la voie ferrée, puis coupe 2 routes à gauche et 1 à droite. Elle arrive au village de **Lunel-Viel** et se dirige sur Lunel.

LUNEL.

Chef-lieu de canton. Alt. 8 m. Habitants 7.200. Hôtels. P. T. Téléphone. Station : ligne de Tarascon *(54 k.)* à Cette *(51 k.)*

La route traverse la ville en suivant les boulevards. A la sortie, *(à droite route de Marsillargues.)* prendre à gauche. La route passe sur la rivière le Vidourle, coupe 2 routes, une à droite une à gauche; suivre tout droit, et 5 k. 500 après le passage de la rivière, bifur : *(à gauche Calvisson, à droite Aimargues)* continuer tout droit. A 1 k. après on traverse le hameau **des Baraques** et 1500 m. plus loin on coupe les routes de Vergèze à gauche, et d'Aimargues et Vauvert à droite. La route continue toujours en ligne droite et traverse les villages de **Uchaud** et de **Milhaud** en laissant à gauche 2 routes et 3 à droite, et, après avoir franchi un côteau insignifiant, arrive à Nîmes par une belle descente en pente très douce.

NIMES.

Chef-lieu de dép. Alt. 40 m. Habitants 74.600. Hôtels. P. T. Station, lignes de Tarascon *(28 k.)* à Cette *(77 k.)*; d'Aigues-Mortes *(40 k.)*; du Teil *(124 k.)* et Lyon *(280 k.)*; du Vigan *(93 k.)*; d'Alais *(39 k.)* et Clermont-Ferrand *(304 k.)*.

DÉPOTS D'ESSENCE : Moto-Naphta, P. Mathieu, méc. 36, Boulevard de la République. Automobiline, Bergognon Place des Halles. Stelline, Hôtel du Luxembourg.

Dans la ville, suivre la route, jusqu'à l'Esplanade puis tourner à droite, prendre l'Avenue de la Gare et suivre la voie ferrée jusqu'à la rencontre de la route de Tarascon que l'on prend à droite en passant sous le chemin de fer. De ce point sur 10 k., jusqu'au hameau des **Baraques de Redessan**, route absolument droite en montée douce, passant par les cotes 38, 45 et 59. A 200 m. après ce hameau elle tourne à gauche et monte légèrement sur 1 k. jusqu'à la cote 68, puis descend un peu rapidement sur le hameau de **Saint-Vincent** à la cote 32. On coupe 1 chemin et la route commence à monter légèrement, puis 1 k. plus loin, la rampe s'accentue et 2 k. après, par 2 tournants, passe par la cote 57, traverse le chemin de fer sur un pont et arrive à **Beaucaire** en descente rapide et mauvaise avant d'entrer dans la ville. Aux premières maisons de Beaucaire, tourner à droite et 200 m. plus loin prendre à gauche le quai du Canal d'Aigues-Mortes. On traverse le pont du Rhône et l'on arrive à Tarascon.

TARASCON.

Canton. Altitude 10 m. Habitants 9.023. Hôtels. P. T. Station: ligne d'Avignon *(21 k.)* à Marseille *(100 k.)*

A la sortie du pont du Rhône, tourner à droite, suivre le Cours, et prendre à gauche ; après le 2ᵉ pont du chemin de fer tourner de nouveau à droite ; 400 m. plus loin, laisser à droite le petit chemin d'Arles *(médiocre)* et prendre à gauche. Route plate et très belle jusqu'en face de **Saint-Gabriel** où la route oblique à droite, laissant à gauche le chemin de St-Gabriel et 400 m. plus loin, à droite, celui de **Lansac**. Le reste jusqu'à Arles plat et presque droit.

ARLES.

Chef-lieu d'ar. Alt. 2 et 32 m. Habitants 25.000. Station : ligne de Paris *(778 k.)* à Marseille *(86 k.)* Embranchements : Cette *(97 k.)*; Fontvieille *(11 k.)*; Saintes-Maries *(38 k.)*; Salins de Giraud *(38 k.)*; Port Saint-Louis *(41 k.)*.

En entrant dans Arles, on passe sous les 2 ponts du chemin de fer, et, sur la place Lamartine, prendre à gauche le chemin qui longe la voie ferrée. Mauvais passage très étroit avant d'arriver à la Promenade des Remparts qui aboutit à la Promenade des Lices où l'on prend à gauche la route de Salon.

D'Arles à Salon très belle route en montée à peine sensible traversant la plaine de la Crau sur une longueur de 38 kilom. et ne touchant qu'aux 2 hameaux de **Raphèle** et de **Saint-Martin-de-Crau** tous deux stations du P.-L.-M.

En sortant d'Arles à 1 kilom., après le pont de Crau, descente un peu forte sur 800 m. environ. Prendre à droite en laissant à gauche le chemin de la Crau-sur-Durance. Route presque droite jusqu'à **Saint-Martin-de-Crau**. A ce hameau bifur: *(à gauche au nord chemin de Maussanne et à gauche chemin de Mouriès; à droite chemin du Mas-Thibert)* prendre en face sur la droite. De ce point à Salon route absolument droite coupant 2 chemins à droite et à gauche.

SALON.

Canton. Alt. 80 m. Habitants 10.430. Hôtels. P.T. Téléphone. Station ligne de Miramas *(12 k.)* à Cavaillon *(24 k.)*; Embranchement sur Eyguières *(8 k.)*.

DÉPOT D'ESSENCE: Stelline, Chevalier, mécanicien.

Après avoir passé la voie ferrée en arrivant à Salon, traverser la ville par la grande route qui forme le cours. Montée courte mais un peu rapide vers le milieu de la ville. En sortant descente de 500 m.; on passe devant la caserne, *(laissant à gauche la route de Pélissanne).* On tra-

verse la rivière la Touloubre à la cote 70. De ce point sur
2 k. 300 route en descente très douce. On passe à la cote 59,
puis montée un peu forte sur 1.500 m. pour atteindre au
village de **Lançon** la cote 107.

En sortant du village, descente légère et courte, puis
montée assez forte sur 2 k. pour arriver à la cote 149. De ce
point la route commence à descendre légèrement, puis
500 m. plus loin, très forte descente de 3 k. 500 sur la Fare.
Tournants dangereux et sur la droite rochers à pics. On
arrive au hameau des **Guigues** à la cote 35. Après
avoir coupé la route d'Aix à Saint-Chamas, continuer tout
droit. Après 1800 m. de plat on passe à la cote 39 *(bifurcation de la Fare)*. La route traverse la rivière l'Arc et à
500 m. bifur., suivre tout droit *(à droite chemin de
Berre)*. De ce point la route monté assez fortement sur
1.500 m. passe à la cote 90 et descend assez rapidement sur
2 k. 200 jusqu'à la bifur. de Berre, cote 25 ; on passe sur
la voie ferrée, *(laisser à droite le chemin de Berre)* et par
un brusque tournant à gauche on continue à descendre en
ligne droite sur 800 m. Après le tournant, au bas de la
descente, route plate jusqu'à Rognac *(Hameau de la Tête-
Noire, (alt. 4 m.)*.

ROGNAC.

Commune. Alt. 4 et 36 m. Habitants 720. Hôtel et Buffet. P. T.
Station : ligne de Marseille *(27 k.)* à Avignon *(99 k.)* ; Embranchement
sur Aix *(26 k.)*.

La route, à peu près en plaine, longe la voie ferrée et à
2 k. bifur., *(à droite route de Marignane)*, passer à gauche
sous le pont du chemin de fer. De ce point forte montée
sur 3 k. jusqu'à la cote 60. Descente en pente douce
jusqu'à la bifur. du Griffon *(alt. 50 m.)*. Route en très légère
montée sur 500 m. puis montée assez forte sur 3 k. 500
pour arriver **aux Pennes** *(alt. 169 m.)*.

Avant le village, passage sous un tunnel et brusque tournant
à gauche. La route descend légèrement sur 1 k. pour
arriver à la cote 150 *(Bas de l'Assassin)*. Suivre tout droit
en laissant à gauche le Chemin de Plan-de-Campagne et à
droite celui des Martigues. De ce point sur 2 k. montée très
forte de l'Assassin avec tournants dangereux jusqu'à la
cote 272 *(Rampe de 6 1/2 0/0)*.

Sur 4 k. descente un peu rapide sur les Cadenaux,
et la Gavotte. Mauvais passage dans ces villages.

SAINT-ANTOINE. Alt. 145 m.

En arrivant dans le village laisser au nord et à gauche la route d'Aix et tourner à droite. La route traverse un passage à niveau et descend légèrement pour remonter de même à **La Viste** *(alt. 147)*. **Très forte descente** sur 1.200 m. Pente de 9, 7, 8, 5 et 4 0/0. Au bas de la descente, à la côte 64, **Saint-Louis**.

De ce point au centre même de **Marseille** la route est pavée sur tout son parcours. On passe devant les Raffineries de sucre de Saint-Louis à gauche, et l'on arrive à la bifurcation du Boulevard National. Tourner à droite et prendre le Boulevard de Mirabeau jusqu'à son amorce sur le Boulevard de la Major que l'on suit jusqu'à la Place de la Joliette. Prendre la Rue de la République pour pénétrer au centre de la ville.

NOTES :

VALENCE-GRENOBLE-SISTERON

	Altitudes	Kilomètres	Totaux
Valence	125	»	»
Saint-Marcel-les-Valence	158	7	7
Romans	150	11	18
Les Fauries-Saint-Lattier	170	12 500	30 500
Saint-Marcellin	290	13 500	44
Vinay	339	9 500	53 500
Tullins	231	13 500	67
Moirans	204	8	75
Voreppe	197	7	82
Grenoble	221	15	97
Pont-de-Claix	250	7	104
Vif	300	8 500	112 500
Monestier-de-Clermont	803	17	129 500
Le Fau	863	4	133 500
Saint-Martin-de-Clelles	749	7	140 500
Chaffaud (Station de Clelles)	830	3 500	144
Blanc	800	5	149
Château-Tremblant	872	8	157
Col de Luz-la-Croix-Haute	1180	5	162
La Croix-Haute	1055	2 700	164 700
Les Fauries	1050	1 500	166 200
La Caire	993	4	170 200
Neuviflart	906	3 500	173 700
St.-Julien-en-Beauchêne	895	2	175 700
La Rochette	880	4	179 700
La Faurie	834	3	182 700
Aspres-sur-Buëch	763	8	190 700
Aspremont	714	3 700	194 400
Pont-de-la-Barque	668	5	199 400
Serres	663	2 600	202
Montrond	627	6	208
Le-Pont-de-fer	588	4 800	212 800
Laragne	560	5 600	218 400
Sisteron	500	15	233 400

VALENCE.

Chef-lieu de dép. Alt. 129 m. Habitants 26.215. Hôtels. P. T. Téléphone. Station: ligne de Marseille (*246 k.*) à Lyon (*106 k.*) Ligne de Grenoble (*99 k.*).

DÉPOTS D'ESSENCE: Stelline, I. Fugier, 61, Avenue Gambetta; Automobiline, Clermont, Rue de la Gare.

Sortir de Valence par la route de Romans. On passe devant les casernes et le champ de tir. Légère montée sur 3 k., jusqu'à la cote 168 puis descente douce vers le village de Saint-Marcel jusqu'à la cote 158.

SAINT-MARCEL-LES-VALENCE.

Commune. Alt. 158 m. Habitants 1.000. Hôtel. P.T. à la gare. Station: ligne de Valence (*8 k.*) à Grenoble (*91 k.*)

De Saint-Marcel à Romans route absolument droite, en montée très douce sur la 1re moitié, jusqu'à la cote 178 et légère descente jusqu'au **Bourg-de-Péage,** faubourg de Romans. On traverse l'Isère et l'on arrive à Romans.

ROMANS.

Chef-lieu d'arr. Alt. 150 m. Habitants 16.700. Hôtels. P.T. Téléphone. Station: ligne de Valence (*20 k.*) à Grenoble (*79 k.*).

Jolie ville très pittoresque, située sur la rive droite de l'Isère, fondée vers le IXme siècle; il reste de cette époque l'église de Saint-Bernard mélange de style roman et ogival.

DÉPOTS D'ESSENCE : Moto Naphta, Lombard, armurier, 85, Place d'Armes; Automobiline, Tatin, véloc., Faubourg Jacquemont.

Après le pont de Romans tourner à droite et suivre la rue parallèle aux quais de l'Isère. De la sortie de la ville aux Fauries, route droite, suivant la voie ferrée en montée très douce, et passant par les cotes 178, 181, 183. On rejoint la rivière l'Isère au hameau de **Companon,** en face le village d'**Eymeux** sur la rive gauche. On longe cette rivière et l'on traverse le hameau **Les Fauries,** dépendant du village de **Saint-Lattier.** A 1.500 m. tournant brusque à gauche, traversant la voie ferrée. De ce point route toujours droite, et montée un peu forte jusqu'à la cote 239. On traverse le hameau de **Saint-Hilaire,** et l'on continue en ligne droite et en montée douce par les cotes 274, 280 jusqu'à Saint-Marcellin.

SAINT-MARCELLIN.

Canton. Alt. 290 m. Habitants 3.310. Hôtels. P.T. Téléphone. Station ligne de Valence (*48 k.*) à Grenoble (*51 k.*).

Dans la ville bifur. (*à gauche Murinais et Varacieux,*

à droite route de Saint-Romans et de Pont-en-Royans). Suivre tout droit, et à 500 m. bifur. *(à droite route suivant l'Isère et rejoignant la route nationale à 7 k. 500).* Continuer tout droit. Légère montée sur 2 k. puis descente douce jusqu'au village de **Teche** et montée légère jusqu'à Vinay.

VINAY.

Canton. Alt. 339 m. Habitants 2.685. Hôtels. P.T. Station : ligne de Valence (*58 k.*) à Grenoble (*41 k.*).

En entrant dans la ville, *(à gauche route de Varacieux et 100 m. plus loin route de Quincieux)* suivre tout droit, légère descente sur 3 k. 500 passant par la cote 276. On traverse le hameau de l'**Allegrerie** pour arriver à **Albenc.** *(A droite route de Rovon et petite route de* **Grenoble** *en montée très douce et régulière jusqu'à cette ville ; à prendre de préférence à la route nationale).* Après le village d'Albenc et jusqu'à Tullins route assez accidentée. A 1.800 m. d'Albenc, prendre à droite en laissant à gauche la petite route de Tullins passant par Chantesse et Cras.

TULLINS.

Canton. Alt. 231 m. Habitants 4.740. Hôtels. P.T. Téléphone. Station à 800 m. Ligne de Valence (*72 k.*) à Grenoble (*27 k.*).

En sortant de Tullins, *(à droite route de la Gare et de Saint-Quentin qui rejoint la petite route de Grenoble)* suivre tout droit. A 1.500 m. on traverse le hameau de **Fure,** en laissant à gauche la route de Rives. De ce hameau descente douce sur le village de **Vourey** et sur **Moirans.** 500 m. avant cette ville, prendre à droite, *(à gauche route de Rives et en face route de Voiron).*

MOIRANS.

Commune, Alt. 204 m. Habitants 3.235. Hôtels. P.T. Station à 1.500 m. ligne de Valence (*80 k.*) à Grenoble (*19 k.*).

En sortant de la ville, on passe sous la voie ferrée à la cote 203, et 500 m. plus loin, bifur. *(à gauche La Buisse, à droite route de la gare de Moirans)* suivre tout droit. Route en descente légère passant par la cote 196, puis plate jusqu'au hameau de la **Crue-de-Moirans,** où on laisse à gauche la route de Voiron.

500 m. plus loin, *(à droite route de Veurey qui rejoint la petite route de Grenoble en traversant l'Isère)* prendre à gauche pour arriver par une légère montée à Voreppe.

VOREPPE.

Commune. Alt. 197 m. Habitants 2.910. Hôtel. P.T. Station à 700 m.
ligne de Valence (*85 k.*) à Grenoble (*14 k.*)
*(Dans le village, deux routes, à gauche Saint-Laurent-du-
Pont, à droite Veurey).* De ce point à Grenoble, route presque
plate, passant par les cotes 198, 199, 201, 207, 218, 209 et
traversant le village de **Fontanil**.

———

De Valence à Grenoble, route en général très belle, très
pittoresque, très agréable à parcourir et peu fatigante. De
Grenoble à Luz-la-Croix-Haute, route admirable mais très
dure, presque toute en montée.

———

GRENOBLE.

Chef-lieu de dép. Alt. 221 m. Habitants 64.000. P.T. Téléphone.
Station: lignes de Valence (*99 k.*), Chambéry (*162 k.*), Veynes (*110 k.*)
**DÉPOTS D'ESSENCE : Moto-Naphta, L. Debon, 71, Cours
Saint-André. Stelline, Albert, 14, Avenue Alsace-Lorraine.
Automobiline, Richard Guigues, 1, Rue de Bonne.**

Sortir de Grenoble par le Cours Saint-André, auquel fait
suite la route nationale : absolument droite et plate jusqu'à
Pont-de-Claix.

PONT-DE-CLAIX.

Commune. Alt. 250. Habitants 900. Hôtel. P.T. Station: ligne de
Grenoble (*8 k.*) à Veynes (*102 k.*).
La route passe sur un pont moderne appuyé à l'ancien qui
était une des merveilles du Dauphiné, construit par Lesdiguières
en 1611. Du haut de ce pont, on a une vue admirable sur le
massif de la grande Chartreuse, le plateau de Saint-Nizier et
les escarpements du Moucherotte, la chaîne du Mont-Blanc jusqu'à
Taillefer et l'entrée de la vallée d'Oisans.

Dans la ville bifur : *(à gauche route de Vizille et d'Oisans)*
prendre à droite. On traverse la rivière le Drac, et de suite
après, légère montée sur 2 k. jusqu'à la cote 258. On passe
au village de **Varces**, et l'on arrive à Vif en suivant le
torrent de Gresse que l'on traverse pour entrer dans la
ville.

VIF.

Commune. Alt. 300 m. Habitants 2.017. Hôtels. P.T. Station: ligne de
Grenoble (*21 k.*) à Veynes (*89 k.*).
Petite ville coquettement située dans la belle vallée du Drac.
Eglise des VIII°, XII° et XVII° siècles.

Dans la ville, tourner à droite et à 100 m. bifur. : *(à*

gauche route de Saint-Georges et de Vizille) suivre tout droit, et 200 m. après les dernières maisons de la ville, *(à droite route parallèle à la route nationale qu'elle vient rejoindre au Monestier-de-Clermont)* prendre à gauche. De ce point la route commence à monter assez fortement; on passe sous la voie ferrée, et par une montée assez dure, on atteint le village de **Crozet** ; 200 m. après ce village on traverse une deuxième fois la voie ferrée. Vue magnifique sur la vallée de la Gresse, sur la chaîne de la Moucherotte et sur les deux curieux lacets du chemin de fer de Vif et les viaducs de la Loulla.

De ce point la route est droite ; elle monte régulièrement et assez fortement, en passant par les cotes 471, 580, 643 et 790. Rampe moyenne de 4 1/2 o/o sur 7 k. environ.

Suivre toujours la voie ferrée ; après avoir traversé le hameau **Les François**, légère descente sur le hameau de **La Motte**, jusqu'à la cote 700. De ce point, montée de 3 o/o jusqu'à Monestier sur 3 k. 500.

(Aux premières maisons de Monestier à droite route de Guillaumes et Vif indiquée précédemment à la bifur de Vif.)

LE-MONESTIER-DE-CLERMONT.

Canton. Alt. 803 m. Habitants 606. P.T. Station: ligne de Grenoble *(43 k.)* à Veynes *(67 k.)*.

Type gracieux de village alpin situé sur un vaste plateau en forme de cirque, dominé par de hautes montagnes, parmi lesquelles on remarque le mont Aiguilles *(2097 m.)* énorme rocher calcaire en forme de pyramide et l'Obiou.

En sortant de Monestier, montée de 1.500 m. de la cote 852 jusqu'à 892 *(Col de Fau bifur.: à gauche route de Mens)*. Rampe de 4 1/2 à 5 o/o. Le col de Fau est un vaste plateau d'où la vue s'étend splendidement sur une admirable vallée. A l'Ouest l'obélisque formidable du Mont Aiguilles et vers l'Est les merveilleuses chaînes neigeuses de l'Oisan. Après le col descente rapide, *(6 o/o)* passant par la cote 860 devant le village le **Fau** ; 1.500 m. plus loin passage à niveau à la cote 760. La route, en descente douce, continue à suivre en contre-bas la voie ferrée sur 2 k. environ. Au point où elle s'en écarte, la descente s'accentue fortement sur 1.500 m., jusqu'au ruisseau de Thoranne qu'elle traverse par un coude brusque, pour remonter assez fortement jusqu'en face du hameau de **Saint-Martin-de-Clelles** à la cote 749. — 2 k. après on traverse le ravin de l'Orbanne, par un tournant brusque au pied du beau viaduc du chemin de fer, haut de 45 m.; puis montée jusqu'à la bifur. de **Chaffaud**. Alt. 830 m. *(à droite route de Chichilianne et* *de Chatillon)* suivre tout droit en laissant encore à droite la route de la gare de Chaffaud. — 200 m. plus loin, après un brusque tournant sur la gauche, nouvelle bifur. : *(en face route de Clelles et de Mens)* tourner à droite ; on passe en face de la jolie petite ville de Clelles, bâtie au fond d'un vallon en fer à cheval. De cet endroit, la vue s'étend sur le formidable roc du Mont-Aiguilles vu dans le sens de sa largeur.

Descente jusqu'au ravin de Peroux, situé 1 k. après le village **Blanc** *(Alt. 800)*. De ce point montée un peu forte sur 6 k. jusqu'à la bifur. de **Saint-Maurice-en-Trièves**, dont on laisse le chemin à gauche. Immense panorama sur la vallée de Trièves. La montée continue, en passant par la cote 872 à **Château-Tremblant**. — 1200 m. après, on laisse à gauche le chemin du village de **Lalley**.

De ce point très forte montée sur 5 k. *(rampe de 6 o/o)* jusqu'au **Col de Luz-la-Croix-Haute** alt. 1180 m.

Ce col s'ouvre entre le Jocon *(2.056 m.)* à l'Ouest, et la montagne d'Avers *(1.851 m.)* à l'Est, contrefort du grand Ferrand *(2.761 m.)* faisant partie du massif du Devoluy. Après le col, vaste plateau du Plan-des-Roses de 1 k. et descente sur le village de La Croix-Haute, par une pente très rapide de 3 k. *(Pente de 9 o/o)*.

LA-CROIX-HAUTE.

Commune. Alt. 1.055. Habitants 1.260. Hôtel, P.T. Station: ligne de Grenoble *(82 k.)* à Veynes *(28 k.)*:
Situé au fond de la Combe de Trabuech, ligne de séparation des bassins de l'Isère et de la Durance. Vue admirable à l'Est sur le Col des Aiguilles.

De ce village à Sisteron, sur une longueur de 70 k., l'ensemble de la route est toute en descente, avec des pentes moyennes de 3, 2, 1 1/2 et 1 o/o. A 500 m. de La-Croix-Haute, *(à droite route de Châtillon)* descente assez rapide jusqu'au village de **La Caire** *(alt. 993 m.)* pente de 3 o/o, en passant devant les hameaux **Les Lusselles, Les Fauries, Les Villageois** et **La Meyrie**. On suit la voie ferrée. A 1 k. après La Caire, on prend la rive droite du Buëch, que l'on traverse un peu après pour passer au village de **Neuviflart** à la cote 906, puis au village de **Saint-Julien-en-Beauchêne**, cote 895, situé au milieu de l'admirable forêt de Durbonas. Ruines d'un château et ancienne Chartreuse. On reprend la rive droite du Buëch que l'on traverse de nouveau au village de **La Rochette**, puis on arrive au village de **La Faurie**, (*alt. 834 m.*) où on laisse à droite la route de **Beaurières**.

En sortant de la Faurie, très légère descente sur 1 k., puis petite montée assez dure sur 1 k., jusqu'à la cote 856. On traverse le torrent d'Agnielles, et un peu après, on reprend la rive droite du Buëch, en passant sur le **pont la Dame** (*en laissant à gauche la route de* **Veynes**), et l'on arrive à Aspres.

ASPRES-SUR-BUECH.

Canton. Alt. 763 m. Habitants 750. Hôtel. P.T. Station : ligne de Grenoble (*103 k.*) à Veynes (*7 k.*).

Dans la ville même bifur. : (*à gauche tronçon de route se raccordant à 3 k. à la grande route de Veynes à Serres et que l'on peut prendre pour se rendre à cette dernière ville à 14 k.*) suivre tout droit et 200 m. après, (*à droite route de la Beaume, Beaurières et Luc-en-Diois*) continuer en suivant la rive droite du Buëch jusqu'à **Aspremont**, (*à droite seconde route de Luc-en-Diois*). On traverse le Buëch et l'on arrive à la bifur. du **Pont-de-la-Barque** (*Alt. 668*) (*à gauche route d'Aspres et de Veynes précédemment indiquée*).

Prendre à droite et avant d'arriver à Serres, (*à droite route de la Piare*) tourner à gauche.

SERRES.

Canton. Alt. 663 m. Habitants 1.200. Hôtel. P.T. Station : ligne de Veynes (*15 k.*) à Sisteron (*31 k.*).
Ce village situé sur le Buëch est pittoresquement construit en amphithéâtre. Eglise romane et château de Lesdiguières (*XVIe siècle*) où l'on remarque un magnifique escalier Renaissance, une porte assez remarquable et le cabinet du Connétable resté intact. La ville est dominée par le rocher d'Arambre (*1.435 m.*).

On traverse le Buëch, dont on suit la rive gauche ainsi que la voie ferrée, en passant au village de **Montrond** à la cote 627, et au **Pont-de-Fer**, alt. 588 m. (*à droite route d'Orpière, et des pittoresques villages de Lagrande et Saléon*).
Du Pont-de-Fer légère montée sur 3 k. jusqu'à la cote 595 et descente douce jusqu'à Laragne.

LARAGNE.

Canton. Alt. 560 m. Habitants 1.130 Hôtel. P.T. Station : ligne de Veynes (*30 k.*) à Sisteron (*19 k.*).
Assez jolie ville où l'on remarque des ruines d'un château, de remparts et d'une église romane.

Dans la ville bifur. : (*à gauche route de Tallard, à droite, route de Ribiers et Sisteron*) prendre en face et après avoir traversé le torrent de Veragne (*en face route de Tallard et du Poët*) suivre à droite. Route presque plate sur 2 k. 500 et montée assez forte sur 1.500 m. jusqu'à la cote 618. On traverse le hameau des **Armands** et l'on descend jusqu'à Sisteron en passant par les cotes 505 et 485.

NOTES:

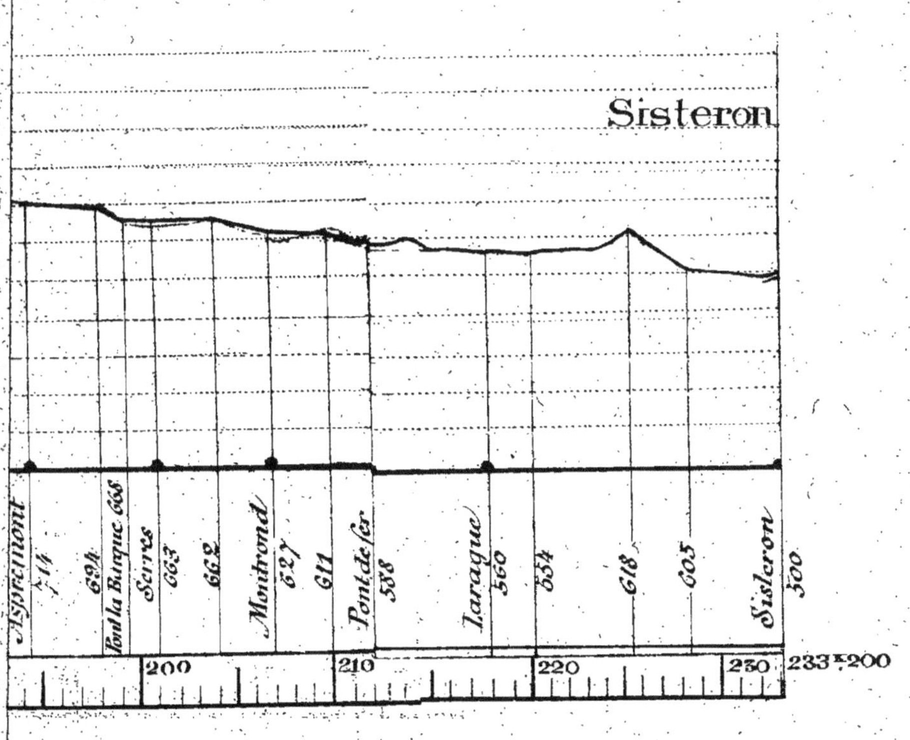

Sisteron
Aspremont
714
694
Pont la Burque 668
Scires
663
662
Montrond
627
611
Pont de fer
588
Laragne
560
554
618
605
Sisteron
500
200
210
220
230
233·200

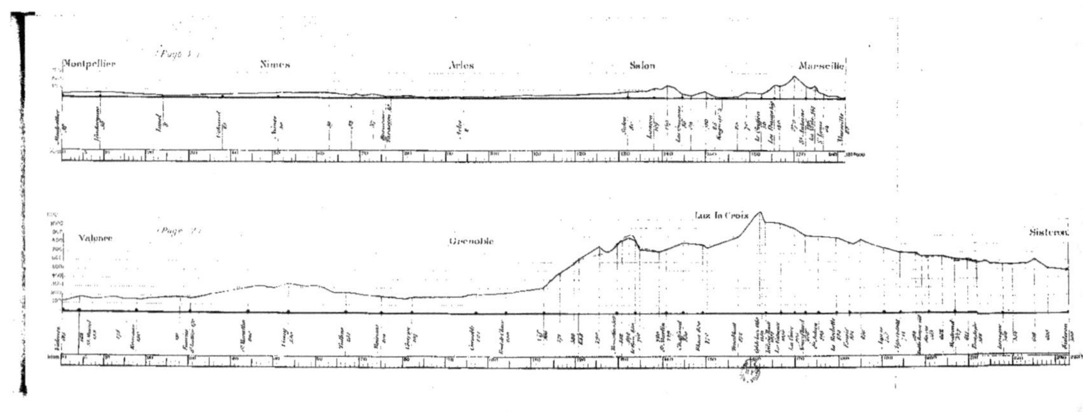
Page 1
Montpellier
Nîmes
Arles
Salon
Marseille
Page 2
Valence
Grenoble
Lux la Croix
Sisteron

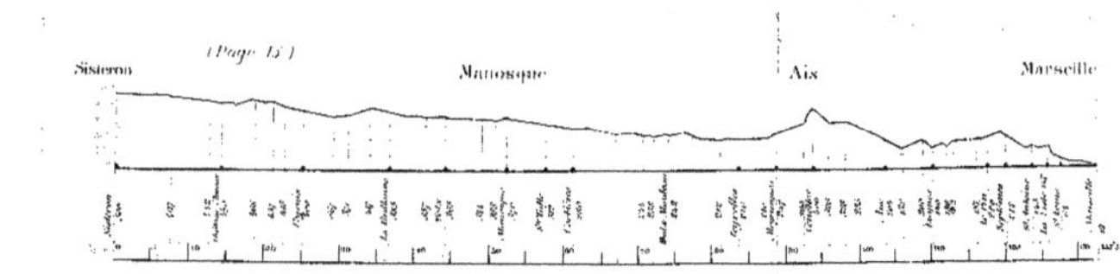

Sisteron
(Page 15)
Manosque
Aix
Marseille
Valence
Montélimar
Orange
Avignon
Orgon
Salon

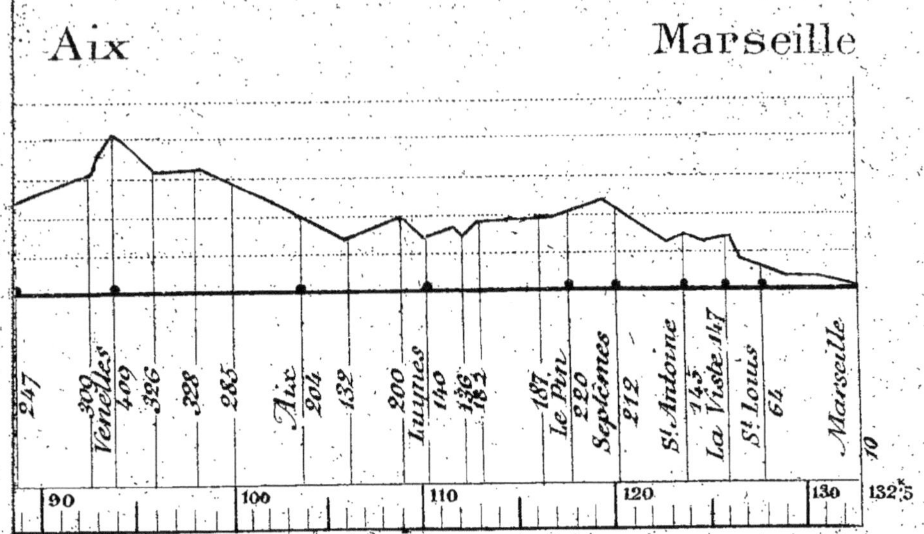

Aix
Marseille
247
300
Venelles 409
326
328
283
Aix
204
132
200
Iuques 140
136
182
187
Le Pin 220
Septèmes 212
St Antoine
143
La Visite 147
St Louis 64
Marseille
70
90
100
110
120
130
132.5

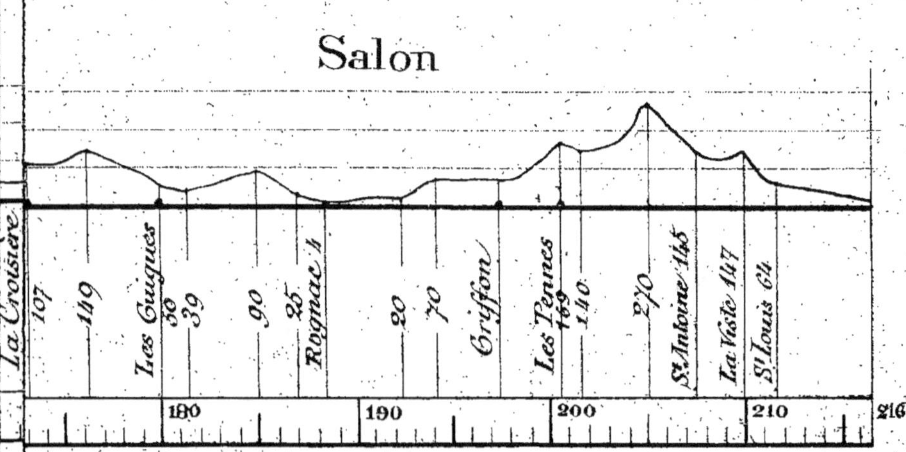

Salon
La Croisière
107
149
Les Guigues 50
39
90
25
Rognac 20
70
Griffon
Les Pennes 169
140
270
St Antoine 145
La Visite 147
St Louis 64
180
190
200
210
216.400

SISTERON-MANOSQUE

AIX-MARSEILLE

	Altitudes	Kilomètres	Totaux
Sisteron	500	»	»
Château-Arnoux	450	14	14
Peyruis	400	10 500	24 500
La Brillanne	385	12	36 500
Volx	365	7 500	44
Manosque	370	8	52
Sainte-Tulle	312	5 500	57 500
Corbières	280	3 500	61
Pont-de-Mirabeau	235	13	74
Peyrolles	216	9 500	83 500
Meyrargues	247	5	88 500
Les Logis de Venelles	409	5 100	93 600
Aix	204	9 900	103 500
Luynes	140	6 500	110
Le Pin	220	7 500	117 500
Septèmes	212	2 500	120
Saint-Antoine	145	3 500	123 500
Marseille	10	9	132 500

SISTERON.

Chef-lieu d'arrondissement. Alt. 500 m. Habitants 3.910. Hôtels. P.T. Station : ligne de Veynes (*49 k.*) à Marseille (*146 k.*).

Située au confluent de la Durance et du Buëch, et dominée par la citadelle, cette ville est bâtie au-dessus d'un étroit défilé que forme la Durance. A visiter : l'église Notre-Dame des XIe et XIIe siècles (*monument historique*) ; la porte du Dauphiné, reste des anciens remparts ; l'ancien hôtel Lesdiguières contenant de belles tapisseries.

(En traversant le pont de la Durance, au nord route de Turriers; à l'est, Saint-Geniez et Digne; au sud, Volonne, Malijai et Digne.

En sortant de Sisteron, bifur. : (*à droite route de Noyer et Séderon*) prendre à gauche, et suivre la rive droite de la

Durance, descente très douce (*à 3 k. 500 on laisse à droite une 2me route de Noyer et Séderon*). On traverse le torrent le Jabron, et 2 k. après, on laisse *à droite la route de Saint-Etienne-lès-Orgues*. Légère montée pour arriver à la cote 497, puis descente douce jusqu'au pont de Volonne, alt. 442 m., qu'on laisse à gauche, et 1.500 m. après on arrive à

CHATEAU-ARNOUX.

Commune. Alt. 450 m. Habitants 610. P.T. Station : ligne de Veynes (*61 k.*) à Marseille (*134 k.*). Château du XVe siècle.

Dans la ville bifur. : (*à droite, route de Saint-Etienne-lès-Orgues, 200 m. plus loin, à gauche, route de Malijaï et de Digne*) suivre tout droit ; route en descente douce jusqu'à Peyruis, passant par les cotes 468, 457, 413 et au pied du village de Montfort.

Au 2me et au 4me k. tournants brusques, coupant en descente et en montée deux ravins.

PEYRUIS.

Canton. Alt. 400 m. Habitants 800. P.T. Station: ligne de Veynes (*71 k.*) à Marseille (*124 k.*).
Petite ville pittoresque. Ruines de 3 châteaux et de fortifications importantes. Belle vue sur la Durance et les Mées, (*rive gauche*) aux pieds de curieux rochers ressemblant à de gigantesques menhirs.

De Peyruis à la Brillanne, route dont l'ensemble est en descente douce sur 7 k. 500 jusqu'au pied du village de **Lurs** qui domine la route de 76 m. et passant par les cotes 389, 367, 368 et 417. Au dessous de Lurs, bifur. : (*à droite route de Forcalquier*) petite montée et légère descente jusqu'à la Brillanne. En arrivant à ce village bifur. (*à droite route de Forcalquier*).

LA BRILLANNE.

Commune. Alt. 390 m. Habitants 300. Auberge. T. à la station: ligne de Veynes (*84 k.*) à Marseille (*111 k.*).
Beau pont sur la Durance. (*A 2 k. 700 sur la rive gauche* **Oraison.** *A 3 k. au nord, sur la montagne, Chapelle de Notre-Dame des Anges, (vue magnifique) pèlerinage célèbre dans toute la Provence, bâtie sur l'emplacement de la station romaine d'* **Alaunium** *et qui a remplacé un temple païen*).

En sortant du village, (*à gauche route d'Oraison*) suivre tout droit. Route légèrement accidentée, mais en descente douce jusqu'à Volx, en passant au pied du pittoresque village de **Villeneuve** (*Château ruiné considérable*).

VOLX.

Commune. Alt. 365. Habitants 790. Hôtel. P. T. Station: ligne de
Veynes (*92 k.*) à Marseille (*103 k.*)
Embranchements sur Forcalquier (*15 k.*); et Apt (*47 k.*).

On passe sur la rivière de la Laye, (*à droite route de
Forcalquier*) et l'on suit tout droit. Légère montée, et après
avoir traversé Volx, descente douce sur 4 k. passant par
les cotes 364, 361 et 344, puis montée douce, jusqu'à
Manosque, par les cotes 354 et 383.

MANOSQUE.

Canton. Alt. 370. Habitants 5.265. Hôtels. P.T. Station: ligne de
Veynes (*99 k.*) à Marseille (*96 k.*).
Cette jolie ville est la plus importante des Basses-Alpes. Deux belles
portes du XIVe siècle (*Soubeiran et Saunerie*). Eglise Saint-Sauveur,
dont le clocher renferme un escalier tournant curieux, et une cage
d'horloge en fer forgé, d'un travail remarquable. Belles promenades.

(*Dans la ville, bifur: petite route de Forcalquier en partie
incyclable; en sortant, à droite, route d'Apt et de la Tour
d'Aigues*).
A 500 m. de la ville, au commencement de la descente,
(*à gauche route de la gare et de Gréoulx*) prendre à droite.
Route en descente douce jusqu'à **Sainte-Tulle**, où l'on
traverse la rivière de Chaffène à la cote 312. On passe au pied
du village de **Corbières**, pittoresquement situé sur un
rocher; descente douce sur 7 k. On passe sous le chemin de
fer, à la cote 254; on longe la voie ferrée, et l'on arrive au
pied du promontoire de Saint-Eucher. Vue admirable et
grandiose sur toute la vallée de la Durance jusqu'aux Alpes,
le Verdon, Vinon et le Château de Cadarache.
On contourne le promontoire de Saint-Eucher. Route
en légère descente de la cote 244 à 238. De suite après avoir
traversé la voie ferrée, (*à droite bifur. de Mirabeau*) on
tourne à gauche, pour arriver au **Pont-de-Mirabeau**.
Après le pont, (*à gauche Saint-Paul*) tourner à droite;
route très belle, en descente très douce jusqu'à Peyrolles
passant par les cotes 234, 212 et 216.

PEYROLLES.

Canton. Alt. 216 m. Habitants 1.000. Hôtel. P.T. Station: ligne de
Meyrargues (*6 k.*) à Draguignan (*92 k.*).

De Peyrolles à Meyrargues route plate; petite montée
assez dure en arrivant à Meyrargues.

MEYRARGUES.

Commune. Alt. 247 m. Habitants 1.000. Hôtel. P.T. Station : ligne d'Aix (*26 k.*) à Pertuis (*7 k.*). Tête de ligne de Draguignan (*98 k.*). Embranchement sur Eyguières. (*47 k.*).

En sortant de Meyrargues, la route monte très fortement sur 2 k., puis la rampe s'adoucit légèrement avant d'arriver à la cote 309 (*bifur. de Pertuis à droite*) Rampe de 4 et 2 o/o. De ce point montée douce, puis légère descente, avant d'arriver aux **Logis de Venelles**. De ce hameau route en descente rapide jusqu'à la voie ferrée, puis plate sur 1.500 m. et en descente douce jusqu'à Aix.

AIX.

Chef-lieu d'arrondissement. Alt. 204 m. Habitants 28.915. Hôtels. P.T. Téléphone. Station ligne de Veynes (*167 k.*) à Marseille (*29 k.*). Embranchement sur Rognac (*26 k.*).

DÉPOTS D'ESSENCE : Moto-Naphta et Stelline, A. Serre, 4, Avenue Victor-Hugo ; Automobiline, Paul Bodin, Place Jeanne d'Arc.

Sortir d'Aix par la place de la Rotonde et la grande route. Descente assez rapide sur 2 k., jusqu'au Pont de l'Arc. Alt. 132 m. (*On laisse à droite, après le pont, la route des* **Milles** *et de* **Roquefavour.**)

Montée assez forte sur 2 k. 700, passant sur la voie ferrée, puis en dessous. De ce point descente très rapide sur 700 m. jusqu'au **village de Luynes** alt. 140 m. (*à gauche petite route de Gardanne*). De suite après le village, montée assez forte sur 1 k., puis légère sur 500 m., suivie d'une petite descente, d'un tournant un peu rapide et d'une nouvelle montée jusqu'à la côte 182. Route presque plate sur 5 k. jusqu'au passage à niveau **du Pin.** De suite après avoir traversé la voie ferrée, on monte très légèrement sur 1.500 m. pour descendre assez rapidement sur **Septèmes** et **Saint-Antoine**, où l'on arrive par une légère montée.

De Saint-Antoine à Marseille voir la route **Montpellier-Marseille.** (page 6).

VALENCE-MONTÉLIMAR
AVIGNON-MARSEILLE

	Altitudes	Kilomètres	Totaux
Valence	125	»	»
Livron	101	18	18
Loriol	98	3	21
Montélimar	90	23	44
Donzère	80	14	58
Pierrelatte	55	7 500	65 500
La Palud	50	8	73 500
La Croisière	47	4	77 500
Montdragon	50	4	81 500
Mornas	47	4	85 500
Piolenc	47	4	89 500
Orange	49	7	96 500
Courthéson	40	8	104 500
Sorgues	40	9 500	114
Avignon	12	9	123
Pont-de-Bonpas	30	10 500	133 500
Orgon	95	16	149 500
Sénas	90	6 400	155 900
Salon	80	11 500	167 400
Rognac	30	21	188 400
Saint-Antoine	145	19	207 400
Marseille	10	9	216 400

VALENCE.

Chef-lieu de dép. Alt. 125 m. Habitants 29.215. Hôtels. P.T. Téléphone. Station: ligne de Marseille (*246 k.*) à Lyon (*106 k.*).

DÉPOTS D'ESSENCE : Stelline, J. Fugier, 61, Avenue Gambetta ; Automobiline, Clermont, Rue de la Gare.

De Valence à Livron, très belle route plate qui suit la voie ferrée en ligne droite, coupant de nombreux chemins à droite et à gauche. A 14 k. bifur. (*à gauche route de Crest*) suivre tout droit pour arriver à Livron.

LIVRON.

Commune. Alt. 101 m. Habitants 4.240. Hôtels. P.T. Station.

En sortant de Livron prendre à droite. (*à gauche route de Crest*). On traverse la voie ferrée et la rivière la Drôme ; on laisse à gauche une seconde route sur Crest et l'on arrive à Loriol. (*A droite route de Privas*.) Suivre tout droit.

LORIOL.

Canton. Alt. 98 m. Habitants 3.330. Hôtels. P.T. Station.

De Loriol à Montélimar, route presque plate et droite, laissant à gauche 2 bifurcations. La route longe la voie ferrée dans le magnifique défilé du Rhône, où toutes deux sont entaillées en corniche sur les parois à pic de la vallée. On continue à suivre le chemin de fer jusqu'à Montélimar.

MONTÉLIMAR.

Chef-lieu d'arr^t. Alt. 90 m. Habit. 13.740. Hôtels. P.T. Téléph. Station.
DÉPOTS D'ESSENCE : Moto Naphta, G. Greffe, Boulevard Meynot ; Stelline, F. Greffe, méc., rue Beuverie.

Traversée de la ville presque en ligne droite ; on passe sur la rivière le Roubion (*à gauche route de* **Grignan**, *et à 200 m. à droite, route de Viviers*) suivre tout droit sur la gauche. On traverse la rivière la Réaille, à la cote 97 où l'on aborde une forte montée de 2 et 4 o/o sur 3 k. jusqu'à la cote 160. De ce point, la route descend rapidement ; on traverse le hameau de **Joanin** ; 1 k. après, la descente s'accentue, (*pente de 4 o/o*) on passe à la cote 129 et l'on arrive à Donzère par une descente très rapide de 8 o/o.

DONZÈRE.

Commune. Alt. 80 m. Habitants 1.600. Hôtel. P.T. Station.

En entrant dans la ville, bifur. (*à gauche route de Grignan*) suivre tout droit. Route en plaine et longeant la voie ferrée, sous laquelle elle passe par un tournant brusque. On traverse la rivière la Berre, et l'on continue en ligne droite jusqu'à **Pierrelatte**.

PIERRELATTE.

Canton. Alt. 55 m. Habitants 3.220. Hôtels. P.T. Station.

On traverse la ville sur le cours ; (*en laissant à droite la route de Bourg-Saint-Andéol*) de ce point la route abso—

lument droite et plate, touche au village de **La Palud**.

LA PALUD.

Commune. Alt. 50 m. Habitants 1.675. Hôtel. P.T. Station.

Continuer de même jusqu'à **La Croisière**, (*Alt. 47 m.*) où on coupe, à angle droit, la route de Pont-Saint-Esprit à Bollène. On continue toujours en ligne droite et en plaine, jusqu'au pont de la rivière la Lèze et à Montdragon.

MONTDRAGON.

Commune. Alt. 50 m. Habitants 2.240. Hôtels. P.T. Station.

En entrant dans la ville, on laisse à gauche la route de Bollène ; à 1 k. passage sous la voie ferrée, que la route suit en plaine, en traversant les villages de **Mornas, Piolenc** et la rivière l'Aigues. On arrive à Orange en passant sous l'Arc de Triomphe Romain.

ORANGE.

Chef-lieu d'arr. Alt. 49 m. Habitants 9.930. Hôtel. P.T. Station.

DÉPOT D'ESSENCE : Stelline, J. Pic, méc., 37, Rue Vieux Remparts.

Contourner la ville par les boulevards extérieurs et, à l'avenue de la Gare, prendre à droite. Route absolument droite en montée douce par les cotes 64, 68, avec légère descente vers le 5e k. jusqu'à Courthéson.

COURTHÉSON.

Commune. Alt. 40 m. Habitants 3.105. Hôtels. P.T. Station.

A 500 m. de la ville bifur. de Châteauneuf, prendre à gauche. Route toujours plate sur 4 k. 260. (*à gauche Bédarride à 1 k.*). Prendre à droite, et, de ce point, tenir toujours sa gauche en coupant 2 routes à l'Ouest. On traverse la rivière la Sorgues pour arriver à Sorgues.

SORGUES.

Commune. Alt. 40 m. Habitants 4.160. Hôtel. P.T. Station.

En sortant de Sorgues, prendre à gauche. Route en descente légère sur 4 k. 500. On traverse la voie ferrée et 500 m. après prendre à droite, en laissant à gauche 2 chemins.

AVIGNON.

Chef-lieu de dép. Alt. 12 m. Habitants 45.110. Hôtels. P.T. Station.

DÉPOTS D'ESSENCE : Moto-Naphta, Marius Boyer, Boule-

vard Saint-Roch ; Stelline, Henri Mathieu, Boulevard Saint-Roch ; Automobiline, Chauvet, 29, Rue des Marchands.

Contourner la ville en suivant les remparts par le Boulevard extérieur l'Imbert et à l'extrémité de celui-ci prendre à gauche la grande route nationale de Paris à Antibes, absolument plate et presque droite, le long de la Durance jusqu'au Pont de Bonpas, où l'on tourne à droite, laissant à gauche la route de Caumont à 2 k. 500. Après le pont suivre tout droit. (*à droite Novès à 1 k. à gauche Cabannes*). A 2 k. 500 la route oblique à gauche et toujours en ligne droite, traverse le village de Saint-Andriol. De ce point à la bifur. du Plan d'Orgon, légère montée par les cotes 63 et 69. A Plan-d'Orgon on coupe à angle droit la route de Cavaillon à Saint-Rémy. Suivre tout droit et très légère montée jusqu'à Orgon.

ORGON.

Canton. Alt. 95 m. Habitants 2.615. Hôtel. P.T. Station.

DÉPOT D'ESSENCE : Stelline, Hôtel de Londres, A. Pensaben, propriétaire.

Légère descente en arrivant dans le village ; à la sortie, on traverse la voie ferrée et de ce point à Sénas route absolument droite et plate passant à 2 k. 300 devant la route d'Eyguières (*à droite*).

SÉNAS.

Commune. Alt. 90 m. Habitants 1.890. Hôtel. P.T. Station.

Embranchement grande voie du Sud-Est, Aix-Le Luc.

En sortant de Sénas, on abandonne à gauche la route nationale pour prendre à droite, par un tournant brusque, la route directe de Salon. Légère montée jusqu'en face la station de Lamanon à la cote 167, où l'on coupe la route de Lamanon à Alleins. Montée légère sur 1.500 m. jusqu'à la cote 118. Puis de ce point à Salon route en descente légèrement accidentée.

De Salon à Marseille voir la route **Montpellier-Marseille**. (page 4).

SÉNAS-AIX-BRIGNOLES-LE LUC

	Altitudes	Kilomètres	Totaux
Sénas	90	»	»
La Croisière	102	7	7
Pont-Royal	136	3 500	10 500
Lambesc	204	9 500	20
Saint-Cannat	210	4 500	24 500
Aix	204	16 500	41
Passerelle (bifur)	200	7 500	48 500
Châteauneuf-le-Rouge	248	3 500	52
La Grande-Pugère	240	11 500	63 500
Pourcieux	355	7 500	71
Saint-Maximin	311	6 500	77 500
Tourves	280	7 500	85
Brignoles	215	11 500	96 500
Flassans	235	13 500	110
Le Luc	150	9	119

En arrivant à Sénas par la route d'Orgon, et après avoir traversé le village, (*laisser à droite la route de Salon*) suivre tout droit. Route plate jusqu'à la bifur. de **La Croisière**. (*à gauche Mallemort; à droite Lamanon*). A 1.500 m., on coupe la route d'Alleins à Mallemort, puis on traverse la voie ferrée, et on monte légèrement jusqu'à **Pont-Royal**, (*à gauche Charleval et Pertuis; à droite Eyguières*). Suivre tout droit. Route en montée très douce, jusqu'au hameau de **Casan** ; un peu après, on oblique à gauche à la cote 219. Là montée s'accentue dans la belle vallée des Taillades, et l'on passe près d'une chapelle, point culminant de la montée. Légère descente sur 2 k. et montée douce en arrivant à Lambesc.

LAMBESC.

Commune. Alt. 204 m. Habitants 2.350. Hôtels, P. T.

Dans la ville bifur. (*à gauche Rognes; à droite Pélissanne et Salon*). En sortant de la ville, montée forte sur 500 m.

jusqu'à la cote 234 ; descente sur 1 k., jusqu'à la cote 197 ; route un peu accidentée jusqu'à **Saint-Cannat**.

SAINT-CANNAT.

Commune. Alt. 210 m. Habitants 1.210. Hôtels. P.T.

En arrivant dans le village, (*à droite Pélissane*), suivre tout droit, et, en sortant, montée forte sur 1.500 m. jusqu'à la cote 240 ; puis légère descente, et nouvelle montée passant par la coté 270, et enfin montée douce jusqu'au croisement de la route de Rognes (*à gauche*) et d'Eguilles (*à droite*). De ce point à la station de **La Calade**, la route est légèrement accidentée, puis descend rapidement jusqu'à Aix, où l'on pénètre par le Cours des Minimes.

AIX.

Chef-lieu d'arrondissement. Alt. 204 m. Habitants 28.357. Hôtels. P.T. Téléphone. Station de Marseille (*29 k.*) à Pertuis (*33 k.*). Embranchement sur Rognac (*26 k.*).

DÉPOTS D'ESSENCE : Moto-Naphta et Stelline, A. Serre, 4, Avenue Victor-Hugo ; Automobiline, Paul Bodin, Place Jeanne d'Arc.

Sortir d'Aix par le Cours Mirabeau ; à son extrémité prendre la rue d'Italie à laquelle fait suite le Cours Sainte-Anne. On passe devant les casernes et on descend assez rapidement sur 2 k. 500. Route plate jusqu'au hameau de **Palette**, (*à gauche Chemin du Tholonet*) puis on suit la rivière l'Arc dans une vallée très pittoresque et bien boisée qui se termine par une légère montée et une gorge très étroite, formée par des rochers à pics entaillés par la rivière.

On arrive à **Passerelle**, (*à droite route de Roquevaire*) prendre à gauche ; montée un peu forte sur 3 k., puis descente sur 500 m. jusqu'à **Châteauneuf-le-Rouge** (*3 maisons sur la route sans auberge*).

De ce point, à la Grande-Pugère route très belle, très pittoresque, très accidentée. Succession de montées et de descentes courtes. A 3 k. 500 de Châteauneuf, (*à droite Rousset 1 k.*) continuer tout droit jusqu'à la **Grande-Pugère**, hameau, ancien bureau de péage. Route plate jusqu'à la **Petite-Pugère** (*ferme sur la route ; à gauche Pourrières*). On traverse le pont de l'Arc et, de suite après, on tourne à gauche (*à droite Trets*). De ce point à la ferme de Saçaron, montée assez forte jusqu'au passage à niveau avant Pourcieux (*en laissant à droite la route de Trets*).

Après le passage à niveau, petite descente et montée légère jusqu'à Pourcieux.

POURCIEUX.

Commune, Alt. 355 m. Habitants 420. Auberge. P.—T. à la gare. Station, ligne de Gardanne *(29 k.)* à Carnoules *(50 k.)*.

Traversée du village mauvaise ; rue étroite. En sortant de Pourcieux, montée assez forte sur 500 m. environ, puis descente courte et très rapide, mauvais passage sur un pont, suivie d'une petite montée de 300 m. très dure ; partie plate jusqu'à la Tuilerie des Cabanes (Alt. 390 m.) et montée très forte sur 500 m. jusqu'à la cote 416. Légère descente, jusqu'au pont du chemin de fer, suivie d'un tournant brusque et d'une descente très forte sur 3 k. Le dernier kilom. est en partie plate et en montée douce en arrivant à Saint-Maximin (*à gauche Ollières et Rians*).

SAINT-MAXIMIN.

Canton, Alt. 311 m. Habitants 2.420. Hôtels. P.T. Station ligne de Gardanne *(37 k.)* à Carnoules *(42 k.)*.
Eglise des XIIIe, XIVe, XVe siècles. Le plus bel édifice gothique du midi de la France. Dans la sacristie, collection d'étoffes précieuses richement brodées. Derrière l'église beau cloître du XIIIe siècle.

Café Français, nécessaire de réparations, pompe, garage.

De suite après la sortie de la ville, prendre à gauche le chemin de la gare. (*en face en passant sous la voie ferrée Saint-Zacharie et Marseille*) On traverse le passage à niveau, descente douce sur 1 k. puis petite montée assez forte jusqu'à la cote 313. De ce point jusqu'à Tourves, la route est presque toute en descente, mais légèrement accidentée et passant par les cotes 294 et 315.

Vers la fin de la descente, et dès que l'on aperçoit le village de Tourves, on passe devant la route de Saint-Zacharie (*à droite*). Descente jusqu'au village . Passage dangereux.

TOURVES.

Commune. Alt. 280 m. Habitants 1.530. Hôtel. P.T. Station : ligne de Gardanne *(43 k.)* à Carnoules *(36 k.)*.
Magnifiques ruines du Château des de Valbelle d'où l'on jouit d'une vue splendide sur la plaine de Brignoles.

En sortant de Tourves, petite descente qui se termine par un tournant brusque sous la voie ferrée, et, de suite après, à la cote 271 (*à droite la Roquebrussanne*) tourner à gauche. De ce point à Brignoles route presque plate et suivant la voie ferrée.

BRIGNOLES.

Chef-lieu d'arrondissement. Alt. 215 m. Habitants 4.900. Hôtels.
P.T. Station : ligne de Gardanne (*56 k.*) à Carnoules (*23 k.*).

Hôtel Fabre de Piffard, Chambres 1 fr. 50, Déjeuner 2 fr. 50, Diner 3 fr.

Café du Sport, en face le Palais de Justice.

DÉPOT D'ESSENCE : Moto-Naphta, Justin Brun, méc., Grand'Rue.

Traverser la ville en ligne droite. De suite après la place Caramy (*à gauche Barjols, Lorgues et Draguignan*) prendre à droite. Légère descente, puis montée douce sur 3 k. jusqu'à la cote 241 (*à gauche route de Cabasse*). De ce point à Flassans, route très accidentée formée par une succession de montées et de descentes passant par les cotes 275, 292, 310, 313, 285 et dont les 3 derniers k. sont très rapides. Au bas de cette descente, on coupe la route de Cabasse (*à gauche*) à Besse (*à droite*).

FLASSANS.

Commune. Alt. 235. Habitants 1.170. Hôtel. P.T.
A visiter les ruines de l'ancien village et d'un château du Moyen-Age d'où on jouit d'une vue magnifique.

En entrant dans le village (*à droite Besse*), on traverse le pont de l'Issole, puis la grand'rue en laissant à droite la route de Pignans et de Gonfaron. Route en légère montée sur 3 k. jusqu'à la cote 262, puis route accidentée passant par la cote 248 et presque toute en descente jusqu'au **Luc**.

NOTES :

MARSEILLE - TOULON - LE LUC
FRÉJUS - NICE - VINTIMILLE

	Altitudes	Kilomètres	Totaux
Marseille	10	»	»
Aubagne	95	17 500	17 500
Cuges	209	11 500	29
Le Camp	397	6	35
Le Beausset	162	11 500	46 500
Ollioules	50	8 500	55
Toulon	10	7	62
Solliès-Pont	85	14	76
Cuers	141	6	82
Carnoulès	200	12	94
Pignans	170	3	97
Gonfaron	210	5 500	102 500
Le Luc	150	9	111 500
Vidauban	48	11	122 500
Le Muy	45	12 500	135
Fréjus	10	15	150
Les Adrets (bifur.)	314	14 500	164 500
Cannes	6	20	184 500
Antibes	8	10	194 500
Cagnes	5	9 500	204
Nice	8 et 15	11 500	215 500
Beaulieu	10	8 500	224
Monaco	40	9 500	233 500
Menton	10	9 750	243 250
Vintimille	30	10	253 250

Dé Marseille à Aubagne voir ci-après Sorties de Marseille.

AUBAGNE.

Canton. Alt. 95 m. Habitants 8.400. Hôtels. P.T. Téléphone. Station.
Grand Hôtel du Cours, Ch. Camous, propriétaire.
Café-Restaurant Giraud, Avenue de la Gare.

Café de la Terrasse, J. Olive, propriétaire.
Docteur A. Gaymard, Rue de la République.
DÉPOT D'ESSENCE : Stelline, J. Sibelly, Boulevard Notre-Dame.
Essence spéciale pour Automobiles et Motocycles, Monnet et Cᵢᵉ, Avenue de la Gare, 2.

En arrivant sur le cours, prendre à droite (*à gauche Roquevaire*), la rue de la République pavée sur 500 m. Après la dernière fabrique de produits céramiques prendre à gauche (*à droite la Ciotat*). La route passe sous la voie ferrée, et monte légèrement pour redescendre en pente douce jusqu'à la ferme de Coulin, alt. 124 m., où elle s'engage dans un très beau vallon. Montée douce sur 1 kilom., puis assez forte sur un 2ᵐᵉ kilom. jusqu'au col de l'Ange, alt. 214 m. A ce point laisser à droite la route de Roquefort et descendre par une pente rapide avec deux tournants brusques dans la plaine de Cuges. Montée douce de 1 kil. avant d'arriver à ce village.

CUGES.

Commune, Alt. 223 m. Habitants 1.120. Hôtels. P.T.

En sortant de Cuges la route monte doucement sur 1 kilom., puis très fortement sur 5 jusqu'au Camp. Rampe de 4 %. **Au Camp**, alt. 397, laisser les routes de droite et de gauche et continuer tout droit au sud en face. Après 1500 m. presque en plaine, la route descend fortement jusqu'au Beausset. Nombreux tournants brusques et dangereux.

LE BEAUSSET.

Canton. Alt. 162 m. Habitants 1.920. Hôtel. P.T.

En arrivant dans le village, tourner assez brusquement à gauche. La pente est plus douce et la route passe au hameau de Sainte-Anne, à l'entrée des belles gorges d'Ollioules dans lesquelles on s'engage immédiatement. Descente rapide, route très étroite, tournants brusques et dangereux. Etre très prudent.

OLLIOULES.

Canton, Alt. 50 m. Habitants 3.970. Hôtel. P.T.

Au milieu de la ville laisser les deux routes de droite, et prendre à gauche. Montée assez dure sur 1 kil., puis descente assez douce jusqu'à Toulon. Ligne de Tramways électriques. La route en partie pavée, traverse la voie ferrée qu'elle suit jusqu'au faubourg du Pont-du-Las.

TOULON.

Chef-lieu d'arr^t. Habitants 95.275. Alt. 10 m. Hôtels. P.T. Station.

DÉPOTS D'ESSENCE : Moto-Naphta, Richard, méc., Rue Picot. Stelline, Beauvais, méc., 3, Rue d'Algér. Automobiline, Arferand, 60, Rue de Gars.

Entrer dans la ville par la porte Nationale et le Boulevard de Strasbourg ; en sortir par la Porte Notre-Dame. Tourner à droite, contourner le Champ de Mars, suivre la route de la Valette avant d'arriver au pont du chemin de fer, laisser à droite la route de la Garde et prendre à gauche ; route en partie pavée jusqu'à la **Valette** (*alt. 64 m.*) en montée douce passant par les cotes 13, 21, 42 et 63.

En entrant dans le village, tournant brusque en angle droit, et, en sortant, laisser à gauche le chemin de Revest ; légère descente, et, 500 m. plus loin, prendre à gauche (*à droite la Garde*). Descente légère, 1 k. plus loin suivre tout droit, en laissant à droite l'embranchement de la route nationale qui se dirige sur Hyères. Montée douce passant par les cotes 55, 76, et 79 au village de **La Farlède** que l'on traverse en ligne droite, (*à gauche chemin de Solliès-Ville et à droite La Crau*). La route continue en très légère descente sur 1.500 m. (*cote 76*) puis en montée douce jusqu'à **Solliès-Pont**.

SOLLIÈS-PONT.

Canton. Alt. 85 m. Habitants 2.700. Hôtel. P.T. Station.

En sortant de Solliès-Pont, on laisse à droite la route de La Crau, et, un peu plus loin, à gauche, celle de Solliès-Toucas et de Belgencier. Suivre tout droit et route en montée douce jusqu'à Cuers passant par les cotes 104, 123 et 140.

CUERS.

Canton. Alt. 141 m. Habitants 3.380. Hôtel. P.T. Station.

Suivre tout droit, laissant à gauche la route de Rocbaron et à droite celle de Pierrefeu. Légère descente sur 4 k. puis montée douce jusqu'à Puget-Ville. (*Commune. Alt. 190. 1.665 habitants. Hôtel. P.T. Station*). En sortant de Puget-Ville, montée légère sur 200 m. et forte sur 800 m. en passant par les cotes 192 et 215. De ce point descente très douce jusqu'à Carnoules.

CARNOULES.

Commune. Alt. 200 m. Habitants 1.035. P.T. Station.

Hôtel-Buffet de la Gare, Chambre 1 fr. 50, Déjeuner 1 fr. 50 et 2 fr. 50, Souper 3 fr.

En entrant dans la ville on laisse à droite le chemin de Pierrefeu. Continuer en droite ligne ; montée douce et descente légère jusqu'à **Pignans** (*Commune. Alt. 170 m. 1.755 habitants. Hôtel. P.T. Station*). En entrant dans la ville on laisse à gauche la route de Flassans et à droite celle de Pierrefeu. Après la ville, petite descente légère sur 500 m. jusqu'à la cote 167 puis montée douce jusqu'à 1.500 m. avant Gonfaron à la cote 192 puis, descente légère sur la ville jusqu'à la cote 172. A l'entrée du village, à gauche, route de Flassans.

GONFARON.

Commune. Alt. 210 m. Habitants 2.525. Hôtel. P.T. Station.

En sortant du village laisser à droite la route de Collobrières et de la Garde-Freinet, prendre à gauche. Très belle route en descente douce passant par les cotes 146, 142 et montée légère sur les deux derniers kil. jusqu'à 500 m. avant le Luc par la cote 169 et descente douce vers la ville.

LE LUC.

Canton. Alt. 150 m. Habitants 2.747. Hôtels. P.T. Station.

(Embranchement grande voie du Sud-Est Aix-Sénas).

En entrant dans la ville, tourner à droite, (*à gauche Flassans*) et, en sortant, prendre de nouveau à droite (*à gauche Cabasse*). Très belle route en descente légère et presque en ligne droite jusqu'à Vidauban, coupant à gauche deux routes. Au 3ᵉ kil., en face le Canet-du-Luc, descente rapide sur 700 m. de la cote 117 à 94. A ce point laisser à droite et à gauche deux chemins et continuer tout droit en passant par les cotes 83, 62 et 48.

VIDAUBAN.

Commune. Alt. 48 m. Habitants 2.630. Hôtel. P.T. Station.

La route traverse la ville en ligne droite passe sous le pont du chemin de fer et monte assez fortement sur 500 m. pour redescendre assez rapidement sur la même longueur. Le reste plat jusqu'au Pont d'Argens. 300 m. après le pont tourner à droite à angle droit (*en face Les Arcs, à gauche Taradeau*). Légère montée sur 500 m. avant d'arriver au passage à niveau, puis descente très douce jusqu'au village **Le Muy**, en passant par les cotes 81 et 80.

LE MUY.

Commune. Alt. 45 m. Habitants 2.995. Hôtel. P.T. Station.

Suivre tout droit, et au milieu de la ville, descente rapide et tournant brusque à droite. La route se continue légèrement ondulée, passant par les cotes 16, 24, 18 et 25 au village de **Puget-sur-Argens** ; puis descente légère jusqu'à Fréjus par les cotes 13, 9 et 10.

FRÉJUS.

Canton. Alt. 10 m. Habitants 3.510. Hôtel. P.T. Station : ligne de Marseille *(158 k.)* à Nice *(67 k.)*.

Ancienne ville romaine de **Forum Julii**. Restes considérables de cette époque. Les arènes. Les remparts de la ville antique. L'amphithéâtre et le Forum. La porte des Goules et de l'Aure. Phare des anciens quais romains. Aqueduc considérable apportant les eaux de la Siagne. Restes d'un temple du IIIᵉ et IVᵉ siècles. Ancien palais épiscopal et tour de la Cathédrale Saint-Etienne *(XIᵉ et XIIᵉ siècles)*. Cloître XIIIᵉ siècle.

DÉPOT D'ESSENCE : Moto-Naphta et Stelline, Molinard fils, quincaillier.

Au centre de la ville bifur. : *(à droite Saint-Raphaël à 3 k.)* prendre à gauche, en sortant de Fréjus commencement de la montée de l'Estérel ; côte de 2 à 3 et 4 0/0 sur 15 k. de longueur jusqu'à la cote 314 à la bifur. des Adrets. Route magnifique en pleine forêt.

LES ADRETS.

Auberge et gendarmerie sur la route. Alt. 314 m.

Le village est situé à 2 k. 500 au nord. Les environs offrent des points de vue et des sites superbes, sauvages et agrestes. La végétation se compose principalement de pins maritimes, de chênes-lièges et de chênes-verts ; le sol formé de granit gris et vert, de porphyres, donne au paysage un aspect grandiose et fantastique.

De l'auberge des Adrets, la route descend très fortement avec tournants dangereux et passages rapides jusqu'au hameau Le Tremblant *(11 k 500)* où elle continue en plaine jusqu'aux Thermes.

LES THERMES.

Hameau. Alt. 9 m.

Prendre à droite. On passe devant l'Ermitage de Saint-Cassien, à gauche vue admirable sur Grasse. Route plate et droite jusqu'à la Bocca.

LA BOCCA.

Faubourg de Cannes. Station : ligne de Marseille *(191 k.)* à Nice *(34 k.)*

Bifur. : *(à gauche Grasse à 13 k. 500)*. Suivre tout droit.

Route très accidentée ; 2 tournants et descente dangereuse en arrivant dans Cannes.

CANNES.

Canton. Alt. 6 m. Habitants 22.960. Hôtels. P.T. Station : ligne de Marseille (*194 k.*) à Nice (*31 k.*). Embranchement sur Grasse (*20 k.*). Tour carrée et restes de l'ancien château des abbés de Lérins (*1070-1385*). Eglise Notre-Dame-de-l'Espérance XVIIe siècle renfermant un grand reliquaire sculpté (*1391*) contenant une partie des ossements de Saint-Honorat de Lérins. Musée. Théâtre. Casino. Magnifique promenade de la Croisette. Beaux hôtels, Villas, Châteaux. Du sommet de la vieille ville vue magnifique. Une des plus belles plages du midi de la France.

DÉPOTS D'ESSENCE : Moto-Naphta, A. Garin, 8, Square Merimée. Stelline, Gilette, Rue de la Gare et Geiseudorf, Rue Herman.

Sortir de Cannes de préférence par la Croisette et presque au bout de la promenade, tourner à gauche pour aller rejoindre la route d'Antibes. Légère montée et route un peu accidentée jusqu'à Golfe-Jouan.

GOLFE-JOUAN.

Village. Alt. 25 m. Hôtels. P.T. Station : ligne de Marseille (*200 k.*) à Nice (*25 k.*)

Nombreuses villas. Jardins magnifiques. Etablissement céramique de Massié. Monument commémoratif du débarquement de Napoléon en 1815 situé à droite de la route.

Dans le village bifur. *(à gauche Vallauris à 2 kil.)* continuer tout droit. Route plate sur 2 kil. bifur. *(à gauche chemin direct d'Antibes à 2 kil.)* prendre à droite et légère montée avant d'arriver à Jouan-les-Pins.

JOUAN-LES-PINS.

Agglomération moderne de villas et hôtels. Station : ligne de Marseille (*203 k.*) à Nice (*22 k.*) Beaux bois de pins.

Après Jouan-les-Pins légère montée sur 500 m.; passage sur le chemin de fer ; deux tournants brusques ; puis descente sur Antibes.

ANTIBES.

Canton. Alt. 8 m. Habitants 9.330. Hôtels. P.T. Station : ligne de Marseille (*205 k.*) à Nice (*20 k.*). Eglise du XIIe siècle dont les deux tours ont été construites 200 ans avant J.-C. Ruines d'un théâtre et d'un aqueduc. Restes des anciens remparts de Vauban.

En sortant d'Antibes de suite après la gare bifur. : (*à gauche Valbonne à 12 k 500*) prendre à droite, route plate et très belle. Après le pont de la Brague, au 3e k. bifur. : (*à gauche Biot à 2 k 500*) suivre tout droit et 3 k. 500 après bifur. : (*à gauche Villeneuve-Loubet à 2 k. 500*) prendre en face ; on traverse le Loup et 1 k., plus loin laisser à gauche la route de la Colle (*5 k.*) pour continuer tout droit; légère montée avant d'arriver à Cagnes et bifur. : (*à gauche Vence à 8 k.*). Prendre à droite.

CAGNES.

Canton. Alt. 5 et 35 m. Habitants 3.030. Hôtels. P.T. Station : ligne de Marseille (*213 k.*) à Nice (*12 k.*).

En sortant de Cagnes, on traverse la rivière la Cagne par un tournant très brusque (*à gauche la Gaude à 6 k.*); prendre à droite et montée légère jusqu'après le passage de la voie ferrée. 1.500 m. plus loin bifur. : (*à gauche Saint-Laurent à 1.500 m.*) prendre à droite. La route suit la voie ferrée, traverse la rivière le Var et arrive à Nice toujours en plaine par le faubourg de la Californie.

NICE.

Chef-lieu de département. Alt. 8 m. Habitants 93.760. Hôtels. P.T. Station : ligne de Marseille (*225 k.*) à Vintimille (*35 k.*) Embranchement sur Grasse par le chemin de fer du Sud.

DÉPOTS D'ESSENCE : Moto-Naphta, Eréséo, 9, Rue Croix-de-Marbre. Stelline, Garin, méc., 13, Rue de l'Hôtel-des-Postes. Automobiline, Rostagnin et Garnier, droguistes, 2, Boulevard du Pont-Vieux.

Sortir de Nice par la place Masséna, Quai Saint-Jean-Baptiste, Pont Garibaldi, Place Garibaldi, Rue Cassini, Place Cassini et route de Villefranche. Montée forte du Port jusqu'à l'octroi (*2 k.*). Vue magnifique sur la ville de Nice ; plat sur 1 k. et légère descente sur Villefranche jusqu'au terrain de manœuvre.

VILLEFRANCHE.

Canton. Alt. 59 m. Habitants 4.430. Hôtels. P.T. Station: ligne de Nice (*4 k.*) à Vintimille (*31 k.*).

Petite ville très pittoresque située en amphithéâtre au fond de la plus belle rade du Littoral. Rues très curieuses passant en partie sous les maisons.

Après l'octroi de Villefranche, légère montée sur 500 m. bifur. : (*à gauche route très dure qui rejoint la route de la Corniche*) suivre tout droit. Descente jusqu'après Beaulieu. Au pont du chemin de fer bifur : (*à droite, Saint-Jean, Cap Saint-Hospice, Cap Ferrat, Promenade magnifique*). Prendre à gauche.

BEAULIEU.

Commune. Alt. 5 et 30 m. Habitants 550. Hôtels. P.T. Station: ligne de Nice (*6 k.*) à Vintimille (*29 k.*).

Petite ville d'une très grande animation en hiver, située au fond d'une anse arrondie, à la base des rochers de **La Petite Afrique,** ainsi nommés, à cause de la température produite à cet endroit par la réverbération des parois de la montagne. En hiver le thermomètre ne descend pas au-dessous de 10 degrés.

Au Cap Roux, célèbre grotte préhistorique.

En sortant de Beaulieu, plat sur 3 k. jusqu'après la gare d'Eze *(à gauche chemin d'Eze à 1.500 m., incyclable).* La route monte assez fortement sur 1.500 m. puis elle continue en pente très douce jusqu'à Monaco. On passe sous la montagne de la Tête-de-Chien et l'on pénètre dans Monaco. La route suit la partie haute de la ville, traverse le ravin de Sainte-Dévote et prend le Boulevard du Nord pour arriver à Monte-Carlo.

MONACO & MONTE-CARLO.

Principauté : Monaco, habitants 2.380. Principauté, habitants 9.100. Hôtels. P.T. Station : ligne de Nice (*15 k.*) à Vintimille (*20 k.*).

En sortant de Monte-Carlo, descente assez rapide sur 1 k. et plat sur 1.500 m. jusqu'au ruisseau de Raminjeaud. Légère montée sur 1.500 m. jusqu'à la bifur. : *(à gauche La Turbie à 8 k.)* prendre à droite et continuer tout droit ; petite montée sur 500 m. puis descente jusqu'au passage sous le chemin de fer et plat jusqu'à Menton.

MENTON.

Canton. Alt. 10 m. Habitants 9.050. Hôtels. P.T. Station : ligne de Nice (*24 k.*) à Vintimille (*11 k.*).

Ville célèbre par la beauté et la douceur de son climat. La vieille ville, bâtie sur les flancs d'une colline escarpée a conservé ses anciennes rues en arcades, sombres, étroites et tortueuses. La ville nouvelle s'étend sur les bords de la mer. Eglise Saint-Michel (*XIVᵉ siècle*), de la plate-forme de laquelle, on a une vue merveilleuse. Ruines d'un château fort (*1502*). Palais construit par Honoré II, prince de Monaco.

Avant de traverser le torrent le Carei, bifur. : *(à gauche Sospel, à 22 k., forte montée).* Suivre tout droit, légère descente sur le quai de Caravan, on passe sous le chemin de fer et l'on monte assez fortement jusqu'à Pont Saint-Louis.

PONT SAINT-LOUIS.

Frontière. Poste de Douane. Une des plus belles vues de la côte sur la rade de Menton.

Après Pont Saint-Louis, la route monte sur 3 k. Tournant brusque avant d'arriver au hameau de la Murtola. De ce point à Vintimiglia route en légère descente et suivant la côte.

TOULON-FRÉJUS PAR LE LITTORAL

	Altitudes	Kilomètres	Totaux
Toulon	14	»	»
La Valette	64	4 500	4 500
Hyères	40	14	18 500
La Londe	19	9	27 500
Bormes	140	10 500	38
Le Lavandou	6	4 500	42 500
Cavalaire	10	17	59 500
Sainte-Maxime	4	20	79 500
Saint-Eygulf	26	13 500	93
Fréjus	10	7	100

TOULON.

Chef-lieu d'arr^t. Alt. 2, 5, 14 et 20 m. Habitants 95.270. Hôtels. P.T. Station : ligne de Marseille (*67 k.*) à Nice (*158 k.*).

Port Maritime. Premier port de guerre sur la Méditerranée. Arsenal maritime bâti sur les plans de Vauban en 1680. Cathédrale de Sainte-Marie-Majeure bâtie en 1096. Hôtel-de-Ville décoré de cariatides de Puget. Le nouveau théâtre, bel édifice. Beaux quartiers neufs de la Place de la République, du Cours Lafayette, Place d'Armes.

DÉPOTS D'ESSENCE : Moto-Naphta, Richard, méc., Rue Picot. Stelline, Beauvais, méc., 3, Rue d'Alger. Automobiline, Arferand. 60, Rue de Gars.

Sortir de Toulon par le Boulevard de Strasbourg et la Porte d'Antibes ; tourner à droite et prendre la route d'Italie (*ligne de tramways jusqu'à la Valette*). Route en montée douce et pavée.

LA VALETTE.

Commune. Alt. 64 m. Habitants 2.470. Hôtel. P.T.

En sortant du village bifur. : (*à gauche Le Revest à 7 k.*) prendre à droite, 500 m. plus loin nouvelle bifur. : (*à droite la Garde à 2 k. 500*) prendre à gauche. Route en légère montée sur 1 k. puis bifur. : (*à gauche La Farlède à 4 k. 500*) prendre à droite. Route en descente douce, et 1.500 m. plus loin bifur. : (*à gauche La Farlède à 3 k. 500 ; à gauche vers l'Est La Crau à 4 k.; à droite La Garde à 2 k.*) prendre en face. La route passe sous le chemin de fer, et descend doucement sur 4 k. ; passage à niveau et bifur. : (*à gauche La Crau à 2 k. 500, à droite Carqueiranne à 6 k.*) traverser le passage à niveau et suivre tout droit. Route en montée douce jusqu'à Hyères.

HYÈRES.

Canton. Alt. 40 m. 17.700 habitants. Hôtels. P.T. Téléphone. Station. ligne de Toulon (*29 k.*). Tête de ligne sur Saint-Raphaël (*Chemin de fer du Sud, 83 k.*).

Ville fondée par les grecs sous le nom de Olbia, (*l'Heureuse*) environ 500 ans avant notre ère; colonie romaine et ville fortifiée du Moyen-Age. La vieille ville a conservé son aspect féodal et ses remparts crénelés (*XIIe siècle*). Eglise Saint-Louis (*XIIe siècle, monument historique*). Eglise Saint-Paul, en partie du XIIe siècle. Près de l'église, maisons du Moyen-Age et de la Renaissance. Belles promenades plantées de palmiers. Vue magnifique sur la rade, les Salins, les îles d'Hyères.

DÉPOT D'ESSENCE : Stelline, C. Laure, méc., Rue Bon-Secours.

En sortant de Hyères, descente légère jusqu'à la rivière le Gapeau. Bifur. : (*à gauche Pierrefeu à 13 k.*). Prendre à droite, puis, 2 k. plus loin, nouvelle bifur. : (*à droite Chemin du Port de Pothuau à 1.800 m.*). Suivre tout droit; légère montée jusqu'à la Londe.

LA LONDE.

Hameau. Alt. 19 m. P.T. Station : ligne d'Hyères (*11 kil.*) à Saint-Raphaël (*72 k.*).

Dans le village même, bifur. : (*à gauche Chemin de Pierrefeu et de Collobrières, incyclable*). Traverser le village ; montée un peu forte sur 4 k. 500, puis, à partir du passage à niveau, descente sur 1 k., suivie d'une petite montée jusqu'au 2ᵐᵉ passage à niveau et descente jusqu'à la bifur. de la Verrerie (*à gauche Collobrières 18 k. 500*) prendre à droite; montée jusqu'à Bormes. 1 k. avant, à droite, bifur. du Lavandou.

BORMES.

Commune. Alt. 140 m. 2.200 habitants. Hôtel. P.T. Station à 1 k. : ligne d'Hyères (*21 k.*) à Saint-Raphaël (*62 k.*).

Ruines d'un château très important du Moyen-Age. Belle citerne. Terrasses et jardins d'où l'on jouit d'une vue magnifique.

En sortant de Bormes, reprendre la route d'arrivée et à 1 k. tourner à gauche. Descente rapide jusqu'au Lavandou.

LE LAVANDOU.

Village. Petit port. Nombreuses villas. Station d'hiver. Ancienne colonie génoise. Station : ligne d'Hyères (*23 k.*) à Saint-Raphaël (*60 k.*)

La route qui conduit à Cavalaire est une des plus pittoresques de la Provence. A 2 k. 500 du Lavandou, petite montée courte mais forte sur le Promontoire de la Fossette. Le reste, très accidenté, contourne la baie de la Pointe Layet et du Cap Nègre où se trouvent les restes considérables de l'ancienne ville romaine d'**Alconis**. 3 k. après le Cap Nègre, forte montée jusqu'au hameau du **Canadet** à la cote 140. La route serpente à flanc de coteau, toujours très accidentée, et redescend en pente assez douce jusqu'au Cap et à la baie de Cavalaire.

CAVALAIRE.

Station hivernale. Hôtels. Villas. Station : ligne d'Hyères (*40 k.*) à Saint-Raphaël (*13 k.*).

Ruines de l'ancienne ville grecque **Heraclea Caccabaria**.

Après Cavalaire, route plate sur 3 k. 700. Montée assez forte sur 2 k. 300 jusqu'à la cote 140, puis, petite descente sur 500 m.; *(cote 100)* nouvelle montée sur 500 m. *(cote 140)* puis descente rapide sur 1 k. jusqu'en dessous le village de **Gassin** à la cote 60. De ce point, montée dure sur 500 m. *(à la cote 120)* puis descente régulière et assez rapide jusqu'à la bifur. de Cogolin. *(à gauche Cogolin à 4 k., à droite Saint-Tropez à 5 k. 500)* Suivre tout droit. La route contourne le golfe de Saint-Tropez et à 2 k. bifur. : *(à gauche Grimaud, à 5 k. 500)* prende à droite, et 200 m. plus loin, nouvelle bifur. : *(à gauche Plan-de-la-Tour à 9 k.)* tourner à droite. De ce point à Sainte-Maxime, la route est médiocre mais cyclable ; elle est légèrement accidentée et suit tous les méandres de la côte. Vue admirable sur le golfe de Saint-Tropez.

SAINTE-MAXIME.

Commune. Alt. 4 m. Habitants 1.020. Hôtels. P.T. Station : ligne d'Hyères (*62 k.*) à Saint-Raphaël (*21 k.*).

Ancienne ville romaine. Ruines d'un ancien château du Moyen-Age. Ville très pittoresque, un des plus jolis coins de la côte.

A la sortie de la ville, bifur. : *(à gauche le Muy, 23 k. et Plan de-la-Tour 9 k.)* prendre à droite et de suite après tourner de nouveau à droite, et longer la côte *(à gauche chemin de raccourci qui rejoint la route à 2 k. 500.)*

La route passe au-dessous de la batterie des Sardinières, en légère montée, croise le chemin de fer, en passage à niveau, qu'elle suit sur 3 k., et 500 m. avant le second passage à niveau, laisser à gauche le chemin de Roquebrune (à 15 k.). La route très accidentée, suit tous les mouvements de la côte jusqu'à Saint-Eygulf.

SAINT-EYGULF.

Alt. 26 m. Station hivernale. Nombreuses villas. Station : ligne d'Hyères (75 k.) à Saint-Raphaël (8 k.).

400 m. après la gare, bifur. prendre à gauche; le chemin de droite se perd dans les marais *(incyclable)*.

De Saint-Eygulf à Fréjus route plate ; on traverse la rivière l'Argens, la voie du chemin de fer et, de suite après, bifur : *(à gauche le Puget-sur-Argens à 4 k.)*, prendre à droite pour arriver à Fréjus.

NOTES:

Puget-Ville
207
Carnoules
90
Brign
90
50

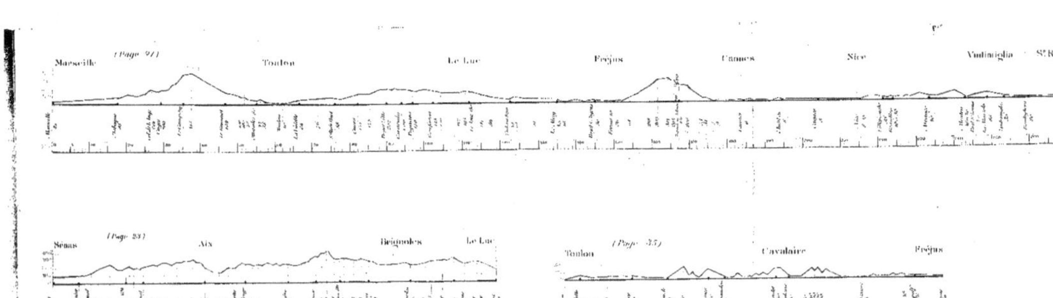

Marseille   (Page 91)   Toulon   Le Luc   Fréjus   Cannes   Nice   Vintimiglia   S. Remo
Sénas   (Page 93)   Aix   Brignoles   Le Luc
Toulon   (Page 95)   Cavalaire   Fréjus

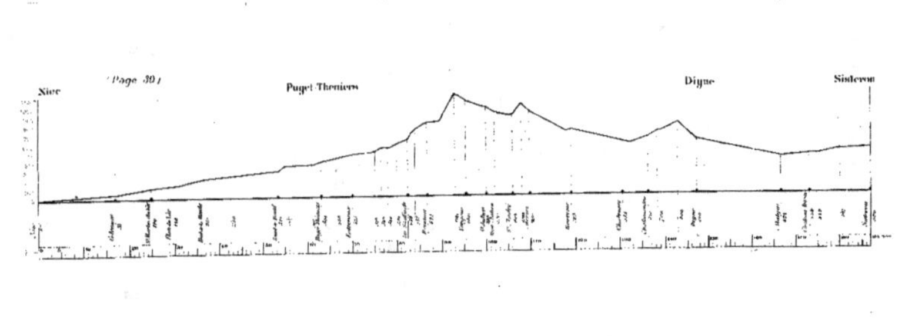

Page 391
Nice
Puget-Theniers
Digne
Sisteron

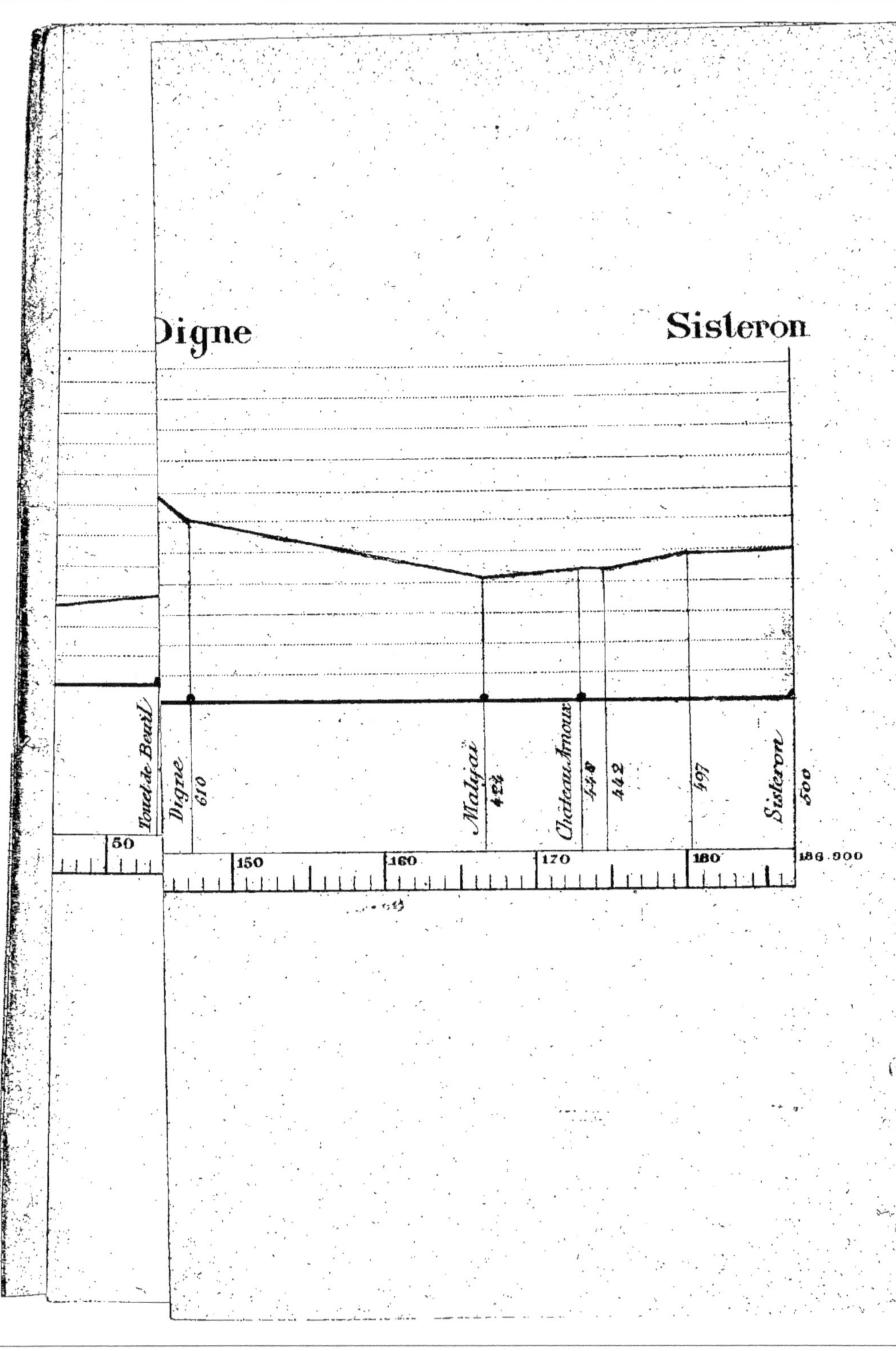
Digne
Sisteron
Touet de Beuil
Digne
610
Malijai
424
Château-Arnoux
448
442
497
Sisteron
500
50
150
160
170
180
186.900

NICE-PUGET-THÉNIERS
DIGNE-SISTERON

	Altitudes	Kilomètres	Totaux
Nice	8	»	»
Colomars	55	17	17
Saint-Martin-du-Var	120	8	25
Le Plan-du-Var	140	4 500	29 500
Pont-de-la-Mescla	215	7	36 500
Touët-de-Beuil	312	17	53 500
Puget-Théniers	399	9 500	63
Entrevaux	473	7	70
Les Scaffarels	638	12 500	82 500
Rouaine	825	4 200	86 700
Vergons	1051	8 500	95 200
Saint-André-de-Méouilles	894	10 700	105 900
Moriez	930	3 800	109 700
Barrême	725	9	118 700
Chabrières	585	11 800	130 500
Châteauredon	640	5 400	135 900
Digne	610	11	146 900
Malijaï	424	19 500	166 400
Château-Arnoux	440	6 500	172 900
Sisteron	500	14	186 900

Cette route, quoique très accidentée et très fatigante, mérite d'être recommandée aux touristes. Elle suit les plus belles vallées des Alpes-Maritimes et des Basses-Alpes. Les paysages y sont généralement grandioses et d'un caractère essentiellement alpin.

NICE.

Chef-lieu de département. 93.780 habitants. Alt. 8 m, Hôtels. P.T. Téléphone. Station : ligne de Marseille (*225*) à Vintimille (*35*). Tête de ligne du Central-Var.

DÉPOTS D'ESSENCE : Moto-Naphta, Eréséo, 9, Rue Croix-de-Marbre. Stelline, Garin, méc., 13, Rue de l'Hôtel-des-

Postes. Automobiline, Rostagnin et Garnier, droguistes, 2, Boulevard du Pont-Vieux.

Sortir de Nice par la Place Masséna, promenade des Anglais, faubourg de la Californie. A 5 k. 500 de Nice, on laisse à gauche la route de Cannes ; passer sous la voie ferrée et prendre la rive gauche du Var. Montée très douce jusqu'à Colomars.

COLOMARS

Commune. Alt. 55 m. 581 habitants. Hôtel. P. T. Station : ligne du Sud.

De Colomars très belle vue sur la vallée du Var, dominée par les villages de Gattières, Caros et Le Broc.

La route continue en montée douce jusqu'à Saint-Martin-du-Var.

SAINT-MARTIN-DU-VAR.

Commune. Alt. 120 m. 447 habitants. Hôtel. P.T. Station.

De Saint-Martin-du-Var au Plan du Var, ou gare de la **Vésubie**, route en montée douce et un peu accidentée avant d'arriver à la Vésubie. On traverse cette rivière, et, laissant à droite la route de Saint-Jean-la-Rivière, on continue tout droit en suivant la vallée du Var. C'est à ce point que commencent les belles gorges que la route suit dans tous leurs méandres.

PONT-DE-LA-MESCLA. *(alt. 215 m.)*.

La route franchit le Var par un brusque tournant à gauche. On laisse à droite le chemin de Saint-Sauveur. (*Chiouse de la Mescla*). La route taillée à pic suit le fond de la vallée et c'est par une rampe douce et régulière que l'on passe sous le village de Malaussène.

Au pont de Villars *(alt. 250 m.)* la route reprend la rive gauche du Var, traverse la voie ferrée et passe au pied de **Villars**. Montée toujours douce passant par les côtes 257, 270 et l'on atteint au **Touët-de-Beuil** l'alt. de 312 m.

Après Touët, on traverse le torrent de Cians, à la cote 357, et, de ce point, partie plate sur 5 k. jusqu'à la cote 360, puis montée douce jusqu'à Puget-Théniers.

PUGET-THÉNIERS.

Chef-lieu d'arr^t. Alt. 399 m. 1.225 habitants. Hôtels. P.T. Station.

La route, laissant à droite le boulevard qui conduit au centre de la ville, longe le Var, le traverse à 2 k. et en suit la rive droite jusqu'à Entrevaux, toute en montée douce.

ENTREVAUX.

Canton. Alt. 473 m. 1.390 habitants. Hôtel. P.T. Station.
Entrevaux situé sur la rive gauche du Var ne communique avec la route que par un pont.

Continuer à suivre la rive droite du Var jusqu'à 3 k. 500 (*cote 510*) où l'on reprend la rive gauche sur 1.500 m. (*cote 542*) on traverse une dernière fois cette rivière qu'on laisse à droite *(route de Guillaumes)*. Continuer à gauche en suivant le torrent Le Colomb. Montée un peu forte sur 5 k. en passant par les cotes 549, 575, 589, 622 et 638 à la bifur. des **Scaffarels**. On laisse à droite la route d'Annot (*2 k.*). Traverser le ravin ; montée très forte sur 2 k. jusqu'au Pont Saint-Joseph (*alt. 748 m. Rampe de 6 et 9 o/o*). La montée se continue jusqu'à Rouaine par une rampe de 5 o/o.

ROUAINE. *(village, alt. 825 m.).*

Petite descente en sortant du village, puis montée douce sur 2 k. On traverse le ravin des Chambrières par un brusque tournant à gauche, et l'on monte très fortement sur 3 k. jusqu'à la cote 1124.

De ce point, descente assez rapide sur **Vergons** *(Alt. 1.051 m. Auberge. 400 habitants).*

De Vergons au Pont-Julien, descente douce jusqu'à 1 k. après le village de **Saint-Julien**, au-dessus duquel on passe, puis descente rapide sur les 1.500 derniers m. jusqu'à la cote 920.

On traverse le Verdon que l'on suit jusqu'à Saint-André-de-Méouilles en descente douce.

SAINT-ANDRÉ-DE-MÉOUILLES.

Canton. Alt. 894 m. Habitants 670. Hôtel. P.T. Station.

En arrivant à Saint-André, bifur. : (*en face route de Colmars et de Thorame*) prendre à gauche. A 500 m., après avoir traversé la voie ferrée, tournant brusque, à gauche et montée très forte sur 1.500 m. jusqu'à la cote 1004. De ce point à **Moriez** (*Alt. 930 m.*) route en descente douce. De ce village, la route suit le fond du ravin "l'Asse de Moriez" et descend assez fortement jusqu'à Barrême, en passant par les cotes 790 et 721, et sur la rive droite de la rivière l'Asse ; bifur. : (*à droite Tartonne*) tourner brusquement à gauche pour arriver à Barrême.

BARRÊME.

Canton. Alt. 725 m. Habitants 835. Hôtels. P.T. Station.

Au milieu du village, on laisse à gauche la route de Senez et Castellane, et l'on suit la voie ferrée. Route en descente très douce qui suit la vallée de l'**Asse**. On passe au pied du village de Norante, à la cote 666. A 12 k. on traverse la cluse de Chabrières, une des plus belles de cette région. A la sortie de la cluse, on franchit le ravin de la Fuby à la cote 590. Route plate jusqu'à **Châteauredon**. *(Alt. 640 m., 115 habitants)*. En sortant de Châteauredon *(à gauche Mezel)*, suivre tout droit. De ce point montée assez forte sur 2 k. jusqu'à la cote 700, puis descente assez rapide sur 700 m. jusqu'à la cote 660. Nouvelle montée sur 300 m. On redescend dans un vallon pour remonter à la cote 809. De ce point, route en descente jusqu'à la rivière la Bléone. *(Alt. 550 m.)* où on laisse à gauche la route des Mées. On arrive à Digne par une montée très douce.

DIGNE.

Chef-lieu de dépt. Alt. 610 m. Habitants 7.275. Hôtels. P.T. Station.

DÉPOTS D'ESSENCE : Moto-Naphta, Noël Ailhaud, droguiste, Place du Marché. Stelline, Simon, épicier-confiseur.

Pour sortir de Digne, traverser la Bléone dont on suit la rive droite jusqu'à Malijaï. Route toute en descente douce légèrement accidentée et laissant à droite 3 routes.

MALIJAI.

Commune. Alt. 424 m. Habitants 470. Auberge. P.T. Station.

Au Pont de Malijaï laisser à gauche la route des Mées, qui traverse la rivière, et prendre à droite; route presque plate sur 3 k. 500, bifur. : *(à droite route de Volonne)*, prendre à gauche; traverser la Durance pour arriver en montée douce à Château-Arnoux.

CHATEAU-ARNOUX.

Commune. Alt. 440 m. Habitants 605. Hôtel. P.T. Station.

Avant d'arriver au village bifur. : *(à gauche Peyruis)* en sortant du village bifur. : *(à gauche Malfougasse)* suivre tout droit. Montée douce sur 2 k. 500 jusqu'à la cote 497. De ce point à Sisteron route presque plate laissant à gauche 2 chemins et passant sur le **Jabron**.

ITINÉRAIRES CYCLISTES

SUD-EST DE LA FRANCE

MARSEILLE

MARSEILLE

Altitudes diverses : Vierge-de-la-Garde, 165 m. ; Plateau de Longchamp, 75 m. ; Gare St-Charles, 49 m. ; Place Saint-Michel, 48 m. ; Plateau des Moulins (vieux quartiers), 42 m. ; Place Notre-Dame-du-Mont, 41 m. ; Place Peirier, 34 m. ; Cours Lieutaud au Boulevard de Rome, 39 m. ; Cours du Chapitre, 27 m. ; Place d'Aix, 24 m. ; Allées de Meilhan, 23 m. ; Place Castellane, 23 m. ; Eglise St-Victor, 21 m. ; Place de Rome, 13 m. ; Place Centrale, 12 m. ; Place Paradis, 10 m. ; Place St-Louis, 6 m. ; Bas de la Cannebière, 2 m. 50 ; Quai du Vieux Port, 1 m. 80.

On a trouvé dans les travaux de la rue Colbert, de beaux silex taillés de l'époque solutréenne. De nombreuses grottes habitées à l'époque néolithique, ont été découvertes dans la chaîne de l'Etoile, dans le massif de St-Cyr et aux flancs des montagnes de Marseille-Veyre, ces grottes ont livré beaucoup d'armes et d'instruments en silex, ainsi que des ossements de cette époque. Plusieurs habitats existaient aux environs, sur la chaîne de l'Etoile, à St-Marcel, à Vaufrèges, sur le col de Sormiou et dans le vallon de la fontaine de Voire près Mazargues, mais ces habitats, souvent bouleversés ont laissé peu de traces.

Il est à peu près certain que les Phéniciens furent les premiers qui abordèrent sur la côte où fut fondée Marseille. Ces navigateurs, allant les premiers à la recherche des échanges et remontant le Rhône pour se mettre en rapport avec les populations de l'intérieur des terres, ont dû forcément choisir pour escale l'anse du vieux port, le primordial Lacydon. Les preuves en sont aujourd'hui incontestables. Ils y établirent certainement un Comptoir où ils échangeaient avec les primitifs habitants des environs, des armes, des bijoux, des étoffes et des métaux, en retour des fourrures, des cuirs non préparés et des toisons de bête. On peu donc faire remonter la fondation d'une bourgade sur l'emplacement de Marseille au IXe siècle avant notre ère. Les Phéniciens y avaient implanté le culte de leurs divinités Astartée et Baal. Ce ne fut que 300 ans après, que les Phocéens abordèrent sur cette côte ; et, soit après une victoire sur les Phéniciens, soit pour une autre cause, demeurée inconnue, en devinrent les maîtres et les seuls propriétaires.

Les peuplades ibéro-ligures qui vivaient dans les habitats des environs portaient le nom de Salyes. Les grecs donnèrent donc le nom de Mas-Salia à cette primitive cité, nom qui signifie, village des Salyes. La ville grecque arriva bientôt à un état de prospérité et de splendeur qui lui permit d'envoyer au loin le trop plein de sa population ; c'est ainsi qu'elle fonda de nombreuses colonies et des comptoirs dispersés sur les côtes et dans l'intérieur de la Provence: Monaco, Nice, Antibes, Héracléa Caccabaria, Olbia, Toulon, Tauroentum, Citharista, Stomalimné, St-Rémy, Pertuis, Tarascon, Avignon, Vaison, Arles, Vernègues, Alleins, St-Jean-de-Garguier, etc. toutes ces colonies riches et florissantes, lui donnèrent une situation prépondérante et une suprématie incontestée sur la Provence et la Méditerranée.

C'est de cette époque que datent la construction de la *Via Héracléa* et la frappe des premières monnaies massaliotes qui portent toutes les types des diverses villes de l'Asie mineure d'où elles avaient été apportées. Les métaux employés furent l'argent et le bronze, les massaliotes n'ayant jamais fabriqué la monnaie d'or. Ces monnaies sont de trois types et portent la tête de Diane, d'Apollon ou de Minerve, au revers, un crabe, une roue à quatre rayons et les lettres MA, MAS, MASSA ou le nom entier MASSALIA, MASSALIETON. Dans le trésor d'Auriol découvert en 1867, et qui se composait d'environ 2000 pièces d'argent, renfermant une soixantaine de types, une rare et précieuse pièce, fixe le nom du port de Marseille ; elle porte en effet au revers le mot LAKIDON.

Après avoir constitué leur république, les massaliotes firent alliance avec les Romains et soutinrent sur mer plusieurs combats contre les Carthaginois. Les peuplades liguriennes révoltées, attaquèrent Massalia, mais sa puissante organisation et sa civilisation, bien supérieures à celles de ses ennemis, lui permirent de sortir victorieuse de cette guerre avec ses voisins.

La ruine de Carthage et les victoires de Marius, élevèrent Massalia au comble de la fortune ; mais au temps de César, ayant pris parti pour Pompée, elle fut attaquée par Trebonius et Brutus. Elle fit une longue et glorieuse résistance, mais sa flotte composée de 17 galères ayant été détruite et une épidémie ayant décimé ses habitants, elle fut obligée de se rendre. César considérant l'ancienneté de Massalia et ses nombreux titres de gloire, lui laissa ses lois et sa liberté, mais il s'empara de son trésor, de sa flotte commerciale, détruisit ses machines de guerre et ses fortifications, et mit deux légions en garnison dans sa citadelle. Massalia perdit toutes ses colonies, excepté Nice. Il y eu alors deux villes ; la ville haute ou romaine, et la ville basse ou grecque qui conserva ses anciennes institutions.

Le christianisme y fut apporté par Saint Lazare, selon certains auteurs, ou par Saint Victor suivant d'autres.

Successivement ravagée par les Visigoths, les Bourguignons, les Sarrasins et les pirates, Marseille ne reprit sa prospérité que vers le X⁰ siècle. En 1112 elle se constitua en république avec un podestat à vie, assisté de trois notables et un conseil municipal, composé de 80 bourgeois ; mais les deux villes ne faisaient pas partie de la république ; la ville haute était gouvernée par l'Evêque, et le faubourg, par l'abbé de Saint-Victor. Il y avait donc à cette époque trois villes, ayant chacune leur gouvernement, leur territoire et leur port. L'ancien port appartenait à la ville basse ; l'anse de la Joliette, ou port gaulois, à la ville épiscopale ; et le port St-Lambert, actuellement les Catalans, à l'abbaye de St-Victor.

En 1253, Charles Ier d'Anjou s'en empara, mais en 1256 les marseillais s'étant alliés à Alphonse X, roi de Castille, Charles d'Anjou prit la ville par la famine, fit trancher la tête au chef de la révolte et mit une garnison dans la citadelle.

Vers le XVe siècle, les Marseillais ayant défendu la ville de la Ciotat contre Alphonse d'Aragon, celui-ci fit pénétrer sa flotte dans le port de Marseille et livra cette ville au pillage et à l'incendie.

Le 15 Décembre 1437, le roi René y fit son entrée solennelle et pendant 50 ans que dura son règne, il y fit refleurir les arts, le commerce et l'industrie. Au mois d'août 1524, le connétable de Bourbon vint assiéger Marseille avec une armée de 40.000 hommes, après 40 jours de siège, la ville était sur le point de se rendre, mais les femmes ranimèrent le courage des assiégés et leur défense fut si héroïque que le nom de *Boulevard des Dames* fut donné à la partie des remparts qu'elles avaient défendus. Désespérant de s'emparer de Marseille, le Connétable de Bourbon leva le siège. Pendant les guerres de la Fronde, Marseille voulant conserver ses anciennes franchises, fut assiégée par Louis XIV qui y pénétra par une brèche des remparts le 2 mars 1660. Marseille était désormais uni à la France. En 1720 et 1721, elle fut ravagée par la peste.

Marseille, seconde ville de France et premier port de la Méditerrannée, est la plus belle cité maritime du midi. Vue de la pointe du Pharo ou de la colline de Notre-Dame de la Garde, elle présente un coup d'œil merveilleux et absolument inoubliable, c'est la seule ville offrant un panorama aussi grandiose et aussi varié.

A *visiter* : La nouvelle Cathédrale (1851-1897). Notre-Dame de la Garde (1853-1864). Abbaye St-Victor, catacombes des IIe et IIIe siècles (1040-1309) ; St-Vincent-de-Paul, les Réformés (1855-1896) ; La Bourse (1852-1860) ; Château du Pharo (1858) transformé en école de médecine (1897) ; Ecole des Beaux-Arts, Bibliothèque et cabinet des Médailles (1864-1880) ; Palais de Longchamp (1864-1869) ; Le musée d'archéologie au château Borelly (1768-1863), Parc magnifique et champ de course.

Promenades : Le Prado (1842) ; La Corniche (1848) ; Colline Pierre-Puget (1850) ; Jardin du plateau de Longchamp (1849) ; Jardin Zoologique (1854) ; Allées de Meilhan et des Capucines (1744-1861) ; Les quais du vieux port et le Fort St-Jean (1447-1664).

SORTIES DE MARSEILLE

MARSEILLE-L'ESTAQUE

Prendre le cours Belzunce, rue Colbert, place Sadi-Carnot et rue de la République jusqu'à la place de la Joliette, et le boulevard de la Major jusqu'au boulevard de Mirabeau qui fait suite au boulevard National; tourner à gauche et prendre le quai d'Arenc jusqu'au bassin de Radoub. (*Route pavée jusqu'à ce point et généralement mauvaise*). Prendre à droite le boulevard des bassins de Radoub qui contourne ceux-ci et vient aboutir au chemin du littoral sous le cap Janet. De ce point au boulevard Mirabeau, (*octroi*), chemin très mauvais, puis assez bon jusqu'à l'Estaque. (10 k. 900.)

Du boulevard Mirabeau à l'Estaque le trottoir de gauche est coupé, tous les 100 m. par des caniveaux qui le rendent incyclable.

MARSEILLE-SAINT-ANTOINE

SAINT-ANTOINE. — Café des Mûriers, Hôtel-Restaurant. A. Severy, méc. Garage pour Cycles et Automobiles.

Cours Belzunce, rue Colbert, place Sadi-Carnot, rue de la République, place de la Joliette, boulevard de la Major jusqu'au boulevard de Mirabeau. Prendre à droite puis tourner à gauche sur le grand chemin d'Aix et suivre la ligne des tramways électriques jusqu'à Saint-Louis. De la place des Anciens Abattoirs jusqu'après les usines des Raffineries de Saint-Louis, montée douce; de ce point à la Cabucelle, montée de 2 %. Route pavée jusqu'à **Saint-Louis**, altitude 64 m., bifur. : (*à gauche l'Estaque 4 k.; chemin mauvais et descente dangereuse des usines des Hauts-Fourneaux; à droite Sainte-Marthe à 3 k. descente rapide et dangereuse*) suivre tout droit, montée très forte de la Viste sur 1200 m., jusqu'à la côte 147. Rampe de 4 %, 5 %, 8 % et 9,7 %, très dure. **La Viste**, alt. 147 m. village qui doit son nom à l'admirable panorama des ports et de la rade de Marseille. De la Viste à Saint-Antoine, descente légère et petite montée en arrivant à ce village, alt. 145 m. (8 k. 780).

MARSEILLE-LA ROSE

Rue de Noailles, allées de Meilhan, cours du Chapitre, boulevard Longchamp, boulevard Philipon, bifurcation des 4 chemins, obliquer à gauche par le boulevard des Chartreux; on passe devant la station des tramways de Saint-Just, à la cote 62. Traversée du village mauvaise, étroite et dangereuse; petite montée en sortant de Saint-Just, (*alt. 69 m.*) descente légère sur Malpassé (*all. 60 m.*) et route presque plate jusqu'à la Rose. Cette route est pavée et généralement assez médiocre; voie des tramways dangereuse. (5 k. 500.)

MARSEILLE-AUBAGNE
(A) Petite route d'Aubagne, *(17 k.)*

Cours Belzunce, rue de Noailles, rue Saint-Ferréol, place de la Préfecture, rue de Rome, place Castellane, boulevard Baille jusqu'à 100 m. avant le pont du Jarret, ou l'on prend à gauche la rue Crillon, tournant brusque à l'extrémité de cette rue sur le chemin de Saint-Pierre à droite. (*Pavés assez mauvais jusqu'à ce point sauf une partie du boulevard Baille*). Après le pont du Jarret, bifur. (*à gauche chemin de Saint-Jean-du-Désert, assez médiocre, qui conduit à Saint-Barnabé*) prendre à droite. Légère montée pavée jusqu'au cimetière, petite montée et descente assez rapide jusqu'à l'octroi, bifur. (*à droite Saint-Loup à 1 k.*) suivre tout droit. De ce point à la Pomme chemin généralement très mauvais. On traverse le village de la Pomme (*Alt. 39 m.*) (*à droite chemin du restaurant de l'Ile Verte et de Saint-Loup*). On passe sous le chemin de fer. Route très agréable mais toujours très médiocre de la Pomme à Saint-Marcel.

En arrivant à Saint-Marcel (*à droite pont Chevillon qui conduit au village et à la route nationale. A gauche chemin des Caillols, 2 k. forte montée, et Saint-Barnabé à 4 k. 500*), suivre tout droit. Petite montée jusqu'au dessus de la scierie de marbre (*à droite chemin de la gare, alt. 60 m.*). Continuer tout droit. Route très mauvaise, petite montée, descente courte et montée un peu forte jusqu'à la bifur. de la Valentine (*à gauche la Valentine 1 k., descente rapide en arrivant au village*). Suivre tout droit et 400 m. plus loin, on laisse à droite le chemin de la Barasse, à 500 m. sur la route nationale. Montée forte sur 500 m., puis descente un peu rapide et mauvaise jusqu'à Saint-Menet. A 300 m. avant le village, bifur. de la Valentine, (à 1400 m. à gauche). **Saint-Menet**, village de 500 habitants, Café-restaurant. Rendez-vous des touristes. (à droite à 500 m. station, (Alt. 75 m.) *ligne de Marseille (11 k.), à Aubagne (8 k.)*. De Saint-Menet à Aubagne bonne route très légèrement accidentée. A 4 k. station de Camp-Major, (alt 92 m. 40, altitude de la route 88 m.). **Châlet des Pommiers, Café-Restaurant, garage pour cycles et automobiles** (à droite *chemin qui rejoint la route nationale à 500 m.*). 1 k. plus loin petite montée assez dure sur 300 m. Passage sur la voie du chemin de fer. Tournant brusque et petite descente de 300 m. suivie d'une belle ligne droite qui conduit à Aubagne.

(B) Route Nationale, *(17 k. 500)*

Cours Belzunce, rue de Rome, place Castellane, grand chemin de Toulon que l'on prend à gauche. Route entièrement pavée jusqu'à Saint-Loup, assez bonne lorsqu'elle n'est pas arrosée. De Castellane, montée sur 600 m., puis descente un peu rapide sur 200 m., avec tournant un peu brusque. Mauvais passage devant la caserne de Menpenti, puis route plate jusqu'à la **Capelette**. Alt. 19 m. Traverser le village et 500 m. après tournant un peu brusque sur le **Pont-de-Vivaux**. Alt. 21 m. 80. Le reste de la route est presque plat jusqu'à **Saint-Loup**. (Alt. 33 m.) De Saint-Loup à Saint-Marcel route généralement mauvaise. Le trottoir de gauche, que suit la voie des tramways, est toléré pour les cyclistes, qui doivent être très prudents, vu sa faible largeur et certains passages mauvais devant l'entrée des campagnes.

Saint-Marcel, alt. 60 m. La traversée du village est mauvaise et pavée. Légère descente et montée douce de la Barasse. A 1.500 m. après, au milieu d'une petite montée, en tournant à gauche, chemin de Saint-Menet, passage à niveau presque toujours fermé. De ce point à Aubagne l'état de la route nationale étant généralement mauvais nous conseillons aux cyclistes de prendre cette bifur. pour rejoindre la petite route qui est très bonne jusqu'à Aubagne.

En continuant la route nationale on traverse le village de la Penne (*pavés*). Alt 79 m. Route plate mais généralement mauvaise jusqu'à Aubagne.

MARSEILLE-CASSIS, *(21 k. 400).*

Par la Gineste *(11 k. 900).*

Cours Belzunce, rue de Rome, Prado. Au Rond-Point prendre à gauche le boulevard Rabatau, puis à 500 m., prendre à droite le chemin de Sainte-Marguerite qui longe le terrain de manœuvre. On traverse l'Huveaune et l'on arrive à **Sainte-Marguerite.** Alt. 25 et 30 m.

Route en montée douce et mauvaise jusqu'au Cabot, (Alt. 63 et 69 m.) puis montée un peu forte jusqu'au dessous de la chapelle de Saint-Joseph à droite sur un côteau *(alt. 125 m. route à 81 m.)* la montée continue sur 300 m. puis, descente légère jusqu'à la cote 89 m. Route assez bonne dans un beau vallon jusqu'au hameau de Vaufrèges *(alt. 101 m.)*. De ce point sur 1 k. route très pittoresque en montée douce, puis tournant brusque et sur 2 k. 500 montée très forte, nombreux lacets jusqu'à la cote 327, rampe de 4 à 8 %. Du col de Carpiagne descente assez rapide jusqu'au Logisson (alt. 225), puis très rapide jusqu'à Cassis. *(alt. 4 m.)*

DÉPOTS D'ESSENCE : Moto-Naphta et Stelline, Marcellin, place de la Préfecture et place Castellane ; Automobiline : Larchevêque, 17, allées de Meilhan ; mécanicien : Joseph Maurice, 180, rue de Rome.

NOTES :

AUBAGNE

1° La Gardiole — Le Camp — La Gineste.
2° Les Gorges d'Ollioules et Bandol.
3° Vallées de l'Huveaune et du Gapeau — Char-
    treuse de Montrieux.
4° Vallon de Pichauris — La vallée de l'Arc et
    de l'Huveaune.

AUBAGNE

Canton. Alt. 95 m. Habitants 8.400. Hôtels. P. T. Téléphone. Station.
Grand Hôtel du Cours, Ch. Camous, propriétaire.
Café-Restaurant Giraud, Avenue de la Gare.
Café de la Terrasse, J. Olive, propriétaire.
Docteur, A. Gaymard, Rue de la République.
DEPOT D'ESSENCE : Stelline, J. Sibelly, Boulevard
Notre-Dame ; Essence spéciale pour Automobiles et Moto-
cycles, Monnet et Cⁱᵉ, Avenue de la Gare, 2.

Ancienne station romaine de *Al Baou* qui signifie : *à la
Montagne*. Il est probable que le plateau que couvrent les
maisons de la ville moderne, a été habité à l'époque ligurienne, mais le véritable habitat doit se trouver au sommet
de Garlaban. Vers 940, Boson II réunit la *villa* d'Aubagne à
la vicomté de Marseille. D'après une charte de Saint-Victor,
en l'année 1005, Aubagne n'était pas encore une ville, mais
tout au plus un château fort. Ce n'est que vers l'an 1200 que
l'agglomération devint assez considérable pour prendre définitivement le nom de ville. Jusque-là, les maisons devaient
être fort restreintes pour tenir dans l'enceinte des murailles
du château, ce n'est que plus tard que se bâtit le premier faubourg qui fut appelé primitivement *Bourg de Barral* et
d'Embarral, à cause des propriétés qu'y possédait Barral de
Beaux (Dʳ Barthélemy).

Il reste encore de l'ancien château, une ligne de remparts
sur laquelle s'ouvrent des fenêtres et des portes de maisons,
deux tours carrées percées de portes ogivales et cintrées ainsi
qu'une grande porte ogivale qui marque l'entrée principale.

L'église paroissiale, d'aspect fort disgracieux, date du XIIᵉ
ou XIIIᵉ siècle. Chapelle des pénitents noirs, à 100 m. au Sud
de l'église, assez jolie façade corinthienne construite en 1785.

Cette ville est assez pittoresque ; située sur les bords de
l'Huveaune, ornée de belles places et de cours bien ombragés,
elle présente un coup d'œil agréable et souvent très animé.

LA GARDIOLE—LE CAMP—LA GINESTE

	Altitudes	Kilomètres	Totaux
Marseille	10	»	»
Aubagne	95	17 500	17 500
Gémenos	124	5	22 500
Coulin (bifur.)	124	2 500	25
Col de l'Ange	214	3	28
Cuges	209	3	31
Le Camp	397	6	37
La Bégude	400	4 500	41 500
Grand Caunet (bif.)	365	2 500	44
Julhans		4	46
Roquefort	328	2	50
La Bédoule	230	2 500	52 500
Le Pas d'Oulliers	287	1	53
Belle-Fille		2	55
Cassis	4	3	58
Logisson	225	6	64
Col de Carpiagne	327	3 500	67 500
Vaufrège	101	4	71 500
Marseille	10	7 900	79 400

De Marseille à Aubagne voir SORTIES DE MARSEILLE page 49.

Pour se rendre à Gémenos, prendre la route qui longe l'Huveaune ; à 1.500 m. on passe sous le chemin de fer et à 500 m. après bifur., prendre à droite, *(à gauche, hameau de Saint-Pierre à 2 k. 500, et Pont-de-l'Étoile à 3 k. 500).* Route pittoresque, plate, très belle vue sur les montagnes de Roussargues *(N.-E.),* du Pic de Bretagne *(Est)* et de Roquefort *(Sud).*

En arrivant à Gémenos, bifur. : *(à gauche route de Roquevaire, 7 k. 500; Saint-Pierre, 3 k. 500)* prendre à droite.

GÉMENOS.

Commune. Alt. 124 m. Habitants 1.500. Hôtels. P.T. Foire 24 Juin.

En 1874 et 1875 il a été découvert dans le vallon de Saint-Clair une grotte sépulcrale de l'époque solutréenne qui a servi de sépulture jusqu'à la période néolithique. On en a exhumé une quinzaine de squelettes entiers, des couteaux en silex, des fragments de poterie grossière et divers ossements d'animaux.

L'habitat préhistorique se trouve sur le sommet de la colline de Saint-Clair, située à 2 k. au nord de Gémenos.

Les Phocéens, fondateurs de Marseille, créèrent dans la plaine, au pied même de cet habitat et sur l'emplacement actuel de Saint-Jean-de-Garguier, un *emporium* ou marché, qui prit le nom de *Gargaria*. Cet emporium devint bientôt florissant, et les Romains le firent encore prospérer, en établissant dans la contrée des colons qui y construisirent des villas sur l'emplacement de Saint-Pierre (*Pagus Lucretus*) et du Gémenos actuel (*Castrum de Geminis*).

Tout ce quartier est très riche en débris anciens, poteries, monnaies, inscriptions, restes de constructions et de bains, etc.

L'étymologie du mot *Geminis* (geminé, double) est très discutée par les auteurs ; la plus logique est celle de Saurel (Dictionnaire des B.-du-R. 1874) qui la fait dériver de *Petræ Geminæ, montagnes jumelles*, c'est-à-dire la *Roço fourcado* actuelle, qui domine en effet Gémenos et qui, peut-être, a servi d'habitat préhistorique.

L'ancien château des d'Albertas a été transformé en école et son magnifique parc, qui contenait les plus beaux platanes de la région, a été complètement rasé il y a quelques années et livré à la culture.

La ville n'offre rien de remarquable : mais elle est située à l'entrée du beau vallon de Saint-Pons, l'un des plus agréables, des plus frais et des plus pittoresques des environs : il a été décrit ou chanté par trois poètes : Delille, Joseph et Louis Méry, (dont les neveux sont honorablement connus dans le monde cycliste et automobiliste.) C'est un véritable parc, long de 3 k., au fond duquel se trouvent les ruines d'une ancienne abbaye de Cisterciennes, fondée en 1205 par Garcende et abandonnée en 1407. Parc admirable, source abondante. (Nota : pour visiter, demander des cartes à M. Richard, allées de Meilhan, 10, à Marseille). Vers le milieu du vallon chapelle de Saint-Martin du XIᵉ siècle.

En sortant de Gémenos, belle route en descente très douce jusqu'à la ferme de Coulin à 2 k. 500. Bifur. prendre à gauche *(à droite Aubagne à 6 k.)*, la route monte légèrement sur 1 k. dans un très beau vallon, puis elle monte fortement sur 2 k., jusqu'au col de l'Ange ; bifur., suivre tout droit, *(à droite Roquefort à 5 k. 500 et Ceyreste à 10 k.)* descente assez rapide dans la plaine de Cuges sur 2 k. puis montée douce sur 1 k. jusqu'au village.

CUGES.

Commune. Alt. 209 m. Habitants 1.120. Hôtel. P.T.

Ancien nom : *Cugia* (1025). — On a trouvé aux environs plusieurs tumuli de la période néolithique. Il existe des restes d'un habitat ligurien au sommet d'une colline qui porte le nom de *Cuget*. L'occupation romaine a laissé des traces au sud de la plaine, où l'on a trouvé des fragments de statues, des tombes en briques, des poteries, des monnaies et des constructions diverses.

Jusqu'en 1830, la plaine de Cuges formait un vaste lac aux bords marécageux ; à cette époque le desséchement en a été commencé et poursuivi avec méthode ; néanmoins, dans les hivers pluvieux, elle est encore submergée au point que l'on peut s'y promener en bateau.

Le village actuel ne doit pas remonter au-delà du XIe siècle ; il n'offre rien de pittoresque.

L'église paroissiale a été construite, en partie, vers 1719 sur l'emplacement d'une chapelle du XIe siècle. Depuis une dizaine d'années elle est devenue le centre de nombreux pèlerinages en l'honneur de Saint-Antoine de Padoue.

En sortant de Cuges, la route monte doucement sur 1 k. puis très fortement sur 5 k. jusqu'au Camp. Rampe de 4 et 7 %.

LE CAMP. *(alt. 397 m.)*.

Le nom de cette localité vient d'un camp retranché ligurien qui se trouve aux environs. Caserne de gendarmerie et petit hameau. *(Bifur. 4 routes ; à gauche Signes, 10 k. ; en face, Le Beausset, 11 k. 900 ; à 100 m. sur la droite, à gauche, Le Beausset, 8 k. 500)*. Prendre à droite. La route, à peu près plate, passe à la Bégude, ferme sur la limite des Bouches-du-Rhône et du Var. Ruines d'un ancien village ; église romane convertie en ferme ; vestiges de ruines romaines aux environs.

A 3 k. Le Grand Caunet, ferme ; *(bifur., à gauche, Ceyreste, 4 k. 500)* prendre à droite. A 3 k. de ce point, nouvelle bifur., prendre à gauche *(à droite le col de l'Ange à 1 k.)*. A 1 k. 500, *Julhans*. Eglise et château moderne construits par les de Garnier vers la fin du XVIIe siècle.

Les ruines de l'ancien château féodal du Xe siècle se trouvent au Sud, à 1 k., au sommet d'une colline, au milieu d'un retranchement ligurien parfaitement conservé ; c'est l'ancien Roquefort. *(Roca fortis, 1079)*.

ROQUEFORT.

Commune. Alt. 328 m. Habitants 1.340. Auberge.
Agglomération moderne à 2 k. de Julhans, sans aucun intérêt.

La route continue presque plate jusqu'à La Bédoule.

LA BÉDOULE.

Village. Alt. 230 m. Habitants 1.200.

(Bifur., 3 routes. A droite, Aubagne, 7 k. ; en face, à l'Ouest, Cassis 6 k. (très mauvais) A gauche, Cassis, 8 k. et La Ciotat, 12 k.), prendre à gauche.

Agglomération moderne. On y a trouvé pourtant des vestiges d'habitations romaines.

Après La Bédoule, plat sur 400 m., montée forte sur 600 m. jusqu'au Pas d'Ouilliers où commence la descente rapide de La Ciotat. Vue admirable et grandiose sur la vallée de Cassis. A 2 k. 500, bifur., prendre à droite. *(à gauche La Ciotat à 8 k. 500)*. La route descend toujours fortement jusqu'à Cassis.

CASSIS.

Commune. Alt. 4 m. Habitants 1.660. Hôtel. P. T. Station à 2 k. 500 ligne de Marseille (*27 k.*) à Toulon (*40 k.*).

Il existe au sommet de la chaîne de Canaille, sur le Baou-Redon, des murailles en pierres énormes, restes de l'ancien camp retranché ligurien.

A l'époque romaine, Cassis (*Carsicis Portus*) était un port assez important, car il est cité sur l'itinéraire d'Antonin. On y a trouvé des quantités d'objets de cette époque : inscriptions, monnaies, poteries, etc., et il existe encore, dans l'anse de l'Arène, beaucoup de vestiges de constructions romaines et surtout d'aqueducs qui drainaient les eaux du Cap Canaille, d'où son nom de *Mons Canalium* montagne des canaux, et distribuaient les eaux de la source alimentant encore Cassis.

Le château, qui date du XIII° siècle fut probablement construit par Hugues de Baux et ses fils, comme semble le prouver l'étoile aux seize raies de la famille des Baux gravée au-dessus de la porte principale.

Ce château forme un parallélogramme irrégulier de 5.850 m. environ de superficie et a deux enceintes. Les remparts et les tours ont été en partie décapités, à la fin du siècle dernier, pour conserver le reste.

A l'extinction de la famille des Baux, vers 1436, la ville de Cassis et le château devinrent la propriété des évêques de Marseille, c'est de cette époque que date son abandon à peu près complet.

Cassis est une ville charmante et d'un cachet tout particulier et absolument provençale. Ses quais bordés de maisons étroites et multicolores, de tartanes et de filets de pêcheurs se réflétant dans la mer limpide, ses collines blanches et arides et le cap Canaille aux roches rouges couvertes de pins verdoyants, tout cela, pétillant sous le soleil et dans l'air lumineux forme un tableau d'un saisissant et poétique effet ; si bien que ses habitants disent avec une pointe d'orgueil dont on ne saurait les blâmer ; «Qui n'a pas vu Cassis n'a rien vu.»

Il y a quelques 15 ans il existait à Cassis un usage local assez singulier (nous ne savons s'il se pratique encore) c'est le *camin d'amour* (chemin d'amour).

Lorsque deux *calignaïres* (amoureux), se brouillent pour une cause quelconque, une main toujours inconnue, pendant la nuit, vient tracer de la porte de la maison de l'un à la porte de l'autre, au moyen d'un récipient plein d'eau de chaux, une marque qui en séchant devient blanche et tenace. Ce *chemin* demeure visible durant plusieurs jours et apprend à tout le monde la brouille des amoureux.

A visiter, à 1 et 2 k. à l'Ouest, les curieuses calanques de Port-Miou, Port-Pin et Port-Veaux qui, pénétrant profondément dans la côte, forment des golfes très étroits et très longs, Port-Miou mesure plus d'un kilom. A l'entrée, puissante source sous-marine, près de laquelle on remarque deux puits naturels creusés dans le roc.

En sortant de Cassis, prendre la route de la Gare qui monte fortement. A 1 k. bifur. prendre à gauche *(à droite,*

la gare de Cassis, 1 k. 500; la Bédoule, 5 k.; Aubagne, 13 k.);
puis, très forte montée sur 2 k., chemin médiocre, belle
vue. La route continue en montée douce jusqu'à Logisson,
puis plus rapide jusqu'au col de Carpiagne, à 9 k. 500 de
Cassis. De ce point descente de la Gineste, très rapide et
dangereuse à cause de ses tournants brusques ; cette partie
est médiocre et mauvaise vers le dernier kilom. à Vaufrège;
vue magnifique et qui vaut la fatigue de la descente. Pente
de 7 à 8 1/2 %.

De Vaufrège à Marseille route généralement médiocre en
descente. Cette excursion peut se faire dans les jours les
plus courts de l'hiver; on déjeunera à Cassis et l'arrivée à
Marseille se fera avant la nuit.

NOTES :

LES GORGES D'OLLIOULES – BANDOL

	Altitudes	Kilomètres	Totaux
Marseille	10	»	»
Aubagne	95	17 500	17 500
Cuges	209	12	29 500
Le Camp	397	6	35 500
Le Beausset	162	12	47 500
Sainte-Anne	120	3 500	51
Ollioules	50	6	57
Sanary	4	5	62
Bandol	6	5	67
Saint-Cyr	30	7 500	74 500
Les Lèques	10	2 500	77
La Ciotat	2 et 10	7	84
La Bédoule	230	12	96
Aubagne	95	7	103
Marseille	10	17 500	120 500

De Marseille à Aubagne voir Sorties de Marseille page 49.

AUBAGNE. *(Voir page 52.)*

Sortir d'Aubagne par la rue de la République, pavée sur 500 m. Après la dernière fabrique, bifur. : *(à droite la Bédoule 6 k. 500.)* Suivre tout droit ; tournant assez brusque sous le chemin de fer, légère montée, puis descente douce jusqu'à Coulin *(ferme)* bifur : *(à gauche Gémenos 2 k. 500)*. Suivre tout droit. La route monte légèrement sur 1 k. dans un très beau vallon puis elle monte fortement sur 2 k. jusqu'au Col de l'Ange ; bifur. : *(à droite Roquefort à 5 k. 500 et Ceyreste à 10 k.)* ; suivre tout droit : descente de 2 k. assez rapide dans la plaine de Cuges, puis montée douce sur 1 k. jusqu'au village.

CUGES. *(Voir page 54)*.

En sortant de Cuges la route monte doucement sur 1 k., puis très fortement sur 5 k. jusqu'au Camp *(Rampe de 4 et 7°/₀)*.

LE CAMP. *(Voir page 55)*.

Bifur. : *(à gauche Signes 10 k., à droite Roquefort 13 k.)* Continuer tout droit au Sud ; la route descend fortement jusqu'au Beausset.

LE BEAUSSET.

Canton. Alt. 162 m. Habitants 1.920. Hôtel. P.T. Foire : 5ᵉ dimanche après Pâques.

Habitat ligurien sur la colline du Castelet. Le Beausset, ainsi que la Cadière et Saint-Cyr, doivent leur origine aux habitants de la ville grecque de *Tauroentum* qui fut détruite aux premiers siècles de notre ère.

Eglise romane, où l'on voit un beau groupe en bois sculpté représentant la fuite en Egypte. Cloche de 1034. Maisons du XVIᵉ siècle et du jurisconsulte Portalis.

Lorsqu'on arrive au Beausset, on doit tourner à gauche pour continuer la route ; la descente est devenue plus douce.

SAINTE-ANNE.

Hameau sur la route, à l'entrée des Gorges d'Ollioules. A droite vallons très curieux et très pittoresques dans les bizarres et fantastiques **Grès de Sainte-Anne** *(durée de la visite, 30 minutes)* Ces grès parfaitement blancs et friables sont exploités pour la verrerie.

La route, toujours en descente, s'engage dans les belles Gorges d'Ollioules. A 2 k. on aperçoit sur la gauche le pittoresque village **d'Evenos** *(alt. 408 m.)*, bâti sur un épanchement basaltique. Tour romaine en basalte. Ruines d'un château féodal ; vue magnifique sur les Gorges qui apparaissent comme une immense déchirure de la montagne *(ascension 15 minutes, chemin incyclable)*. C'est au dessous d'Evenos que commence la plus belle partie des Gorges, que la route suit dans tous leurs méandres.

OLLIOULES.

Canton. Alt. 50 m. Habitants 3.970. Hôtel. P.T. Station à 3 k. 500, ligne de Marseille *(58 k.)* à Toulon *(9 k.)*. Foires : 16 Juin, 10 Août.

Ancienne station romaine dont le nom vient du grand nombre d'oliviers qui croissent dans son territoire. Ruines assez pittoresques d'un château du XIIIᵉ siècle où se lit une inscription, dont la promesse paraît s'être réalisée : SEMPER OLLIVA FIDELIS REGIS.

Restes d'anciens remparts, maisons du Moyen-Age et de la Renaissance ; dans l'église, Ange sculpté par Puget. Jolie place, bien ombragée et ornée d'une fontaine. Cette ville est environnée de beaux jardins où l'oranger et le palmier poussent en pleine terre ;

elle fait un commerce considérable d'immortelles et de fruits et primeurs.

Dans la ville, bifur. : *(à gauche Toulon à 7 k. et la Seyne à 6 k. ; à droite chemin qui monte au sommet de la Colline du Gros Cerveau, alt. 442 m.)* prendre tout droit au Sud. La route descend toujours doucement jusqu'à Sanary.

SANARY. *(Saint-Nazaire).*

Commune. Alt. 4 m. Habitants 2.320. Hôtels. P. T. Station à 1.500 m. ligne de Marseille *(58 k.)* à Toulon *(9 k.).*

A l'époque romaine la baie de Sanary devait être couverte de nombreuses villas dont on trouve souvent des ruines assez importantes. Mais la ville actuelle ne date que de 1508, année où seize familles d'Ollioules vinrent s'y établir ; en 1610 ses habitants la fortifièrent et bâtirent la tour qu'on voit encore.

Belle rade de 55.600 m. de superficie ; gracieux petit port qui possède 600 m. de quais. Ville agréable, pittoresque et très tempérée. Au sommet de la colline, chapelle de Notre-Dame-de-Pitié, en grande vénération parmi les marins.

En 1894 cette ville a pris officiellement le nom provençal de Sanary, pour éviter toute confusion avec les nombreux Saint-Nazaire qui existent en France.

En quittant la ville, la route monte fortement sur 1 k., puis elle descend doucement en contournant la baie de Bandol. Vers le milieu de cette baie bifur. : *(à droite Le Beausset à 9 k. et la Cadière à 8 k. 500)* suivre tout droit.

BANDOL.

Commune. Habitants 1.930. Alt. 2 et 10 m. Hôtels. P. T. Station : ligne de Marseille *(51 k.)* à Toulon *(16 k.).*

Ancien nom *Ben Dorin, Bendor, Bendolum,* étymologie peut-être sarrasine qui signifierait : *Fille de la Montagne.*

A l'époque romaine, Bandol devait être une rade de plaisance, car on y a trouvé de nombreux vestiges de villas et d'assez grandes quantités de poteries et de médailles.

La ville actuelle ne date que de 1714 par suite d'un démembrement du village de la Cadière.

Cette ville pittoresque, est bâtie au fond d'un joli golfe et au pied d'un vieux château transformé en batteries. Quai planté de palmiers et d'eucalyptus. Climat très tempéré.

En sortant de Bandol la route monte très fortement sur 3 k. *(très mauvaise et dangereuse à faire en sens inverse, tournants dangereux),* puis elle monte moins fortement sur 1 k. et descend assez rapidement sur 2 k.

SAINT-CYR.

Commune. Alt. 30 m. Habitants 1.830. Hôtels. P. T. Station à 800 m. ligne de Marseille *(44 k.)* à Toulon *(23 k.).* Foires 2 et 26 Mai.

Saint-Cyr est bâti sur l'emplacement de **Tauroentum,** fondée par les Phocéens en 540 ou 600 ans avant J.-C.

Cette ville occupait le triangle compris entre Saint-Cyr, Les Lèques et Baumelle. Elle devait être d'une richesse extrême, à en juger par la quantité de débris qu'on y a trouvé et qu'on y trouve encore journellement, tels que médailles, mosaïques, marbres sculptés, inscriptions, poteries ornées et peintes, peintures murales, bijoux, etc. Elle possédait divers temples, des thermes, des bains, un théâtre, des arènes, des aqueducs, des villas somptueuses, etc.; dont il reste des vestiges considérables.

Ses habitants se considéraient comme Marseillais; ce qui le prouve c'est que dans les auteurs anciens, Scymnus de Chio, Strabon, Ptolémée, César, Pomponius Méla, Antonin, et Appollodore d'Ephèse, le nom de Tauroentum est toujours accompagné de celui de **Portus, Oppidum** ou **Castrum, Massiliensium.**

Dans les guerres que Marseille eut à soutenir, elle fut toujours secondée par ses habitants et, lorsque César assiégeat Marseille, toute la Provence était contre cette ville, seule Tauroentum reçut dans son port la flotte de Pompée et celle des Marseillais, et donna même ses propres vaisseaux pour combattre la flotte romaine.

A la soumission de Marseille, Tauroentum, considérée comme colonie marseillaise, tomba au pouvoir du vainqueur et devint ville romaine. Elle fut détruite vers le VI° siècle et ses habitants dispersés bâtirent les villages du Beausset, de la Cadière, du Castellet et plus tard de Saint-Cyr.

Les vieilles maisons de Saint-Cyr sont presque toutes construites avec des débris de Tauroentum. Cette petite ville est très pittoresque et coquette; climat tempéré. Belle vue sur tout le golfe de La Ciotat.

Dans la ville, prendre la route de gauche, qui passe sous la voie du chemin de fer et descend vers la plage; on traverse le hameau des Lèques, placé à 500 m. de la limite des départements B.-du-R. et Var et l'on suit la côte jusqu'à La Ciotat.

LA CIOTAT.

Canton. Alt. 2 et 10 m. Habitants 12.735. Hôtels. P.T. Station : ligne de Ceyreste (*5 k.*) et de Marseille (*41 k.*) à Toulon (*34 k.*). Foires 5 Mars et 15 Août.

Les origines de La Ciotat se confondent avec celles de Ceyreste. Cette dernière ville avait comme port naturel la rade de La Ciotat, indiquée sur l'itinéraire d'Antonin sous le nom de *Citharista Portus* ; mais ce port trop éloigné de la cité devint bientôt lui-même une petite ville qui prit le nom de *Burgum civitatis* (1365), bourg de la cité ; son développement maritime prit rapidement une telle importance qu'il devint lui-même la véritable cité au détriment de Ceyreste, et qu'il en garda le nom : La Ciotat (*la cité*).

Le bourg de La Ciotat fut définitivement érigé en commune en 1429. Au XV° siècle, La Ciotat fut cédée aux Catalans par le monastère de Saint-Victor de Marseille, qui en possédait la Seigneurie; de cette époque date la prospérité de cette ville; elle s'entoura de remparts et construisit une citadelle (*fort Béroard*).

Ville pittoresque et très animée ; beau port ; ateliers considérables des Messageries Maritimes, fondés en 1851 par Pons Peyruc et Cᵉ, de Toulon, et où l'on construit un grand nombre de navires.

Eglise du XVIII° siècle. Magnifique esplanade, appelée la Tasse, d'où l'on jouit d'une belle vue sur le golfe et sur le bizarre promontoire du Bec de l'aigle.

La Ciotat est la patrie de l'amiral Gantheaume.

En sortant de La Ciotat la route monte un peu fortement sur 3 k., puis de plus en plus fort jusqu'à 1 k. avant La Bédoule, les 3 derniers k. sont assez durs *(vue magnifique)*. A La Bédoule continuer tout droit; la route descend fortement sur 5 k., nombreux tournants. A la fin de la descente on passe sous le chemin de fer, puis on tourne à gauche et l'on arrive à Aubagne, d'où l'on revient à Marseille par la route soit par le chemin de fer.

NOTES:

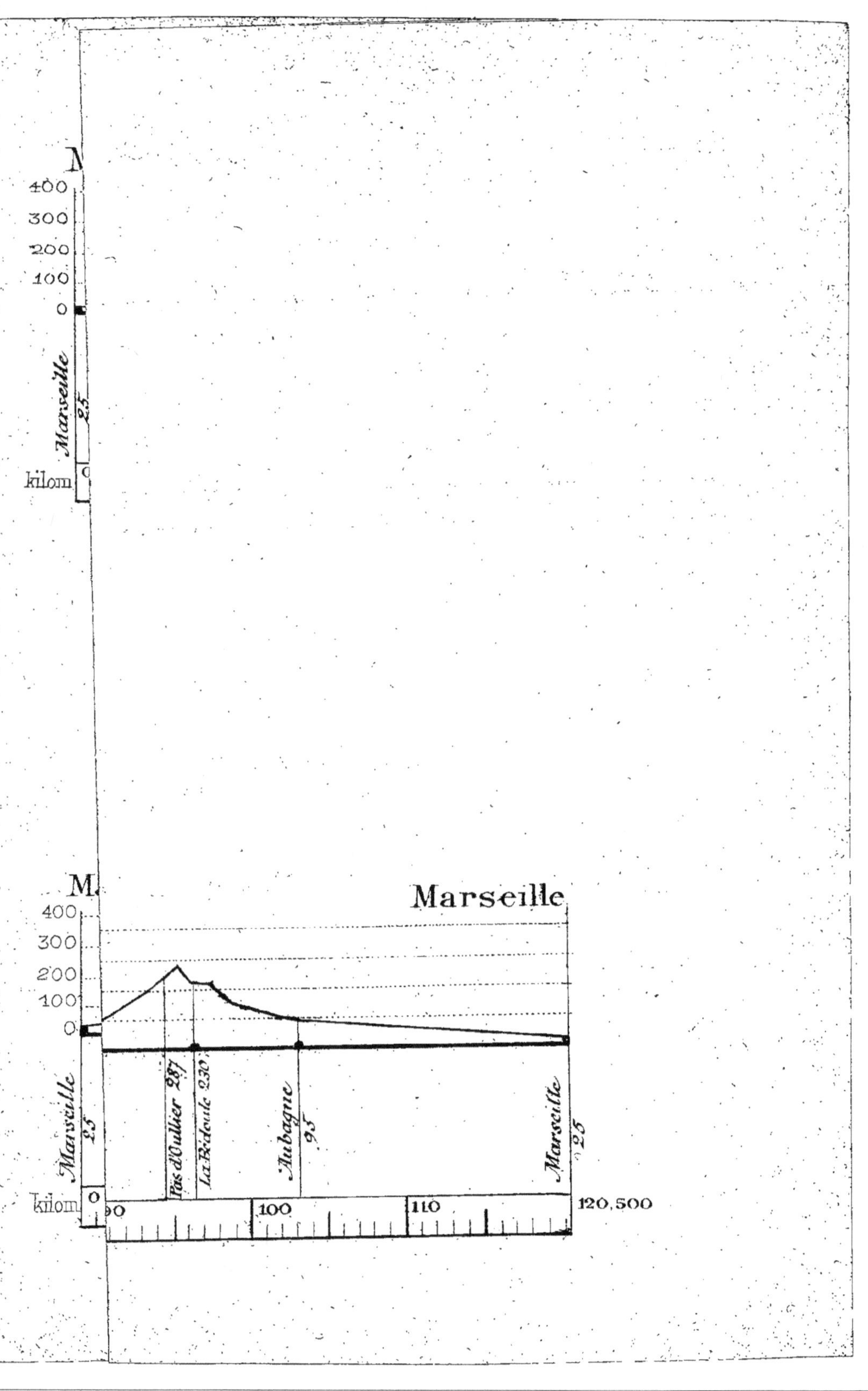
M
400
300
200
100
0
kilom
Marseille
25
M
Marseille
400
300
200
100
0
Marseille
25
Pas d'Oullier 287
La Bédoule 230
Aubagne 95
Marseille 25
kilom
0
90
100
110
120,500

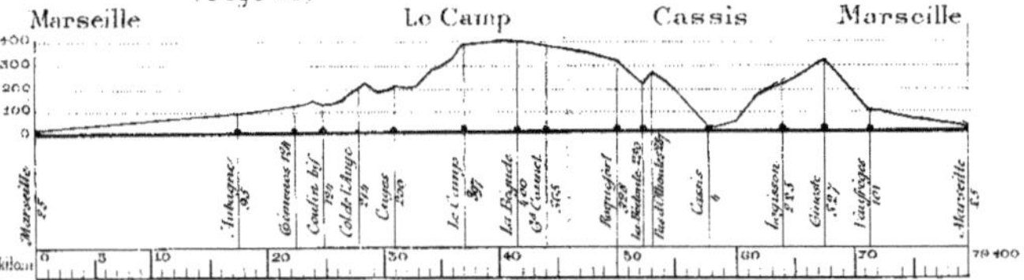
(Page 53)
Marseille
Le Camp
Cassis
Marseille
400
300
200
100
0
Marseille 23
Aubagne 35
Gémenos 138
Coulin bif. 199
Col de l'Ange 212
Cuges 200
Le Camp 397
La Bégude 400
Gd Caunet 368
Roquefort 328
la Redonne 289
Pas d'Ouillier 304
Cassis 6
Carpiagne 343
Cuinde 327
Vaufrège 104
Marseille 25
kilom. 0 5 10 20 30 40 50 60 70 79 400

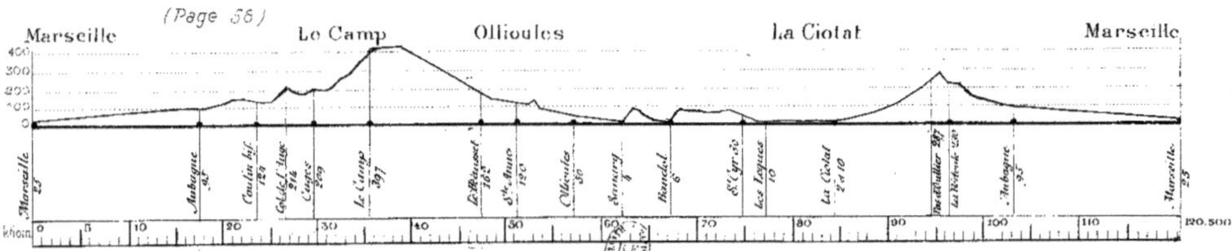
(Page 56)
Marseille
Le Camp
Ollioules
La Ciotat
Marseille
400
300
200
100
0
Marseille 25
Aubagne 35
Coulin bif. 199
Col de l'Ange 212
Cuges 200
Le Camp 397
Le Beausset 165
Ste Anne 120
Ollioules 50
Sanary 8
Bandol 6
St Cyr 30
les Lecques 10
La Ciotat 2 et 10
Pas d'Ouillier 304
la Redonne 289
Aubagne 35
Marseille 25
kilom. 0 5 10 20 30 40 50 60 70 80 90 100 110 120 500

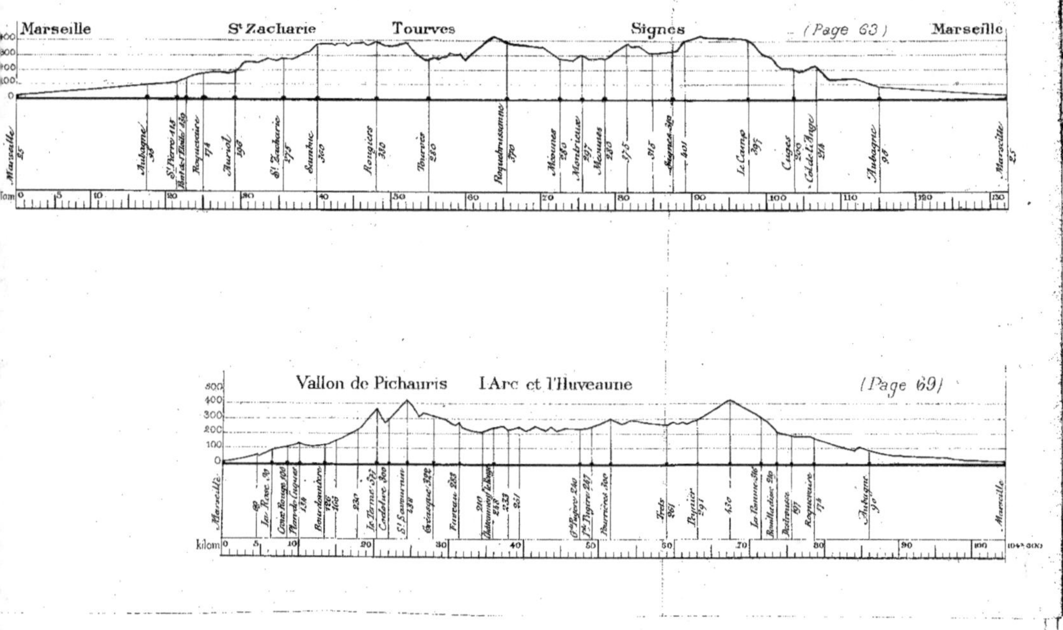

Marseille
St Zacharie
Tourves
Signes
(Page 63)
Marseille
Marseille 25
Aubagne 85
St Pierre 118
Pont de l'Etoile 159
Roquevaire 174
Auriol 196
St Zacharie 275
Saumbre 360
Rougiers 380
Tourves 280
Roquebrussanne 370
Méounes 280
Montrieux 297
Méounes 280
375
315
Signes 320
401
Le Camp 395
Cuges 200
Col de l'Ange 218
Aubagne 95
Marseille 25
kilom 0 5 10 20 30 40 50 60 70 80 90 100 110 120 130

Vallon de Pichauris
l'Arc et l'Huveaune
(Page 69)
Marseille
la Rose 90
Croix Rouge 100
Plan de Cuques 134
Bouisdonnières 186
105
230
la Torse 372
Codolac 300
St Savournin 138
Gréasque 322
Fuveau 283
200
Chateauneuf le Rouge 248
233
251
Gd Puyloubier 240
Pt Puyloubier 247
Pourrières 300
Trets 261
Peynier 291
430
la Bonne 316
Rouillardier 210
Bedrousse 197
Roquevaire 174
Aubagne 90
Marseille
kilom 0 5 10 20 30 40 50 60 70 80 90 100
1045-300

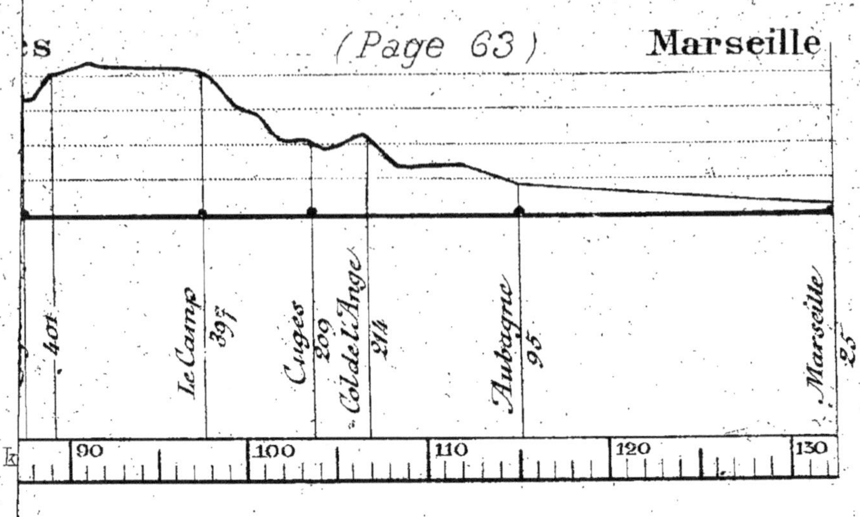

(Page 63)
Marseille
401
Le Camp 395
Cuges 209
Col de l'Ange 214
Aubagne 95
Marseille 25
90
100
110
120
130
k

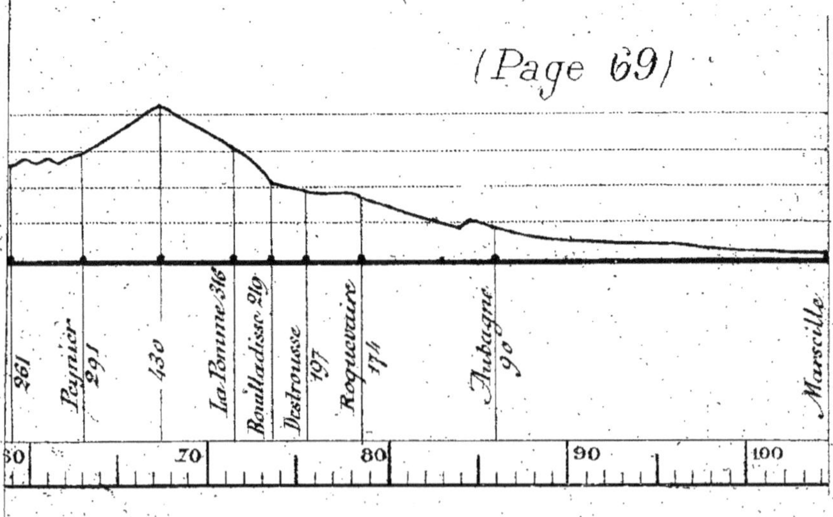

(Page 69)
261
Peynier 291
430
La Bonne 316
Bouilladisse 219
Destrousse 197
Roquevaire 174
Aubagne 90
Marseille
60
70
80
90
100
104 300

VALLÉES DE L'HUVEAUNE-CARAMY
LE GAPEAU-CHARTREUSE DE MONTRIEUX

	Altitudes	Kilomètres	Totaux
Marseille	10	»	»
Aubagne	95	17 500	17 500
Saint-Pierre	115	4	21 500
Pont-de-l'Etoile	139	1	22 500
Roquevaire	174	2 500	25
Auriol	196	4	29
Saint-Zacharie	375	6 500	35 500
La Sambuc	360	4 500	40
Rougiers	380	8	48
Tourvès	280	7	55
La Roquebrussanne	370	10 500	65 500
Méounes	280	7	72 500
Montrieux	297	3	75 500
Méounes	280	3	78 500
Signes	319	9	87 500
Le Camp	397	10	97 500
Cuges	209	6	103 500
Col de l'Ange	214	3	106 590
Aubagne	95	8 500	115

De Marseille à Aubagne voir Sorties de Marseille page 49.

AUBAGNE. *(voir page 52).*

Sortir d'Aubagne par la route de Gémenos qui longe l'Huveaune, légèrement accidentée. 500 m. après le passage sous le chemin de fer, prendre à gauche *(à droite Gémenos à 3 k.)* et 500 m. après bifur : *(à droite Saint-Jean-de-Garguier à 1.500 m.)* prendre à gauche. La route suit l'Huveaune et monte doucement jusqu'au hameau de Saint-Pierre, bifur.; *(à droite Gémenos à 3 k. 500)* suivre tout droit; descente assez rapide. Route étroite avant le village de Pont-de-l'Etoile que l'on traverse en ligne droite *(à gauche par le pont, Aubagne à 4 k. 500)*.

PONT-DE-L'ÉTOILE.

Village. Alt. 139 m. Habitants 1.000. Café-Restaurant. Station : ligne d'Aubagne *(6 k.)* à Valdonne *(11 k.)*.

La route monte doucement jusqu'à Roquevaire.

ROQUEVAIRE.

Canton. Alt. 174 m. Habitants 3.010. Hôtel. P.T. Station : ligne d'Aubagne *(8 k.)* à Valdonne *(9 k.)*. Foires 25 Juin et 3 Septembre. A visiter les vieux quartiers très curieux. Restes d'un château du Moyen-Age.

Café-Restaurant de la Tête-Noire. Rendez-vous des Cyclistes. — V. Pélas, propriétaire.

Dépôt d'essence, Grisillon, méc., réparation de cycles et automobiles.

Camoin, Pharmacie Nouvelle.

Ancien habitat de la période néolithique dans le vallon et la grotte de Lascour, où l'on a trouvé de nombreux fragments de silex et des débris de poteries. Ce territoire fut occupé par les Massaliôtes puis par les Romains, enfin, vers le XI° siècle, les habitants qui occupaient l'ancien habitat, descendirent dans la plaine et fondèrent le village de Saint-Estève, à 1.600 m. environ en aval de la ville actuelle. Les restes de ce village se montrent au-dessus de la route autour de l'église ruinée. On y retrouve de nombreux tombeaux en briques de l'époque romaine.

En sortant de Roquevaire la route s'engage dans un magnifique vallon et suit l'Huveaune jusqu'à la bifur. de la gare d'Auriol *(à gauche La Destrousse à 1.500 m.)*. Prendre à droite en passant sous la voie ferrée. Route très pittoresque dans un beau vallon, et montée un peu dure avant d'arriver à Auriol.

AURIOL.

Commune. Alt. 196 m. Habitants 2.640. Hôtel. P.T. Station à 2 k. ligne d'Aubagne *(10 k.)* à Valdonne *(7 k.)*. Foires 14 Septembre et 28 Octobre. Ville pittoresque.

Habitat ligurien. Comptoir Massaliôte, puis station romaine. Ruines d'un château de construction romaine. En 1867 il a été trouvé à Auriol un trésor de monnaies grecques et phocéennes de haute rareté qui figure aujourd'hui au Cabinet des Médailles de Marseille. Rochers et vallons pittoresques, beaux ombrages, eaux vives.

D'Auriol à Saint-Zacharie, montée douce sur 4 k. puis très légère descente jusqu'à 500 m. après la limite du département et petite montée assez forte en arrivant à Saint-Zacharie.

SAINT-ZACHARIE.

Commune. Alt. 275 m. Habitants 1.650. P.T. Foires : 1er Janvier, 5 Juin. Eglise de 1 83. Habitat préhistorique au camp d'Aga.

Ville d'origine romaine dont le territoire fut distribué à des soldats des légions. L'ancien village se trouvait au lieu dit Orignon sur la route de la Sainte-Baume où l'on a trouvé un petit autel consacré à Mars. Dans la campagne de Saint-Zacharie on a découvert des mosaïques, des colonnes et plusieurs inscriptions; une entre autres, dédiée aux sources de l'Huveaune ainsi conçue, "MATRIBUS VBELKABVS. V. S. L. M. SEX. LICINIVS SVCCESSVS" nous donne le nom de l'Huveaune à cette époque (*Ubelkabus*).

En sortant de Saint-Zacharie, montée sur 500 m., puis descente sur 1 k. jusqu'à la ferme de La Foux où commence la montée de la Sambuc. Le 1er kilom. monte doucement, le reste fortement jusqu'à la cote 360. (*Rampe de 3, 4 et 8 %*).

Après la Sambuc, route plate ; à 900 m. bifur ; (*à droite chemin de Nans à 3 k.*). Suivre tout droit et 500 m. plus loin descente un peu rapide sur 300 m., puis petite montée dure sur 200 m. et descente douce jusqu'au Logis de Nans. A droite très belle vue sur la chaîne de la Sainte-Baume et à gauche sur celle des monts Auréliens.

Après le Logis de Nans, petite montée dure jusqu'à la bifur. : (*à gauche Saint-Maximin à 8 k. 800, à droite Nans à 2 k. 800 et la Sainte-Baume à 9 k. 200*) suivre tout droit ; légère montée sur 1 k., puis descente assez rapide sur 2 k. et montée légère avant d'arriver à Rougiers.

ROUGIERS.

Commune. Alt. 380 m. Habitants 650. Hôtel.

Habitat des époques néolithique et ligurienne sur le sommet de la montagne au Sud, dont les murs sont encore bien conservés. On y trouve beaucoup d'instruments en pierre de ces deux périodes, ainsi que des citernes taillées dans le rocher. Le village actuel ne date que de l'époque des guerres de religion.

En entrant dans le village, à droite, très belle fenêtre Renaissance assez bien conservée.

Traversée du village mauvaise. Ralentir. Après le village, 2 tournants un peu rapides que l'on doit prendre avec précaution; puis descente douce sur 2 k. 500, bifur : (*à gauche Saint-Maximin à 7 k. 700; à droite Mazaugues à 7 k. 900*). Suivre tout droit ; montée assez forte sur 1 k. jusqu'à la cote 343 ; puis descente très rapide sur 1.500 m. avec tournant très dangereux. On traverse le passage à niveau et l'on prend à droite la route de Saint-Maximin à Tourvès (*à gauche Saint-Maximin à 6 k.*). Descente jusqu'au village de Tourvès. Traversée mauvaise. Ralentir.

TOURVÈS.

Commune. Alt. 280 m. Habitants 1.560. Hôtel. P.T. Station : ligne de Gardanne *(43 k.)* à Carnoules *(36 k.)*. Foires : 6 Août, 21 Septembre, 19 Novembre.

Probablement l'ancien "Ad Turrem" de l'itinéraire d'Antonin, mais cette ville ne devait pas occuper l'emplacement actuel et se trouvait au sommet du mamelon situé à 2 k. de Tourvès à droite de la route de Brignoles. Il y avait certainement sur la colline de Tourvès un habitat ligurien dont on trouve des vestiges. Le territoire de cette ville était riche en maisons de campagne romaines. On y a recueilli de nombreuses médailles, des poteries et des armes ; sur la hauteur, belles ruines du château des Marquis de Valbelle, détruit pendant la révolution. Sur l'esplanade, pyramide imitée de celle de Sextius, à Rome, et portant sur son socle la devise des marquis :

« Conservez ma devise, elle est chère à mon cœur,
« Les mots en sont sacrés, c'est l'amour et l'honneur. »

De ce point, vue magnifique. Sur la route de Rougiers, au bas de la descente près du petit chemin de Tourvès, on remarque une ancienne vacherie à laquelle est adossé un ciborium gothique ainsi que diverses sculptures qui ont dû faire partie d'un temple païen.

Descente sur 500 m., tournant brusque sous le chemin de fer, et bifur. : *(à gauche Brignoles à 10 k. 700)*, prendre à droite ; montée forte sur 1.700 m. puis descente jusqu'à la bifur. du château de Saint-Julien alt. 240 m. *(à gauche Brignoles à 7 k. 700)* suivre tout droit. De suite après, la route commence à monter dans une vallée très pittoresque, bien boisée ; vue admirable sur la montagne "La Loube". La montée s'accentue, on passe par les cotes 276, 315, pour arriver à la cote 405 à 3 k. 500 après la bifurcation de Saint-Julien.

Rampe actuelle de 3, 5 et 11 o/o. Cette route, admirable comme paysage, est généralement médiocre comme chemin, mais elle va être rectifiée et la rampe sera régulière. Du sommet, belle descente, un peu rapide, en ligne droite jusqu'à La Roquebrussanne.

LA ROQUEBRUSSANNE.

Canton. Alt. 370 m. Habitants 73). Hôtel. P.T. Foires : 15 Octobre. Ruines d'un vieux château.

Habitat ligurien dont il reste de nombreux remparts sur la colline qui domine le village. Ancienne colonie romaine de Rocca Brussano. On a trouvé sur ce territoire de nombreux tombeaux, des médailles, des lampes, des amphores et plusieurs médaillons d'argent à la tête de Diane de Marseille.

En sortant du village bifur : *(à gauche Gareoult à 5 k. 500)* suivre tout droit. Route en plaine sur 3 k. 500 ; bifur : *(à gauche Néoules à 2 k. 500 et Gareoult à 5 k. 500)* suivre tout droit. Descente rapide et médiocre avec tournant brusque dans un vallon très pittoresque jusqu'à Méounes.

MÉOUNES.

Commune. Alt. 28) m. Habitants 612. Hôtel. P.T. Foire 1er lundi de Septembre.

Ancienne station romaine de Melna. Belle église gothique contenant un maître-autel en marbre provenant de l'ancienne Chartreuse de Montrieux. Site sauvage et très pittoresque.

Continuer tout droit dans le village ; descente rapide ; à 1.200 m., à la croix qui se trouve à droite de la route, bifur. : *(en face Belgentier à 3 k. 500)* prendre à droite le petit chemin qui longe la rivière le Gapeau; 1 k. après, passage à gué du Gapeau pour les voitures, automobiles, tricycles. Les bicyclistes et piétons ont une passerelle. Montée très dure jusqu'à l'abbaye de Montrieux.

MONTRIEUX. *(alt. 297 m.)*

Ancien nom Mons Rivulorum à cause de la quantité de sources qui naissent dans la montagne. Monastère fondé en 1117 par un gentilhomme italien. 53 ans après, les Chartreux y avaient deux maisons très importantes et dont on voit encore les ruines (*Montrieux le Vieux*). Les troupes de Charles de Bourbon ravagèrent ce monastère, mais une partie fut rétablie quelques années après. A l'époque de la Révolution, diverses pièces de sculpture et des marbres précieux furent dispersés dans différentes villes : à Méounes, Draguignan, Fréjus, Toulon. La statue de Marie-Magdeleine, qui se trouve dans la grotte de la Sainte-Beaume, faisait partie d'un de ces mausolées. La Chartreuse actuelle ne date que d'une cinquantaine d'années. Ce couvent n'offre rien de remarquable, mais la forêt mérite d'être visitée. Elle renferme des échantillons de la flore du Midi, de la Savoie et des Alpes. La végétation y est d'une richesse extrême et d'une variété infinie.

A 1 k. à l'Ouest sur les bords du Gapeau, ruines très pittoresques de l'ancienne Chartreuse.

(A Montrieux il n'existe pas d'Auberge. Ecrire au Couvent si l'on a l'intention d'y déjeuner).

Revenir à Méounes par la route d'arrivée, et, après l'église, tourner à gauche pour prendre la route de Signes.

Montée un peu forte sur 1 k., puis très forte avec des fractions très dures sur 2 k. jusqu'à la côte 375. Plusieurs tournants brusques et mauvais. De ce point, la route commence à descendre sur 1 k. puis très fortement sur 1.500 m. Ce passage est très mauvais; la route en descente droite est coupée de loin en loin par des caniveaux obliques à la chaussée.

Paysage admirable.

A la fin de la descente, on passe au château de Beaupré près de la source du Gapeau, puis la route continue plate jusqu'à Signes.

SIGNES.

Commune. Alt. 319 m. Habitants 1.263. Hôtel. P.T. Foire : 25 Novembre.

Habitat ligurien puis colonie Massaliôte, et enfin petite ville romaine du nom de "Signœ". Vers le XII⁰ siècle, il y avait dans cette ville une cour d'amour célèbre par sa sévérité. Restes d'un château de cette époque. Village pittoresque situé dans une belle plaine.

En sortant de Signes, montée très forte sur 1 k. en passant par les cotes 361 et 401. Rampe en partie de 8 o/o. De ce point, montée assez forte sur 3 k., puis descente douce jusqu'au Camp. Beau plateau et belle vue.

A 5 k. de Signes bifur : *(à gauche Le Beausset à 12 k. tout en descente rapide)*.

LE CAMP. *(alt. 397 m.)*.

Bifur : *(4 routes ; à gauche Le Beausset, 11 k. 900 ; en face et à gauche Le Beausset 8 k. 500, en face La Bégude à 4 k. 500)* prendre à droite. De ce point la route descend très fortement sur 5 k. Pente de 4 et 7 o/o.

CUGES. *(voir page 54)*.

En sortant du village, descente douce sur 1 k., puis montée assez dure jusqu'au Col de l'Ange sur 2 k. bifur. : *(à gauche Roquefort à 5 k. 500 et Ceyreste à 10 k.)*. Nouvelle descente rapide sur 2 k. ; tournants brusques. Au bas de la descente bifur : *(à droite Gémenos à 2 k. 500)* suivre tout droit. La route monte légèrement sur 3 k. environ, puis descend en pente douce jusqu'à Aubagne. Elle passe sous le pont du chemin de fer et devant la route de la Bédoule, à gauche. On arrive à Aubagne par la rue de la République. Pavés.

Le retour d'Aubagne à Marseille s'effectue soit par chemin de fer soit par la route ordinaire.

VALLON DE PICHAURIS – L'ARC ET L'HUVEAUNE

	Altitudes	Kilomètres	Totaux
Marseille	10	»	»
La Rose	79	6 500	6 500
La Croix-Rouge	104	2	8 500
Plan-de-Cuques	134	1 500	10
La Bourdonnière	120	3 500	13 500
Le Terme	377	7	20 500
Codolive	300	1 500	22
Saint-Savournin	438	2 500	24 500
Gréasque	322	3 500	28
Fuveau	283	3 500	31 500
Châteauneuf-le-Rouge	248	7 500	39
La Grande-Pugère	240	11 500	50 500
La Petite-Pugère	247	1 500	52
Pourrières	300	2 500	54 500
Trets	261	7 500	62
Peynier	291	4	66
La Pomme	316	8 500	74 500
La Bouilladisse	219	2	76 500
La Destrousse	197	2	78 500
Roquevaire	174	2 800	81 300
Aubagne	95	7 500	88 800
Marseille	10	17 500	106 300

De Marseille à La Rose voir SORTIES DE MARSEILLE page 49.

LA ROSE.

Village sur la route. Alt. 79 m. Bifur : *(à droite Les Olives à 2 k. 500)* suivre tout droit, route plate en partie pavée jusqu'à La Croix-Rouge.

LA CROIX-ROUGE.

Village. *(Alt. 104 m.)* Bifur : *(à droite Allauch à 2 k. 500).* Prendre à gauche. Bonne route en montée très douce ; belle vue sur la chaîne de l'Étoile.

PLAN-DE-CUQUES.

Village. Alt. 134 m.

Bifur : *(à droite Allauch à 2 k. 200, à gauche Château-Gombert à 2 k.).* Continuer tout droit, route en descente, puis en légère montée jusqu'à La Bourdonnière ; 500 m. avant, bifur : *(à droite Allauch à 2 k. 500).*

LA BOURDONNIÈRE.

Hameau. Alt. 120 m.

Bordoniera (1304). Il n'y avait anciennement qu'une chapelle qui dépendait du château de Ners. Placée sur une ancienne voie romaine, cette chapelle avait remplacé un temple païen dont il reste de très rares vestiges aux environs. Le hameau est moderne.

De ce point, la route s'engage dans les pittoresques Gorges de Ners et de Pichauris ; nombreux tournants ; beaux points de vue. Montée assez forte jusqu'à l'auberge de Pichauris. *(Rampe de 4 0/0 au début et 1 et 2 0/0 à l'auberge ; à droite, chemin médiocre qui conduit au hameau de Pichauris situé à 800 m. dans un merveilleux vallon).* De l'auberge au Terme, montée forte et toujours très pittoresque *(Rampe de 3 1/2 et 4 0/0).*

LE TERME.

Alt. 377 m. *(Auberge recommandée. Chambres confortables, aménagées spécialement pour les touristes).*

Bifur : *(à droite Peypin à 1.500 m.)* tourner à gauche. Descente assez rapide dans la vallée de Valdonne.

Vue magnifique. Au bas de la descente bifur. : *(en face Valdonne à 1.500 m. et, à 3 k., bifur. de la Pomme)* prendre à gauche ; montée assez forte jusqu'à **Codolive.**

CODOLIVE.

Village. Alt. 300 m. Habitants 600. Café.

Origine du nom : **Enco d'Olive** *(chez Olive)* que la carte de l'État-Major a successivement transformé fautivement en : Gadolive, les Olives et Cadolive. Mines de lignite importantes.

Route en montée douce jusqu'à Saint-Savournin.

SAINT-SAVOURNIN.

Commune. Alt. 438 m. Habitants 1.820. P. T. Hôtel.

Habitat ligurien au-dessus du village et près des ruines du château; station romaine où se trouvait un temple dédié à Saturne, d'où le nom ancien (*Sanctus Saturninus 1010*). Eglise Saint-Saturnin (*1851*). Autel votif romain bien conservé.

Village très pittoresque. Vue magnifique sur les escarpements de la chaîne de l'Etoile et la vallée de l'Arc.

Après le village, descente douce sur 500 m., bifur. : *(en face Gardanne à 6 k. 500 ; route toute en descente ; pente assez forte à certains endroits)* prendre à droite, descente assez forte sur 1.500 m. et bifur. : *(à droite Valdonne à 3 k. 300)* prendre à gauche ; montée forte sur 200 m., puis descente jusqu'à Gréasque.

GREASQUE.

Commune. Alt. 322 m. Habitants 775. Hôtel. P. T.

Village assez pittoresque ; belle vue sur la vallée de l'Arc. Ancien quartier rural de Saint-Savournin.

Traverser le village et continuer tout droit ; route en descente légère ; à 1.500 m. bifur. : *(à droite La Pomme à 5 k.)* prendre à gauche et 100 m. plus loin tourner à droite par le chemin qui monte assez fortement jusqu'à Fuveau.

FUVEAU.

Commune. Alt. 283 m. Habitants 2.200. Hôtel. P.T. Station à 2 k. ligne de Gardanne (*8 k.*) à Carnoules (*71 k.*). Foire : 2me lundi de Septembre.

Eglise Saint-Michel (*1600*). Village très pittoresque surtout du côté du Nord ; très belle vue sur la vallée de l'Arc, la chaîne de l'Etoile et celle de Sainte-Victoire.

Ce village n'existait probablement pas à l'époque romaine, mais il y avait des **villœ** et des fermes pour l'exploitation des terres. On a trouvé dans ce territoire des monnaies et des tombeaux de cette époque.

En sortant de Fuveau, descente très rapide, 3 tournants très brusques ; laisser à sa gauche 2 chemins vicinaux. La descente continue plus douce sur 2 k. 500 jusqu'à la route de Gardanne à Trets *(à gauche Gardanne à 8 k. 500)* prendre à droite, et 200 m. plus loin, tourner à gauche. *(à droite Trets à 10 k. 500)*. La route descend jusqu'à la rivière l'Arc, qu'elle traverse sur un beau pont, puis elle monte légèrement sur 1 k. jusqu'à Châteauneuf où l'on tourne à droite *(à gauche Aix à 12 k. et bifur. de Passerelle à 3 k. 500. Montée sur 1 k. et descente assez rapide jusqu'à Passerelle)*.

CHATEAUNEUF-LE-ROUGE.

Commune. Alt. 248 m. Habitants 120. Station de Château-l'Arc, à 4 k., ligne de Gardanne (*12 k.*) à Carnoules (*67 k.*).

Habitat ligurien sur le sommet de la montagne du Cengle, à l'Ouest ; ruines de villas romaines aux environs. Ancien nom : *Castrum novum rubrum*, à cause des roches rouges du Cengle. Il n'y a pas d'agglomération ; les habitations sont disséminées dans la plaine et sur la montagne, principalement au quartier de *Négrel* ou *Négreou*, qui est très pittoresque.

De Châteauneuf-le-Rouge à la Grande-Pugère, route très belle, très pittoresque, très accidentée ; succession de montées et descentes courtes. A 3 k. 500 de Châteauneuf, bifur : *(à droite Rousset à 1 k., et 1.300 m. plus loin à droite, second chemin de Rousset à 1 k.)* continuer tout droit jusqu'à La Grande-Pugère.

LA GRANDE-PUGÈRE.

Hameau. Alt. 240 m. Ancien bureau de péage.

Champ de bataille choisi par Marius pour l'extermination des Ambrons et des Teutons (*102 ans avant J.-C.*). Le château et la ferme actuelle occupent l'emplacement d'une ancienne villa et d'un temple romain.

Route plate jusqu'à La Petite-Pugère, où l'on tourne à gauche *(en face Pourcieux à 6 k. tout en montée, à droite Trets à 5. k.)*.

LA PETITE-PUGÈRE.

Ferme sur la route.

Cette ferme occupe à peu près le centre du champ de bataille de Marius, où 300.000 Ambrons et Teutons furent anéantis dans une journée. Cette plaine, jonchée de cadavres, garda longtemps le nom de : champs pourris (*d'où le nom de Pourrières*). Après sa victoire, Marius fit élever un immense bûcher composé des armures, des armes et des chariots des vaincus. Les restes de ce bûcher sont au nord de l'Arc et à 200 m. environ à droite du Pont. Sur ce mamelon, on trouve des masses énormes de bronze, de fer et de plomb, fondus par le feu, ainsi que des monnaies et des débris de toutes sortes. En face, sur la rive droite de l'Arc, à 100 m. du pont, on voit, à fleur de terre, les fondations du monument triomphal élevé par Marius. Ce monument se composait d'un socle surmonté d'une pyramide, probablement ornée aux angles, de quatre statues représentant des guerriers romains, et tel que nous le représente les armoiries de Pourrières. Ce monument commémoratif de la 1re victoire des Latins sur les Teutons, disparaît de jour en jour, et la mémoire de ce grand fait, aujourd'hui presque oublié, mériterait d'être conservée par un simple pylone en indiquant la date. Jusqu'en 1843, lorsqu'une troupe armée passait sur cette route et devant ces ruines, les tambours battaient aux champs, en mémoire de cette victoire. Les traces de cette bataille historique s'effacent d'années en années sous l'indifférence des hommes, et le voyageur qui passe dans cette plaine légendaire ne trouve aucun souvenir qui puisse lui rappeler la gloire de nos ancêtres les Latins.

Montée douce jusqu'à Pourrières.

POURRIÈRES.

Commune. Alt. 300 m. Habitants 1.180. Hôtel. P.T. Foires : 1er lundi de Septembre, 5 Octobre, 15 Août, 29 Décembre.

Village assez pittoresque situé sur un mamelon qui domine tout le champ de bataille de Marius. Belle vue sur les monts Auréliens et Sainte-Victoire.

Pourrières est dominé par une colline arrondie portant le nom de Pain de munition. C'est un ancien habitat et un camp retranché ligurien dont les remparts sont parfaitement conservés. Débris considérables de cette époque. Ce retranchement fut occupé par une partie de l'armée de Marius, ce qui a fait croire, pendant longtemps, qu'il avait été construit par lui.

2 chemins partent de Pourrières ; l'un sur Puyloubier, absolument incyclable *(5 k. 500)*, l'autre sur Rians *(13 k.)*. Route très pittoresque mais généralement mauvaise dans un magnifique vallon en montée très forte sur 6 k., jusqu'à 1 k. avant le Puits de Rians.

De Pourrières à Trets, route en descente douce. Prendre le chemin d'arrivée jusqu'à la Petite-Pugère et suivre tout droit.

TRETS.

Canton. Alt. 261 m. Habitants 2.520. Hôtel. P.T. Station : ligne de Gardanne *(20 k.)* à Carnoules *(59 k.)*. Foires : 15 Mars, 24 Août, 10 Octobre.

Café du Cours. Paul André, propriétaire.

Au-dessus de Trets, sur le sommet de l'Olympe, habitat ligurien considérable. Les armes et instruments de l'époque néolithique y sont innombrables. La ville de Trets actuelle est l'ancienne ville romaine de "Trittis". On croit qu'elle fut fondée par les Massaliotes avant les romains. Son nom lui vient probablement d'un temple élevé à la nymphe Tritœa, fille de Triton. Cette ville fut pillée par les Sarrasins.

Petite ville pittoresque. Remparts du XVIe siècle. Porte d'Italie du XIVe siècle. Eglise de la Purification *(XIe siècle)* avec tour carrée. A l'intérieur magnifique maître-autel en marbre. Ancien château du XVIe siècle. Belle salle et grand escalier.

A la sortie de Trets, bifur : *(à droite Gardanne à 19 k.)* prendre à gauche ; route accidentée jusqu'à 1 k. avant Peynier où l'on arrive par une montée assez forte.

PEYNIER.

Commune. Alt. 291 m. Habitants 634. Auberge. P. à Trets. T. à la station à 3 k. : ligne de Gardanne *(15 k.)* à Carnoules *(64 k.)*. Eglise Saint-Jullien et chapelle Saint-Pierre du XIIe siècle.

Ancien nom : "Podium Negroni" qui lui vient probablement des gisements de charbon. Ancien habitat ligurien, puis petite station romaine dont on a trouvé des ruines et d'assez nombreuses médailles.

Après Peynier longue montée assez forte, mais très régulière sur 4 k, 500. Rampe de 3 1/2 et 4 %. Puis descente assez rapide jusqu'à la 1re bifur. de la Pomme ; tourner à gauche *(1re route à droite, Belcodène, à 1.500 m. ; 2me route, Fuveau à 5 k. 500)*. Avant d'arriver à la 2me bifur., tournants rapides et descente forte.

LA POMME.

Ferme sur la route. Alt. 316 m.

A droite et à gauche sur les deux sommets, deux beaux camps retranchés liguriens qui défendaient ce passage. Restes nombreux de cette époque.

Bifur. : *(à droite le Terme à 3 k.)* tourner à gauche. Descente très rapide, tournants très dangereux sur le 1er k. ; puis descente toujours rapide, mais en ligne droite, jusqu'au village de la Bouilladisse *(traversée du village et passage à niveau mauvais)*.

LA BOUILLADISSE.

Village. Alt. 219 m. Habitants 1.000. Station ligne de Valdonne *(3 k.)* à Aubagne *(14 k.)*. Auberge.

Ancien quartier dont le nom vient de plusieurs sources (*Bouillidous*). Agglomération moderne.

La descente continue plus douce jusqu'à La Destrousse.

LA DESTROUSSE.

Commune. Alt. 197 m. Habitants 550. Café-Restaurant. Village moderne.

Au milieu du village, bifur. *(à droite Peypin à 3 k, Le Terme à 4 k. 500, très forte montée)* ; la route descend doucement jusqu'après la gare d'Auriol, à la bifur. de gauche qui conduit à Auriol *(2 k.)*. Suivre tout droit, tournant brusque sur le pont du ruisseau Le Merlanson. Route très pittoresque dans un beau vallon en descente légère jusqu'à Roquevaire.

L'ensemble de la route jusqu'à Marseille est en pente douce.

ROQUEVAIRE *(voir page 64).*

PONT-DE-L'ÉTOILE *(voir page 64).*

Bifur. : *(en face Gemenos à 4 k. 500. Montée un peu forte*

*jusqu'à la chapelle de Saint-Pierre, puis légère descente en
ligne droite sur Gémenos. Très belle route. A 500 m.
environ de Pont-de-l'Etoile bifur. sur Aubagne (5 k.). Cette
route, qui suit les bords de l'Huveaune et vient rejoindre celle
de Gémenos à Aubagne, est préférable et moins mauvaise que
la grande route).* Prendre à droite, tournant dangereux sur
le pont de l'Huveaune. Route légèrement accidentée
jusqu'à 1 k. avant Aubagne et descente assez rapide en
arrivant dans cette ville.

AUBAGNE *(voir page 52).*

Retour à Marseille par la route ordinaire.

NOTES :

L'ESTAQUE, PAS-DES-LANCIERS

1° L'Estaque—Le Rove—Réaltor.
2° L'Étang de Berre—Le Golfe de Fos.
3° Le tour de l'Étang de Berre.
4° L'Étang de Berre—L'Arc et la Touloubre.

L'ESTAQUE-LE ROVE-RÉALTOR

	Altitude	Kilomètres	Totaux
L'Estaque	4	»	»
L'Establon	90	3 500	3 500
Le Rove	150	3 600	7 100
Le Douard	162	1 800	8 900
Ensuès	80	2 200	11 100
Val de Ricard	45	1 300	12 400
Marignane	12	7 700	20 100
Saint-Victoret	30	1 700	21 800
Le Griffon	50	3 500	25 300
Réaltor	164	6	31 300
Les Milles	110	7 500	38 800
Luynes	136	4 500	43 300
Valabre	140	2	45 300
Gardanne	229	4	49 300
Le Pin	220	8	57 300
Septèmes	218	3 600	60 900
Saint-Antoine	145	3 500	64 400

De Marseille à l'Estaque voir SORTIES DE MARSEILLE, page 48.

De l'Estaque à l'usine de Rio-Tinto, route généralement très mauvaise ; puis montée forte jusqu'à la Batterie de Corbières, suivie d'une petite descente et d'une montée légère jusqu'à la tranchée du Resquiadou. Panorama magnifique sur la rade de Marseille. De suite après cette tranchée, légère descente jusqu'au restaurant de l'Establon, où l'on peut quitter les bicyclettes et visiter, à 200 m. en face, l'admirable calanque de l'Establon, véritable décor fantastique. De l'Establon au Rove, montée assez forte dans le magnifique vallon de l'Héritage dont les roches calcaires, rongées et effritées affectent les formes les plus bizarres et les plus imprévues ; c'est, en réduction, les étranges paysages de Montpellier-le-Vieux et des causses du Tarn.

LE ROVE.

Commune. Alt. 150 m. Hab. 740. Café-Restaurant.

Ancienne station placée sur la voie Massaliôte qui se rendait aux Martigues. Origine du nom **Rot** (*route*). Vue pittoresque. Fromage de lait de chèvres renommé, connu sous le nom de brousse.

Du Rove au hameau du Douard, montée assez forte sur 500 m. ; le reste en plat.

LE DOUARD, *hameau.*

Bifur. : (*à droite Marignane à 6 k. 500 et Gignac à 4 k. 500*) prendre à gauche. Descente sur 500 m. puis montée forte sur 1 k. jusqu'à la cote 203, suivie d'une descente rapide sur 500 m. et très rapide sur le reste jusqu'à Ensuès ; tournant dangereux en arrivant au village. *(Pente de 3, 4 et 6 o/o).*

ENSUÈS.

Hameau. Alt. 80 m. Habitants 530. Café-Restaurant.

D'Ensuès au Val de Ricard, légère descente et à 1 k. bifur. : (*à gauche Carry à 5 k. 500*) prendre à droite ; montée douce et courte, puis descente rapide avec tournants dangereux sur 3 k. Au 2ᵉ k. bifur. : (*à gauche Châteauneuf-les-Martigues à 2 k.*) prendre à droite, puis 1 k. après (*à gauche autre chemin de Châteauneuf*) prendre encore à droite et enfin 500 m. plus loin, tourner à gauche (*en face, Gignac à 4 k. 500*), la route en descente douce arrive à Bricar, bifur. : (*à gauche Martigues à 12 k. 700*) prendre à droite, et 200 m. plus loin tourner à gauche (*à droite Gignac à 3 k.*); route plate jusqu'à Marignane, où l'on pénètre par 2 tournants brusques et une rue étroite *(ralentir).*

MARIGNANE.

Commune. Alt. 12 m. Habitants 1.920. Hôtel. P.T. Station : ligne de

Pas-des-Lanciers (*5 k.*) aux Martigues (*14 k.*).

Eglise Saint-Nicolas, 1388. Assez beau château seigneurial des Covet, où l'on montre une chambre qui fut longtemps habitée par Mirabeau.

Au milieu de la ville bifur. : *(à gauche le Mouton à 5 k. et Rognac à 8 k.),* suivre tout droit. Route plate et bien ombragée jusqu'à la bifur. de Saint-Victoret *(à gauche le Mouton à 4 k. et Rognac à 7 k. 500 ; à droite Saint-Victoret à 100 m., Pas-des-Lanciers à 2 k. 200 et Les Pennes, direct, à 6 k.),* suivre tout droit. A 1 k., la route passe sous le chemin de fer et par une montée douce arrive au **Griffon**, auberge sur la route, alt. 50 m., bifur. : *(à gauche, Le Mouton à 5 k. et Rognac à 8 k. à droite Les Pennes à 3 k. 700)* prendre en face ; route très pittoresque dans les beaux bois du château de Montvallon, mais en montée très forte et mauvaise *(la Cèdo)* sur 4 k. jusqu'à la cote 222 ; *(rampe de 3, 4 1/2 et 6 °/₀ vers la fin ; très dangereuse à faire en descente)* sur le plateau, vue magnifique, puis descente douce jusqu'à Réaltor.

RÉALTOR.

Alt. 104 m. Magnifique bassin d'épuration du canal de Marseille, formé par un barrage de 600 m. de long et 19 m. de hauteur maxima, barrant la vallée et présentant une surface d'eau de 58 hectares, sur une longueur de 1.600 m. et une largeur maxima de 800 m. Contenance 4.500.000 mètres cubes d'eau. Site très pittoresque.

On contourne le côté Sud du bassin, on laisse à droite le chemin de Calas *(à 1.500 m., très mauvais)* et l'on prend à gauche, la route qui descend doucement jusqu'à la bifur. de **La Lagremeuse**, ferme sur la route, alt. 125 m. *(à gauche Saint-Pons à 2 k. 500 ; à droite Calas à 2 k. et Septèmes à 9 k. 500)* suivre tout droit ; petite montée assez forte sur 500 m. puis descente sur 500 m. et plat jusqu'au village des Milles.

LES MILLES.

Village, Alt. 110 m. Habitants 2.400. Hôtel. P.T. Station : ligne de Rognac (*19 k.*) à Aix (*7 k.*).

Origine probable du nom : 4ᵐᵉ borne milliaire de la voie Aurélienne d'Aix à Marseille. Eglise Sainte-Madeleine (*1702*). Restes d'une tour des signaux (*XVᵉ siècle*). Paysages frais et gracieux sur les bords de l'Arc.

Pour se rendre des Milles à Luynes il existe deux routes :

1° Suivre la route des Milles à Aix sur 4 k. 500 jusqu'au Pont-de-l'Arc, où l'on prend à droite la route nationale d'Aix à Marseille qui conduit à Luynes à 3 k. 500.

2° A 500 m. après la sortie des Milles, prendre à droite. Chemin vicinal médiocre, mais cyclable, qui conduit directement à Luynes (*3 k. 500*). En arrivant sur la route nationale tourner à gauche.

LUYNES.

Village. Alt. 140 m. Habitants 600. Station à 1.200 m. : ligne de Marseille (*23 k.*) à Aix (*6 k.*). Café-Restaurant.

(*En face, au nord, Aix à 6 k. 500, forte montée sur 500 m. puis descente jusqu'au Pont-de-l'Arc, et montée assez forte jusqu'à Aix ; au sud Septèmes à 11 k. et Saint-Antoine à 14 k. 500*). Dans le village, prendre à droite le chemin de Gardanne. Route plate sur 1 k.; petite montée assez forte jusqu'à la gare de Luynes (*alt. 161 m.*) puis descente douce jusqu'au château de Valabre.

VALABRE.

Parc magnifique et beau château du XVII° siècle, légué par la marquise de Gaydan à la commune de Gardanne et transformé en école d'agriculture. Site frais et très ombragé. Beau paysage.

De Valabre à Gardanne, route légèrement accidentée.

GARDANNE.

Canton. Alt. 229 m. Habitants 3.060. Hôtel. P.T. Station : ligne de Marseille (*20 k.*) à Aix (*9 k.*). Embranchement sur Carnoules (*79 kil.*) Foires : 14 Février et lundi après le 2me dimanche d'Août. Eglise Saint-Pierre (XVI° siècle).

En arrivant à Gardanne, tourner à droite, et suivre tout droit, en laissant à sa droite l'avenue de la gare. Assez forte montée sur 1 k. puis route légèrement accidentée jusqu'au Pin, en laissant à droite et à gauche 4 chemins vicinaux ; 1 pour Bouc, 2 pour Simiane et 1 pour Cabriès.

1 k. avant le Pin, petite montée assez dure avec tournant brusque sur le pont du chemin de fer. Descente légère jusqu'au Pin.

LE PIN.

Hameau sur la route. Alt. 220 m. Auberge.

Bifur. : (*à droite Aix à 14 k.*), prendre à gauche. Montée très douce sur 1.500 m., puis descente un peu rapide sur Septèmes. Mauvais passage dans le village.

SEPTÈMES.

De Septèmes à Saint-Antoine, descente douce, et légère montée avant d'arriver à ce village.

De Saint-Antoine à Marseille voir page 6.

L'ÉTANG DE BERRE ET LE GOLFE DE FOS

	Altitudes	Kilomètres	Totaux
Pas-des-Lanciers	52	»	»
Les Martigues	2 et 10	19 400	19 400
Fos	34	11	30 400
Istres	35	10	40 400
Rassuën	15	3	43 400
Saint-Blaize	50	6	49 400
Saint-Mitre	80	3 500	52 900
Les Martigues	2 et 10	7	59 900
Pas-des-Lanciers	52	19 400	79 300

PAS-DES-LANCIERS.

Hameau. Alt. 52 m. Habitants 150. Hôtel. Boîte aux lettres et T. à la gare. Station : ligne de Marseille (*19 k.*) à Arles (*67 k.*). Embranchement sur Martigues (*19 k.*).

L'origine du nom de Pas-des-Lanciers a donné naissance à des étymologies de haute fantaisie. La seule acceptable est celle-ci. Un acte de 1346 porte *Gula de Lancisiam*, c'est-à-dire *goule, ou passage de Lancise*. Lancise est le ruisseau qui porte aujourd'hui le nom de *Merlançon*, dans lequel on retrouve un dérivé de Lancise. Une carte de Cassini, de la fin du XVIIᵉ siècle, porte : *passage d'Alansier* d'où l'on a fait *pas d'Alensier* puis *pas de Lancier* et enfin, *Le Pas-des-Lanciers* consacré par la compagnie P.-L.-M.

En quittant la gare, prendre à droite (*à gauche Gignac à 3 k. 700 et Les Pennes à 6 k. 700*). Belle route en plaine jusqu'à Saint-Victoret.

SAINT-VICTORET.

Ce petit village doit son nom et son origine à une église bâtie en 966 par les moines de Saint-Victor, de Marseille.

En sortant de Saint-Victoret, bifur. : (*à droite Le Griffon, à 3 k. 500, en face et au nord, Rognac à 9 k.*) prendre à gauche, belle route plate et ombragée jusqu'à Marignane.

MARIGNANE (*voir page 77*).

Belle route plate et pittoresque jusqu'à Bricar, bifur. :

(*à gauche Gignac à 3 k. 500*). Tourner à droite et 200 m. plus loin on laisse à gauche le chemin de Val de Ricard à 4 k. 500 et Ensuès à 5 k. 500 ; suivre tout droit. A 500 m. passage à niveau, et 500 m. plus loin, à gauche, chemin de Châteauneuf-les-Martigues (*à 1.200 m.*) et 1 k. après 2ᵐᵉ chemin vers ce même village.

La route devient un peu accidentée, légères montées et descentes. La vue est très belle ; à gauche, les curieuses collines de Châteauneuf aux bizarres découpures ; en face, les Martigues, à droite, l'Etang de Berre, dont la longueur, à cet endroit, est de 14 k. et au premier plan, les trois curieux rochers de la Mède, les Trois Frères ; vers l'Est, le vaste étang de Bolmon, séparé de celui de Berre par le long et étroit barrage du Jaï ; au fond, l'étrange silhouette du rocher de Vitrolles et les montagnes rouges de Rognac ; enfin, à l'horizon, Sainte-Victoire d'Aix — c'est un magnifique panorama. — Légère descente avant **La Mède**. Petit port très pittoresque, rendez-vous des peintres et des artistes. Ancienne station romaine du nom de **Média** (*milieu, entre Châteauneuf et les Martigues*) placé sur l'ancienne voie Massaliôte qui conduisait aux Martigues.

Après la Mède, petite montée assez dure de 400 m. et passage à niveau mauvais ; puis succession de petites montées et descentes jusqu'aux Martigues.

LES MARTIGUES. (*Voir page 108*).

Canton. Alt. 2 et 10 m. Hab. 5.660. Hôtel. P. T. Station : terminus des Pas-des-Lanciers (*19 kil.*) Foires : 15 Mai et 28 Octobre.

Traverser les trois quartiers de la ville et, à la sortie du Pont de Ferrières, tourner à gauche ; la route monte doucement sur 500 m. (*à gauche vieux moulin, d'où l'on a une vue admirable sur les Martigues et l'Etang de Caronte*), puis petites descentes et montées courtes jusqu'au 4ᵐᵉ k. où la route monte assez fortement sur 1 k. pour atteindre la halte du chemin de fer de Port-de-Bouc, bifur. : (*à gauche Port-de-Bouc à 800 m., forte descente*), prendre à droite ; la route monte encore légèrement sur 500 m. ; au point culminant, vue très belle sur Fos et la Camargue ; à l'horizon, à gauche, on distingue les maisons de Port-Saint-Louis, embouchure du Rhône.

La route descend légèrement sur 600 m. environ, jusqu'à une ferme (*à gauche de la route*) ; puis rapidement, 100 m. après, avec tournant dangereux sur passage à niveau ; le reste en descente droite assez rapide jusqu'à la station de La Marronède.

LA MARRONÈDE.

Station. Ligne de Miramas (*21 k.*) à Port-de-Bouc (*5 k.*).

A 100 m., à droite, restes d'un pont romain dont quelques arcades servent d'habitation. A l'époque romaine les étangs d'Engrenier et de Lavalduc réunis, communiquaient avec la mer par une passe de 500 m. de long sur 300 environ de large, aujourd'hui complètement ensablée, et formaient un vaste port intérieur de près de 6 k. de long; l'étang de l'Estomac, également ouvert sur la mer, était un vaste golfe.

Tel était l'état des lieux à l'époque où Marius vint y construire trois camps retranchés placés, l'un à Fos, l'autre sur le mont **Gayet** ou **Mariet** (*de Caius Marius*) entre l'étang de l'Estomac et celui d'Engrenier, et le 3° près de la chapelle de Saint-Blaize, entre l'Etang de Lavalduc et celui de Citis; camp qui prit le nom de **Maritima Avaticorum** (*ville maritime des Avaticiens*), car cette peuplade ligurienne y avait déjà un oppidum.

Marius séjourna trois années dans cette région, attendant l'arrivée des Teutons et des Embrons qui se dirigeaient sur l'Italie, au nombre de 300.000, et projetaient de s'y établir.

Rome venait d'élever le vainqueur de Jugurtha à son quatrième Consulat; celui-ci était donc tout puissant. Il s'empressa de faire alliance avec les Phocéens qui occupaient l'île de Métapine (*Port de Bouc*), les chargea du ravitaillement de son armée et commença des travaux considérables.

En premier lieu, pour assurer le ravitaillement d'un camp qu'il avait construit sur les Alpines, près de Saint-Gabriel, (*Ernaginum*) il fit creuser et régulariser les vastes marais de Galéjon (*Voir Mas Thibert*). Ces **Fosses Mariennes**, débouchaient près de Fos, dont le nom conserve encore la mémoire de ce grand travail.

Le quartier de La Marronède formait alors une sorte de cap où les Phocéens construisirent un entrepôt et une bourgade qui prit le nom de **Stomalimné** (*de Stoma, bouche et limné, étang*) que porte encore l'Etang de l'Estomac (*l'Estouma*); or, pour communiquer avec le Camp du Gayet, situé en face, à 500 m., sur l'autre rive du Port formé par la passe de l'étang d'Egrenier, il fallait faire à pied un trajet de plus de 12 k. en contournant le grand port de Lavalduc; Marius fit construire un pont qui traversait cette passe et dont nous voyons les restes dans les arcades de La Marronède.

Après la victoire de Marius, les Massaliotes, possesseurs des Fosses Mariennes, agrandirent rapidement la ville de Stomalimné qui s'étendit sur la côte, depuis Bouc (*traduction de Stoma*) jusqu'à La Marronède; il restait des vestiges importants de cette ville, mais presque tout a été détruit lors de la construction du canal de navigation d'Arles à Bouc. Toute cette plage, jusqu'à Fos, abonde encore en débris de poteries, amphores, monnaies, restes de constructions, quais, etc.

A la gare de la Marronède, la route tourne à gauche, passe sur un pont-levis (*dangereux*) et suit le canal de navigation d'Arles à Bouc (*belle vue sur Fos*). Au second pont-levis, elle tourne à droite et monte doucement sur 500 mètres jusqu'à Fos.

FOS

Commune. Alt. 34 m. Habitants 1.475. Hôtel. P. T. Station à la Marronède, à 3 kilomètres.

Après la destruction de **Stomalimné**, saccagée probablement par les Sarrasins, les habitants allèrent se fortifier sur la hauteur où se trouve Fos actuellement. Ils nommèrent ce lieu **Castrum de Fossi** et ils négligèrent complètement le canal de Marius, qui fut bientôt obstrué par les sables. Au-dessous et au midi du village, il existe encore des murailles, des restes de tours, des tombes creusées dans le roc, des citernes, etc., de l'époque romaine.

Ruines assez pittoresques du château (*X° et XI° siècles*). Belle vue sur la Camargue et la Crau.

Eglise Saint-Sauveur (*XIII° siècle*). Chapelle de l'Assomption (*XIV° siècle*). La partie haute du village est curieuse.

A 1 kil. au sud, sur le bord de la mer, anse de **Saint-Gervais**, non loin de laquelle devait s'ouvrir l'entrée des Fosses Mariennes.

Innombrables débris d'amphores, de poteries et monnaies romaines sur plus d'un kil. d'étendue.

La route se dirige vers le nord. A 1.500 mètres, bifur. : (*à gauche Mas-Thibert à 20 kil. et Arles à 40 k.*) prendre à droite. A 700 m. nouvelle bifur. : (*à droite Saint-Blaize à 5 kil. et Saint-Mitre à 8 k.*) prendre à gauche ; la route continue toujours vers le nord, accidentée par quelques montées et descentes courtes et faibles ; elle passe devant les usines de produits chimiques de **Rassuën**, traverse, en passage à niveau, le chemin de fer de Miramas à Port-de-Bouc, et arrive à Istres.

ISTRES

Canton. Alt. 35 m. Habitants 3.500. Hôtel. P. T. Station : ligne de Miramas (*10 k.*) à Port-de-Bouc (*16 kil.*). Foires : 3 Février, lundi après Quasimodo, 3 Août, 15 et 16 Novembre.

Cette ville est l'ancienne colonie massaliote nommée **Astromela**, d'où l'on a fait par abréviation **Astra** et **Istra**, puis **Castrum de Istrio** (*963*). Elle est divisée en vieille ville, assez curieuse, et en faubourgs, assez bien bâtis. Jolies promenades. Eglise paroissiale de N.-D. de Beauvoir. Restes de remparts du Moyen-Age. Porte monumentale d'assez mauvais goût (*XVII° siècle*). A 200 m. au nord, étang de l'Olivier, très pittoresque, et chapelle romane (*X° siècle*), qui porte sur sa toiture, en dalles, un cyprès de 7 à 8 m. de haut. A 500 m. à l'Est, **le Souti**, canal de 600 m. de long, qui fait communiquer l'étang de l'Olivier avec celui de Berre ; la traversée, en bateau, d'un étang à l'autre, par ce canal, terminé par un souterrain de 200 m., est très étrange et ne manque pas d'originalité. (*Pourboire au passeur, 0,50 cent. par personne*). A 1 kil. à l'Est, sur le bord de l'étang de Berre, grotte de l'abbé Régis, énorme citerne creusée dans les flancs de la montagne ; galeries, escaliers, colonnades, etc. Tout près, rocher taillé en forme de navire, à la mémoire du Bailli de Suffren.

En sortant d'Istres, prendre à droite, revenir par la route d'arrivée jusqu'au passage à niveau de Rassuën, et, de suite avant celui-ci, prendre à gauche le chemin vicinal de Rassuën, distant de 500 mètres. Salins curieux, situés à 9 m. au-dessus de la mer et alimentés par des pompes qui vont puiser les eaux dans l'étang de Lavalduc. Usines considérables de produits chimiques. Autour de l'étang, on a trouvé de nombreuses et riches stations préhistoriques de la période néolithique. On contourne, à l'Est, l'étang sur 1 kil., puis à 500 m. de celui-ci, bifur. : (*à gauche Saint-Mitre, à 4 kil. 500*) prendre à droite le chemin rural (*mauvais sur 800 m.*) qui se raccorde au chemin de Fos à St-Mitre, que l'on rencontre entre les étangs de Citis et de Lavalduc; prendre ce chemin à gauche et le suivre sur 1 kil. jusqu'au dessous de la chapelle de Saint-Blaize, à droite sur un coteau, à 30 m. au-dessus du chemin. Prendre, à droite, le chemin qui monte à la chapelle (*incyclable, long. 200 m.*). Ce chemin est une ancienne voie ligurienne. En arrivant à la chapelle, on a devant soi (*au sud*), les anciens remparts et l'une des portes de la ville ligurienne, grecque et romaine de **Maritima Avaticorum** (*Ville maritime des Avaticiens*).

Cette ville considérable, qui existait encore vers le III⁰ ou IV⁰ siècle, fut détruite par les Sarrasins vers l'an 800. Bien avant notre ère, la peuplade ligurienne des Avaticiens, y avait construit un retranchement que les phocéens massaliotes transformèrent plus tard en station maritime, dont le port était formé par l'étang de Lavalduc, actuellement à 7 m. 50 au-dessous du niveau de la mer, et dont le nom vient, peut-être, de **Vallis aquæ** (*Vallée d'eau*), dont on a fait Valdaigue et Valduc. Enfin, Marius fit élever probablement une partie des remparts que l'on y voit encore.

Cet amoncellement de ruines occupe une surface de plus de 3.000 mètres carrés ; il reste des tours, des remparts, des chapiteaux et des fûts de colonnes ; on y trouve sur le sol même, des hâches en diorite et des fragments de poteries noires faites à la main (*époque préhistorique*) ; des débris d'armes en bronze et de poteries grises ornées de dessins géométriques (*époque ligurienne*) ; puis enfin des poteries grecques et romaines ainsi que de nombreuses monnaies. Au sud du plateau, vaste nécropole formée de nombreuses tombes creusées dans le roc. Il y a 15 à 20 ans, il restait encore une centaine de mètres de quai, sur la rive de Lavalduc, mais ces énormes pierres de taille ont été enlevées et utilisées par l'usine de plan d'Aren.

La chapelle de St-Blaize contient encore une inscription romaine et de nombreux débris de toutes sortes. Elle a été reconstruite en 1602 sur l'emplacement, et probablement avec les matériaux d'un ancien temple. Près de cette chapelle on a recueilli des statuettes en bronze, dont une de Diane, et beaucoup de bijoux du même métal. Sur l'un des contre-forts on remarque une inscription qui semble écrite en grec, mais qui porte d'une **façon incontestable** la date de **1607**, et il faut être myope comme feu Saurel, ou aveugle volontaire comme I. Gilles, pour ne pas la voir. L'étang de Citis, **de Citos, creux** transformé en salines, était autrefois réuni à celui du Pourra, actuellement desséché ; cette réunion formait un vaste lac intérieur qui avait été mis en communication avec la mer (*étang d'Engrenier*) par un souterrain de 700 m. de long qui fut retrouvé en 1782 ; il existe encore, mais les ouvertures en ont été aveuglées.

Du sommet du plateau, on a une vue admirable. Un souffle de mort a passé sur la colonie massaliote. Sa rade est devenue un étang sans utilité, c'est Engrenier (*l'embourbé*) ; son port a été converti en partie en salins de Lavalduc ; son beau lac est devenu le Pourra desséché (*le pourri*), et Citis, un champ de sel. Les ruines solitaires de ses remparts sont à peine visitées de loin en loin par des savants, qui doutent même de leur existence. Seul le philosophe aime à rêver sur ces modestes souvenirs des temps lointains et d'une ville morte. La chapelle de Saint-Blaize, restée debout, rappelle seule aux riverains de l'ancien golfe que leurs ancêtres ont vécu sur ce monticule abandonné.

En partant de la chapelle on reprend le chemin par où l'on est venu, et l'on rejoint la route de St-Mitre ; prendre à droite ; descente sur 1 kil., puis montée un peu forte sur 1.500 m.

SAINT-MITRE.

Commune. Alt. 80 m. Habitants 490. Auberge. P. T. à Istres.

Ancienne station romaine où s'élevait un temple dédié au **Mithra**. La ville actuelle fut bâtie par une partie des habitants de Maritima après sa destruction par les Sarrasins.

Eglise St-Mitre (*1550*), restes des remparts et belles portes (*1407*). Près du village, au sud, chapelle St-Michel de fondation antique.

Site pittoresque ; vue admirable, l'une des plus belles du département. Au midi, le golfe de Lion et la Camargue ; à l'est, l'étang de Berre où quelquefois la vue s'étend jusqu'aux sommets des Alpes ; au nord, les Alpines, le Ventoux et quelques montagnes du Dauphiné ; enfin, à l'ouest, les rives du Rhône, la Camargue, les montagnes du Languedoc, et, selon le temps et la saison, la chaîne des Pyrénées indiquée par le Canigou.

Après St-Mitre, descente sur 2 kil., puis montée assez forte sur 2 autres et descente sur le reste jusqu'aux Martigues d'où l'on revient à Pas-des-Lanciers par la route directe décrite au commencement de cet itinéraire.

NOTES :

LE TOUR DE L'ÉTANG DE BERRE

	Altitudes	Kilomètres	Totaux
Pas-des-Lanciers	52	»	»
Rognac (la Tête Noire)	30	11 300	11 300
Berre	4	6 500	17 800
Mauran	8	5	22 800
Saint-Chamas	5	10 500	33 300
Istres	35	8 500	41 800
Saint-Mitre	80	7 500	49 300
Martigues	2 et 10	7	56 300
Pas-des-Lanciers	52	19 400	75 700

PAS-DES-LANCIERS *(Voir Page 80)*.

En sortant de la gare, prendre à droite *(à gauche Gignac, 3 k. 700)*, et les Pennes *(6 k. 700)*. Belle route en plaine jusqu'à Saint-Victoret.

SAINT-VICTORET *(Voir Page 80)*.

Après le village, bifur. : *(à droite le Griffon, à 3 k. 500, et les Pennes, à 7 k. ; à gauche Marignane à 1 k. 500, et Martigues à 16 k. 900)*. Suivre tout droit ; 2 kil. après, bifur. : *(à gauche Marignane à 2 k. 500)* prendre à droite. Chemin très pittoresque le long des salins. On laisse à droite le chemin de la station de Vitrolles, puis légère montée de 500 m. en arrivant à la ferme du Mouton où l'on rejoint la route des Pennes à Rognac ; prendre à gauche ; 1 kil. après, bifur. : *(à droite, village de Rognac à 2 k. 500)* ; suivre tout droit pour arriver à la Tête-Noire.

ROGNAC (La Tête-Noire).

De ce point, la route contourne l'étang de Berre et monte un peu fortement sur 500 m. jusqu'à la bifurcation située au-dessus du chemin de fer *(à droite Lafare à 6 k. 500)* prendre en face. Route en descente douce jusqu'à Berre.

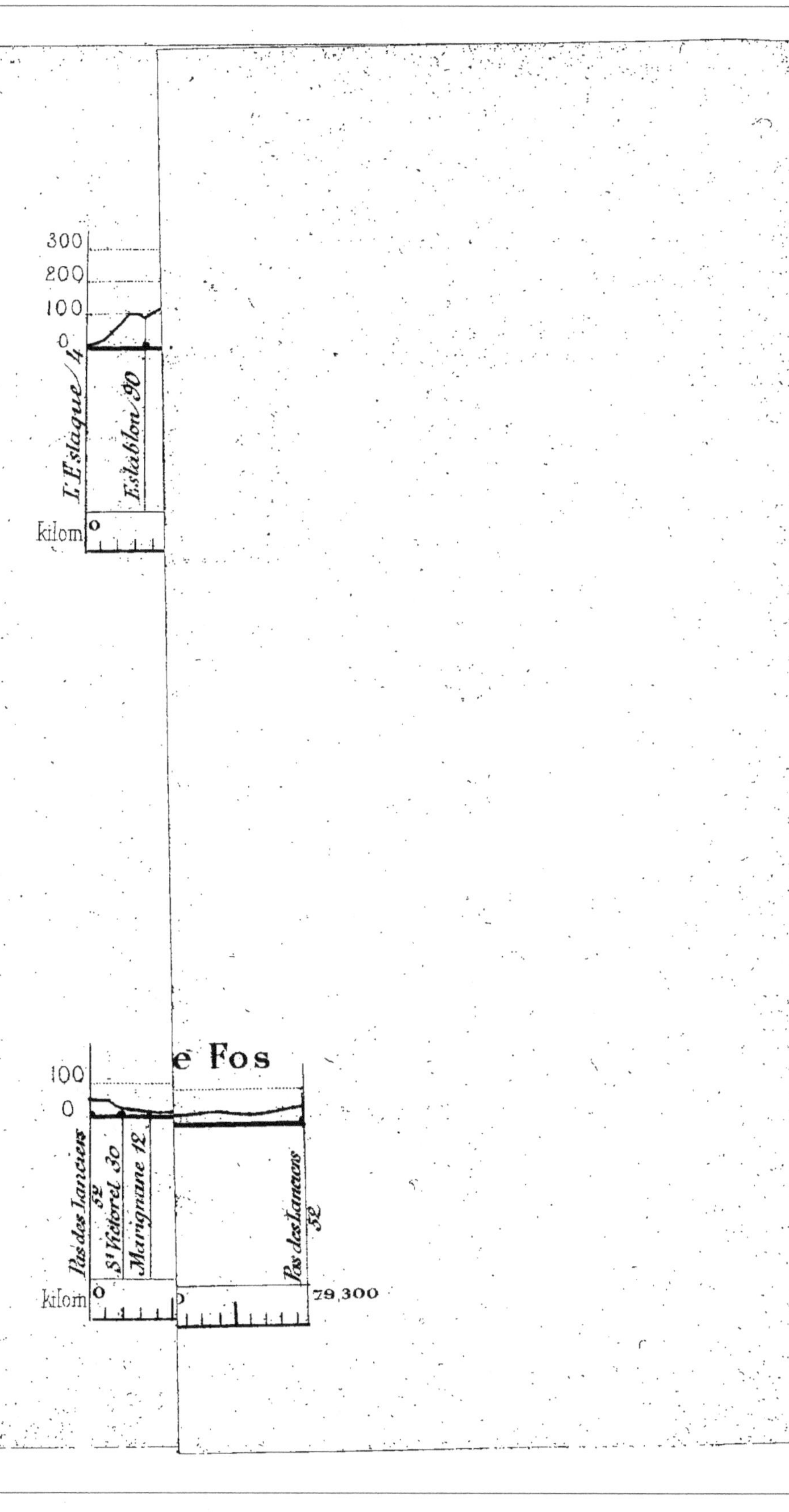

300
200
100
0
kilom
0
L'Estaque 4
Establon 90
e Fos
100
0
kilom
Pas des lanciers
52
St Victoret 30
Marignane 12
0
Pas des lanciers
52
79,300

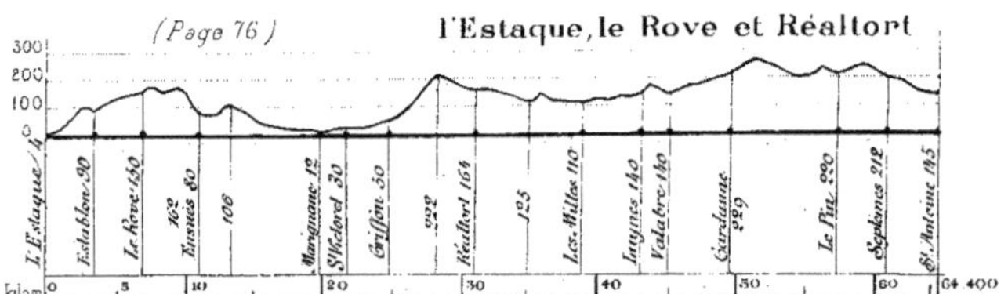

(Page 76)
l'Estaque, le Rove et Réaltort
300
200
100
0
L'Estaque 4
Establons 90
Le Rove 150
162
Ensués 80
106
Marignane 12
St Victoret 30
Griffon 30
222
Réaltort 164
125
Les Milles 110
Luynes 140
Valabre 140
Gardanne 229
Le Pin 220
Septemes 212
St Antoine 195
kilom 0   5   10   20   30   40   50   60   64.400

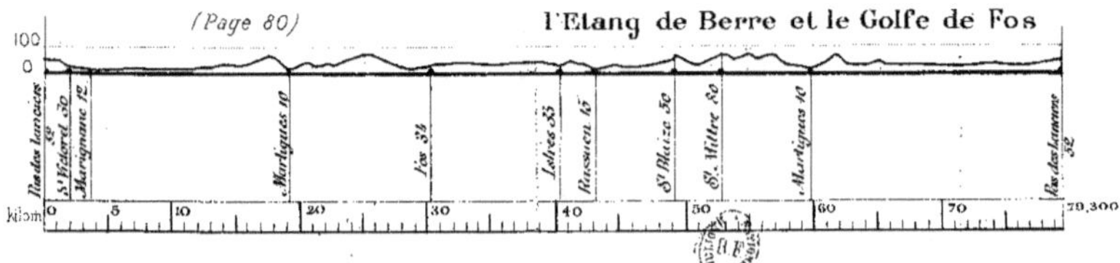

(Page 80)
l'Etang de Berre et le Golfe de Fos
100
0
Rade des Lancuices 18
St Victoret 30
Marignane 12
Martigues 10
Fos 34
Istres 35
Rassuen 15
St Blaize 50
St Mittre 80
Martigues 10
Rade des Lancuices 52
kilom 0   5   10   20   30   40   50   60   70   70.300

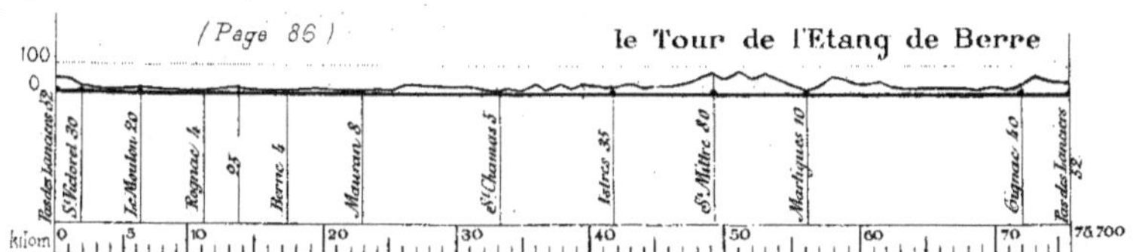

(Page 86)
le Tour de l'Etang de Berre
100
0
Pas des Lançues 32
S! Victoret 30
Le Moulon 20
Rognac 4
25
Berne 4
Mauran 8
S! Chamas 5
Istres 35
S! Mitre 80
Martigues 10
Gignac 40
Pas des Lançues 32
kilom 0 5 10 20 30 40 50 60 70 75.700

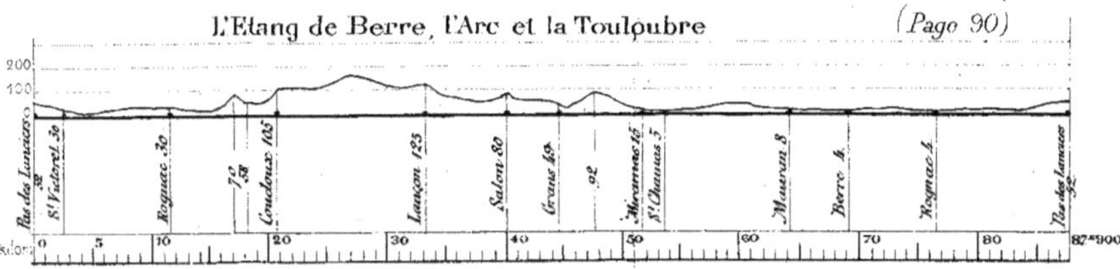

L'Etang de Berre, l'Arc et la Touloubre
(Page 90)
200
100
Pas des Lançues 32
S! Victoret 30
Rognac 30
70
58
Coudoux 105
Lançon 125
Salon 80
Grans 49
92
Miramas 15
S! Chamas 5
Mauran 8
Berre 4
Rognac 4
Pas des Lançues 32
kilom 0 5 10 20 30 40 50 60 70 80 87.900

le Tour de l'Etang de Berre

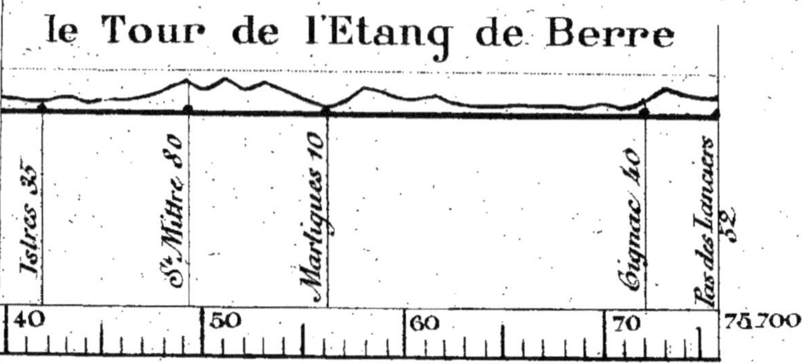

oubre $(Page\ 90)$

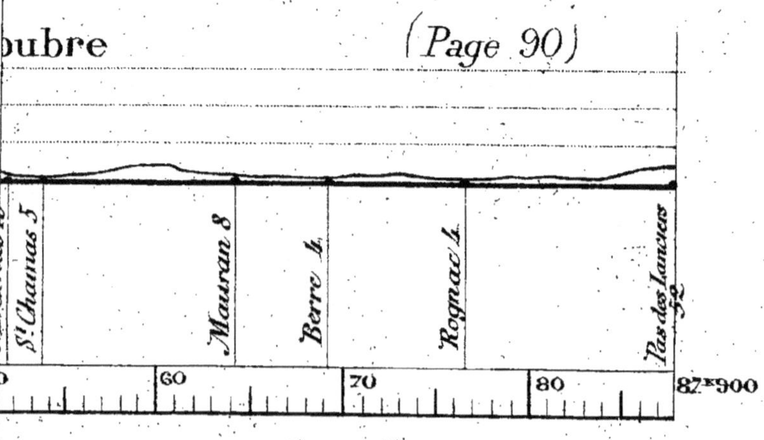

BERRE.

Canton. Alt. 4 m. Hab. 1.570. P.T. Hôtel. Station : ligne de Marseille (*34 k.*) à Arles (*52 k.*). Foire : 22 Avril.

Ancien nom *Catarusca* (1041), puis *Berra* (1057). L'ancienne ville romaine (*Capdolium*) était située entre Mauran et Merveille (*voir Mauran*).

Cette ville ayant été détruite par les Sarrasins, ses habitants vinrent fonder la ville de Berre actuelle vers 720 ou 740. En 844, elle était le siège d'une seigneurie du comté d'Arles. Jusqu'au XII° siècle elle semble avoir fait partie du domaine des comtes de Provence ; c'est à l'extinction de cette famille qu'elle passa dans la maison des Baux en 1116, à laquelle elle appartint jusqu'en 1376, année ou elle fut confisquée par la reine Jeanne qui en fit don à Othon de Brunswick, son quatrième mari. Cette petite ville passa successivement entre les mains de toutes les familles régnant sur la Provence, qui la possédèrent en partie par droit féodal. Enfin en 1793, elle fut définitivement érigée en commune libre.

Restes de remparts et portes du Moyen-Age. Eglise du XII° siècle. Ermitage curieux de N.-D. de Caderot (*Caderosca*). Cette très ancienne chapelle a remplacé un temple païen; nombreux vestiges antiques aux environs.

Belle vue sur l'Etang de Berre qui lui doit son nom. Salins considérables.

Sortir de Berre par la route d'arrivée ; à 500 m. tourner à gauche et 500 mètres plus loin, prendre à droite. La route, plate et assez monotone, passe sur la rivière l'Arc et aboutit à la bifurcation de St-Estève (*à droite les Baisses, 4 kil.*) ; prendre à gauche, et à 1.500 m., on passe devant le hameau de Mauran.

MAURAN

Hameau sur les bords de l'Arc, qui renferme de nombreux débris romains ; colonnes et chapiteaux en marbre blanc, tombeaux et sarcophages, dont un d'eux sert d'auge près d'un puits. On a trouvé des restes d'aqueduc, de quai, des fondations de murailles peintes à la fresque et une immense quantité de poteries.

Dans la ferme la Durane (maison de campagne de M. Artaud, de Marseille), très bel autel votif orné de trois personnages; moulins en basalte et mosaïque en marbre qui recouvre tout le sous-sol du jardin à 1 mètre environ de profondeur.

Ce hameau occupe une partie de l'emplacement de la ville romaine de Capdolium (*Voir article Calissanne, Index Alphabétique*).

La route, toujours plate, se dirige vers le moulin de Merveille (*ruines romaines*), contourne l'étang de Berre, et par un coude brusque à droite et une montée un peu forte sur 500 mètres, rejoint la grande route de Saint-Chamas (*à droite Calissanne à 3 k. 500 et La Fare à 7 k. 500*). Tourner à gauche. Route très belle et très pittoresque jusqu'au Pont Flavien, sous lequel on passe ; 1 kil. après on arrive à St-Chamas.

SAINT-CHAMAS.

Commune. Alt. 5 m. Hab. 2,240. Hôtels. P. T. Station ligne de Marseille (*48 k.*) à Arles (*38 k.*) Foires : 6 Septembre et 2 Octobre.

La colline qui domine Saint-Chamas est presque partout creusée de grottes et de chambres qui ont servi d'habitations préhistoriques et liguriennes.

A l'époque romaine, il n'y avait probablement pas de bourgade ; ce n'est que vers les XIe et XIIe siècles que les moines de Montmajour élevèrent une chapelle en l'honneur de Saint-Amand. Il se forma autour de ce sanctuaire un petit village qui s'accrut, vers la fin du XVIe siècle, de la population de Miramas fuyant sa ville, détruite par le duc de Savoie.

Ancien nom : *Sanctus Amantius* (1328) et par corruption San Tchaman et San chaman. Eglise Saint-Léger (1658). N.-D.-de-Miséricorde, au sommet de la colline *(très belle vue).* Restes de portes et de remparts (XVe siècle). Poudrerie de l'Etat. Etablissement considérable fondé en 1670. Ancien moulin à huile de la Grand'Baume, immense grotte de 63 mètres de long sur 40 de large, taillée en entier dans la montagne.

Petit port assez pittoresque. Beau pont aqueduc de trois arches.

A 1 k. au Sud : *Le Pont Flavien,* construit sur la Touloubre et sur l'ancienne voie Aurélienne d'Arles à Aix. Cet antique monument se compose d'une seule arche à plein cintre de 21 m. 40 d'ouverture sur 6 m. 20 de large ; à chacune de ses extrémités s'élève un arc de triomphe corinthien de 7 m. de haut. Sur la frise se lit l'inscription suivante qui ne peut être antérieure au siècle d'Auguste :

C. DONNIVS. C. F. FLAVOS
FLAMEN ROMAE. ET. AGVSTI
TESTAMENTO FIEREI. IVSSIT. ARBITRATV.
C. DONNEI. VENAE. ET. C. ATTEI. RVFEI.

C. Donnius Flavus, fils de Caïus, Flamine de Rome et d'Auguste, a ordonné par testament, de bâtir (ce pont) sous la direction de C. Donnius Vena et de C. Attius Rufus.

A gauche, beau viaduc du chemin de fer.

En sortant de St-Chamas, la route monte doucement, et à 600 m., tourner à gauche en passant sous le viaduc du Canal de la poudrerie. Descente légère, on contourne l'extrémité de l'étang de Berre ; belle vue sur Miramas-le-Vieux. La route, très pittoresque, monte assez fortement sur 1 k., puis succession de montées et descentes courtes mais un peu fortes. 600 m. avant Istres, on passe au-dessus du Canal du Souti.

ISTRES (*Voir Page 83*).

En sortant d'Istres, prendre à gauche (*à droite Fos à 10 kil*). La route monte assez fortement sur 2 kil., puis elle ondule sur le plateau jusqu'au dessus de l'anse du Ranquet, petit port des salins de Citis sur l'étang de Berre, en communication avec les salins par un tunnel de 700 m.

Belle vue. La route monte assez fort sur 1 kil., puis fortement sur le dernier en arrivant à St-Mitre.

SAINT-MITRE (*Voir page 85*).

Après Saint-Mitre, descente sur 2 kil., puis montée assez forte sur 2 autres et descente sur le reste jusqu'aux Martigues. Des Martigues au Pas-des-Lanciers, légère montée sur 2 kil. en sortant des Martigues, puis descente douce jusqu'à la bifurcation de Bricar d'où l'on monte légèrement jusqu'à Gignac pour redescendre jusqu'à Pas-des-Lanciers.

NOTA. — Le tour de l'Etang de Berre peut s'effectuer de plusieurs façons et avec les kilométrages suivants :

1°. Pas-des-Lanciers, Rognac, La Fare, St-Chamas, Istres, Fos, Martigues, Pas-des-Lanciers. — 83 k. 700.

2° Pas-des-Lanciers, St-Victoret, Le Griffon, Rognac, La Fare, St-Chamas, Istres, Fos, Martigues, Pas-des-Lanciers. — 86 k. 700.

3° Pas-des-Lanciers, St-Victoret, Le Griffon, Rognac, La Fare, St-Chamas, Miramas-gare, Istres, Fos, Martigues, Pas-des-Lanciers. — 91 k. 700.

4° Enfin il existe un itinéraire pour match ou course par Pas-des-Lanciers, St-Victoret, Le Griffon, Rognac, La Fare, Saint-Chamas, Miramas-gare, Entressen, Istres, Fos, Martigues, Pas-des-Lanciers. — 100 k. 700.

NOTES

L'ÉTANG DE BERRE, L'ARC ET LA TOULOUBRE

	Altitudes	Kilomètres	Totaux
Pas-des-Lanciers	52	»	»
Saint-Victoret	30	2 300	2 300
Rognac	30	9	11 300
Les Coudoux	105	9 500	20
Saint-Symphorien		9	29
Lançon	125	3 500	33 300
Salon	80	6 800	40 100
Grans	49	4 500	44 600
Miramas-le-Vieux	15 sur route	7	51 600
Saint-Chamas	5	2	53 600
Mauran	8	10 500	64 100
Berre	4	5	69 100
Rognac	30	6 500	76 600
Pas-des-Lanciers	52	11 300	87 900

PAS-DES-LANCIERS (*Voir page 80*).

En sortant de la gare tourner à droite ; *(à gauche Gignac
à 3 k. 700 et les Pennes à 6 k. 700)*. Belle route en plaine
jusqu'à St-Victoret.

SAINT-VICTORET (*Voir page 80*).

Après le village, bifur. : *(à droite le Griffon à 3 k. 500, et
les Pennes à 7 ; à gauche Marignane à 1 k. 500 et Martigues à 16 k. 900)*. Suivre tout droit ; 2 kil. après, bifur. : *(à
gauche Marignane à 2 k. 500)*. Prendre à droite. Chemin
pittoresque le long des Salins. On laisse à droite le chemin
de la station de Vitrolles, puis légère montée de 500 m. en
arrivant à la ferme du Mouton où l'on rejoint la route des
Pennes à Rognac. Prendre à gauche ; 1 kil. après, bifur :
(à gauche la Tête-Noire à 2 k. 500). Prendre à droite le
chemin qui longe la voie ferrée et aboutit à la gare de
Rognac.

ROGNAC

Commune. Alt. 33 m. Hab. 720. Hôtel. Buffet à la gare. P. T. à la gare. Station : ligne de Marseille (*27 k.*) à Avignon (*99 k.*) Bifur. sur Aix (*26 k.*). Foire : 1er Mai.

A 2 k. à l'Est, sur le plateau, vestiges d'habitat ligurien et de station romaine. Ancien nom. *Castrum de Rochonas ou Roconas* (rocher).

Eglise Saint-Jacques (1667).

Le village est divisé en deux quartiers par la ligne du chemin de fer. A l'Est le vrai *Rognac* et, vers l'Etang de Berre, les *Peyrauls* et la *Tête Noire*. Aux environs beaux vallons; ermitage d'où l'on jouit d'une vue magnifique.

Continuer en suivant le chemin qui longe la voie ferrée à gauche, puis à 2 kil. de la gare de Rognac, après avoir passé sous la voie, prendre à droite (*à gauche Berre à 5 k. 500*). A 4 kil. 500 de ce point, Château des Quatre-Tours et station de Velaux. Sur la droite à 1.200 m., Velaux ; très forte montée.

VELAUX

Ancien nom *Velaucium* (1435) ; église Saint-Trophime (1610). Sur le roc escarpé de Saint-Eutropie, vieille chapelle romaine, nombreux débris d'un camp ligurien et d'une station romaine. Très belle vue.

De la station de Velaux, la route descend jusqu'à l'Arc qu'elle traverse sur le Pont Rout, barrage de l'Arc formant une belle cascade de 10 m. de hauteur. A 200 m. du Pont, bifur. : (*à droite Ventabren à 4 k.; Roquefavour à 5 k. 500*). Tourner à gauche, puis à 500 m. prendre à droite le chemin des **Coudoux**. (*En continuant tout droit, La Fare à 5 k.*) La route monte assez fortement sur 1.500 m.

LES COUDOUX

Hameau. Alt. 105 m. Hab. 400. Auberge.

Station romaine. On y a trouvé de nombreux vestiges antiques tels que : Tombes, sarcophages, poteries, etc.

Aux premières maisons des Coudoux, tourner à gauche et à 1.200 m. du hameau, la route tourne à droite (*à gauche La Fare à 3 k. 500*) et s'engage dans le vallon de Vautubière qu'elle suit en montée un peu forte jusqu'à **La Crotte**, près du hameau de Sibourg.

NOTA. — Cette route, peu connue des cyclistes, mérite d'être recommandée pour se rendre de Rognac à Lançon, car elle évite les montées des Pins, de La Fare et de Lançon et n'allonge le trajet que de 6 kil. seulement.

SIBOURG.

Hameau à 1 kil. au nord de la route. Alt. 149 m. Hab. 400.
Station romaine. Habitat ligurien considérable de l'Escaléde, très
riche en débris de toutes sortes.

3 kil. 500 plus loin Saint-Symphorien.

SAINT-SYMPHORIEN.

Hameau sur la route, près du *grand Pommier*. Eglise Saint-Symphorien (1743), qui a probablement remplacé une chapelle romane
bâtie sur les ruines d'un temple païen.

La route monte légèrement jusqu'à Lançon, où l'on tourne très brusquement à droite pour prendre la route de
Salon.

LANÇON.

Commune. Alt. 107 m. Hab. 1.300. Hôtel. P. T. Foire ; 4me samedi
après Pâques.
Ancien nom : *Villa de Allansonne*, puis *Lancenum* (1193).
Ancienne station romaine. Restes de remparts et de tours datant
de François Ier. Eglises Saint-Cyr et Juliette. Dans le cimetière, très
ancienne chapelle de Saint-Cyr, bâtie sur les fondations d'un temple
antique.

De Lançon à Salon, descente assez rapide en sortant du
village ; le reste est plat jusqu'un peu avant Salon, où l'on
arrive par une montée légère.

SALON.

Canton. Alt. 80 m. Hab. 10.480. Hôtels P. T. Téléphoné avec Marseille. Station : ligne de Miramas (*12 k.*) à Cavaillon (*24 k.*) Embranchement sur Eyguières (*8 k.*). Foires : 6 Mai, 10 Août, 29 Septembre,
11 Novembre.
Ancien nom : *Solo, Salona, Villa Salone* (1144). — A l'époque ligu-
gurienne, 4 ou 5 siècles avant notre ère, toute la plaine qui s'étend de
Salon à Eyguières et à Lamanon était un vaste marais saumâtre et
encore assez salé pour fournir du sel.
Les *Salyes*, peuplade ligurienne, qui habitaient ces rives, recueil-
laient ce sel et en faisaient un trafic important jusque dans les
Hautes-Alpes.
Leur habitat était situé sur la colline du *Val de Cuech*, à 3 k. à
l'Est de Salon, les restes en sont considérables et très curieux à visiter. Cet habitat porte encore le nom de *Salonet* ; on y a trouvé de
nombreux objets préhistoriques, haches en pierre polie, poteries,
bronze, etc, puis des poteries et des monnaies romaines.
Les Romains, premiers propriétaires agriculteurs, furent forcés de
s'établir sur les hauteurs ; on a trouvé de nombreuses traces de
leurs villas dans tous les environs.
La voie romaine qui venait d'Aix, par Saint-Jean-de-Bernasse,
passait à Salon.

Ce fut sous Charlemagne qu'on commença le desséchement du lac salé ; après l'expulsion des Sarrasins, on acheva cet ouvrage et l'on cultiva la plaine ; alors la population abandonna le Salonet et bâtit la nouvelle ville.

On a trouvé à Salon une inscription romaine indiquant qu'on y avait élevé un monument en l'honneur d'un *Sextumvir Augustal*, c'est-à-dire d'un des six prêtres institués par Tibère, pour avoir soin des cérémonies établies en l'honneur d'Auguste.

Église Saint-Michel, construite par les Templiers (XIII° siècle), église Saint-Laurent, où se trouve le tombeau de Nostradamus (1565), un bénitier, une vierge et un groupe curieux (1344). Hôtel de Ville (XVI° siècle) renfermant une pierre milliaire romaine. Fontaine élevée à la mémoire de Craponne qui construisit le canal d'irrigation qui porte son nom. Magnifique château du XVI° siècle converti en caserne. Anciennes portes de la ville (XV° siècle). Beaux boulevards. Ville pittoresque et très animée et dont le territoire est d'une fertilité considérable grâce aux nombreux canaux d'irrigation.

Kilométrages rayonnants :

Aix, 33.500. — Arles, 38. — Alleins, 11. — Aurons, 7.900. — Cavaillon, 25. — Cornillon, 10. — Châtillon-Samatane, bifurcation, 15. — Eyguières, 8.500. — Entressen, 17.500. — Grans, 4.500. — Istres, direct, 18 ; par le Merle, 20. — Lambesc, 15. — La Fare, 14.300. — Lançon, 6.600. — Lamanon, 7.500. — Mallemort, 18. — Marseille, 50. — Miramas-gare, par le Merle, 12.500. — Miramas-gare, direct, 11.500. — Le Merle, 6. — Mouriès, 22. — Pélissanne, 5.300. — Raphèle, 29.500. — Saint-Martin-de-Crau, 22. — Saint-Chamas, 16.300. — Sénas, 11.500.

Sortir de Salon par la route d'Arles, et, avant d'arriver à la gare, tourner à gauche et prendre la route directe de Grans, très bonne, pittoresque et plate jusqu'à ce village.

GRANS.

Commune. Alt. 49 m. Hab. 1.780. Hôtel. P. T. Station : à 2 kil., ligne de Miramas (*8 kil.*) à Salon (*4 kil.*) service d'omnibus pour la gare, prix : 0.30. Église Saint-Pierre (XVII° siècle).

Village très pittoresque sur la Touloubre ; aux environs, joli vallon des Prés. Ancien nom : *Castrum de Grans (1222)*. Habitat ligurien situé sur la colline de *Gros Majour*. Station romaine dont on a trouvé quelques vestiges.

En sortant de Grans, bifur. : (*à gauche Cornillon à 6 k. 300*) prendre à droite. La route descend dans le vallon de la Touloubre puis remonte sur le coteau opposé. A 4 k. de Grans, bifur. : prendre à droite, puis à 2 kil., après avoir passé sous la voie ferrée, on prend à gauche la route de Saint-Chamas et 1 kil. après on passe devant Miramas.

MIRAMAS-LE-VIEUX.

Ancienne Commune dépendant de Miramas-Gare. Alt. 15 m. sur la route et 73 m. au sommet. Hab. 300.

Ruines d'un château et d'un village sur des débris de rochers qui méritent une visite, car il existe peu de points aussi pittoresques que celui-ci ! tout y est ruiné et pourtant habité. Le rocher, creusé de grottes préhistoriques, a dû servir d'habitat ligurien, mais il en reste de très rares vestiges; il y a été trouvé des haches en pierre et des objets en bronze. L'époque romaine y a laissé des traces plus nombreuses, pierres milliaires et tombeaux, canaux taillés dans le roc. Au nord de Miramas, dans le domaine de *Marlès*, des murs en pierre sèche marquent l'emplacement d'un camp ligurien que *Marius* occupa plus tard ; d'où son nom latin de *Marii Statio*. C'était un point stratégique important qui commandait deux routes. Ancien nom : *Mira Mare (vue de la mer, 1214)* ancien château du XIVe siècle, remparts du XVe siècle. En 1590, le duc de Savoie prit cette ville et la détruisit presque entièrement ; il reste quelques vieilles maisons du XVIe siècle. Fontaine élevée à la mémoire du botaniste Castagne (*1858*). Au pied du village, vieille chapelle romaine du IXe ou Xe siècle, bien conservée, bâtie probablement sur l'emplacement d'un temple antique.

Descente douce jusqu'à Saint-Chamas.

SAINT-CHAMAS (*Voir page 88*).

En sortant de St-Chamas, après le Pont Flavien, bifur. : prendre à droite, puis à 6 kil. de ce point, tourner encore à droite par le chemin qui descend droit vers l'étang de Berre. On passe au moulin de Merveille, l'ancienne *Maris Vigilia* (vigie de la mer) de la ville de *Capdolium* qui occupait le fond du golfe jusqu'à Mauran.

MAURAN (*Voir page 87*).

1 kil. après Mauran, bifurcation de St-Estève ; prendre à droite pour arriver à Berre.

BERRE (*Voir page 87*).

En sortant de Berre, remonter vers La Fare et prendre le deuxième chemin à droite qui conduit à Rognac d'où l'on revient à Pas-des-Lanciers par la route de Saint-Victoret suivie au départ.

SAINT-ANTOINE

1° Le tour de la Chaîne de l'Étoile.
2° La vallée de l'Arc—Saint-Maximin—Vallée de l'Huveaune.
3° Le Tholonet—Saint-Cannat—Éguilles—Saint-Pons.
4° L'Étang de Berre—Les Martigues et les bois de Carri.
5° L'Étang de Berre et Roquefavour.

LE TOUR DE LA CHAINE DE L'ÉTOILE

	Altitudes	Kilomètres	Totaux
Saint-Antoine	145	»	»
Septèmes	212	3 500	3 500
Cabriès	260	6 100	9 600
Bouc	260	4 600	14 200
Simiane	258	5 800	20 000
Mimet	501	7 500	27 500
Saint-Savournin	438	3	30 500
Codolive	800	2	32 500
Le Terme	377	1 500	34 500
Logis-Neuf	150	7 500	41 500
Allauch	233	2 500	44 000
Les Fabres	100	4 500	48 500
La Valentine	80	1 800	50 300
Saint-Marcel	60	2	52 300
Marseille	10	8 400	60 700

De Marseille à Saint-Antoine, voir : SORTIES DE MARSEILLE, page 48.

SAINT-ANTOINE.

Alt. 145 m. Station : Ligne de Marseille (*10 kil.*) à Aix (*19 kil.*).

SAINT-ANTOINE. — Café des Mûriers, Hôtel-Restaurant. A. Severy, méc. Garage pour Cycles et Automobiles.

A 500 m. de la gare de St-Antoine, bifur. : suivre tout droit *(à gauche les Pennes à 7 kil.)* légère descente, puis montée douce jusqu'à Septèmes.

SEPTÈMES.

Alt. 212 m. Station : Ligne de Marseille (*14 k.*) à Aix (*15 k.*).

En entrant dans le village, bifur. : *(à gauche Calas, à 7 k.)* prendre à droite. Montée dure sur 2 k., puis descente douce jusqu'au passage à niveau de la Malle que l'on traverse; 400 m. après on prend à gauche le chemin de Cabriès.

CABRIÈS.

Commune. Alt. 260 m. Hab. 900. P. T. Station de Bouc-Cabriès à 2 kil. Ligne de Marseille (*18 k.*) à Pertuis (*44 k.*).
Village très pittoresque. Vieux châteaux, remparts et portes de diverses époques et notamment du XVII⁰ siècle. Très belle vue.

En sortant de Cabriès par le chemin d'arrivée, prendre à gauche et suivre tout droit jusqu'à la ferme des Mélans sur la route d'Aix où l'on tourne à gauche.

A 1800 m., en face la ferme de la Croix d'Or, prendre le deuxième chemin à droite qui conduit à Bouc.

BOUC.

Commune. Alt. 260 m. Hab. 900. P. T. Station de Simiane à 2 k. 500 : Ligne de Marseille (*21 k.*) à Pertuis (*41 k.*).

Quelques rares poteries et sépultures indiquent l'emplacement d'un petit habitat ligurien sur le sommet du rocher, qui fut ensuite occupé par un castrum romain, puis transformé en forteresse au Moyen-Age, d'où le nom ancien de *Castrum de Bucco* (bouche, passage). En 1767 la famille d'Albertas ajouta son nom à celui de Bouc.
Restes d'un vieux château, en partie taillée dans le roc (très belle vue). Notre-Dame d'Espérance, Chapelle de fondation antique, lieu de pèlerinage. Château moderne des d'Albertas, beau parc.

Du village de Bouc, descendre à l'Est dans le vallon de la route de Gardanne, et, après avoir passé sous la voie ferrée, tourner à droite ; 1 kil. plus loin, prendre à gauche le chemin de Simiane.

SIMIANE.

Commune. Alt. 258 m. Hab. 850. Hôtel. P. T. à la gare à 2 k. 500. Ligne de Marseille (*21 k.*) à Pertuis (*41 k.*).

Ce village portait autrefois le nom de Colongue (**de Collum Longum**, long vallon, 1684). Vaste église (1790-1879).

Sur le rocher dominant le village, chapelle romane très ancienne, restes de remparts et tour du XIIIe siècle, carrée à l'intérieur et pentagonale à l'extérieur. En 1684, Simiane fut érigé en marquisat en faveur de la famille des Simiane (petite-fille de Mme de Sévigné), le château a été complétement remanié. A 2 k., au Sud, village ruiné de Saint-Germain, d'origine romaine. Très beau vallon au pied du Pilon-du-Roi.

Le cours est très pittoresque. D'un côté, les maisons, séparées de la chaussée par un ruisseau et reliées à celle-ci par des passerelles en fer, forment un ensemble gracieux et original.

De Simiane à Mimet, chemin très pittoresque mais en montée assez forte sur 7 kil. Belle vue sur la chaîne de l'Etoile.

MIMET

Commune. Alt. 501 m. Hab. 500. Café-Restaurant.

Ancien **Mimetum** (1192) d'origine romaine, bâti sur une hauteur d'où l'on découvre l'étang de Berre et une vaste étendue de pays. Ruines d'un château du Moyen-Age. Eglise de la Transfiguration convertie en sacristie (1020).

La route continue à monter sur 2 k. 500 jusqu'à Saint-Savournin.

SAINT-SAVOURNIN (*voir page 71*).

La route en descente assez rapide continue jusqu'à Codolive.

CODOLIVE. (*Voir page 70*).

Après Codolive, descente de 700 m. et bifur. : (*à gauche à 1.500 m., Valdonne, et à 3 kil., la Pomme*) prendre à droite, montée un peu forte sur 1 kil. jusqu'au Terme. Bifur. : (*à gauche Peypin à 1.500 m., forte descente*) on prend, à droite, la belle route qui serpente dans le joli vallon de Pichauris. Descente assez rapide sur 7 kil. A 1 kil. après l'auberge de Pichauris, ruines considérables du château de Ners, propriété et péage des évêques de Marseille (*1106*). Vers la fin de la vallée, la route, par des tournants brusques et une pente assez rapide, passe devant un four à chaux, puis à la Bourdonnière et arrive au hameau du Logis-Neuf; prendre à gauche ; (*en face, route directe de Marseille*) montée un peu forte jusqu'à Allauch.

ALLAUCH.

Commune. Alt. 233 m. Hab. 3.200. Hôtel. P. T.

Villa Alaudii (1032). — Vestiges d'habitat ligurien, au-dessus de la chapelle de N.-D. du Château et à Quo-de-Botte. Ancienne colonie Massaliote. Restes de tours et de remparts du XIII⁰ siècle. Très belle vue sur le territoire de Marseille.

Après Allauch, on passe dans le beau vallon des bois de la Salette, en descente rapide jusqu'au hameau des Fabres, d'où l'on rejoint Marseille par la Valentine et Saint-Marcel.

NOTES :

LA VALLÉE DE L'ARC, SAINT-MAXIMIN
LA VALLÉE DE L'HUVEAUNE

	Altitudes	Kilomètres	Totaux
Saint-Antoine	145	»	»
Septèmes	218	3 500	3 500
Le Pin	220	2 500	6
Gardanne	225	8	14
Trets	261	19 500	33 500
Pourcieux	370	9	42 500
Saint-Maximin	311	7	49 500
Logis de Nans	300	9 500	59
La Sambuc	360	3	62
Saint-Zacharie	275	4 500	66 500
Auriol	196	6 500	73
Roquevaire	174	4	77
Aubagne	95	7 500	84 500
Marseille	10	18	102 500

De Marseille à Saint-Antoine voir SORTIES DE MARSEILLE, page 47.

SAINT-ANTOINE *(Voir Page 96)*.

A 500 m. de la gare de Saint-Antoine bifur. : *(à gauche les Pennes à 7 kil.)* suivre tout droit, légère descente, puis montée douce jusqu'à Septèmes.

SEPTÈMES *(Voir Page 96)*.

En entrant dans le village bifur : *(à gauche Calas à 7 k.)* prendre à droite. Montée assez dure sur 2 kil. puis descente légère jusqu'au passage à niveau du Pin, bifur. : *(en face Aix à 14 kil.)* Prendre à droite, la route monte légèrement, passe sur la voie ferrée, *(tournant brusque)*, prendre à droite *(à gauche la Malle à 500 m.)* descente assez rapide puis route légèrement accidentée. Descente assez rapide sur le dernier kil. vers Gardanne.

GARDANNE *(voir page 79).*

Traverser la ville en suivant le Cours. Légère montée sur 1 kil., suivie d'une descente assez rapide sur 2 kil., jusqu'au passage sous la voie ferrée. Au 6ᵐᵉ kil. bifur de la Barque, alt. 198 m. *(à gauche Aix 10 kil., à droite Fuveau 4 kil.)* continuer tout droit et 4 kil. plus loin nouvelle bifur : *(à droite Fuveau à 3 kil., à gauche Châteauneuf-le-Rouge à 1,500 m.)* suivre tout droit, route légèrement accidentée et très belle jusqu'à Trets. En entrant dans le village bifur *(à droite Peynier à 3 kil.).*

TRETS *(voir page 73).*

En sortant de Trets, suivre tout droit, *(à gauche Pourrières à 8 kil.)* route plate sur 2 kil. puis montée douce sur 500 m., suivie d'une légère descente jusqu'à la limite du département, puis d'un plat de 1 kil. et d'une montée assez forte sur 800 m. jusqu'à la rencontre de la voie ferrée à la cote 340. Descente rapide presque jusqu'à la bifur. de la route d'Aix *(à gauche Aix, 27 k. 500).* Prendre à droite *(tournant brusque)* montée douce de 3 kil. jusqu'à Pourcieux. Toute cette partie de la route est très belle, et la vue est magnifique.

POURCIEUX.

Commune. Alt. 370. m. Hab. 420. Auberge. P. — T. à la gare. Station: ligne de Gardanne *(29 k.)* à Carnoules *(50 k.).*

Station romaine de **Porcius** ou **Porcillis**. On croit que ce nom vient d'un capitaine servant sous Marius qui serait resté dans le pays après la victoire de celui-ci. Il existe dans le territoire des vestiges de voies romaines ainsi que de nombreux restes de cette époque. Dans cette commune, à l'Ouest et à 200 m. de la limite du département des Bouches-du-Rhône, il existe une petite ferme portant le nom de Beyssannette, qui fut, où une riche villa ou un temple. Il y a été découvert en 1883 une admirable statue en marbre blanc de style tout à fait grec, et qui figure actuellement au musée d'Avignon. Autour de cette ferme, les débris romains abondent : fragments de mosaïques en verre, monnaies, bijoux en bronze, colonnes en brèches roses et vertes ; on y trouve aussi de nombreuses plaques polies de porphyre pyroménide vert foncé qui provient de l'Estérel. Cette pierre est d'une telle dureté qu'il est actuellement très difficile de la tailler. En un mot il devait y avoir à cette place une villa ou un temple d'une richesse extrême. Des restes nombreux de la même époque existent dans les environs. Magnifique habitat ligurien très bien conservé sur le mont l'Olympe.

Mauvaise traversée dans le village ; rue étroite et en descente. En sortant de Pourcieux montée assez forte sur 500 mètres environ, puis descente courte et très rapide ; mauvais passage sur un pont, suivi d'une petite montée de 300 mètres, très dure ; partie plate jusqu'à la Tuilerie des Cabannes *(Alt. 390 m.)* et montée très forte sur 500 m. jusqu'à la cote 416. Légère descente jusqu'au pont du chemin de fer, suivi d'un tournant brusque et d'une descente très forte sur 3 kil. Plat sur 1 kil. puis montée douce jusqu'à St-Maximin *(en arrivant bifur., à gauche Ollières à 4 k. 300 ; Rians à 22 k. 600).*

SAINT-MAXIMIN.

Canton. Alt. 311 m. Hab. 2.420. Hôtels. P. T. Station : ligne de Gardanne *(37 k.)* à Carnoules *(42 k.)* Foires : 11 Mars, 29 Avril, 22 Juillet, 15 Août, 11 Octobre, 13 Décembre.

Café Français, nécessaire de réparations, pompes, garage. Hôtel Crouzet, très recommandé.

À l'époque romaine il n'existait pas d'agglomération à la place où se trouve St-Maximin actuellement ; la voie aurélienne passait à mi-côte à 1.500 m. au Sud de cette ville, où elle existe encore presque intacte sur une longueur de 4 kil. Comme ce point était situé à peu près à moitié chemin entre Trittia *(Trets)* et Ad Turrem *(Tourves)*, il y avait quelques villas disséminées le long de la route et autour des marais qui couvraient la plaine de St-Maximin. Vers le VI° siècle les marais furent desséchés par des moines qui s'établirent dans ce territoire et y construisirent une église abbatiale pour abriter les reliques des premiers martyrs de la Provence décapités sous Domitien vers l'an 85. L'Eglise de Saint-Maximin, le plus beau monument gothique du Midi, fut commencée en 1295 par Charles II, roi de Naples, comte de Provence, et fils de Charles d'Anjou, frère de Saint-Louis. Ce prince fit élever ce monument pour y conserver le sarcophage de Marie-Magdeleine retrouvé en 1270 dans les cryptes de l'ancien monastère fondé vers le VIII° siècle par St-Cassien. Ce superbe monument ne fut achevé que vers l'an 1500 par le dominicain Jean Damiani.

Dans l'église, beau maître-autel *(1683)*. Quatre-vingt quatorze stalles remarquables et chaire, chefs-d'œuvre de sculpture *(1692)*. Châsse contenant la tête de Sainte-Magdeleine. Dans la sacristie, collection d'étoffes précieuses, richement brodées, chape de St-Louis d'Anjou. Derrière l'église, beau cloître du XIII° siècle. Les orgues occupent le premier rang parmi celles de France. Dans la crypte, tombeaux très remarquables des premiers siècles.

C'est à Saint-Maximin que Lucien Bonaparte, sous le faux nom de son frère Brutus, se maria à 19 ans, avec Christine Boyer, fille d'un aubergiste.

Le poète Arbaud de Porchères, l'un des premiers membres de l'Académie Française est né dans cette ville *(1590 1640)*.

Sur la place : à gauche route de Seillons *(5 k. 500)*. prendre à droite et, à 200 m. de la ville, bifur : *(à gauche Tourvès à 7 kil. et Brignoles à 19 kil.)* prendre à droite et, après avoir passé sous le chemin de fer, prendre encore à droite *(à gauche Mazaugues à 13 k. 500)*. A 800 m. du pont du chemin de fer, on croise la voie aurélienne. Cette route est très accidentée jusqu'au croisement de celle de Tourvès ; *(à gauche Rougiers à 4 k. 500 ; en face Nans à 2 k. 500)* prendre à droite.

Petite descente de 100 m. très rapide avant d'arriver au **Logis de Nans**, ferme et auberge sur la route.

Montée un peu forte jusqu'après le château moderne de Nans appartenant à M. Maglione de Marseille ; nouvelle petite descente suivie d'une courte montée dure, et de 1 k. de plat sur le plateau qui se termine au sommet de la Sambuc *(Alt. 360 m.)*.

LA SAMBUC.

Descente rapide et tournants dangereux sur 3 k. 500 jusqu'à la ferme de la Grand'Foux, puis légère montée et descente jusqu'à Saint-Zacharie.

SAINT-ZACHARIE. *(Voir page 65)*

De Saint-Zacharie à Auriol route accidentée mais presque toute en descente.

AURIOL. *(Voir Page 64)*

A 2 kil. d'Auriol bifur : *(à droite la Bouilladisse à 3 k. 500)* prendre à gauche. Route très pittoresque dans un beau vallon en descente douce jusqu'à Roquevaire.

L'ensemble de la route jusqu'à Marseille est en descente très légère et traverse **Roquevaire** et **Pont-de-l'Etoile** *(voir page 64)*.

A la sortie de ce dernier village, prendre à droite en passant sur le pont, *(tournant dangereux ; en face Gémenos à 4 k. 500)*. Route légèrement accidentée mais plutôt en descente jusqu'à 1 kil. avant Aubagne où l'on arrive par une descente assez rapide.

Retour à Marseille par la route ordinaire.

LE THOLONET - SAINT-CANNAT
EGUILLES - SAINT-PONS

	Altitudes	Kilomètres	Totaux
Saint-Antoine	145	»	»
Gardanne	229	14 500	14 500
Meyreuil	262	4 500	19
Le Tholonet	180	5	24
Aix	204	6 700	30 700
Puyricard	290	6 500	37 200
Beaulieu	403	8 500	45 700
Rognes	323	4 500	53 200
Lambesc	204	7 500	57 700
Saint-Cannat	260	5	62 700
Eguilles	266	10	72 700
Saint-Pons	110	6 500	79 200
Calas	180	5	84 200
Septèmes	212	7	91 200
Saint-Antoine	145	3 500	94 700

De Marseille à St-Antoine voir SORTIES DE MARSEILLE, page 47.

De St-Antoine à Gardanne voir page 99.

En sortant de la gare de Gardanne, traverser la ville en suivant le Cours ; montée douce sur 1 k., puis descente légère sur 1 k. ; à ce point, prendre à gauche *(en face Trets à 17 k.)* A 600 m., on passe sous le chemin de fer, puis, après un plat de 1 kil., on monte assez fortement jusqu'à Meyreuil ; route très pittoresque *(tourner à gauche à la fin de la montée)*.

MEYREUIL.

Commune située à 500 m. à gauche de la route. Alt. 262 m. Habit. 615.

A visiter : Ancienne église de construction romaine ; ruines du monastère des Dames de Saint-Barthélemy ; ruines d'un aqueduc romain, château de Valbrillant ; le manoir de Rochefontaine ou de la Saurine, pavillon élevé sur les plans de Puget.

Descente rapide jusqu'à la rivière de l'Arc ou l'on rejoint la route nationale d'Aix à Saint-Maximin, près du hameau, de La Galante ; tourner à gauche. A 1 k. la route s'engage dans un pittoresque défilé creusé par l'Arc ; à l'entrée de ce défilé et à droite, aux pieds de curieux rochers à pic, très ancienne chapelle de St-Marc, construite sur les ruines d'un temple, et à 500 m. à droite, ferme de **la Morée**, restes considérables d'un énorme réservoir, d'aqueducs et de constructions romaines bien conservés, curieux à visiter. On prétend dans le pays qu'un de ces aqueducs qui fonctionne encore, conduit les eaux du Tholonet jusqu'à la ferme.

La route, en descente douce, suit l'Arc dans un beau vallon jusqu'au hameau de Palette à 2 k. bifur. : *(en face, Aix à 4 k.)* prendre à droite, bonne route légèrement accidentée jusqu'au Tholonet.

LE THOLONET.

Commune. Alt. 180 m. Habit. 510. Hôtel.

Belle cascade de l'Infernet, restes considérables d'un barrage romain bien conservés, beaux ombrages. Site très pittoresque et très frais. A 1 k. au nord *(chemin incyclable)*, la **petite mer**, vaste bassin artificiel de 1.500 m. de long. Admirable paysage.

Du Tholonet à Aix, prendre la route de gauche très fortement accidentée. On arrive à Aix, *(voir page 117)* sur le boulevard Saint-Jean, tourner à droite et suivre les boulevards Saint-Louis et Notre-Dame jusqu'au cours de l'Hôpital que l'on prend à droite, et, du même côté de l'Hôpital Saint-Jacques, prendre le chemin de Puyricard. De suite après l'Hôpital, bifur. : *(à droite Font-Rousse à 7 k.)* prendre à gauche ; le chemin monte assez fortement sur 2 k. 500, point ou l'on rencontre encore une bifur., prendre à gauche ; à 2 k. ou traverse le chemin de fer, puis on coupe un chemin vicinal et, en suivant tout droit, on arrive à Puyricard, dont les énormes ruines dominent tout le plateau.

PUYRICARD.

Belles ruines d'un château et d'une église construits en 1657, par l'évêque d'Aix, Grimaldi, sur les restes d'un château-fort du Xe siècle et détruits par l'évêque de Vintimille du Luc en 1709. Reste d'habitat préhistorique et ruines romaines aux environs.

En quittant Puyricard, prendre le chemin du hameau

Camus, où l'on tourne à droite ; 1 k. plus loin, tourner à gauche et suivre tout droit en évitant 2 bifur. qu'on laisse à droite ; cette route, qui conduit à Rognes, est assez bonne, mais monte assez fortement sur 6 k. jusqu'au Château de Cabarès, *(Alt. 450 m.)* ; de ce point elle descend doucement jusqu'à Beaulieu.

BEAULIEU.

Beau château moderne, ombrages, eaux vives, belle vue ; épanchement basaltique aux environs, c'est le seul point des B.-du-R. où l'on trouve des roches éruptives.

De Beaulieu à Rognes, route pittoresque et légèrement accidentée, 1.500 m. avant Rognes, bifur. *(à droite, le Puy-Sainte-Réparade à 6 k. 500)* prendre à gauche ; 500 m. plus loin, prendre à droite, *(à gauche, Eguilles à 11 k. 500 et la Calade à 13 k. 200.)*

ROGNES.

Commune. Alt. 323 m. Habit. 1.130. Hôtel. P. T. Foires, 14 Septembre, 9 Octobre, 25 Novembre.

Ancienne ville romaine considérable, dont on trouve de nombreux vestiges, monnaies, poteries, tombes, etc. Ancien nom CASTRUM de Rongnis (*1150*), puis ROUINAS. Enormes ruines du château féodal **le Foussa**, situé au dessus de grottes habitées à la période préhistorique. Belle église paroissiale attribuée aux Templiers, maison avec curieuse cheminée du XVIe siècle. Ville très pittoresque.

De Rognes à Lambesc, route agréable, et offrant de beaux points de vues ; descente légère. A 1 k. bifur. prendre à droite *(à gauche Saint-Cannat à 6 kil.)*

LAMBESC.

Canton. Alt. 204 m. Hab. 2.350. Hôtel. P. T. Foires : 6 Janvier, 24 Février lundi de Pentecôte, 22 Août, 19 Septembre.

Habitats liguriens considérables près de l'ermitage de Sainte-Anne de Goiron, à 5 k. au Nord, et au Collet de Viret, où l'on voit des ruines que l'on croit être celles d'un temple. Avant l'époque romaine cette région était habitée par les *Saluvii*, peuple ligurien allié des Saliens. Les Massaliôtes établirent dans ce territoire un marché qui prit le nom de *Bourg-du-Marché (Oppidum amboliacense)* d'où l'on a fait *Lamboliacum*, puis *Lamblicum* et *Lambiscum*, et enfin *Lambrisco* (966). Cet ancien bourg fut détruit par Raymond Béranger IV, en punition de ce qu'il avait méconnu son autorité souveraine. Reconstruit quelques années après, Lambesc devint bientôt le chef-lieu de la vallée. En 1646, une assemblée générale des notables de la région y eut lieu, et cette ville continua d'être le lieu ordinaire de ces assemblées. Eglise assez remarquable. Tour de l'horloge. La partie basse de la ville offre d'assez jolies maisons, dont une, dite maison Florentine, possède une cour d'une architecture très élégante. Belles promenades.

A Lambesc, prendre la route Nationale, qui se dirige vers Aix ; légère descente sur 2 k., le reste en montée douce.

SAINT-CANNAT.

Commune. Alt. 260 m. Habit. 1.210. Hôtel. P. T. Foires : 8 Septembre, Ascension.

Le nom de Saint-Cannat fut donné à cette localité par le fils d'un gouverneur romain qui résidait à Aix, vers l'an 475. Cet enfant fut nommé Cannat (de *Cannus natus*), parce qu'il naquit avec les cheveux blancs. Il se retira du monde et s'établit dans ce quartier appelé alors *Sauzet* (de *saouzés*, osiers noirs). Il fut bientôt retiré de cette solitude pour aller occuper le siège épiscopal de Marseille. A sa mort, il fut inhumé au *Sauzet*, conformément à ses dernières volontés.

Vers le X° siècle, ce village était déjà assez considérable et portait le nom de *Castrum Sancti-Cannati*.

Eglise de la Nativité (XII° siècle). Ruines d'un château des évêques de Marseille. Vieille porte dite des Templiers.

Après Saint-Cannat, suivre la route nationale toute en ligne droite, mais accidentée ; montées et descentes un peu fortes mais courtes ; au 7° kil., bifur.: *(à gauche, Rognes à 10 kil.; en face Aix à 9 kil.)* prendre à droite ; montée assez forte sur 500 m. ; le reste de la route est accidenté mais son ensemble est en montée jusqu'à Eguilles.

EGUILLES.

Commune. Alt. 263 m. Habit. 970. Hôtel. P. T. Foires : 28 Août, 1er Septembre.

Vue magnifique sur la vallée de l'Arc. Eglise Saint-Julien (*1072*), ancien nom : Castellum d'Aguilla (*1180*).

En sortant d'Eguilles, tournant et descente très rapide sur 3 kil. A 300 m. du village, prendre à droite, puis ensuite toujours à gauche jusqu'à Bompart, où l'on coupe la route d'Aix *(8 kil. à gauche)*, à Lafare, *(13 kil. 500 à droite)*, suivre tout droit ; la route est toute en descente douce et droite jusqu'à Saint-Pons et laisse à gauche deux chemins vicinaux.

SAINT-PONS.

Hameau sur l'Arc. Château assez remarquable du XVIII° siècle, beaux ombrages, platanes séculaires, site frais et pittoresque.

Après Saint-Pons, on coupe la route d'Aix à Roquefavour, *(à gauche Aix à 10 kil., et les Milles à 3 kil. 500 m. ; à droite Roquefavour à 3 kil.)*, prendre en face ; on traverse, en passage à niveau, la voie ferrée d'Aix à Rognac ; montée un peu forte sur 1 kil., puis descente assez rapide jusqu'à la bifur. de la Lagremeuse, *(à gauche les Milles à 4 kil. ; à droite*

Réaltort à 3 kil.). La route monte doucement jusqu'à Calas.
En entrant dans le village, bifur. : *(à droite bassin de Réaltort à 1.500 m., très mauvais chemin)* suivre tout droit.

CALAS.

Village. Alt. 180 m. Habit. 300. Café.

Ancien château de Trébillanne transformé en ferme.

Calas est l'ancienne ville romaine de *Calcaria*, construite sur une voie massaliote ; les ruines considérables de cette ville se trouvaient à 300 m. à l'est, près de la ferme de Trébillanne. Sur le côteau église du Ve siècle, construite sur les ruines d'un temple et maladroitement transformée en 1872. Vestiges antiques nombreux, poteries, monnaies, etc. Eglise de l'Assomption (1869).

A 1 kil. après Calas, bifur.: *(à gauche Cabriès à 2 kil.)* prendre à droite; forte montée sur 3 kil. puis descente rapide sur 500 m. et mauvais tournants, jusqu'à la bifur. du Plan de Campagne, *(à gauche La Malle à 1.500 m. ; à droite l'Assassin, à 4 kil.),* suivre tout droit; légère montée sur 500 m. et descente un peu rapide jusqu'à Septèmes. On tourne à gauche dans le village pour aller à la gare, ou à droite pour se rendre à Saint-Antoine.

NOTES:

L'ÉTANG DE BERRE – LES MARTIGUES ET LES BOIS
DE CARRI

	Altitudes	Kilomètres	Totaux
Saint-Antoine	145	»	»
Les Cadenaux	272	3	»
L'Assassin	150	2 500	5 500
Gignac	40	7	12 500
La Mède	4	10 500	23
Les Martigues	2 et 10	5 200	28 200
Les Ventrons	108	3 700	31 900
Saint-Julien	80	4 500	36 400
Sausset	2 et 10	4	40 400
Carri	4 et 10	3 500	43 900
Val de Ricard	45	5	48 900
Ensuès	80	2	50 900
Le Rove	150	4 300	55 200
L'Establon	90	3	58 200
L'Estaque	4	4 100	62 300

SAINT-ANTOINE. *(Voir page 96).*

A 500 m. de la gare de St-Antoine, bifur. : *(à droite Septèmes à 3 k. 500 et Aix à 20 kil.)* prendre à gauche, montée assez forte sur 4 kil. jusqu'aux **Cadenaux**, puis descente très forte sur 2 kil., tournants dangereux. A la fin de cette descente, bifur. de l'**Assassin**, *(à droite le Plan de Campagne à 2 k. 500 et la Malle à 6 kil.; en face les Pennes à 1 kil.)* prendre à gauche ; la route descend doucement jusqu'à la bifur. *(à droite)* qui conduit à Pas-des-Lanciers *(1 kil.)* elle passe au-dessus de l'entrée du tunnel de la Nerthe et descend presque régulièrement jusqu'à Gignac.

GIGNAC.

Commune. Alt. 40 m. Hab. 940. P. T. Auberge. Station : à 800 m ligne du Pas-des-Lanciers à Martigues.

Rares vestiges d'un habitat ligurien et d'une petite station romaine sur le coteau au nord *(Alt. 118 m.)* Restes d'un château du XIIe siècle et église St-Michel également du XIIe siècle. Village sans intérêt.

En sortant de Gignac, descente douce jusqu'à Bricar, bifur. : *(à droite, Marignane à 3 k. ; à gauche, Val de Ricard à 4 k. 500, et Ensuès à 5 k. 500)* continuer tout droit. A 500 m., passage à niveau et 500 m. plus loin, à gauche, chemin de Châteauneuf-les-Martigues *(à 1.200 m.)* prendre à droite; 2 kil. plus loin, à droite, nouveau chemin de Châteauneuf *(à 1.200 m.)*. La route devient un peu accidentée, légères montées et descente. La vue est très belle ; à gauche les curieuses collines de Châteauneuf, aux bizarres découpures, en face les Martigues, à droite l'Etang de Berre, dont la largeur, à cet endroit, est de 14 kil. et au premier plan les trois curieux rochers de la Mède, les Trois-Frères ; vers l'Est, le vaste Etang de Bolmon, séparé de celui de Berre par le long et étroit barrage du Jaï ; au fond, l'étrange silhouette du rocher de Vitrolles et les montagnes rouges de Rognac ; enfin, à l'horizon, la montagne Sainte-Victoire, d'Aix. C'est un magnifique panorama. Légère descente avant **La Mède**. Petit port très pittoresque, rendez-vous des peintres et des artistes. Ancienne station romaine du nom de **Média** *(milieu, entre Châteauneuf et Martigues)* placée sur l'ancienne voie Massaliôte qui conduisait aux Martigues.

Après la Mède, petite montée, assez dure, de 400 m. et passage à niveau mauvais, puis succession de petites montées et descentes, jusqu'aux Martigues.

LES MARTIGUES.

Canton. Alt. 2 et 10 m. Hab. 5.660. Hôtel. **P. T.** Station terminus du Pas-des-Lanciers *(19 kil.)* Foires : 15 Mai et 28 Octobre.

Les Phocéens, fondateurs de Marseille, créèrent deux établissements maritimes à l'entrée et à la sortie du canal de Caronte ; mais on ne sait au juste, si c'est à la suite de la campagne de Marius *(105 ans avant J. C.)* ou s'ils s'étaient appropriés ces deux points avant l'arrivée du vainqueur de Jugurtha. Ce qu'il y a de certain, c'est que ces deux colonies portèrent les noms de **Métapine** (du grec **Méta pinos**, au milieu des boues) et de **Blascon** (**Blas cœni** poisson du **Cœnus**), et que le canal actuel de Caronte fut dénommé le fleuve **Cœnus**. L'île de Bouc n'est autre que l'île Métapine, dont parle Pline et l'île principale de Martigues est le Blascon du même auteur. Pendant la domination romaine ces deux stations durent être assez importantes, car il reste dans les vallons de Saint-Pierre et de Saint-Jullien des ruines abondantes de cette époque qui prouvent que de nombreuses familles romaines s'établirent aux environs.

Lorsque Marius fit creuser ses fameuses **fosses** dans le Galéjon, il résida près de trois ans dans cette région et les Martigues devaient être son port principal de ravitaillement. Il est donc probable qu'il fit construire un temple dans une île du Cœnus et que la prophétesse Marthe y rendait ses oracles, sans lesquels Marius n'entreprenait rien. Le marais prit ainsi le nom de **Marthœ Aquœ**, les eaux, ou l'étang de Marthe. La bourgade qui se forma au milieu des îlots, créée par des mains diverses, devint **Marthœ in aquis**; puis après la formation de la langue française **Marthœ aigue**, et par élision, **Marthaigue** et **Martègue** et **lou Martéguo** en provençal. Ce n'est qu'en 1473 *(9 Octobre)* que l'on trouve pour la première fois le nom moderne de Martigues dans une charte du roi René, qui érige cette ville en vicomté.

D'après la tradition, Genesius serait venu prêcher la religion chrétienne dans ces contrées; ce qu'il y a de certain c'est que les pêcheurs élevèrent une chapelle en son honneur. Vers 540, les enfants de Clovis donnèrent ce village à saint Cézaire, archevêque d'Arles.

Martigues supporta de nombreux sièges et fut saccagée plusieurs fois par les Sarrasins. Les trois quartiers de la ville, Ferrières, l'Ile et Jonquières formaient trois communes distinctes; de là des rivalités et des jalousies qui donnèrent lieu à des désordres graves qui durèrent de 1530 à 1581, année ou les consuls et les habitants décidèrent d'un commun accord, que les trois communautés seraient réunies en un seul corps de ville, qui prendrait le nom de : Ville de Martigues.

La bannière de la nouvelle ville se forma naturellement de la réunion de celles des trois quartiers et porta les trois couleurs : bleu, blanc et rouge. On dit même, que le célèbre bataillon des Marseillais qui, pendant la Révolution, donna son nom au chant national Français, lui donna de même son drapeau qu'un groupe de Martégaux portait fièrement en tête.

La ville des Martigues, surnommée la Venise provençale, est excessivement pittoresque et offre des points de vue charmants, elle est bien percée, très proprement tenue, bien aérée et très saine; sa situation, presque insulaire, lui donne un climat particulier et très agréable, un horizon toujours pur, un soleil brillant, enfin ces beaux jours de Provence, si regrettés de ceux qui n'en jouissent plus, si enviés de ceux qui n'en jouissent pas, et si peu appréciés de ceux qui en jouissent.

Les Martégaux ont, comme les Béotiens, une renommée de **niaiserie** bien imméritée, car ils ont les mêmes qualités et les mêmes défauts que les autres provençaux.

A visiter à Ferrières : Eglise de Saint-Genès et chapelle des Pénitents dont l'ornementation Louis XV est très riche et remarquable.

A l'Ile : Hôtel de Ville, ancienne habitation de la famille des Pradines; Eglise Sainte-Magdeleine, assez jolie façade et portés remarquables. Halle aux poissons et le Tribunal des Prud'hommes pêcheurs. Beaux points de vue sur l'Etang de Berre et l'Etang de Caronte *(le Cœnus)* ainsi que sur le petit canal et l'île de Brescon *(l'ancien Blascon)*. Sur le grand canal de navigation, beau pont tournant.

A Jonquières : Eglise de l'Annonciation, beaux quais, belle vue.

Martigues est la patrie de Gérard Tenque, fondateur de l'Ordre des Hospitaliers *(1118)*; de J. B. Bertrand docteur en médecine, auteur de plusieurs ouvrages estimés *(1670-1752)*; du peintre J. Bose *(1746-1826)*.

En sortant des Martigues, prendre l'avenue de la gare, et, devant la station, prendre à droite. La route monte assez fortement sur 4 kil. jusqu'au hameau des Ventrons *(Alt. 108 m)*.

(Ruines romaines nombreuses aux environs, entre ce hameau et Saint-Pierre) bifur., prendre à gauche *(en face St-Pierre à 2 k. 400 et la Couronne à 5 k. 800)*. De ce point

la route, tout en descente jusqu'à Sausset, circule dans un très pittoresque vallon. A 4 k. 500 la route qui se dirigeait vers l'Est, tourne en plein sud ; à gauche, sur un mamelon dénudé, quelques maisons et la chapelle de **Saint-Julien**.

Il y eut à cet endroit plusieurs villas et un temple, probablement grecs, dont il reste, sur la façade nord et extérieure de l'église, un beau bas-relief très remarquable ; il est composé de huit personnages de grandeur naturelle ; au centre, une femme et un homme, richement vêtus, sont assis et semblent échanger un rouleau de parchemin *(volumen)*. L'interprétation la plus probable est, que la femme représente Massalia et l'homme un timouque ou chef des Avaticiens qui occupaient cette région avant la période romaine. Ce serait donc un monument commémoratif d'un traité de paix, ou d'alliance, entre les Massaliôtes et les Avaticiens des bords de l'Etang de Berre. Depuis peu, ce curieux monument a été maladroitement enfermé dans un hangar, encombré de boiseries de l'église, et dont la toiture a été en partie fixée dans le bas-relief même. A 7 ou 800 m. à l'est, sur un autre mamelon, on trouve des quantités de fragments de poteries grecques et romaines, ornées de fines et gracieuses figures en relief.

SAUSSET.

Village. Alt. 2 et 10 m. Hab. 310. Hôtel.

Joli petit port ; nombreuses villas ; beaux bois et environs pittoresque, agglomération moderne ; station d'hiver.

En sortant de Sausset, prendre à gauche, *(à droite La Couronne à 6 kil. très accidenté)*, le chemin, qui passe dans de beaux bois de pins, est très accidenté, c'est une succession de petites montées et de courtes descentes, la dernière, sur Carri, quoique courte, est un peu rapide.

CARRI-LE-ROUET.

Commune. Alt. 4 et 10 m. Hab. 580. Hôtel.

Ancienne station romaine d'**Incarus positio**, indiquée sur l'itinéraire d'Antonin. Joli port ; site très agréable et bien boisé ; nombreuses villas. Station d'hiver.

Courte montée en sortant de Carri, puis descente jusqu'au petit port du Rouet ; de ce point, montée un peu forte dans un très beau vallon sur 3 kil. jusqu'à la bifur de Val-de-Ricard ; *(à gauche Châteauneuf à 4 kil. ; forte descente)* prendre à droite et à 1 kil. on traverse le village d'Ensuès, sans intérêt, mais situé dans une pittoresque vallée. De suite après ce village, commence une **très forte** montée sur 1 kil., et assez forte sur un deuxième kil., puis descente rapide sur le Rove en passant par le hameau du Douard, bifur. : *(à gauche Gignac à 4 k. 500 et Marignane à 6 k. 500)*, prendre à droite.

LE ROVE. *(Voir Page 77)*

En sortant du village, la route tourne à droite et pénètre dans le magnifique vallon de l'Héritage, dont les roches calcaires, rongées et effritées, affectent les formes les plus bizarres et les plus imprévues ; c'est, en réduction, les étranges paysages de Montpellier-le-Vieux et des causses du Tarn.

Depuis le Rove la route descend assez rapidement jusqu'au restaurant de l'Establon, où l'on peut quitter sa machine et visiter, à 200 m. en face, l'admirable calanque de l'Establon, véritable décor fantastique. A 100 m. du restaurant on traverse, en tranchée, le rocher du Resquiadou et l'on découvre brusquement le plus beau panorama de l'immense rade de Marseille.

La route descend doucement jusqu'à la batterie de Corbière *(à droite)*, puis assez fortement jusqu'à l'usine de produits chimiques de Rio-Tinto, d'où elle suit, à plat, le littoral jusqu'à l'**Estaque**. Charmant petit port. Vue pittoresque. Restaurants et Cafés. Tramways pour Marseille *(ne prennent pas les bicyclettes)*. On peut revenir à Marseille par le chemin du littoral *(11 kil.)*, mais comme il est très mauvais, nous conseillons aux touristes de prendre le chemin de fer à l'Estaque.

———

NOTES :

L'ÉTANG DE BERRE – ROQUEFAVOUR

	Altitudes	Kilomètres	Totaux
Saint-Antoine	145	»	»
Les Cadenaux	272	3	3
L'Assassin	150	2 500	5 500
Les Pennes	169	1	6 500
Le Griffon	50	4	10 500
Vitrolles	135	4	14 500
Rognac	4 et 30	5 500	20
Berre	4 et 2	6 500	26 500
Lafare	53	9	35 500
Roquefavour	90	11	46 500
Saint-Pons	110	3 500	50
Calas	180	5	55
Septèmes	212	7	62
Saint-Antoine	145	3 500	65 500

SAINT-ANTOINE. *(Voir page 96).*

A 500 m. de la gare de Saint-Antoine bifur. : *(en face Septèmes à 3 k. 500 et Aix à 20 kil.)* prendre à gauche. Montée douce sur 4 kil. jusqu'aux **Cadenaux**, *(ancienne station romaine sur une voie Massaliôte)*, puis descente très forte, sur 2 kil., tournants dangereux. A la fin de cette descente, bifur. de l'Assassin (*à droite le Plan de Campagne à 2 k. 500, et la Malle à 6 kil ; à gauche Pas-des-Lanciers à 5 k. 700, Gignac à 7 kil., et Martigues à 22 k. 700*) ; prendre en face ; montée légère sur 1 kil. jusqu'aux Pennes.

LES PENNES.

Commune. Alt. 169 m. Hab. 2.001. Auberge. P. T.

Ancienne station romaine. Restes de fortifications et d'un château du Moyen-Age. Sur la porte de l'Eglise, bas-relief et inscription du XIe siècle que l'on a pris longtemps pour une inscription romaine. Beau tunnel de 100 m. donnant passage à la route. Site très pittoresque.

En sortant des Pennes, descente sur 3 kil. puis montée légère jusqu'au **Griffon**, bifur. : *(à droite Réaltort à 6 k. montée très forte et mauvaise ; à gauche Saint-Victoret à 3 k. 500)*. Continuer tout droit et à 700 m. prendre à droite le chemin de Vitrolles en montée douce sur 3 kil.

VITROLLES.

Commune. Alt. 135 m. Hab. 3.677. Hôtel. P.T. Station : Ligne de Marseille *(24 kil.)* à Avignon *(97 kil.)*.

Ancienne station romaine qui portait peut-être le nom de **Bitrone** transformé en Vitrola *(1.164)*. Eglise Saint-Gérard *(1572)*. Ruines curieuses du château *(XIe et XIIe siècles)*, construit sur un rocher à pic ; escalier taillé dans le roc et tour élevée servant de clocher à une vieille chapelle qui a remplacé un temple. Vue magnifique sur l'Etang de Berre. Village pittoresque par ses maisons ruinées.

En sortant de Vitrolles, prendre la route de la gare, en descente douce sur 1 kil., qui rejoint la route de Rognac, prendre à droite ; on laisse à gauche le chemin de la gare de Vitrolles qui conduit à Saint-Victoret *(à 5 kil.)* et Marignane *(à 5 k. 500)*, route très belle jusqu'à Rognac.

ROGNAC. *(Voir page 91)*.

En quittant les Peyraults, la route contourne l'Etang de Berre, monte assez fortement sur 500 m. et croise la voie ferrée ; bifur. : *(à droite Lafare à 6 kil. ; montée assez forte des Pins sur 2 kil. jusqu'à la cote 95 ; à droite et parallèlement à la voie ferrée, Pont Rout sur l'Arc à 6 k. 500)* ; prendre à gauche. La route longe le chemin de fer en descente douce et, à la bifurcation, prendre à gauche pour arriver à Berre.

BERRE. *(Voir page 87)*.

En sortant de Berre, prendre la route de Lafare qui se dirige droit au Nord ; à 500 m. bifur. : *(à gauche Mauran à 5 kil.)* et à 700 m. nouvelle bifur. : *(à droite Rognac à 6 kil. 500)* suivre tout droit, on croise le chemin de fer à la gare de Berre, puis au 6e kil. on tourne à gauche : *(à droite Rognac par la montée des Pins, assez forte, à 6 kil.)* ; on traverse la rivière l'Arc et à 400 m. on prend à droite le chemin qui, en montée douce, conduit à Lafare, *(à gauche les Guigues à 2 kil. et Lançon à 8 kil.)*.

LAFARE.

Commune. Alt. 53. Hab. 1.030. Hôtel. P. T. Foire : 10 Mai.

Eglise du XVIe siècle. A 1.500 m. au Nord-Est très belle ruine d'un castelas des Xe et XIIe siècles.

Dans le village de Lafare, prendre à droite : *(à gauche Cornillon à 13 kil. et Lançon à 8 kil.)*. La route passe au pied du pittoresque castelas et descend jusqu'au Moulin du Pont à 5 k. 500. A 3 k. 250 de Lafare bifur. : *(à gauche Lançon à 11 k.)* suivre tout droit. Au Moulin du Pont, bifur. : *(à droite Rognac à 7 kil. 500, et à 200 m. Pont Rout sur l'Arc, belle cascade)*, continuer tout droit, à 600 m. nouvelle bifur. : *(à gauche Ventabren à 3 kil. et Aix à 14 kil. 500)*. Le chemin longe la rivière l'Arc, dans un vallon très pittoresque et très boisé qui conduit à Roquefavour.

ROQUEFAVOUR.

Alt. 90. Hôtel.-Restaurant. T. à la gare. Station : ligne de Rognac *(12 kil.)*, à Aix *(14 kil.)*.

Affluence considérable de touristes pour les grande fêtes de l'année ; la Pentecôte en particulier.

Ce site, l'un des plus pittoresques du département, est devenu plus remarquable encore depuis la construction du magnifique aqueduc du canal de Marseille. Cet admirable travail est formé par 3 étages d'arcades ; 12 au premier étage, 15 au second, 53 au troisième ; hauteur de la 1re travée, sur l'Arc, 34 m. 10, pour la 2me 34 m. 90, et pour la 3me 13 m. 50 ; hauteur totale 82 m. 50, longueur 400 m. Cette énorme masse de pierres si gracieusement ajourée produit l'effet d'une légère dentelle tendue entre les deux montagnes.

Ce paysage est grandiose et imposant ; c'est surtout au couchant du soleil qu'il faut l'admirer.

A visiter à 800 m. à l'Ouest : Ermitage et chapelle Saint-Honorat, restes d'un prieuré des bénédictins de Lérins qui fut réuni à l'abbaye de Montmajour en 983. Cette chapelle a certainement remplacé un temple païen ainsi que le prouvent plusieurs inscriptions romaines trouvées dans diverses fouilles. Sur le sommet du Castelas au-dessus de la maison du garde du canal, on voit les restes considérables d'un camp retranché ligurien très curieux et dans le plan d'Aillanne, directement au-dessous, on a trouvé des débris d'armes de cette époque ; murs d'enceinte et fossés bien conservés.

Après la gare de Roquefavour, bifur. : *(à gauche Eguilles à 9 k. 500 et Aix à 12 k.)* suivre tout droit. La route suit la voie ferrée jusqu'à Saint-Pons à 3 kil. 500. *(Vieux château du XVIIe siècle, site frais et pittoresque, platanes séculaires,* bifur. : *(à gauche Saint-Pons à 300 m., en face les Milles à 3 kil. 500 et Aix à 10 kil.)* prendre à droite ; on traverse le chemin de fer et la route monte assez fortement sur 1.500 m. puis redescend jusqu'à la bifur. de la Lagremeuse *(ferme, Alt. 125 m. ; à droite Réaltort à 3 kil. et le Griffon à 10 kil. 500, forte montée sur 3 kil. à partir de Réaltort et très forte descente sur le reste, route mauvaise et dangereuse :*

à gauche les Milles à 3 kil. 500 et Aix à 10 kil. 500), continuer tout droit jusqu'à Calas.

CALAS. *(Voir page 107)*

Avant d'arriver à Calas, bifur. : *(à droite bassin de Réaltort à 1 kil., mauvais chemin)*.

En quittant Calas la route monte assez fortement sur 4 kil. puis redescend rapidement par deux tournants jusqu'à la bifur. du Plan de Campagne, *(à droite l'Assassin à 4 kil. et à gauche la Malle à 1.500 m.)* suivre tout droit, légère montée pour passer sur le chemin de fer, et descente assez rapide jusqu'à Septèmes, où l'on prend à droite la route d'Aix, que l'on suit jusqu'à Saint-Antoine ; descente douce, et légère montée vers la fin.

NOTES :

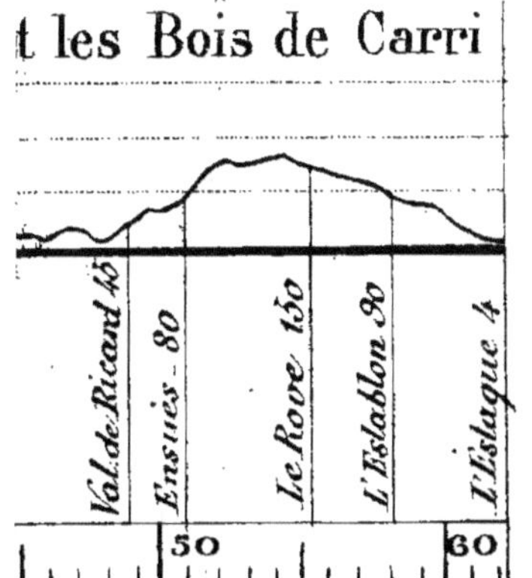
t les Bois de Carri
Val. de Ricard 45
Ensuès - 80
le Rove 150
L'Establon 90
L'Estaque 4
50
60
62,300

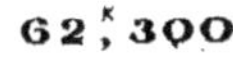
Aubagne 95

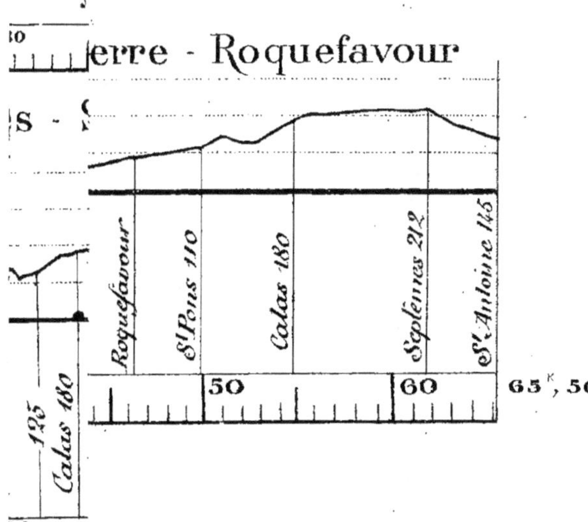
erre - Roquefavour
Roquefavour
St Pons 110
Calas 180
Septèmes 212
St Antoine 145
50
60
65,500
125
Calas 180
30

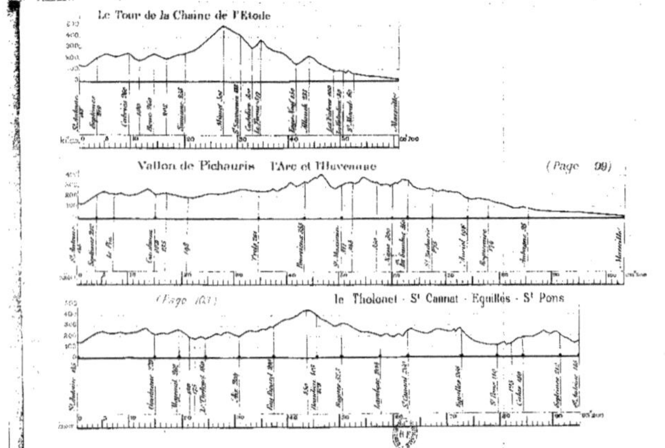

Le Tour de la Chaîne de l'Étoile
Vallon de Pichauris - l'Arc et l'Huveaune   (Page   99)
(Page 103)   le Tholonet - St Cannat - Eguilles - St Pons

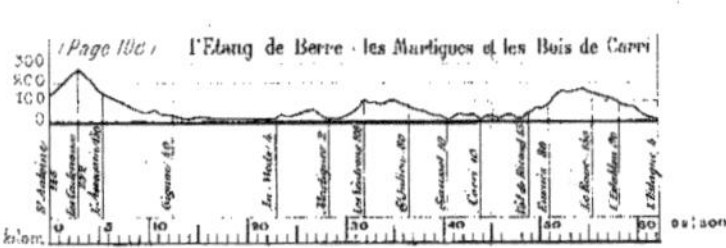

(Page 100)   l'Étang de Berre - les Martigues et les Bois de Carri

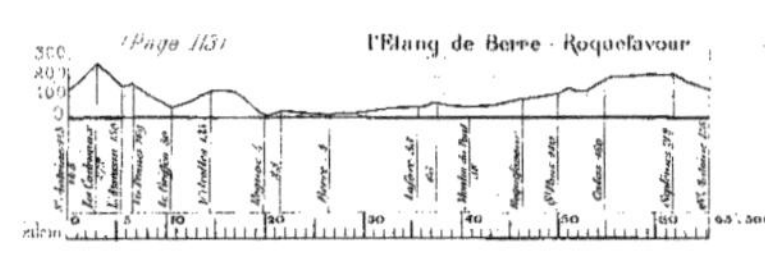

(Page 105)   l'Étang de Berre - Roquefavour

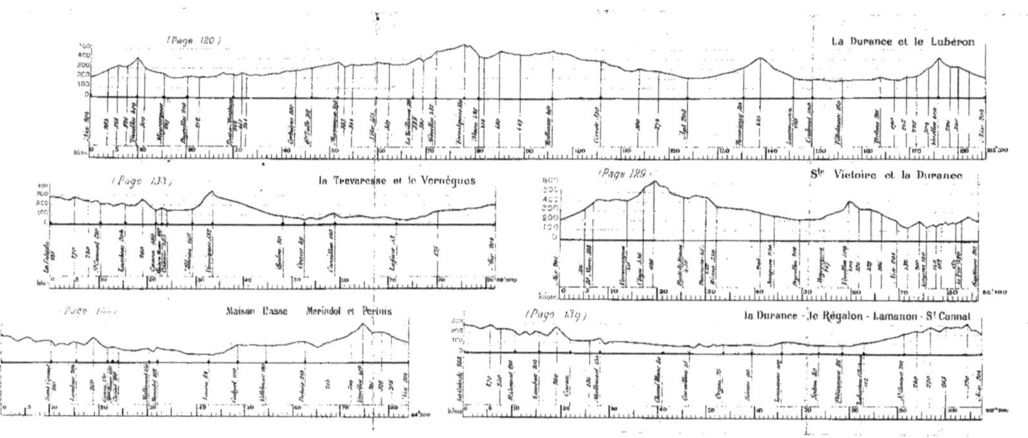
(Page 120)
La Durance et le Lubéron
(Page 133)
la Trevaresse et le Vernègues
(Page 129)
Ste Victoire et la Durance
Maison Basse   Merindol et Pertuis
(Page 139)
la Durance - le Régalon - Lamanon - St Cannat

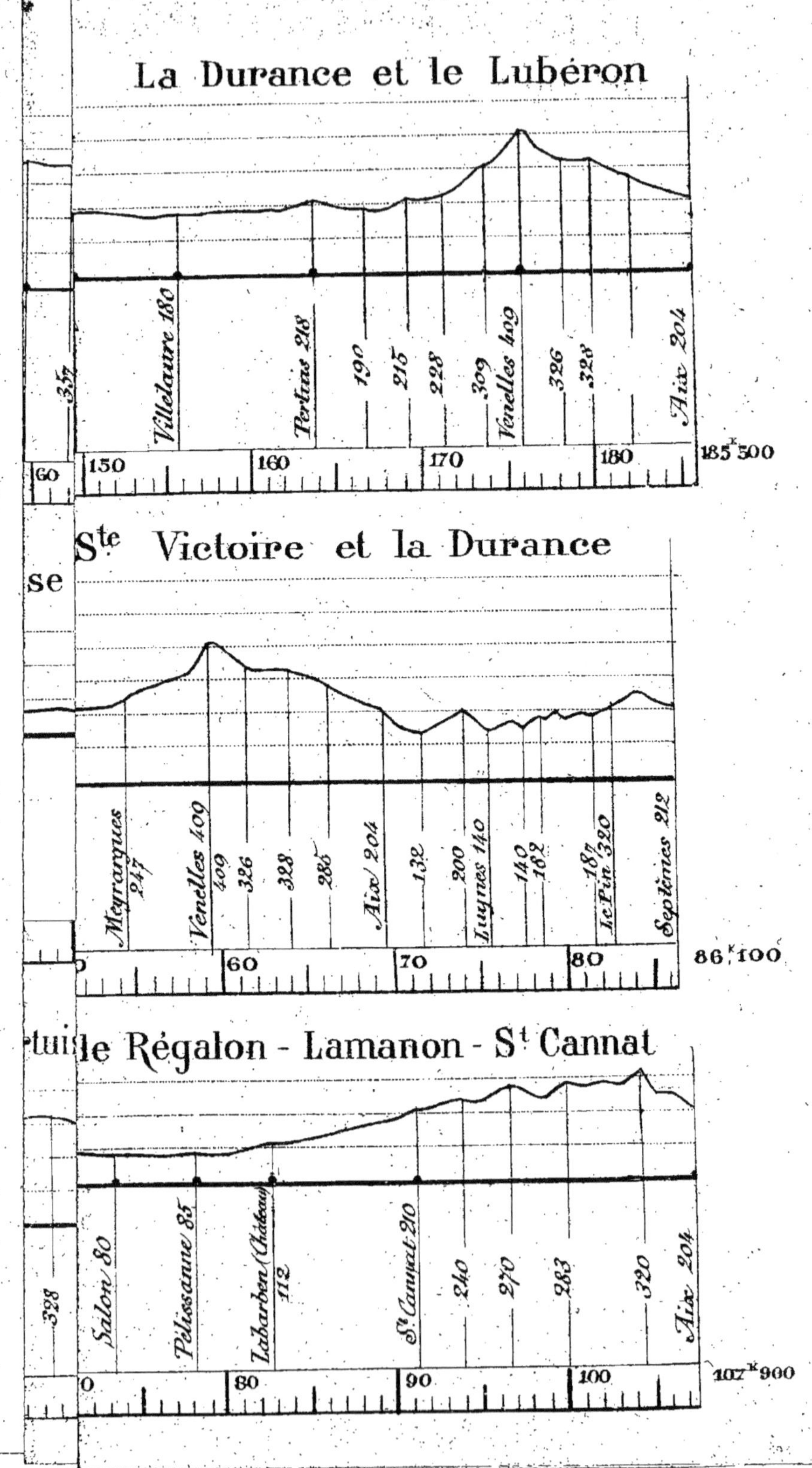

La Durance et le Lubéron
Villelaure 180
Pertuis 248
190
215
228
309
Venelles 409
326
328
Aix 204
357
150
160
170
180
185 500
60

Ste Victoire et la Durance
se
Meyrargues 247
Venelles 409
326
328
285
Aix 204
132
200
Lugnes 140
140
162
le Pin 320
187
Septèmes 212
60
70
80
86 100

le Régalon - Lamanon - St Cannat
Salon 80
Pélissanne 85
Labarben (Château) 112
St Cannat 210
240
270
283
320
Aix 204
328
0
80
90
100
107 900

AIX - LA CALADE

1° La Durance et le Luberon *(2 jours)*.
2° Sainte-Victoire et la Durance.
3° La Trevaresse et le Vernègue.
4° La Durance—Le Régalon — Lamanon—Saint-Cannat.
5° Maison-Basse—Mérindol—Pertuis.
6° Le Bassin de Saint-Christophe — La Roque-d'Anthéron—Salon.
7° Le Bassin de Saint-Christophe — La Bastide des Jourdans et la Tour-d'Aigues.

AIX

Chef-lieu d'arrondissement. 28.360 habitants. — Alt. 204 m. P.T. Tél phone. Hôtels. Station ligne de Marseille *(29 k.)* à Pertuis *(33 k.)*. — Embranchement sur Rognac *(26 k.)*. Foires 9 février, Fête-Dieu, 17 Septembre. 4 Décembre.

Hôtel Nègre-Coste, Cours Mirabeau, 33.
Cycles et Automobiles, A. Serre, Avenue Victor-Hugo, 4.

Première colonie romaine fondée dans les Gaules 122 ans avant J.-C. sous le nom d'**Aquæ Sextiæ** par le consul Sextius Calvinus, au pied d'un coteau où se trouvait la ville ligurienne d'Entremont, dont les ruines, souvent fouillées, sont encore curieuses à visiter et livrent fréquemment de précieux débris de cette époque lointaine. Cet habitat présente, de l'Est à l'Ouest, un mur de 305 m. de long, sur 1 ou 2 d'épaisseur ; il est formé de blocs énormes, bien taillés, et posés sans aucun ciment. On y a trouvé des amas considérables de poteries, des moulins à bras en basalte, des haches en pierre polie ainsi que neuf bas-reliefs gaulois, déposés au musée de la ville.

D'après l'étude de tous ces débris, on peut affirmer que cet habitat existe depuis 4 ou 5000 ans avant notre ère et qu'il a été occupé successivement par les Ligures, les Gaulois, les Massaliotes et les Romains. Les bas-reliefs gaulois sont probablement des monuments commémoratifs de la victoire de ces derniers sur les Ligures, vers l'an 400 avant J.-C.; ils représentent des trophées de têtes coupées. En outre des ruines d'Entremont, les environs d'Aix possèdent de nombreux vestiges d'une occupation considérable aux temps préhistoriques.

Après sa grande victoire sur les Cimbres et les Teutons *(102 ans avant J.-C.)*, Marius vint se reposer à Aix et l'embellit de monuments et d'aqueducs; puis César lui donna le titre de Colonie, et, plus tard, elle devint la métropole de la seconde Narbonnaise. En 731 elle fut saccagée par les Sarrasins, qui détruisirent le palais, les thermes, l'amphithéâtre, les temples, les remparts, les portiques, etc., il ne resta de la ville romaine que 3 tours revêtues de marbre, adossées au Capitole, et démolies au commencement du siècle actuel.

Au XII⁰ siècle, Aix devint la capitale du Comté de Provence et les Comtes d'Anjou en firent leur cour. Le Roi Réné y institua la célèbre procession de la Fête-Dieu.

En 1536, cette ville tomba au pouvoir de Charles-Quint, qui s'y fit couronner roi d'Arles dans la cathédrale.

De 1790 à l'an VIII ce fut le chef-lieu des Bouches-du-Rhône, et c'est aujourd'hui une des plus belles et des plus importantes villes du Midi.

Eglise Saint-Sauveur (*XI⁰ siècle*), bâtie sur l'emplacement du temple d'Apollon, dont on a retrouvé la statue, ainsi qu'un Zodiaque sculpté, dans le sol actuel; le **chœur** remarquable est de 1285; le **portail** dont les vantaux en bois sont fort curieux, est de 1476; le **clocher** (*1323-1411*); le **baptistère** du VI⁰ siècle, est formé par 8 colonnes en marbre antique provenant du temple d'Apollon; **sarcophage** du VI⁰ siècle; un grand **triptyque** de Van der Meire; une **toile** remarquable de Finsonius; dans la nef, un curieux **retable** du XV⁰ siècle; dans la sacristie, admirable suite de **tapisserie d'Arras** (*XVI⁰ siècle*), la vie de Jésus. Le **cloître** roman qui touche l'église est très remarquable, (*XI⁰ siècle*).

Eglise Saint-Jean de Malte (*1233-1251*) construite par Raymond Béranger IV, contient les magnifiques **tombeaux** des comtes de Provence.

Sainte-Marie-Madeleine (*1703*) de proportions grandioses, possède des toiles de C. Vanloo, de Vien et une Annonciation attribuée à Albert Dürer.

Hôtel de Ville (*1640-1668*), magnifiques boiseries sculptées par Toro. **Tour de l'Horloge** (*monument historique*) construite en 1505. **Le Palais de Justice** (*1822-1831*). **Le musée** lapidaire, très riche.

Bibliothèque Méjanne qui compte plus de 100.000 volumes et 1.100 manuscrits précieux.

Les **Thermes** sur les substructions des bains romains, sont de construction moderne. Les eaux sodiques et magnésiennes contiennent du fer et de l'iode ; elles sont d'une efficacité reconnue dans les affections génitales ; le latin, qui brave tout, le dit fort clairement dans cette inscription, trouvée dans les anciens Thermes : PRÆSES PHALLUS ABEST, ERASIT BARBARA DEXTRA, SED LATET IN CALIDIS IPSE PRIAPUS AQUIS.

Ce distique dit tout ce que l'on pouvait dire de la vertu des eaux thermales. Ces eaux ont une température constante de 35 degrés centigrades.

Le **Cours**, belle promenade bien ombragée; **fontaines** d'eau chaude et **statue** du roi René ; très belle **fontaine monumentale**. Beaux **hôtels** particuliers.

NOTES:

LA DURANCE ET LE LUBÉRON
Excursion de deux jours

Premier Jour : 77 kil. 500

	Altitudes	Kilomètres	Totaux
Aix	204	»	»
Venelles	409	9 900	9 900
Meyrargues	247	5 100	15
Peyrolles	216	5	20
Pont-de-Mirabeau	235	9 500	29 500
Corbières	280	13	42 500
Sainte-Tulle	312	3 500	46
Manosque	370	5 500	51 500
Volx	365	8	59 500
La Brillanne	385	7 500	67
Niozelles	483	4 500	71 500
Forcalquier	550	6	77 500

Deuxième Jour : 108 kil.

	Altitudes	Kilomètres	Totaux
Forcalquier	550	»	»
Mane	420	3	3
Reillanne	491	15	18
Céreste	370	10	28
Apt	205	18	46
Bonnieux	314	11 500	57 500
Lourmarin	210	10 500	68
Cadenet	190	4	72
Villelaure	180	6	78
Pertuis	218	8	83
Aix	204	23	108

AIX *(voir page 117)*.

Sortir d'Aix par la place de la Rotonde, le cours Sextius et le Boulevard Notre-Dame qui contourne la ville ; prendre la route Nationale. Montée douce sur 2 kil. au départ ; la rampe s'accentue sur les 4 kil. suivants et monte fortement jusqu'au passage à niveau situé à 2 kil avant les Logis de Venelles. Partie plate et montée de 1 kil. avant d'arriver aux Logis de Venelles.

LES LOGIS DE VENELLES.

Hameau. Alt. 409 m. placé sur la route et distant du village de Venelles de 500 m.

Ancien nom : Castrum de Venellis (*1237*). Probablement ancienne station romaine. Eglise Saint-Hippolyte (*XIII° siècle*). Restes d'un grand aqueduc romain qui conduisait à Aix les eaux de Jouques. Ruines d'un château du Moyen-Age.

La route tourne à droite et, après une montée assez courte, commence à descendre rapidement. A 1.500 m. après, bifur. : *(à gauche Pertuis à 9 k. 500)*, prendre à droite. Descente assez rapide sur Meyrargues. Au dernier kilomètre, deux tournants brusques.

MEYRARGUES.

Commune. Alt. 247 m. Hab. 1.000. P. T. Hôtel. Station : Ligne de Marseille (*55 kil.*) à Pertuis (*6 kil.*). Ligne d'Eyguières (*47 kil.*) et ligne de Draguignan (*98 kil.*).

Ancienne station romaine de *Meiranicis-Mairanacis* (1153). Beau château du XIII° siècle bâti sur les ruines de l'ancien du X° siècle et d'un castrum romain. A 500 m. au Sud-Est, dans un vallon, trois belles arches bien conservées, restes d'un aqueduc romain qui conduisait de Jouques à Aix, les eaux de Traconnade. (*Voir Meyrargues: Index alphabétique*).

En sortant de Meyrargues, descente assez courte mais rapide. Route plate et bien ombragée jusqu'à Peyrolles.

PEYROLLES.

Canton. Alt. 216 m. Hab. 1.000. P. T. Hôtel. Station : Ligne de Meyrargues (*6 kil.*) à Draguignan (*92 kil.*).

Ancien *Castrum de Peyrolas* (1120), restes de remparts du Moyen-Age. Eglise Saint-Pierre du XII° siècle. Tour de l'horloge. Dans le château, chapelle et porte dont les sculptures sont attribuées au roi René. Sur la route, au Sud, très curieuse chapelle du Saint-Sépulcre (XIV° siècle) contenant un tableau sur bois attribué également à René d'Anjou.

De Peyrolles jusqu'au Pont de Mirabeau, route presque plate et très belle, petite descente assez rapide vers le dernier kilomètre.

PONT DE MIRABEAU. Alt. 242 m.

Belle arche unique et suspendue de 150 m. de long. Une des plus longues de France, construite de 1844 à 1847. Sur la rive droite de la Durance. Chapelle romane de Sainte-Magdeleine (X° siècle) portant une curieuse inscription gothique sur la façade ; quoiqu'elle soit un peu fruste et par abréviation, selon l'usage du temps, on peut y lire ce qui suit :

ANNO DNI CIƆ CC XXX IX III NON
A JUNII SOL OBSCVRATA FUIT
† GRADA SI COMENSAS COFENIRAS
OI - BEN FARA BEN

Elle est conçue en deux parties ; la première est en latin et renferme plusieurs fautes assez grossières, la seconde est une maxime en provençal du XIII° siècle. Elle doit être traduite ainsi en français :

L'an du Seigneur 1239, et le 3 Juin, le soleil fut éclipsé. Si tu commences des choses importantes, tu feras bien de les terminer de la même manière que tu les auras commencées.

Il est parfaitement exact que le 3 Juin 1239 il y eut une éclipse totale de soleil célèbre dans l'histoire.

Ce qui demeure acquis de la concordance de la construction ou du projet de construction de ponts avec les éclipses de soleil, c'est que les Frères-Pontifes utilisaient la frayeur que ressentaient les populations à la vue de la disparition de la lumière du jour, pour obtenir d'elles des aumônes et des dons qui leur permettaient de mener à bien leurs entreprises si utiles à ces mêmes populations.

A l'entrée du pont, bifur. : *(à droite Saint-Paul à 3 kil.)*. Prendre à gauche et traverser le pont. 1 kil après, bifur. à la cote 238 : *(à gauche village de Mirabeau, où séjourna longtemps le célèbre orateur de la Révolution, à 1.500 m.)*. Prendre en face la route qui suit la Durance et qui passe sous le promontoire de Saint-Eucher *(en face, sur la rive gauche, Saint-Paul-les-Durance)*. Très belle vue. Au dessus de la route, grotte habitée au V° siècle par Eucher qui fut ermite avant d'être élevé au siège épiscopal de Lyon *(450)*. Vue magnifique sur la vallée de la Durance et les Alpes, le confluent du Verdon *(rive gauche)* et les ruines du château de Cadarache.

CORBIÈRES

Commune. Alt. 280 m. Hab. 500. Auberge. P. T. Station : Ligne de Pertuis (*26 kil.*) à Volx (*15 kil.*). Ruines d'un vieux château.

SAINTE-TULLE.

Commune. Alt. 312 m. Hab. 500. Auberge. P. T. Station : Ligne de Pertuis (*30 kil.*) à Volx (*11 kil.*) Foire : 1er Septembre.

Ancienne ville romaine de *Tetea* ou *Thetys*. Le nom actuel viendrait de *Tullia*, fille de Saint-Eucher, évêque de Lyon (V⁰ siècle).
L'église possède un magnifique livre de plain-chant, manuscrit orné de miniatures. Une autre chapelle est construite sur des cryptes du II⁰ ou IV⁰ siècle. Nombreuses traces romaines aux environs.

Du Pont de Mirabeau à Manosque la route est en montée douce, légèrement accidentée.

MANOSQUE.

Canton. Alt. 370 m. Hab. 5.265. Hôtels. P. T. Station : à 1 kil. ligne de Pertuis (*34 kil.*) à Volx (*7 kil.*). Foires : 10 Janvier, 24 Février, Veille des Rameaux, 12 et 13 Mai, 11 Juin, 6 et 24 Août, 21 Septembre, 21 Octobre, 16 Novembre, 6 Décembre. Marchés : Mercredi et Samedi.

Vestiges d'habitats liguriens et traces de l'occupation romaine. Ancien nom *Manosca* ou *Manuasque*. Cette jolie ville est la plus importante des Basses-Alpes. Restes de remparts et de tours du Moyen-Age, belles portes de *Soubeiran* et de la *Saunerie* (XIV⁰ siècle). Eglise Saint-Sauveur dont le clocher, inachevé, renferme un escalier tournant curieux et de belles chambres voûtées. Ce clocher est surmonté d'une cage d'horloge d'un travail remarquable. Eglise Notre-Dame, statue de la vierge du V⁰ siècle, sarcophage en marbre de la même époque. Dans l'Hôtel de Ville, buste en argent de Gérard Jung, fondateur de l'ordre des Hospitaliers, ciselé par Puget. Belles promenades et fontaines,

De Manosque à la Brillanne, la route, tracée à flanc de coteau, est légèrement accidentée sans montée ni descente importantes. On passe à Volx en laissant à gauche la route de Forcalquier à 14 kil.

VOLX.

Commune. Alt. 365 m. Hab. 786. Hôtel. P. T. Station : Ligne de Pertuis (*41 kil.*) à Saint-Auban (*26 kil.*). Embranchement sur Forcalquier (*15 kil.*) et sur Cavaillon (*47 kil.*). Foires : 1ᵉʳ jeudi d'Octobre, dernier mercredi de Décembre.

Le nom ancien de *Volcium* doit venir des *Volcæ*, peuplade ligurienne qui devait avoir un habitat aux environs. A l'époque romaine Volcium était un centre assez considérable. On y a découvert des ruines nombreuses de temples et de divers édifices de cette époque. Belle vue sur la Durance ; en face (rive gauche), confluent de la rivière l'*Asse*. A 3 kil., à gauche de la route sur une hauteur, *Villeneuve*, château ruiné considérable.

LA BRILLANNE.

Commune. Alt. 385 m. Hab. 390. Auberge. Station : à 1 kil. ligne de Volx (*8 kil.*) à Saint-Auban (*13 kil.*). T. Foires : Mardi après le 10 Janvier et 19 Septembre.

Beau pont sur la Durance, à 2 k. 700, sur la rive gauche Oraison. A 3 kil. au Nord sur la montagne, chapelle de Notre-Dame-des-Anges, pèlerinage célèbre dans toute la Provence, bâtie sur l'emplacement de la station romaine d'*Alaunium*. Cette chapelle a remplacé un temple païen.

Dans le village de la Brillanne, prendre à gauche: (*à droite Oraison à 2 kil. 700, en face Peyruis à 12 kil.*).

Après la Brillanne, la route monte sur 1 k., descend sur le kil. suivant jusqu'à la rivière le Lauzon, puis monte de nouveau assez fortement jusqu'à Niozelles.

NIOZELLES.

Commune. Alt. 433 m. Hab. 303. Auberge.

De Niozelles à Forcalquier, route pittoresque et toute en montée.

FORCALQUIER.

Chef-lieu d'arrondissement. Alt. 550 m. Hab. 3.020. Hôtels. P. T. Station : Ligne de Volx (*15 kil.*). Embranchement de la ligne de Pertuis à Veynes. Saint-Maxime-Dauphin (*7 kil.*). Embranchement sur Apt (*39 kil.*). Foires : 28 Janvier, 1er lundi de Mars, lundi de Pâques, le lendemain de l'Ascension, dernier lundi de Juin, lundi après le 15 Août, 1er et 30 Octobre, 30 Novembre, 21 Décembre.

L'habitat ligurien était sur la hauteur qui domine la ville. Vaincus par Jules César, ses habitants fondèrent, avec les légions romaines, une nouvelle ville qui prit le nom de *Forum Neronis*, à cause d'un marché qui y fut établi par Tibère Néron, lieutenant de César, qui obtint le gouvernement de cette ville.

Ce marché, étant devenu un centre considérable pour la vente de la chaux que l'on fabriquait sur la colline calcaire qui domine la ville, prit le nom de *Forum Calcarium* qui devint au Moyen-Age *Forcalquerium*. Les rues de la ville actuelle sont étroites et tortueuses.

Belle esplanade du Bourguet et boulevard des Cordeliers. Église romano-ogivale du XIIe siècle. L'ancien couvent de la Visitation contient une élégante chapelle. Fontaine gothique (XVe siècle). Restes de remparts et portes. Du sommet de la colline très belle vue. Ruines du château-fort détruit en 1601.

En sortant de Forcalquier, bifur. :(*à gauche Saint-Maxime à 7 k.*,) prendre à droite ; la route passe devant la gare et suit le chemin de fer sur 1.300 m. en montée un peu forte ; 300 m. après, bifur. : (*à droite route de Banon et de Saint-Etienne-les Orgues*), continuer tout droit ; descente assez rapide jusqu'à Mane.

MANE.

Commune. Alt. 420 m. Hab. 1.100. Hôtel. P. T. Station : Ligne de Forcalquier (*6 kil.*) à Volx (*9 kil.*). Foires : 6 Janvier, mardi après le 14 Février, 4 Décembre.

Il a dû exister à Mane un habitant ligurien dépendant de celui de Forcalquier, car on a trouvé dans cette localité de nombreux vestiges de cette époque. Des villas romaines y furent construites pour permettre la culture des terres très fertiles et très riches. Cette vallée, arrosée par la Laye, est une des mieux cultivées et des plus riantes du département des Basses-Alpes.

À Mane, bifur.: (*à droite Linans à 7 k., à gauche Sainte-Maime à 5 k.*) suivre tout droit. La route, très pittoresque, descend assez rapidement jusqu'au pont de la rivière la Laye (*Alt. 414*), belle vue. Puis elle monte doucement sur 3 k., jusqu'à la bifur. des Craux, (*Alt. 480, à gauche Dauphin à 3 k., et 200 m. plus loin, à droite, Saint-Michel à 2 k. 500*) prendre à gauche ; descente assez rapide sur 3 k. 500; on coupe la route qui conduit à Lincel, à droite (*1 kil.*) et à gauche à Manosque (*10 kil.*); 1.500 m. plus loin, on traverse la rivière Laraguse, puis, par une montée douce de 2 k. 500, on atteint la bifur. du hameau des **Grarons** (*à gauche Villemus à 2 k. et routes de Manosque et de la Bastide-des-Jourdans*) prendre à droite ; montée assez forte sur 2 k. 500 jusqu'à Reillanne.

REILLANNE.

Canton. Alt. 491 m. Hab. 1.330. Hôtel. P. T. Station : à 1 kil. ligne d'Apt (*26 kil.*) à Volx (*21 kil.*). Foires : 25 Janvier, 1er Mai, lendemain de la Pentecôte, 19 Octobre, 13 Novembre.

Vestiges d'habitat ligurien qui fut peut-être le centre des *Eguituri*. Ce bourg paraît être l'*Alaunia* des Romains. On y a trouvé beaucoup de débris romains et d'inscriptions, entre autre celle-ci :

POMPEIA. F.
RVFINA.

qui a fait croire à plusieurs auteurs que Pompeia, troisième femme de Jules César avait été enterrée à Reillanne. Toujours est-il qu'il existait dans la contrée de nombreuses familles de Pompeia. On croit même que l'historien Trogue Pompée, sortait de l'une de ces familles.

Restes de fortifications, tours et porte du Moyen-Age. Ruines d'un château-fort. Eglise, en partie de 1200 ; on y remarque : la porte, la chaire, un groupe d'anges en marbre, le retable du sanctuaire, un tombeau en marbre formant autel (légende de Saint-Denis). Deux tableaux remarquables (copie, par Raspail, de l'Assomption). Chapelle des pénitants blancs, bel autel en marbre.

A 3 kil. à l'ouest, au Grand-Carlue, grotte taillée de l'époque préhistorique, et ruines romaines.

Reprendre la route des Grarons et, à la bifur., tourner à gauche. Route légèrement accidentée jusqu'à Céreste.

CÉRESTE.

Commune. Alt. 370 m. Hab. 1.045. Hôtel. P. T. Station : Ligne d'Apt (*20 kil.*) à Volx (*27 kil.*). Foires : 17 Janvier, 1er mardi de Février, Mai et Septembre.

Vestiges d'habitat ligurien. Probablement l'ancienne *Cæsarista* des Romains et peut-être la *Catuiaca* de l'itinéraire d'Antonin. Ruines romaines nombreuses aux environs. Au grand Carlue, tombeaux taillés dans le roc. Sur l'Aiguebelle et l'Encrême, deux ponts romains bien conservés. Vestiges d'une voie militaire et d'un camp retranché. Tour ronde d'Embarbo (Aénobarbus).

A Carlue, église romane d'un ancien prieuré dépendant de Montmajour.

A l'entrée de Céreste, bifur. ; *(à droite chemin de Vitrolles, incyclable).* De Céreste à Apt route très pittoresque offrant de très beaux points de vue sur la chaîne du Lubéron et toute en descente douce.

APT.

Chef-lieu d'arrondissement. Alt. 205 m. Hab. 5.850. Hôtels. P. T. Station : Ligne de Cavaillon *(32 kil.)* à Volx *(47 kil.).* Foires : 2 Janvier (3 jours), Lundi de Quasimodo et 1er samedi d'Août (2 jours), dernier samedi d'Août et de Septembre, 13 Décembre.

C'est l'ancienne *Hab,* capitale des *Vulgientes,* peuplade ligurienne. Détruite par Jules César, elle fut reconstruite sous le nom de : *Apta-Julia Vulgientes.* Auguste favorisa cette ville qui lui érigea un temple après sa mort. Inscriptions romaines nombreuses, dont une, assez singulière, trouvée en 1604, relate la mort du cheval Borystène, affectionné par l'empereur Adrien.

Apt fut ruinée plusieurs fois par les Wisigoths, les Allemands, les Lombards et les Sarrasins.

Restes de remparts. La cathédrale, reconstruite vers 1056 par l'évêque Eliphant, sur les ruines d'une église détruite par les Lombards, aurait remplacé l'amphithéâtre. Chapelle Sainte-Anne (1660), bâtie sur les plans de Mansart. Tableau bizantin représentant Saint-Jean-Baptiste. Sarcophage gallo-romain du IVe ou Ve siècle. Tombeau des Sabran. Ancien maître-autel en marbre (XIIe siècle). Pierres tumulaires. Châsse émaillée (XIe siècle). Autel primitif. Crypte du Ve siècle, très curieuse, inscription romaine sur l'autel ; sous cette crypte il existe un étroit corridor qui contenait un voile attribué à Sainte-Anne mais qui ne remonte qu'à l'époque des Croisades.

La sous-préfecture, monument assez remarquable. Ancien cimetière de l'Hospice de la Charité, classé comme monument historique.

En sortant d'Apt, la route, très accidentée, monte assez fortement jusqu'à Bonnieux.

BONNIEUX.

Canton. Alt. 314 m. Hab. 1.845. Hôtel. Station : Ligne de Cavaillon *(21 kil.)* à Apt *(11 kil.).* Foires : 17 Janvier, 25 Mars, 6 Août, 25 Octobre, 6 Décembre.

Anciennes stations préhistoriques aux environs. Habitat ligurien près de Saint-Symphorien et de Buoux (8 kil.). Ancienne station romaine de *Bitronne.* Remparts des XIIe et XIIIe siècles.

Eglise d'origine mérovingienne (VIIe siècle). On y monte par un escalier de 84 marches d'où l'on jouit d'une vue superbe sur le vallon de Valmasque et le Mont-Ventoux. Retable du XVe siècle. Tableau de Mignard (Saint-François). Cette ville offre un aspect très original.

En sortant de Bonnieux, la route monte encore fortement jusqu'à la bifur. de la Combe de Lourmarin *(à gauche, coté d'Apt, à 2 k., chapelle de Saint-Symphorien, belle tour* romane d'un ancien monastère de Cassianites (XII° siècle) ; et à 2 k. à l'est, au fond du vallon, ruines considérables de l'ancien fort de Buoux (XIV° et XVI° siècles) sur l'emplacement d'un habitat ligurien). Prendre à droite. Descente rapide jusqu'à Lourmarin dans une vallée magnifique dite Combe de Lourmarin. Site très pittoresque et très recommandé.

LOURMARIN.

Commune. Alt. 210 m. Hab. 915. Hôtel. P. T.

Ancienne station romaine de *Locus Murinus*. Château Renaissance, bâti en 1515 par Philippe de Girard, l'inventeur de la filature mécanique et de la machine à vapeur à expansion. Jolie ville. Belle vue.

De Lourmarin à Cadenet, descente assez rapide ; belle vue sur la Durance.

CADENET.

Canton. Alt. 190 m. Hab. 2.520. Hôtel. P. T. Station : Ligne de Cavaillon *(65 k.)* à Pertuis *(12 k.)*. Foires : 2ᵐᵉ mercredi de Carnaval, 2ᵐᵉ lundi après le 24 Août, 21 Septembre, 8 Octobre.

Ancien habitat ligurien. Ville romaine de *Caudellensis pagus* dont on trouve des ruines nombreuses. On y a découvert des bijoux d'or, des monnaies, des vases, des bracelets, des chaînes d'argent, etc.

Dans l'église (XIVe et XVIe siècles), magnifique vasque sculptée en marbre blanc (mon. hist.) qui a dû figurer dans un temple païen.

Ruines d'un château du Moyen-Age d'où l'on jouit d'une très belle vue sur la Durance. Patrie de Félicien David. Belle statue en bronze du Tambour d'Arcole.

En sortant de Cadenet, bifur. : *(à droite bassin de Saint-Christophe à 4 k. 700 et Rognes à 9 k. 700)*. Prendre à gauche. La route descend en pente douce jusqu'à Villelaure.

VILLELAURE.

Commune. Alt. 180 m. Hab. 1.120. Hôtel. P. T. Station : Ligne de Cavaillon *(71 k.)* à Pertuis *(6 k.)*. Foire : 2e mercredi de Novembre.

De Villelaure à Pertuis, montée douce.

PERTUIS.

Canton. Alt. 218 m. Hab. 1.120. Hôtels. P. T. Station : Ligne de Marseille *(62 k.)* à Veynes *(134 k.)*. Tête de ligne sur Cavaillon *(77 k.)*. Foires : 6 Janvier, 15 Août, 1er Novembre. Marché très important tous les vendredis.

Colonie Massaliote, puis romaine ; ancien nom : *Portus*. C'était le port des *utriculaires* ou nautoniers de la Durance *(voir Cavaillon)*. Cette ville située dans l'une des contrées les plus fertiles du département de Vaucluse, fut donnée, en 950, par Boson II, comte de Provence, à l'abbaye de Montmajour.

Restes de remparts du XIIIe siècle.

Eglise du XIVe siècle, reconstruite en partie en 1538. Autel en marbre, chaire sculptée, statues.

Vélodrome de 333 m. en terre battue situé au centre de la ville.

Patrie du marquis de Mirabeau, père du célèbre orateur.

Grand Hôtel du Cours. J. Parrocel, propriétaire.
Café du Commerce, siège du Vélo-Pertuis.
Mécaniciens : Aubert frères, rue Colbert.
Dépot d'essence : Ferblantier à côté de l'Hôtel du Cours.

De Pertuis à Venelles, descente jusqu'au pont du chemin de fer, puis route plate jusque sur la rive gauche de la Durance. *(Prise du canal de Marseille)*. De ce point jusqu'à Venelles montée de 6 k., rampe de 3 1/2 o/o. De Venelles à Aix, descente assez rapide.

NOTES

SAINTE-VICTOIRE ET LA DURANCE

	Altitudes	Kilomètres	Totaux
Aix	204	»	»
Saint-Marc	388	6 600	6 600
Vauvenargues	411	7	13 600
Claps	556	3 500	17 100
Puits de Rians	450	8	25 100
Daumas (bifur)	459	4 500	29 600
Rians	350	2 500	32 100
Jouques	250	12	44 100
Peyrolles	216	5	49 100
Meyrargues	247	5	54 100
Venelles	409	5 100	59 200
Aix	204	9 900	69 100
Septèmes	212	17	86 100

AIX. *(Voir page 117)*

Traverser la ville en suivant le Cours et la rue de l'Opéra, tourner à gauche sur le boul. St-Louis, puis, après l'École Nat^{le} des Arts et Métiers, tourner à droite par le Cours St-Louis qui aboutit à la route de Rians. Cette route, sur une longueur de 18 k., jusqu'après Claps, est, dans son ensemble, toute en montée douce. A 4 k. 500, et à 1 k. au sud de la route *(par chemin rural)*, magnifique lac de l'Infernet, largeur 300 m., long. 1.500 m., formé par un barrage artificiel et entouré de collines verdoyantes, vue ravissante *(visite une heure)*.

SAINT-MARC.

Commune. Alt. 388. Hab. 108 m. Église Saint-Marc (*1673*).
A 1 kil. 500, Hameau des Bonfilhons, 100 Hab. Auberge.
Vestiges d'habitat préhistorique aux environs.

La route ondule en montées ou en descentes, mais l'ensemble des montées domine. La vue devient très belle ; au

Sud. Sainte-Victoire dresse ses majestueux escarpements à 700 m. au-dessus de la route et à 1.011 m. d'alt. C'est au sommet de cette montagne, et près de la croix actuelle, que Marius fit construire un temple dédié à la victoire, après la bataille de Pourrières (*102 ans av. J.-C.*); une chapelle chrétienne du XIe siècle a remplacé ce temple.

Un autre temple fut construit à 1 kil. au Sud de Vauvenargues, à la ferme du Délubre (*de Delubrum, petit temple*). La construction actuelle englobe les restes de ce temple qui consistent en plusieurs voûtes bien conservées, en murs épais et en débris de toutes sortes.

VAUVENARGUES.

Commune. Alt. 411 m. Hab. 252. Auberge.

Station préhistorique et habitat ligurien de Claps. Ancien nom *Vallis Veranica*, vallée des Vétérans, qui lui vient de ce que, selon l'usage des Romains, Marius distribua cette terre à des vétérans de son armée.

Marcellus, un de ses généraux, passa par cette vallée pour aller prendre les Teutons en revers, par le chemin de Rians à Pourrières, et il laissa près de Claps, au lieu dit : Citadelle de la Cinne (*castrum cinæ*), un de ses lieutenants, Cinna, commandant un corps de réserve. Après la défaite des barbares, les romains élevèrent plusieurs temples dans cette localité et construisirent un château-fort ainsi que des aqueducs.

Assez beau château du XVIe siècle, flanqué de tours, renfermant le Réduit, reste du château-fort romain ; belles salles, sculptures, meubles, armures, tableaux. C'est dans ce château que naquit le célèbre moraliste Luc de Clapier, marquis de Vauvenargues (*1715-1747*). Aux environs, dolmen du bois de France.

La route monte assez fortement, elle passe au hameau de Claps (*Alt. 556*), dont le nom vient de Clapas (*tas de pierres*), puis au pied de la citadelle de Cinna, et, par trois lacets assez durs, elle atteint la côte de 627 m. De ce point elle descend, quelquefois très rapidement, jusqu'à la bifur. du puits de Rians (*Alt. 450 ; à droite Pourrières à 6 k. 500*) prendre à gauche ; montée assez forte sur 2 kil., jusqu'à la côte 481 m., puis descente souvent très rapide, jusqu'à la bifur. de Daumas (*459 m.*), continuer tout droit (*à droite Ollières à 15 kil.*), descente rapide jusqu'à Rians.

RIANS.

Canton. Alt. 350. m. Hab. 1.915. Hôtel, P. T. Station. Ligne de Meyrargues (*20 k.*) à Draguignan (*78 k.*). Foires : 3 Février, 3 Mai, 21 Juin, 10 Août, 9 Septembre, 18 Octobre. — Ancienne station romaine de Rancius située dans une belle vallée. Belle église romane.

De Rians à Jouques la route, très pittoresque, est en descente douce ; 2 kil. après Rians on traverse le canal du Verdon, puis, au 8ᵐᵉ kil., on passe devant la chapelle et l'ermitage de Saint-Bâche, dans un vallon très resserré.

La montagne située au nord de ce passage, que les Romains avaient nommé *ingustus* (étroit), prit plus tard, elle-même, le nom *l'Ingustus* puis *Linguste*, nom que la carte de l'état-major a gracieusement transformé en **La Langouste**.

C'est sur le sommet de cette montagne que se trouve l'ancien camp retranché ligurien dont voici la description exacte : Lorsqu'on suit le sentier qui, du village de Jouques, conduit, par la montée de Coulin, vers la Durance, et que l'on arrive en vue de la rivière, on se trouve sur des rochers formant un escarpement de plus de 100 m. Un étroit ravin, creusé par les eaux, entoure une montagne de forme circulaire sur laquelle sont superposées quatre enceintes naturelles de rochers, en retrait l'une sur l'autre. Le sommet n'est accessible que par un passage sur lequel deux hommes ne sauraient marcher de front, et qui, à maints endroits, a été taillé dans le roc.

Cette position inexpugnable par elle-même avait été renforcée par des œuvres d'art, consistant en roches entassées et en murs en pierres sèches.

L'oppidum proprement dit avait été établi sur la troisième enceinte de rochers. Là, et du côté méridional, existe encore un vaste carré, entouré d'un mur d'un mètre d'épaisseur s'élevant seulement à hauteur d'appui. Au N.-O. de ce carré se trouve l'esplanade où l'on voit disséminés quelques blocs de rochers. C'est par le côté oriental de l'esplanade que l'on parvient à la quatrième enceinte qui comprend la partie la plus élevée de la montagne et qui consiste en une forte muraille presque circulaire. C'était là évidemment le poste proprement dit de défense, car on y voit même de nos jours un amas immense de cailloux roulés qui y avaient été transportés pour servir de projectiles. On n'aperçoit sur aucune partie de la montagne des restes d'habitations bâties, mais en revanche le sol est couvert, en plusieurs endroits, de petits débris de poteries, de tuiles, d'armes en pierre polie et même de parcelles de fer. Ce qui peut démontrer qu'on pouvait se passer à la rigueur de logements en pierre, c'est qu'il existe dans les rochers de la troisième enceinte deux grottes distinctes ayant chacune douze mètres de profondeur.

C'est sur cette même montagne, appartenant au groupe de la *Lingouste*, que fut bâti le sanctuaire de *N.-D. de Consolation*.

N'oublions pas de mentionner que le camp était, relativement, à proximité de deux petites sources qui permettaient à ses habitants de faire des approvisionnements d'eau.

L'oppidum avait immédiatement au-dessous de lui, au N.-O., la Durance, et, à l'Est, une immense forêt qui porte aujourd'hui le nom vulgaire de *Grande Seouve*, autrefois *la Selva*, nom qui dérive évidemment de celui de *silva*, forêt.

On y a recueilli deux pièces de monnaie dont l'une n'a pu être déterminée. Quant à l'autre, c'était une monnaie massaliote. Cela démontre à la fois et l'antiquité de l'oppidum et les relations commerciales des aborigènes avec la colonie grecque de Massalia.

Si l'on rapprochait ce que nous venons d'écrire au sujet de l'oppidum de la Lingouste de ce que nous avons déjà dit à plusieurs reprises à propos d'autres camps liguriens, on constaterait qu'ici, comme ailleurs, il existe : 1° des souvenirs religieux ; 2° des grottes habitables ; 3° des murs en pierres sèches et des rocs entassés ; 4° des sources ou des citernes à proximité des enceintes ; 5° des débris de poteries et des armes en pierre polie ; 6° des monnaies antiques ;

7º une ville ou village à une petite distance et dans une position inférieure.

L'oppidum de la Lingouste peut donc être pris pour type des camps retranchés des populations anciennes des régions provençales. Il méritait donc d'être étudié d'une façon toute particulière.

A 2 kil. avant Jouques, magnifique source de Traconade, jadis captée par les Romains pour l'alimentation d'Aix. *(Voir Meyrargues page 153)*.

JOUQUES.

Commune. Alt. 250 m. Hab. 1.300. Hôtel. P.T. Station : Ligne de Meyrargues, *(9 kil.)* à Draguignan, *(89 k.)*. Foire : le lundi après le 7 Octobre.

Il existe des traces d'habitats liguriens près de la chapelle de *Sainte-Bâche* à la limite du département sur la route de Rians, et aux environs de la chapelle de *Sainte-Confosse* au sommet du grand *Concors*.

Les Romains occupèrent ce territoire où ils ont laissé de nombreuses traces. L'ancien nom latin était *Locus de Jocis ou Iocis*, défiguré dans celui de la chapelle de Sainte-Confosse du grand Concors qui s'écrivait autrefois : *Cum Jociæ* ou *Sociæ*. Le nom de Saint-Bâche vient également du latin *Bachi* (prononcé ki), *Bachus*. Ces deux chapelles sont d'anciens temples destinés à conserver la mémoire des lieux habités par les ancêtres préhistoriques.

Au-dessus de la ville, ruines curieuses d'un château (XIIIᵉ siècle), belle vue. Ville assez pittoresque dans une belle vallée.

De Jouques à Peyrolles, route plate et pittoresque. De Peyrolles à Septèmes, voir **Grandes voies du Sud-Est : Sisteron-Marseille**, pages 17-18.

Pour Peyrolles et Meyrargues voir page 121.

NOTES

LA TREVARESSE ET LE VERNÈGUES

	Altitudes	Kilomètres	Totaux
La Calade	283	»	»
Saint-Cannat.............	280	10 500	10 500
Lambesc.................	204	5	15 500
Casan	150	6 500	22
Maison-Basse	160	2	24
Alleins	168	5 500	29 500
Vernègues..............	352	4	33 500
Salon..................	80	15	48 500
Grans	49	4 500	53
Cornillon	110	6 300	59 300
Lafare	53	13	72 300
Aix...................	204	20 500	92 800

LA CALADE.

Hameau. Alt. 283 m. Café. Station : Ligne d'Aix (8 *k*.) à Meyrargues (18 *k*.).

Ancien nom : *Les Gervais*. Origine du nom, château de la famille de la *Calade*.

Nota. — Le nom de Calade est souvent donné aux fractions de routes pavées depuis longtemps ou en fortes montées.

En partant de La Calade, bonne route droite jusqu'à Saint-Cannat, mais très accidentée; à 3 kil., bifur. : *(à droite Rognes à 10 kil.)* suivre tout droit.

SAINT-CANNAT. *(voir page 106)*.

Dans Saint-Cannat bifur. : suivre à droite la route Nationale ; *(à droite Rognes à 7 kil. ; en arrière et à gauche, Eguilles à 8 kil., petite route ravissante et très accidentée, traversant la propriété de La Touloubre, beau parc et bois de pins aux environs ; à gauche Pélissanne à 12 kil.*

De Saint-Cannat à Lambesc, bonne route, mais très accidentée ; deux montées courtes mais dures ; en arrivant vers Lambesc forte descente.

LAMBESC (*voir page 105*).

Dans la ville, bifur. : *(à gauche Pélissanne à 10 k. 100, à droite Rognes à 7 k. 500)*. Traverser la ville et suivre la route nationale.

De Lambesc à Casan, belle route ; montée douce dont la rampe s'accentue sensiblement vers la fin jusqu'à la chapelle de Coussou ; de ce point, descente sur Casan dans un vallon bien boisé.

CASAN.

Hameau. Alt. 150 m. Hab. 150. Auberge. *(Vernègues à 4 k., vicinal)*.

Prendre à gauche le chemin vicinal qui conduit à Maison-Basse à 1 kil.

MAISON-BASSE. — *Alt. 160 m.*

Château moderne, près duquel se trouvent les ruines d'un temple d'ordre corinthien qui dût être l'un des plus purs spécimens de l'art grec dans la Provence. Dédié par les Romains à Jupiter tonnant, ainsi que le prouve l'inscription qui se trouve dans le château, ce temple doit être l'œuvre des Massaliôtes qui fondèrent les comptoirs d'Alleins, de Lambesc et de Vernègues. Le peu qu'il en reste (une colonne, un pilastre et les soubassements) est d'une grande pureté de ligne architecturale et d'une élégance extrême. De très beaux fragments des métopes de ce temple sont incrustés sur la porte d'Alleins et sur les murailles de la chapelle de Saint-Pierre-ès-Liens, à 500 m. avant ce village.
Dans le château, très bel autel en marbre blanc portant des figures mutilées de Jupiter, Neptune, Mercure et Minerve. Chapelle de Saint-Césaire (1048) attenant au temple et construite avec les débris de ce dernier. Site très curieux et fort intéressant.

Reprendre le chemin de Casan, tourner à gauche, et continuer la route jusqu'à la bifur. de *Pont-Royal*, où l'on prend à gauche la route d'Alleins, en plaine jusqu'au village, *(à droite Charleval à 4 k. 500, en face Mallemort à 3 kil.)*

ALLEINS.

Commune. Alt. 138 m. Hab. 1.000. Hôtel. P. T. Station : Ligne d'Eyguières *(12 k.)* à Meyrargues *(35 k.)*. Foires : 5 Février et 21 Septembre.

Comptoir grec fondé par les Massaliôtes, sous le nom d'Elénisis, 500 ans environ avant J.-C. Habitat ligurien sur le plateau du Puech du vallon où il existe encore beaucoup de tombes creusées dans le roc.
Ruines d'un château du IXe siècle, nombreuses sculptures grecques provenant du Temple de Maison-Basse. Silos romains.

Dans le village prendre la route de gauche au sud : *(à*

droite Lamanon-gare à 6 kil., Eyguières à 12 kil. Cette route est des plus pittoresques ; à la gare de Cadarache, traverser la voie ferrée et tourner à gauche, suivre le canal. On traverse la route de Salon à Orgon pour arriver à la gare de Lamanon. A 200 m. de ce point, tourner à droite et en face d'un château, tourner à gauche. Légère montée à travers un beau parc et de beaux bois de pins ; descente jusqu'à Eyguières). Assez forte montée sur 3 kil ; à la bifur. prendre à gauche le chemin du Vernègues, et, à 100 m. de ce point, nouvelle bifur. où l'on tourne de nouveau à gauche en prenant le chemin qui monte au village.

VERNÈGUES.

Commune. Alt. 352 m. Hab. 340. Café-Restaurant.

Comptoir grec fondé par les Massaliotes sur l'emplacement même de l'habitat ligurien qui occupait tout le plateau du Puech de Vallon et dont il reste de nombreux vestiges. Ancien nom *Alvernicum* (1202).

Ruines du château ; village très pittoresque et très curieux. Beaucoup de maisons sont de construction antique. La plupart ont une disposition assez singulière, qui provient de ce qu'elles sont construites sur un sol dont la déclivité est très forte. Leur 3e étage sur une rue est un rez-de-chaussée sur une autre, et ces rez-de-chaussée étant souvent des écuries, on voit quelquefois une tête d'âne ou de cheval sortir par une fenêtre située au 3e ou au 4e étage.

Après avoir visité le curieux plateau du Puech de Vallon, son cimetière romain aux tombes creusées dans le roc, et les restes de l'habitat ligurien, on sortira du Vernègues par le chemin rural *(mauvais)* qui conduit au hameau *les Jas,* à 400 m. De ce hameau, composé de quelques maisons presque toutes antiques, la vue du village du Vernègues plaqué sur son rocher, et réellement très pittoresque et donne l'impression de ces constructions en liège que l'on voit en Provence dans les crêches de la Noël.

Aux Jas, bifur., en regardant au Sud, *(à gauche Maison-Basse à 2 kil. 500 ; en face, chemin vicinal mauvais vers Pélissanne, incyclable vers la fin).* Prendre à droite et revenir à la bifur. où l'on est passé précédemment pour se rendre au Vernègues. Prendre à gauche. On passe devant la chapelle romane de Saint-Jean, *(1046)* qui a remplacé un temple. On monte sur un kilomètre. Puis la route descend jusqu'à Salon en passant à 500 m. au Nord d'Aurons que l'on peut visiter en prenant le premier chemin à gauche.

AURONS.

Commune. Alt. 225. Hab. 200.

L'habitat ligurien se trouve à 2 kil. sur le rocher de Caronte, c'est un des plus considérables du département des Bouches-du-Rhône et des plus riches en débris. La ville actuelle est l'ancien comptoir grec d'Aëria. Ruines d'un château de fondation romaine presque entièrement taillé dans un rocher au centre de la ville. Église Saint-Pierrès-Liens (XII° siècle).

Presque toutes les maisons ont des fondations antiques. Cette ville est très curieuse par son cachet archaïque.

Au environs : Saint-Pierre-du-Canon (1 kil. 800). Couvent des Bénédictins, fondé vers le X° siècle par les Observantins ; vue magnifiques. Ruines du château-fort de la Penne à 2 kil.

Après avoir visité Aurons on revient sur la route d'Alleins que l'on suit jusqu'à Salon. Route toute en descente rapide.

SALON. *(Voir page 92)*

Sortir de Salon par la route d'Arles et, avant d'arriver à la gare, tourner à gauche et prendre la route directe de Grans. Très bonne, pittoresque et plate jusqu'à Grans.

GRANS. *(Voir page 93)*

En sortant de Grans, prendre le premier chemin à gauche qui conduit, par une descente assez rapide et médiocre, à Pont-de-Rhaud, petit hameau, où l'on a trouvé de nombreux vestiges antiques, situé dans le beau vallon de la Touloubre que l'on suit sur 4 kil. Montée assez forte vers la fin pour arriver à Cornillon.

CORNILLON.

Commune. Alt. 110 m. Hab. 400. P. T. à Grans. Café-Restaurant

Habitat ligurien à 5 kil. au Nord sur le plateau de *Confoux*, ruines considérables. Ancienne station romaine de *Cornelio* ainsi que l'attestent deux inscriptions romaines placées dans la mairie ou dans l'église Saint-Vincent (XII° siècle). Belle vue sur la vallée de la Touloubre.

Visiter le vallon des Prés, beau défilé où coule la Touloubre.

On descend du village par un chemin très rapide sur 500 m., on traverse la Touloubre, et l'on prend à droite la route de Saint-Chamas. En arrivant au Pont-Flavien *(voir page 88)*, prendre à gauche. La route très pittoresque suit la côte de l'étang de Berre sur 6 kil., puis elle traverse la voie ferrée et se dirige vers Calissanne.

CALISSANNE.

Hameau. Alt. 30 m.

Magnifique château moderne construit sur les ruines d'un ancien castelas du XIII° siècle dont il reste encore quelques parties.

A 1.200 m. au nord et au sommet des collines, ruines du magnifique habitat ligurien de *Constantine*, l'un des plus considérables du département. Un grand chevalet de bois, placé au-dessus d'un puits naturel et visible de toute la plaine, en indique l'emplacement. Cet habitat, d'une superficie de plus de 3 k. carrés, est entouré de murailles et de tours en pierres sèches qui, en certains endroits, ont encore plus de 8 m. de hauteur sur 3 d'épaisseur. Vers le centre et sur le plus haut sommet, on voit les restes d'un temple où l'on remarque encore quelques pierres sculptées et ornées de dessins liguriens très primitifs. Plus bas, vaste citerne entourée d'un mur et dont le fond est formé par une profonde fissure du rocher. Les poteries sont innombrables et indiquent que ce retranchement a été habité pendant une longue série de siècles : elles sont liguriennes, phéniciennes, grecques ou romaines. On y a découvert des statuettes d'or, d'argent et de jaspe, des anneaux d'or et des monnaies de plusieurs règnes. Nous y avons trouvé les objets suivants qui caractérisent bien ces époques : une petite hache en diorite (époque de la pierre polie) ; 5 pierres de collier en pierre calcaire et une en jade (époque ligurienne) ; de nombreux débris d'objets en bronze ; 3 monnaies : une obole massaliote en argent à la tête d'Apollon et deux bronzes de Constantin, et, parmi les débris de poteries, un petit vase étrusque en terre rouge à couverte noire, et une lampe romaine en terre jaune. A notre dernière visite, nous avons ramassé une pointe de flèche en silex taillé, ce qui permet d'affirmer, d'après les derniers travaux des auteurs les plus compétents, que ce retranchement a été habité 8000 ans au moins, avant Jésus-Christ, jusqu'à 400 ans environ après.

A l'époque ligurienne, c'est-à-dire avant l'arrivée des Phocéens en Provence (600 ans avant J.-C.), cet habitat devait être considérable et tenir tout l'Etang de Berre sous sa domination. Les Avaticiens, qui occupaient toute la région, en avait fait leur capitale, et bientôt, par suite de leurs relations avec les Grecs, cette localité prit une importance commerciale assez grande. C'est probablement de cette époque que date la création d'un port et d'une agglomération maritime sur le bord de l'Etang de Berre, à l'endroit où se trouve aujourd'hui le moulin de Merveille. Ce fut cette bourgade qui devint, à l'époque romaine, la ville de *Capdolium*, (pour *Capitolium*, la capitale ; Du Cange, glossaire) qui s'étendait depuis Merveille (*Maris Vigilia*, vigie de la mer) jusqu'à Mauran, et dont il reste des vestiges considérables dans tout ce quartier, qui porte encore le nom de *Caduei* et *Cap-d'Œil*. Elle fut détruite vers le Ve siècle, lors de l'invasion des Wisigoths.

La preuve de l'importance de cette ville résulte du Pont-Flavien, dont la construction annonce la proximité d'une grande ville ; cette ville ne pouvait être Saint-Chamas, qui n'existait pas à l'époque romaine. De plus, le nom de *Constantine*, que porte encore l'ancienne acropole, berceau des ancêtres, a dû lui être donné vers le IVe siècle ainsi qu'à Arles, où régnait Constantin (306-337). Ce superbe habitat a la forme d'un fer à cheval, dont la partie concave fait face à la rivière de l'Arc et la domine de plus de 150 m. La vue est admirable et s'étend sur tout l'Etang de Berre et la vallée de l'Arc ; c'est une des plus belles de tous les environs.

A 1 kil. du château de Calissanne, bifur. : *(à gauche, curieuses carrières de Calissanne à 1.500 m. et Lançon à 5 k. A droite, les Baisses, hameau, à 1 kil. et Berre à 8 k. 500.)*

A 3 kil. 500, les Guigues, hameau, bifur. : *(à gauche Lançon à 6 kil. 500, forte montée. A droite, Berre à 9 kil. et*

Rognac à 9 kil.), continuer tout droit et à 1 kil., Lafare.

LAFARE. *(Voir page 114)*

Dans le village, bifur. suivre tout droit *(à droite, Berre à 9 kil., Rognac à 9 kil.)*.

La route longe la rivière l'Arc et arrive au Moulin du Pont *(pont sur l'Arc, belle cascade)* qu'on laisse à droite. A 500 m. bifur. : *(à droite, Roquefavour à 5 kil.)*, prendre à gauche. On passe au-dessous de Ventabren et la route continue presque droite et en plaine, toujours à l'Est, jusqu'au pont de l'Arc sur la route Nationale de Marseille à Aix, où l'on tourne à gauche. De ce point à Aix, montée assez forte sur 2 kil.

NOTES :

LA DURANCE — LE RÉGALON — LAMANON
SAINT-CANNAT

	Altitudes	Kilomètres	Totaux
La Calade	283	»	»
Saint-Cannat	260	10 500	10 500
Lambesc	204	5	15 500
Mallemort	150	12 500	28
Cheval-Blanc	80	13	41
Cavaillon	75	5 500	46 500
Orgon	95	7	53 500
Sénas	90	6 400	59 900
Lamanon	107	6	65 900
Salon	80	7 500	73 400
Pélissanne	85	5	78 400
Labarben (Château)	112	4 800	83 200
Saint-Cannat	210	8 200	91 400
Aix	204	16 500	107 900

De la Calade à Casan, voir pages 133-134.

Au hameau de Casan, bifur. : *(à gauche Maison-Basse 1 kil.)* suivre tout droit jusqu'à la bifur. de Pont Royal *(à droite Charleval à 4 k. 500, à gauche Alleins à 3 kil.).* Continuer tout droit sur 1 kil. et prendre à droite, *(à gauche Sénas à 9 k. 500).*

MALLEMORT

Commune. Alt. 150 m. Hab. 2.200. Hôtel. P. T. Station : Ligne d'Eyguières *(15 k.)* à Meyrargues *(32 k.)*. Foires : 7 Février, dernier lundi de Juin, 1er lundi d'Octobre, 7 Décembre.

Ruines du château des évêques de Marseille d'où l'on a une vue admirable sur la Durance. Beau pont suspendu sur la Durance.

Probablement habitat ligurien, puis station romaine. Ancien nom : *Podium Sanguinolentum (montagne ensanglantée, 1099)* et *Malamors (1156)* en souvenir d'une grande bataille livrée dans ce territoire et que plusieurs auteurs attribuent à Marius, mais que l'on doit probablement faire remonter à Domitius Aenobarbus.

En sortant de Mallemort, bifur.: *(à gauche la Croisière à 1.200 m.)* tourner à droite, traverser le pont de la Durance et suivre tout droit. A 1.800 m., bifur. *(Alt. 107 m.)* prendre à gauche : *(à droite Mérindol à 2 kil.)* et 2 kil. plus loin prendre à droite le chemin qui conduit au Régalon.

LE RÉGALON.

Gorge creusée par un torrent dans les flancs du Lubéron. Cette fissure d'une profondeur moyenne de 50 m. et d'une longueur de 3 kil., varie en largeur, de 0,50 c. à 2 m., et quelques endroits sont si étroits qu'on peut à peine y cheminer. Vers le milieu se trouve un passage souterrain ou jaillit une source abondante. Cette gorge tantôt, étrange et sombre, tantôt gaie et lumineuse, mérite d'être visitée par les touristes. La visite demande une heure environ. On peut laisser les bicyclettes à la ferme qui se trouve à l'entrée du vallon et à droite du chemin.

En sortant de la vallée du Régalon reprendre le chemin d'arrivée, et tourner à droite ; route plate jusqu'à Cheval-Blanc.

CHEVAL-BLANC.

Commune. Alt. 83 m. Hab. 1.670. Hôtel. P. T. Station : Ligne de Pertuis *(40 k.)* à Cavaillon *(37 k.)*.
Agglomération moderne.

500 mètres après Cheval-Blanc, bifur. : *(à droite Robion, à 6 kil. 500 ; à gauche chemin qui conduit à la Durance)*. Suivre tout droit ; route plate jusqu'à Cavaillon.

CAVAILLON.

Canton. Alt. 75 m. Hab. 9.400. Hôtels. P. T. Station : Ligne de Miramas *(36 k.)* à Avignon *(33 k.)*. Embranchement sur Volx *(47 k.)*. Foires : 1er Mai (3 jours), 2me lundi de Juillet, 1er lundi de Septembre, 13 et 14 Novembre. Marché très important tous les lundis.

Stations solutréennes *(époque de la pierre taillée)* sur les crêtes des collines qui bordent la route de Cavaillon à Carpentras et sur les plateaux qui dominent le hameau des Ansiels, ainsi que le long de la rivière le Coulon. Vestiges d'habitat ligurien autour de la chapelle Saint-Jacques, sur la colline au-dessus de la ville. Comptoir et marché fondés par les Massaliotes vers l'an 400 avant J.-C., puis colonie militaire romaine sous le nom de **Cabellia Cavarum**.

C'était un port qui fournissait aux **Cavares**, aux **Voconses** et aux **Tricastins**, peuplades liguriennes occupant la contrée. La Durance, encore navigable, soit par des barrages artificiels, soit naturellement, était sillonnée par des radeaux ou des barques, allégées par des outres gonflées d'air, qui remontaient jusqu'à Pertuis (**Portus**, le port). Les bateliers qui conduisaient ces barques avaient un collège à Cavaillon et portaient une médaille en plomb sur laquelle étaient gravés une outre gonflée et les mots : **Collégium utricularium cabellicensium Lucius Valerius successus.**

Plusieurs auteurs assurent qu'il a existé pendant longtemps un canal de navigation de Cavaillon à Arles ; que c'est sur ce canal que naviguaient les utriculaires, qui avaient leurs tribunaux à Cabellio (*Cavaillon*), à Glanum (*Saint-Rémy*), à Ernaginum (*Saint-Gabriel*), et à Arelate (*Arles*). Si cela est vrai, quoiqu'on ne retrouve plus de traces de ce canal, il se pourrait, ainsi que l'affirme M. I. Gilles, qu'il ait servi à alimenter les Fosses Mariennes creusées par Marius dans les marais du Galéjon (*voir Mas Thibert, Fos, Ernaginum et Orgon*).

Les seuls restes du long séjour des romains dans cette ville, sont les médailles sans nombre qu'on trouve journellement dans les terres, des tombeaux avec leur mobilier funéraire et un beau monument qui porte le nom d'**Arc triomphal**, fort mutilé et longtemps enclavé dans le palais épiscopal ; il est composé de quatre portiques admirablement sculptés mais altérés par une restauration ancienne et maladroite. Ce monument fut probablement élevé par le consul Aenobarbus en mémoire de sa victoire de Vindalium (*121 ans avant J.-C.*).

Au Ve siècle Cavaillon devint cité épiscopale.

En 1562 le baron des Adrets s'en empara et la livra aux flammes, puis en 1790 et 91 les révolutionnaires avignonnais s'y livrèrent à des excès de toutes sortes.

Cathédrale de Saint-Véran (*de la fin du IXe siècle*), consacrée en 1251, après sa reconstruction partielle, par le pape Innocent **IV**. L'abside, qui a sept pans à l'intérieur et cinq à l'extérieur, est richement décorée dans le style roman ; chapelle bâtie par le cardinal de Cabassole, l'ami de Pétrarque ; elle renferme une belle toile de Mignard. Sept autres toiles du même peintre se voient dans l'église ainsi que trois tableaux de Parrocel et un de Daret. Magnifique autel de style roman et beau tombeau de l'Evêque J.-B. de Sade (*1707*) ; boiseries peintes et dorées du XVIIe siècle et peintures modernes imitées du XIIe siècle.

Beau cloître du XIe siècle au sud de l'église.

Hôtel de Ville du XVIIIe siècle, bâti par l'évêque Manzy ; ancienne synagogue et hôtels de Pérussis et de Crillon. Cavaillon est la patrie de César de Bus, fondateur de la congrégation de la doctrine chrétienne, né en 1544 ; du Cardinal de Cabassole ; du général Chabran, mort en 1844 ; de Ch. Monnier, général et pair de France ; de Sabatier, qui se fit un nom par ses odes, au siècle dernier, et de l'historien provençal J. de Haitze.

Cavaillon est une ville d'aspect gracieux, très animée et très commerçante.

Sortir de Cavaillon par la route qui conduit au Pont de la Durance, traverser celui-ci et, 1 kil. après, prendre à gauche : (*en face Saint-Rémy à 15 kil. 500*) ; légère montée sur 500 m., puis petite descente et partie plate jusqu'au passage à niveau du chemin de fer, bifur. : (*à droite Saint-Andiol à 8 kil. 500*) prendre à gauche la route d'Orgon.

ORGON.

Canton. Alt. 95 m. Hab. 2.620. Hôtel. P. T. Station : Ligne de Miramas (*30 k.*) à Cavaillon (*6 k.*). Tête de ligne d'Orgon à Tarascon (*35 k.*) embranchement sur Barbentane (*28 k.*).

Camps retranchés liguriens très importants et bien conservés sur le sommet des montagnes, aux lieux nommés La Péagère-du-Rocher et Salgone, nom dans lequel on retrouve l'origine de celui d'Orgon. A cette époque, toute la plaine qui s'étend entre Orgon, Noves et Saint-Rémy, ainsi que la partie comprise entre Orgon, Mallemort et Lamanon, formaient deux vastes marécages alimentés par la Durance. Un bras de cette rivière passait au pied d'Orgon, suivait les Alpines au nord et s'écoulait dans l'estuaire du Rhône vers Saint-Gabriel et Arles. Un second bras partait de la Durance, probablement entre Orgon et Mallemort, passait au pertuis de Lamanon et à Salon où il formait un vaste marais, et se déversait en partie dans la Crau et en partie dans l'Etang de Berre par la vallée de Miramas. Les habitats liguriens de Romany (*près de Saint-Rémy*), de Salgone, de la Péagère et de Lamanon étaient situés sur trois promontoires qui dominaient une vaste étendue d'eau. A l'époque romaine ces retranchements habités par les **Desuviates**, dont le chef-lieu était Orgon, furent conquis par les romains qui s'emparèrent de tout ce territoire et le colonisèrent rapidement. Les deux bras de la Durance, facilement navigables pour les radeaux des Utriculaires (*voir Cavaillon et Pertuis*), permettaient le ravitaillement de ces camps retranchés. Plus tard la Durance ayant changé de lit, les Romains entretinrent le canal par une prise d'eau appelée **Lou Tràou Touquet** à l'extrémité du mont SAOUVI et entièrement taillée à la main. Ces travaux furent abandonnés lors de l'invasion des Barbares.

Le vieux château d'Orgon date de la fin de l'empire romain. Il fut démantelé par Euric, roi des Wisigoths, lorsqu'il vint assiéger Arles en 480. Ce Castrum occupe une surface de 57.700 m. carrés et renfermait un couvent d'Augustins, le château des Guises et une église. Il fut entièrement démoli sous Louis XI. On le reconstruisit immédiatement après, mais Louis XIII le fit de nouveau abattre et il n'a pas été relevé depuis. L'ancien village était même au dessous du fort. Le village actuel ne date que du XVe siècle. Ces ruines sont fort curieuses à visiter et, des remparts, on découvre un panorama immense.

Eglise de l'Assomption (*1325*). Beau viaduc sur la Durance.

En sortant d'Orgon, au passage à niveau, bifur. : (*à droite Eyguières à 12 k.*) traverser la voie ferrée et suivre tout droit. 2 kil. 500 plus loin, nouvelle bifur. : (*à droite Eyguières à 9 kil.*) continuer tout droit. Route plate jusqu'à Sénas.

SÉNAS.

Commune. Alt. 90. Habit. 1.890. Hôtel. P. T. Station : Ligne de Miramas (*24 kil.*), à Cavaillon (*12 kil.*). Foire : 14 Juin.

L'habitat ligurien de Sénas se trouve à la Péagère-du-Rocher. Station romaine qui portait le nom de **Sinaca Villa** (*814*). Restes de cette époque : Aqueducs, piscines, tombes et monnaies. Cette ville fut ravagée en 480 par les Wisigoths. Eglise Saint-Amand (*XVII° siècle*). Ruines du château de la Péagère-du-Rocher (*XI° siècle*).

De Sénas à Lamanon, route plate.

En sortant de Sénas, bifur. : (*à gauche La Croisière-Mallemort à 7 kil., Pont-Royal à 10 kil.*) prendre à droite et, à 3 kil. 500, prendre de nouveau à droite le chemin de Lamanon (*en face Salon à 7 kil. 500*).

LAMANON.

Commune. Alt. 107, m. Hab. 450. Hôtel. P. T. Station à 1 kil. : ligne de Miramas (*19 kil.*), à Cavaillon (*17 kil.*).

Le village actuel date de 1745. Beau château et parc des marquis de Panisse (*1660*). A visiter au sommet de la colline, le vallon de Calès, où l'on trouve de nombreuses grottes taillées de main d'hommes, datant de la période néolithique, et ayant servi d'habitations préhistoriques et liguriennes. Site le plus curieux et le plus intéressant du département.

En sortant de Lamanon, bifur. : (*à droite Eyguières à 5 kil.*) prendre la route de la gare et, à 1.500 m., on rejoint la route de Salon. Tourner à droite *(en face Alleins à 5 kil. 500)*. De Lamanon à Salon route légèrement accidentée.

SALON *(voir page 92)*.

Sortir de Salon par la route de Marseille et, à 1.500 m., prendre à gauche : *(à droite Lançon à 4 kil. 500)*, route plate jusqu'à Pélissanne.

PÉLISSANNE.

Commune. Alt. 85. m. Hab. 1.500. Hôtel. P. T. Foire : 1er Septembre

Au dessus de Pélissanne, sur le rocher de Caronte, à la limite d'Aurons (*Alt. 290*), ruines d'un camp retranché ligurien dont il reste des murs énormes et quatre portes, ainsi que des débris considérables : on y trouve des haches en diorite, des silex taillés, des bronzes et des monnaies. Vue magnifique. A 300 m. ruines du château de la Penne ou de Tabour ; site très pittoresque.

Pélissanne est l'ancienne ville romaine de Pisavis dont les restes se trouvent près de la chapelle de Saint-Jean de Bernasse à 3 kil. au Sud, très intéressante à visiter. Débris romains nombreux.

Eglise Saint-Maurice (*XVIe siècle*), Tour de l'Horloge (*1585*).

Ville gracieuse et agréable.

En sortant de Pélissanne par la route de Saint-Cannat, prendre à gauche : (*à droite Lançon à 5 kil.*). Route légèrement accidentée et en montée douce jusqu'en face le château de Labarben distant de la route de 500 mètres.

LABARBEN.

Commune. Alt. 112 m. Hab. 270. Château remarquable de la famille des Forbin-Labarben. Magnifiques constructions des Xe, XIe, XVe et XVIe siècles, d'une parfaite conservation. Site pittoresque et beaux bois.

Ancien nom **Barbente** (*1266*) ; on croit qu'une tour de ce château date de l'époque romaine.

De Labarben à St-Cannat, la route est en montée douce. On passe sous l'aqueduc du canal de Marseille ; à 200 m., à gauche, beau château de Valmousse.

SAINT-CANNAT *(voir page 106)*.

De Saint-Cannat à la Calade, bonne route droite mais

très accidentée. A 3 kil. avant la Calade, bifur. : *(à gauche Rognes à 10 kil. ; à droite Eguilles à 3 kil.)* suivre tout droit.

LA CALADE (*voir page 133*).

De la Calade à Aix, très belle route en descente rapide et droite.

MAISON-BASSE-MÉRINDOL ET PERTUIS

	Altitudes	Kilomètres	Totaux
La Calade	283	»	»
Saint-Cannat	260	10 500	10 500
Lambesc	204	4 500	15
Casan	150	6 500	21 500
Maison-Basse	160	2	23 500
Mallemort	150	6 500	30
Mérindol	162	2 300	32 300
Lauris	84	10	42 300
Cadenet	190	6	48 300
Villelaure	180	6	54 300
Pertuis	218	8	62 300
Venelles	409	12 500	74 800
Aix	204	9 500	84 300

De la Calade à Casan *(voir pages 133-134)*.

De Casan à Mallemort *(voir page 139)*.

En sortant de Mallemort, bifur. : *(à gauche la Croisière à 1.200 m.)* tourner à droite, traverser le pont et suivre tout droit ; à 1.800 m., bifur. alt. 107 m. : *(à gauche le Régalon à 2 kil. et le cheval-Blanc à 13 kil.)* prendre à droite. Montée assez forte sur 1.500 m. pour arriver à Mérindol.

MÉRINDOL.

Commune. Alt. 162 m. Habit. 790. Auberge. P.—T. à la station à 1.700 m. : Ligne de Pertuis *(28 kil.)* à Cavaillon *(12 kil.).* Foires : 19 Avril, 4ᵐᵉ samedi de Novembre. Vieux village et château ruinés très curieux à visiter. Sur le côteau *(alt. 263 m.)* le vieux Mérindol, *(habitat celto-ligurien bien conservé)* est célèbre dans l'histoire à cause des cruautés qu'y exerça le parlement d'Aix contre les Vaudois *(1545).*

Route en descente douce et montée un peu forte en arrivant à Lauris.

LAURIS.

Commune. Alt. 84 m. Habit. 1.400. Hôtel. P.T. Station : Ligne de Pertuis *(17 kil.)* à Cavaillon *(23 kil.).* Foires : 2 Février, 3ᵐᵉ lundi d'Août, 3 Décembre. Village très pittoresque vu de la Durance.

De Lauris à Cadenet, montée forte sur 1.500 m. jusqu'à la cote 184, rampe de 6 °/°, bifur. : *(en face Lourmarin à 3 kil., en montée douce)* prendre à droite, chemin légèrement accidenté et en montée douce jusqu'à Cadenet. 1 kil. avant cette ville, prendre la route de droite, en montée douce. *(à gauche petite route conduisant également à Cadenet)*

CADENET *(voir page 127).*

Pour la route de Cadenet à Aix par Pertuis *(voir pages 127 et 128.*

NOTES :

....

....

....

....

....

LE BASSIN DE SAINT-CRISTOPHE

ABBAYE DE SILVACANNE-SALON

	Altitudes	Kilomètres	Totaux
La Calade	283	»	»
Rognes	323	13 200	13 200
Saint-Christophe	254	5	18 200
La Roque-d'Anthéron	173	4	22 200
Charleval	138	5 500	27 700
Mallemort	150	7	34 700
Lamanon	107	9	43 700
Salon	80	7 500	51 200
Pélissanne	85	5	56 200
Saint-Cannat	260	12	68 200
Aix	204	16 500	84 700

LA CALADE *(voir page 133).*

Route droite mais assez accidentée, sur 3 kil. 200, bifur.,
prendre à droite : *(à gauche Eguilles à 2 kil. 500, chemin
très accidenté, généralement médiocre et mauvaise descente
vers la fin; en face Saint-Cannat à 7 kil.).* De ce point la
route monte assez fortement sur 6 kil., jusqu'à la cote 366.
Au 2ᵐᵉ kil., on passe près de la ferme du Grand-Saint-Jean,
située à 500 m. à droite de la route. *(Alt. 275 m. ; ferme et
chapelle ; ruines romaines considérables ; tombes, poteries,
monnaies, fragments de statues en marbre, etc. A 2 kil. à
l'Est de cette ferme, ruines de la chapelle Saint-Vincent et
ferme de Rians, ancienne villa romaine des Sérénus presque
intacte ; restes d'un temple, autel élevé à Bacchus et belle
inscription sur marbre blanc ; aqueduc romain considérable.
Site très pittoresque et curieux à visiter. Chemins ruraux incyclables.).* Du sommet de la montée, descente sur 1.500 m.,
le reste en plaine jusqu'à Rognes. 700 m. avant Rognes,
bifur. : *(à droite Le Puy-Saint-Réparade 6 k. 500, route en*

descente douce passant par les cotes 301, 288 et 218) suivre à gauche pour arriver à Rognes.

ROGNES *(voir page 105)*.

En entrant dans Rognes, prendre à droite : *(à gauche Lambesc à 7 k. 500, route accidentée dont l'ensemble est en descente)*. Route très pittoresque et en descente douce jusqu'au bassin de Saint-Christophe.

SAINT-CHRISTOPHE. *(Alt. 254 m.)*.

Vaste bassin de décantation du canal de Marseille terminé en 1881 et construit sur les plans de M. Stœklin, ingénieur en chef du département. Contenance 1.400.000 m. cubes d'eau, superficie 20 hectares, longueur 800 m., largeur moyenne 250 m., profondeur maxima 20 m. Très belle vue. Beau vallon.

En arrivant au bassin, prendre à droite, *(à gauche La Roque-d'Anthéron à 4 kil. 100)*. On passe devant les écluses du canal et la maison du garde. De suite après, petite descente rapide avec mauvais tournant sur passage à niveau et l'on arrive à la bifur. de la route de Cadenet. *(En face, magnifique pont suspendu sur la Durance et Cadenet à 3 kil. 500 ; à droite, le Puy-Saint-Réparade à 7 kil. 500 et Saint-Estève à 4 kil.)*. Tourner à gauche ; la route, plate, suit la Durance et passe à la ferme de Gontard *(alt. 262 m.)* ruines romaines.

A 1.500 m. de Gontard, on passe devant l'ancienne abbaye Cistercienne de Sylvacanne située à 500 m. à droite de la route sur les bords de la Durance.

Cette abbaye fondée en 1147 par Bertrand des Baux est une des mieux conservées qui nous reste du XIIe siècle.

Elle fut reconstruite par fractions aux XIe et XIVe siècles et abandonnée par les moines de Citeaux au profit du chapitre de la Cathédrale d'Aix en 1443.

Origine du nom *(Sylva-Cana* : Forêt antique). Eglise d'un style noble et harmonieux, à ogives naissantes ; restes d'un Colombarium Louis XV avec des ornements très délicats. L'extérieur de l'église est sévère et monumental, malheureusement les toitures primitives en dalles ont été remplacées par des tuiles, ce qui défigure ce monument. Le cloître percé de 22 arcades est très inutile. Les colonnes et les chapitaux sont décorés de feuilles diverses et très variés. Les voûtes des galeries sont cintrées à berceau, sans traces d'ogives ; elles sont supportées par des arcs doubleaux reposant sur des colonnes dont les chapitaux sont ornés de crosses végétales. La salle capitulaire est très belle et sévère. Sa voûte d'arêtes ogivales est supportée par deux piliers remarquables dont un tordu et l'autre cannelé. Le réfectoire est une belle et vaste salle ornée de gracieuses fenêtres à meneau et d'une belle rose placée sur la façade.

Route plate jusqu'à la Roque-d'Anthéron.

LA ROQUE-D'ANTHÉRON.

Commune. Alt. 173 m. Hab. 1.520. Hôtel. P. T. Station : Ligne d'Eyguières (*26 k.*) à Meyrargues (*21 k.*). Foires : 2e mardi de Novembre et 15 Décembre.

Ancienne station romaine. On a trouvé de beaux et nombreux restes de cette époque. Origine du nom "Rocca" (roche). Ruines d'un ancien château du Moyen-Age. Beau et pittoresque château au centre de la ville bâti par les Forbin en 1605. Parc magnifique. Eglise de l'Annonciation (*1642*).

De la Roque à Charleval, route plate.

CHARLEVAL.

Commune. Alt. 138 m. Hab. 965. Hôtel. P. T. Station : Ligne d'Eyguières (*20 k.*) à Meyrargues (*27 k.*).

Village moderne fondé en 1741 par les princes de Lambesc.

De Charleval à Pont-Royal route plate. A Pont-Royal, bifur. : (*à gauche Lambesc à 9 k. 500; en face Alleins à 3 kil.*) prendre à droite et à 1 kil. prendre de nouveau à droite le chemin de Mallemort.

MALLEMORT (*voir page 139*).

En sortant de Mallemort, tourner à droite, puis à 300 m., prendre à gauche la route qui descend vers la bifur. de la Croisière : (*à droite Sénas à 7 kil. ; à gauche Pont-Royal à 3 kil. 500*) suivre tout droit, route plate jusqu'à Lamanon. A 4 kil. 500, prendre à droite (*à gauche Alleins à 3 kil. 500*). La route, toujours plate, longe le chemin de fer, et à 300 m. avant la station de Lamanon, coupe la route de Salon (*à gauche à 7 kil.*) à Sénas (*à droite à 4 kil. 500*). On traverse le passage à niveau du chemin de fer, et l'on arrive à Lamanon.

LAMANON (*voir page 142*).

En sortant de Lamanon, prendre la route de la gare, et à 1.500 m. on rejoint **la route de Salon** que l'on prend à droite; elle est légèrement accidentée jusqu'à cette ville. (De Salon à Aix, voir pages 143-144).

BASSIN DE SAINT-CHRISTOPHE
BASTIDE-DES-JOURDANS-LA TOUR D'AIGUES

	Altitudes	Kilomètres	Totaux
La Calade	283	»	»
Rognes	323	13 200	13 200
Saint-Christophe	254	5	18 200
Cadenet	190	4	22 200
Villelaure	180	8	30 200
Ansouis	250	4 500	34 700
Cucuron	340	4 500	39 200
La Motte	385	8	47 200
St-Martin de la Brasque	370	2 200	49 400
Peypin d'Aigues	380	4	53 400
Bastide-des-Jourdans	471	5	58 400
Grambois	350	4 800	63 200
La Tour-d'Aigues	276	6	69 200
Pertuis	218	5 400	74 600
Venelles	409	11	85 600
Aix	204	9 500	95 100

De la Calade à Saint-Christophe (*voir pages 146-147*).

En arrivant au bassin de Saint-Christophe, prendre à droite : *(à gauche la Roque d'Anthéron à 4 kil. 100)*; prendre à droite ; on passe devant les écluses du canal et la maison du garde. De suite après, petite descente rapide avec mauvais tournant sur passage à niveau, et l'on arrive à la route de la Roque-d'Anthéron *(à 4 kil. à gauche)*, à Saint-Estève Janson, *(à 4 kil. à droite)* ; continuer tout droit, et traverser le pont de la Durance *(Alt. 154 m.)*. Après le pont, route plate sur 1 kil.; puis montée assez forte sur 1.500 m. jusqu'au passage à niveau, et forte en arrivant à Cadenet.

CADENET. *(voir page 127).*

De suite en entrant dans la ville prendre à droite, *(à*

gauche Lauris à 5 kil. 500). Route en descente légère jusqu'à 300 m. avant Villelaure où l'on tourne à gauche *(en face Pertuis à 6 kil.)* ; La route s'engage dans la jolie vallée de la Marderie, et monte assez fortement jusqu'à Ansouis.

ANSOUIS.

Commune. Alt. 250 m. Hab. 705. Hôtel. Foires : 20 Janvier et troisième mercredi de Novembre.

Village très pittoresque presque entièrement entouré de remparts qui offrent une vue ravissante du côté de l'Est. Église du XIII° siècle et très beau château renfermant une fresque du XIV° siècle.

En sortant d'Ansouis, prendre à gauche en plein nord : *(à droite Pertuis à 7 kil. ; chemin médiocre mais très pittoresque et assez accidenté; à droite, vers l'Est, Sannes à 3 k. 500. En face la Saqui, bifur., à 3 k.; très mauvais chemin).* La route monte assez fortement jusqu'à 500 m. avant Cucuron où l'on tourne à gauche, *(à droite La Motte).*

CUCURON.

Commune. Alt. 340 m. Hab. 1.300 Hôtel. P. T. Foires : 22 Janvier, 21 Mai, 8 Septembre, 13 Décembre.

Stations néolithiques aux environs *(voir Lourmarin).* Cucuron est de fondation romaine, ainsi que l'attestent, un vieux monument, nommé **Tour de César**, des inscriptions qu'on y a découvertes, et de nombreuses monnaies ; mais cette ville ne fut jamais bien importante ; elle a conservé une belle église romane et ogivale renfermant un immense et magnifique retable orné d'un bas-relief de Puget, et qui provient d'un couvent d'Aix. A 4 kil., au pied du Lubéron, gisement célèbre d'animaux fossiles, qui a livré à M. Albert Gaudry des pièces uniques et de grande valeur pour la paléontologie.

Ville très originale d'où l'on a une belle vue sur la vallée de la Durance et les montagnes du Lubéron. Tour romane de Saint-Michel.

Sortir de Cucuron par la route d'arrivée jusqu'à la première bifur., où l'on tourne à gauche. Descente assez rapide sur 1 kil., puis montée un peu forte sur 2 kil. jusqu'à la côte 304, suivie d'une descente sur 500 m. jusqu'à la bifur. de la Saqui. Suivre tout droit et 700 m. plus loin on traverse le ravin du Raynard à la côte 306 ; puis 800 m. après, bifur. près de l'étang de la Bonde : *(à gauche Cabrières d'Aigues, à 3 k.; à droite Pertuis à 7 kil.)* suivre tout droit. On contourne le pittoresque étang de la Bonde sur 500 m., on laisse à droite deux chemins, et l'on monte assez fortement jusqu'à la Motte-d'Aigues.

LA MOTTE-D'AIGUES.

Commune. Alt. 385 m. Hab. 330. Auberge. Village assez pittoresque bâti sur un mamelon.

Traverser le village en suivant toujours la grand'route ; descente un peu rapide jusqu'à Saint-Martin de la Brasque.

SAINT-MARTIN DE LA BRASQUE.

Commune. Alt. 370 m. Hab. 325. Café. Village original et ruines d'un château du Moyen-Age.

A 500 m. du village prendre à gauche. (*à droite Grambois à 4 k. 500*) Montée forte sur 2 kil., puis descente rapide, avec tournants brusques, sur Peypin-d'Aigues.

PEYPIN-D'AIGUES.

Commune. Alt. 380 m. Hab. 290. Café. Beaux paysages.

En sortant du village, montée forte sur 1 kil jusqu'à la cote 401, puis route accidentée et en montée jusqu'à la Bastide-des-Jourdans où l'on coupe à droite la route de Grambois que l'on prendra au retour.

BASTIDE-DES-JOURDANS.

Commune. Alt. 471 m. Hab. 560. P. T. Auberge. Foire : deuxième lundi de Novembre. Village d'origine moderne. Belle chapelle romane de Notre-Dame de la Cavalerie dans le monastère des frères laboureurs.

En quittant le village on revient sur ses pas et l'on prend à gauche le chemin de Grambois ; route presque toute en descente et des plus pittoresques.

GRAMBOIS.

Commune. Alt. 350 m. Hab. 530. P. T. Hôtel. Foire : lundi qui suit le 12 Mai. Belle église romane contenant deux tableaux précieux et une curieuse image byzantine sur cuivre représentant le Christ. Beau château moderne.

De Grambois à la Tour-d'Aigues, route en descente douce.

LA TOUR-D'AIGUES.

Commune. Alt. 276 m. Hab. 2.075. Hôtel. P. T. Foires : le 20 Mai, 25 Juillet, dernier lundi de Septembre et 20 Décembre.

Ruines magnifiques de l'ancien château des barons de Cental. C'est un parallélogramme de 80 m. sur 60, entouré de fossés.

On peut se faire une idée de cette belle demeure par ce qui reste debout.

Au centre, une grosse tour carré présente de face une immense crevasse, qui la divise dans toute sa hauteur. Elle est construite en petit appareil, recouvert d'un placage, pour la mettre en harmonie avec le reste de l'édifice ; elle date du XI° ou XII° siècle, et donna sans doute, une appellation aux habitants qui vinrent se grouper autour d'elle.

Les pavillons et les tours des angles étaient reliés par un corps de logis, dont il ne reste plus que les murs extérieurs.

La porte d'entrée, arc triomphal en miniature, se compose d'un grand fronton triangulaire, richement ornementé, soutenu par quatre pilastres composites; quatre autres colonnes de même style soutiennent une frise enrichie de trophées. Deux victoires sont sculptées dans les tympans. Cette porte est d'un bel aspect monumental. Sur le donjon central on remarque, dans des cadres entourés de guirlandes de laurier, les lettres C, L et M, entrelacéés, ce sont les initiales des noms des Cental, des Montauban et des Lesdiguières qui ont successivement possédé le château depuis sa construction.

La terre de la Tour-d'Aigues passa des comtes de Forcalquier à la maison de Sabran en 1183, puis à celle d'Agoult en 1410. A la mort de Raymond d'Agoult, elle passa à sa sœur, femme de Réné de Bouliers, marquis de Cental, qui jeta les fondements du château, qui fut continué par ses fils et petits fils.

En 1584, à l'extinction de la famille de Cental, cette terre passa à Louis de Montauban, comte de Sault. Sa veuve, la fameuse comtesse d'Aguerre, la laissa à son fils du premier lit, Charles de Créqui, duc de Lesdiguières, celui qui ravagea la Provence lors des guerres de religion. Sa fille, en 1617, épousa le maréchal de Villeroi et lui apporta en dot la baronnie de la Tour-d'Aigues.

C'est des Villeroi qu'elle fut achetée en 1720 par Jean-Baptiste Bruni qui fut son dernier propriétaire. Celui-ci y réunit des collections scientifiques et artistiques précieuses. En 1780, une partie du château devint la proie des flammes, par l'imprudence d'un couvreur; enfin en Septembre 1792, la révolution détruisit ce qui restait.

Pour visiter les ruines demander la clé à la Mairie. (*Gardien et pourboire*).

Eglise du XVIIe siècle. Belle chaire sculptée.

De la Tour-d'Aigues à Pertuis, route en descente douce, très pittoresque, le long de la rivière La Lèze.

PERTUIS. *(Voir page 127)*.

De Pertuis à Venelles descente jusqu'au pont du chemin de fer, partie plate sur 2 kil. (*Prise du canal de Marseille*), puis montée forte de 6 kil. vers Venelles (*rampe de 3 1/2 o/o*). De Venelles à Aix, route en descente assez rapide.

MEYRARGUES

1° **La Durance - Le Colostre - Le Verdon.**
2° **Pertuis - Mirabeau - Valensole - La Bastide-des-Jourdans.**

MEYRARGUES

Commune. Alt. 247 m. Habitants 1.000. P.T. Hôtels. Station ligne de Marseille *(55 k.)* à Pertuis *(6 k.)*. Ligne d'Eyguières *(17 k.)* et de Draguignan *(98 k.)*.

Ancienne station romaine de *Meiranicis-Mairanacis (1153)*. Beau château du XIII° siècle bâti sur les ruines de l'ancien du X° siècle et d'un castrum romain. A 500 m. au Sud-Est, dans un vallon, trois belles arches bien conservées, restes d'un aqueduc romain qui conduisait de Jouques à Aix, les eaux de Traconnade.

Du temps des Romains, la colonie d'Aix possédait quatre aqueducs : le premier partait du Tholonet; le second venait des environs de Claps, dans la vallée de Vauvenargues; le troisième qui dérivait les sources de Saint-Antonin ; le quatrième qui conduisait les eaux de la fontaine de Traconnade.

C'est de ce dernier que nous voulons dire un mot.

Ce canal, d'une longueur de vingt-huit kilomètres, commençait à la grotte même d'où jaillit la source de Traconnade, dans le territoire de Jouques, à trois kilomètre du chef-lieu de la commune. Au point même de départ, une vanne permettait d'élever le niveau de l'eau et d'introduire celle-ci dans le canal qui avait tout d'abord 60 centimètres de largeur sur 1 mètre 20 centimètres de hauteur.

L'intérieur de l'aqueduc avait 1 m. de largeur, sur 1 m. 75 de hauteur dans les terres et des dimensions moindres dans les rochers. La construction était en pierres smillées, avec une voûte à plein cintre. Il a été fait avec une élégance, une solidité et un fini digne des plus beaux jours de Rome.

A côté d'un mur élevé dans un vallon pour supporter le

canal on avait placé une assise d'immenses pierres de taille.

L'aqueduc se dirige de l'Est à l'Ouest, en suivant les contours des collines, dans la direction de Peyrolles. Parvenu dans le quartier dit de *Pelloutier*, il franchissait un vallon d'une largeur de 40 m., au moyen d'un pont dont les massifs attenant aux rochers sont encore visibles. Quant aux piles intermédiaires, elles sont entièrement détruites.

Au départ de ce point, le canal s'engageait de nouveau sous la montagne pour reparaître à 500 m. au Nord de Meyrargues, au quartier dit de *la Figueirasse :* il a dans cet endroit 60 c. de largeur et 1 m. 60 c. de hauteur ; l'intérieur est travaillé avec un soin si minutieux qu'on a été jusqu'à y figurer des joints imitant ceux d'une maçonnerie en pierres.

En sortant de la montagne, le canal franchissait le vallon dit *des Arcs* sur un pont qui devait compter huit arches au moins et dont cinq sont encore debout.

Sa construction est belle ; les piles ont 2 m. sur chaque face et 7 m. de hauteur sous voûte ; elles en ont 9 jusqu'à la ligne supérieure terminant l'aqueduc.

A l'Ouest du château de Meyrargues, un nouveau pont faisait franchir au canal la vallée par laquelle passe le chemin de Peyrolles, mais les gens du pays en ont si bien enlevé les pierres qu'il n'en reste plus rien.

Atteignant le groupe des collines de Venelles, le canal s'enfonçait de nouveau dans les terres pour ne plus apparaître au jour qu'à l'escarpement de la colline de Saint-Eutrope, au-dessus d'Aix. Son issue a été murée.

En 1838, M. Matheron faisant à la Société de Statistique de Marseille, une communication relative à cette dernière partie du canal, racontait que ce canal, dont l'existence avait été révoquée en doute, venait d'être découvert. Un puits situé près le four de Baunès, dans le territoire d'Aix, avait été déblayé et, à la profondeur de 50 m., on avait atteint le cerveau de la voûte romaine, mais les travaux ne purent être continués à cause d'une quantité d'eau considérable, accumulée dans la galerie, qui jaillit inopinément.

« Ce puits, dans lequel M. Matheron est descendu, dit le rapport, a un diamètre de 1 m. 50 c. Ses parois sont en maçonnerie de moellons de petit appareil, recouverts en partie par des stalactites. Comme il importait de reconnaître un autre point de la galerie, les travaux furent portés en amont de Venelles. Après quelques recherches, on découvrit le point où la galerie entrait dans la montagne, et on effectua le déblaiement sur une longueur de 50 m.

« La galerie avait environ 60 c. de largeur sur 1 m. 40 c. de hauteur. Ses parois et sa voûte étaient en maçonnerie de petit appareil et une concrétion calcaire attestait le passage de l'eau pendant un temps considérable.

« Cette découverte, conclut le rapporteur, est d'une importance incontestable; elle démontre l'existence d'un monument remarquable d'un peuple qui n'a pas craint de creuser, à la profondeur de 50 à 1000 m. sous terre, une galerie de 9000 m. de longueur. »

On croit que cet aqueduc, qui a dû être construit à la belle époque romaine, sous Auguste, fut coupé et détruit en partie par les Sarrasins en 731, et qu'il ne fut remis en état que vers la fin du XIe siècle, pour être définitivement abandonné vers 1348.

Ce qu'il y a de positif, c'est qu'il existe dans certaines parties de l'aqueduc deux couches distinctes de tuf ; l'inférieure a une épaisseur de 10 c. ; la supérieure a 3 c. environ. Ces dépôts permettent ainsi de comparer la durée des deux époques pendant lesquelles l'aqueduc a fonctionné.

NOTES :

LA DURANCE — LE COLOSTRE — LE VERDON

	Altitudes	Kilomètres	Totaux
Meyrargues	247	»	»
Peyrolles	216	5	5
Pont de Mirabeau	242	9 500	14 500
Saint-Paul	251	3 400	17 900
Vinon	270	9 700	27 600
Gréoulx	302	8	35 600
Saint-Martin-de-Brômes	400	6	41 600
Allemagne	416	5	46 600
Riez	546	8 500	55 100
Quinson	381	20	75 100
Montmeyan	504	6 500	81 600
La Verdière	416	12	93 600
Esparron	430	10 600	104 200
Rians	375	8	112 200
Jouques	250	12	124 200
Peyrolles	216	5	129 200
Meyrargues	247	5	134 200

De Meyrargues au Pont de Mirabeau *(Voir page 122)*.

PONT DE MIRABEAU. *(Alt. 242 m.)*

Bifur.: *(à gauche, en traversant le Pont, Mirabeau à 3 kil. et Corbières à 13 kil.)* suivre tout droit.

Belle route légèrement accidentée le long de la Durance; vue magnifique sur la vallée et le promontoire de Saint-Eucher *(rive droite)*.

SAINT-PAUL-LES-DURANCE.

Commune. Alt. 254 m. Hab. 340.

Village très pittoresque bâti à pic sur la berge de la Durance. Eglise SS. Pierre et Paul *(XVᵉ siècle)* transformée en 1704 et bâtie sur des grottes curieuses.

Au milieu du village bifur., suivre tout droit : *(à droite Rians à 12 k. 600, montée douce)*. Route en montée douce. A 2 kil. *(à droite chemin de Ginasservis très mauvais vers la fin)* suivre tout droit et 700 m. plus loin, à gauche, chemin rural *(bon, 2 kil.)* qui conduit à Cadarache.

CADARACHE.

Alt. 260 m. Beaux restes d'un château-fort du XVe siècle, porte assez remarquable. Ancienne chapelle du XVIe siècle, sur l'emplacement d'un temple, et bâtie sur un promontoire battu par la Durance. Vue superbe sur toute la vallée de cette rivière et les Alpes. Origine du nom **Cataracta**.

Revenir par le même chemin jusqu'à la route et tourner à gauche.

Montée forte sur 1 kil., puis un peu forte sur 2 kil. ; *(vue magnifique)*. Le reste en descente jusque avant Vinon où l'on arrive par une petite montée.

VINON.

Commune. Alt. 270 mèt. Hab. 1070. Hôtel. P.T. Téléph. avec Gréoulx. Foire : 5 octobre.

Bâti en amphithéâtre sur un rocher qui domine le Verdon, ce village, qui a conservé une partie de ses remparts crénelés et sa porte à machicoulis des XVe et XVIe siècles, est très pittoresque et original. Ruines de l'ancien château.

Dans la plaine, sur la route de Saint-Paul, les soldats de Marius détruisirent une division des Barbares *(102 ans avant J.-C.)*. En 1591, le duc de Savoie vint avec des forces considérables attaquer le village, défendu par La Valette et Mesples ; Vinon résista avec vigueur et ses soldats, dans une vigoureuse sortie, tuèrent la moitié des troupes du duc et dispersèrent le reste. Le duc, lui même, ne dut son salut qu'à la vitesse de son cheval.

En entrant dans le village, prendre à gauche : *(à droite Ginasservis, à 7 k. 500)* ; traverser le village, passage dangereux et descente assez forte à la sortie. On traverse le Verdon sur un beau pont puis on tourne à droite : *(à gauche Manosque à 15 k.)*.

De Vinon à Gréoulx, très belle route mais accidentée et le plus souvent en montée. Avant le village, forte montée sur 1 kil., bifur. : *(à gauche le village de Gréoulx et Manosque à 12 k. 500)*. Prendre à droite.

GRÉOULX.

Commune. Alt. 303 mèt. Hab. 1.090. Hôtel. P.T. Téléph. avec Vinon. Vaste château *(monument historique)* flanqué de tours et bâti par les Templiers vers le XIIIe siècle. Beau cloître formé par d'immenses arcades en ogives. Château de Laval où séjourna quelques temps la princesse Pauline Borghèse. Aux environs, très beaux vallons de Brame-Vacque.

Sur les flancs de la colline dominant le Verdon, dans des grottes, on a recueilli de nombreux objets; de l'âge du bronze, des couteaux en silex, des vases, des bracelets et d'autres menus bronzes. Les Romains, à cause des eaux thermales qu'ils découvrirent eux mêmes, avaient construit de nombreuses villas; ils firent la recherche des eaux en creusant un puits très profond qui existe encore et d'où la source s'élève en bouillonnant. Des inscriptions de cette époque attestent l'efficacité de ces eaux. On a trouvé des restes d'un temple et d'une grande construction que l'on croit être un hôpital. Dans ces ruines on a découvert l'inscription suivante :

ELLA FAVSTINA. TITIL VITRASSII POLLIONIS
CONSVLIS II, PRÆTORIS II, IMPERATORIS PONTIFICIS
ASIOE VXOR, NYMPHIS GRISELICIS

Ce qui prouve qu'Elie Faustine, femme de Pollionus, qui avait été deux fois consul, deux fois préteur, général en chef et pontife d'Asie vint y chercher et y trouva la santé, et, de plus, que la source portait le nom de Griselis d'où l'on a fait le nom peu harmonieux de Gréoulx. La réputation des eaux de Gréoulx tomba avec les romains. L'invasion des Barbares du nord et celle des Sarrasins firent entièrement oublier les vertus des eaux de cette fontaine qui ne reprit sa célébrité que dans le XIIᵉ siècle. A cette époque, cette source fut possédée par les Templiers, mais les guerres intestines qui durèrent plusieurs siècles vinrent détruire cet établissement. Ce n'est guère que depuis le commencement du siècle, que ces eaux ont repris une vogue méritée. Source minérale saline et sulfureuse. Température 36° cent.

En entrant dans le village prendre à droite; descente assez rapide sur 500 m.: bifur. *(à gauche Valensole à 13 k. et Manosque à 12 k. 500, en face route de Saint-Martin-de-Brômes à 6 k.)* prendre à droite en descendant sur le Verdon et 200 m. plus loin suivre tout droit : *(à droite la Verdière à 17 k.)*. Nouvelle descente sur 500 m. pour arriver à l'établissement des Bains.

Très beau parc.

De l'établissement des bains, montée assez dure sur 800 m. puis douce jusqu'à 1 kil. de Saint-Martin-de-Brômes ou l'on arrive par une petite descente.

On suit la rivière le Colostre. Beau vallon, belle vue. *(Route mauvaise à cause de ses tournants dangereux en la faisant en sens inverse)*.

SAINT-MARTIN-DE-BROMES.

Commune. Alt. 400 m. Hab. 400. Café-Restaurant. Foire : lundi après le 11 Novembre. Village pittoresque ; très belle tour du XIIᵉ siècle.

De Saint-Martin à Allemagne montée douce mais constante. Beaux points de vue sur la rivière. A 1 kil. d'Allemagne on traverse le Colostre sur un pont assez pittoresque et l'on arrive à Allemagne. En entrant dans le village bifur. : *(à gauche Valensole à 8 kil.; à droite Albiosc à 8 kil.)* suivre tout droit.

ALLEMAGNE.

Commune. Alt. 416 m. Hab. 472. Hôtel. Foires : 12 Mars et 26 Septembre.

Très beau château gothique du XVe siècle. Aux environs, ruines du château féodal **" Le Castellet "**.

On a découvert aux alentours un tumulus de l'époque de la pierre polie.

En sortant d'Allemagne, bifur. : *(à droite Montagnac à 8 kil., incyclable)* ; prendre à gauche.

D'Allemagne à Riez route très belle et en montée douce, mais très accidentée.

RIEZ

Canton. Alt. 546 m. Hab. 1.965. Hôtels. P. T. Foires : 2 Janvier, Jeudi après Quasimodo, 18 Mai, 1er samedi d'Août, 14 Septembre, Lundi après le 18 Octobre, 27 Novembre et 21 Décembre.

Ancienne capitale des **Albici**, peuplade ligurienne, qui fut érigée en colonie romaine peu de temps après les conquêtes d'Auguste sous le nom de **Colonia Julia Augusta Reiorum**. Cette colonie Augustale paraît avoir été considérable et elle fut ornée d'un cirque ou amphithéâtre et de différents temples et édifices publics.

Il reste d'importantes ruines de cette époque (*Débris de portes et de murs ; fragments de mosaïques, armes et monnaies*). En arrivant, on aperçoit à gauche les quatre belles colonnes corinthiennes (*Monument historique*) de granit gris avec chapitaux et entablement de marbre, et, au tournant de la route, le Panthéon ou Rotonde (*Monument historique*) contenant huit belles colonnes antiques. Le reste de l'édifice ne date que du IVe ou Ve siècle. Sur l'angle gauche, inscription romaine rapportée lors de la reconstruction du IVe siècle : NVMENBVS AVGVSTORVM CVRA " Elevée à la puissance d'Auguste par la Curie ".

Bel autel romain bien conservé. Chapelle Ste Maxime (*Monument historique*) qui contient six colonnes romaines. Petite ville très pittoresque et dont la vue d'ensemble est très gracieuse.

En arrivant à Riez, sur la grande place, bifur. : *(à gauche Puimoisson à 7 kil.)*, suivre la promenade à droite et, à 300 m., bifur. : *(en face Moustiers à 15 kil.)* ; prendre à droite et traverser la rivière.

Très forte montée sur 3 k. 500 jusqu'à la cote 660. La route s'engage sur un très beau plateau bien boisé sur 13 kil. A 2 kil. après la montée, brusque tournant à droite. De ce point, route en plaine, mais plutôt en descente, sur 7 kil. jusqu'à la cote 596. Très belle vue et paysage admirable. Sur 1.500 m. la descente s'accentue un peu en passant par la cote 588, puis à 2 kil. 500 plus loin la route arrive au dessus de Quinson à la cote 534. Vue merveilleuse sur la vallée de Verdon.

De ce point, descente très rapide de 3 k. 500, avec tournants dangereux, jusqu'à Quinson. Alt. 381 m. *(Pente de 12, 9 et 7 0/0)*.

QUINSON.

Commune. Alt. 381 m. Hab. 550. Hôtel. P. T. Foires : 4 Septembre et 28 Novembre.

Ancienne station romaine, autrefois sur la colline, qui portait le nom de Castrum de Quinsone où l'on trouve encore des restes d'habitations. La ville est en partie fortifiée par des murailles et des tours d'une grande solidité.

Village situé dans un admirable cirque de montagne que le Verdon a coupé à droite et à gauche.

En sortant du village, suivre tout droit *(à droite Albiosc à 5 k. 500)*, descente assez rapide sur le Verdon, que l'on traverse sur un beau pont d'une seule arche, probablement romain. (Alt. 354 m.). De ce point vue admirable sur les grandioses gorges du Verdon qui coule entre des roches à pic de 150 m. de hauteur formant des défilés tels qu'il en est peu d'aussi encaissé et aussi profond. Il n'existe dans le Var que les gorges du Loup qui puissent rivaliser avec ce point de vue. A 2 kil. à l'Est en remontant le Verdon, important barrage du canal d'Aix, et belle cascade.

De Quinson à Montméyan, montée assez forte et presque régulière sur 6 kil. 500 ; assez douce au début, *(rampe de 2 1/2 0/0)* elle s'accentue très fortement sur les deux derniers kil. *(Rampe de 3 1/2 et 6 0/0)*.

MONTMÉYAN.

Commune. Alt. 504 m. Hab. 467. Hôtel. P. T. Foire : 2 Octobre et fête pour la Pentecôte et dimanche après le 8 Septembre. Station romaine de Monte Mejano. Village très pittoresque bâti sur un mamelon très élevé d'où l'on a une vue superbe. Aux environs, ruines du Catellar, ou château de la Roquette, sur un grand plateau boisé, et restes d'un couvent des Templiers. A 2 kil. à l'Ouest sur le plateau, à droite et à gauche de la route de la Verdière, habitat préhistorique considérable sur plus de 3 kil. d'étendue, armes en pierre polie innombrables.

Au milieu du village, bifur. : *(à gauche, en descendant dans la plaine, Regusse à 6 k. 500)*. En sortant du village, nouvelle bifur. : *(à gauche Tavernes à 10 kil. et Fox-Amphoux à 7 k. 500)*.

Tourner à droite. Montée forte sur 1.500 m. jusqu'à la

cote 574 *(rampe de 4 1/2 à 5 0/0)*. De ce point, descente légère sur 2 k. 500 jusqu'à la cote 531. 1 kil. plus loin légère montée jusqu'à la cote 543, puis montée douce sur 2 kil. pour atteindre la cote 552, et descente assez rapide jusqu'à la Verdière.

Pour monter au village prendre à gauche; montée assez forte jusque sur le Cours.

LA VERDIÈRE.

Commune. Alt. 416 m. Hab. 920. Hôtel. P. T. Foires : 8 Septembre, 19 Mars. Fête : 16 Août.

Petite ville très pittoresque et d'un cachet tout particulier, dominée par un vaste et beau château féodal des XIIe et XVe siècles. De la terrasse, vue superbe sur *les* Alpes, le Mont Ventoux et la Sainte-Baume.

Sur le Cours, en face, Varages à 5 k. 600. Sortir du village par la route d'arrivée ; descente rapide jusqu'à la bifur. où l'on tourne brusquement à gauche. Après avoir traversé le ravin, nouvelle bifur. : *(à droite Saint-Julien à 6 k. 500 et Ginasservis à 9 k. 500)* tourner à gauche et prendre le chemin de droite. De ce point, montée forte sur 1 kil. jusqu'à la cote 400 ; *(vue magnifique sur la Verdière)*, puis route assez accidentée jusqu'à la bifur. située au 4me kil., où l'on tourne à gauche *(à droite Rians à 13 k. 900 par la plaine de Valavès ; jusqu'à la bifur. de la Biscaronne, à 7 k. 400, route en descente douce par les cotes 371, 331 et 320)* ; montée assez forte sur 2 kil. jusqu'à la cote 371. On traverse un vaste habitat préhistorique, puis par une descente assez rapide dans la vallée d'Esparron, jusqu'au passage à niveau du chemin de fer et une montée courte, on arrive à Esparron.

ESPARRON.

Commune. Alt. 430 m. Hab. 367. Foire : 15 Août. Station : Ligne de Meyrargues *(27 kil.)* à Draguignan *(71 kil.)*.

Petite ville bâtie en amphithéâtre et dominée par le château des Comtes de Sinéty. Inscription romaine dans la chapelle romane du Revest. Du château, vue splendide.

En arrivant à Esparron, bifur. : *(à gauche Varages à 10 k. ; 100 m. plus loin, à gauche, Saint-Maximin à 18 kil. ; à droite Ginasservis à 11 kil.)*, suivre tout droit. La route suit la voie ferrée dans une belle vallée, et descend en pente douce, légèrement accidentée, jusque un peu avant Rians et passe par les cotes 351 et 357.

De Rians à Meyrargues voir : Itinéraire **Sainte-Victoire et la Durance** page 129.

PERTUIS – MIRABEAU – VALENSOLE
LA BASTIDE-DES-JOURDANS

	Altitudes	Kilomètres	Totaux
Meyrargues	247	»	»
Pertuis	218	9	9
La Bastidonne	379	5 400	14 400
Mirabeau (village)	310	7 800	22 200
Saint-Paul	254	6 100	28 300
Vinon	270	9 700	38
Gréoulx	302	8	46
Valensole	571	12 800	58 800
Manosque	370	24	82 800
La Bastide-des-Jourdans	471	15 600	98 400
Grambois	350	4 800	103 200
La Tour-d'Aigues	276	6	109 200
Pertuis	218	5 400	114 600
Meyrargues	247	9	123 600

MEYRARGUES *(voir page 153).*

Si l'on arrive à Meyrargues par la route d'Aix, à la sortie du village, tourner à gauche.

Si l'on arrive par le chemin de fer, en sortant de la gare, tourner à droite *(La gare est à 1 kil. à l'Est du village).* Descente assez rapide avec tournant brusque en passant sous le chemin de fer ; puis descente très douce jusqu'au troisième kil. où l'on tourne à droite *(à gauche Venelles à 6 k. 200, en face le Puy-Saint-Reparade à 5 kil.).* De ce point, route en descente douce jusqu'à la Durance, où l'on passe au-dessus de la prise du canal de Marseille ; on traverse le beau pont suspendu et l'on remonte vers Pertuis par une petite montée assez forte.

PERTUIS. *(voir page 127)*

En entrant dans la ville, sur le cours, prendre à droite. La route est toute en montée douce jusqu'au-dessous du village de la Bastidonne, près duquel on passe.

LA BASTIDONNE.

Commune. Alt. 379 m. Hab. 201.

Après le village, montée assez forte sur 3 kil. jusqu'à la côte 421. Le reste est accidenté, mais en descente jusqu'à Mirabeau.

MIRABEAU.

Commune. Alt. 310 m. Hab. 493. Hôtel. P. — T. à la gare, à 2 kil.: ligne de Pertuis, (*15 kil.*) à Veynes, (*119 kil.*). Village dont le château a donné son nom à la famille du célèbre orateur de la Révolution Française, et où celui-ci séjourna longtemps. Belle grotte aux environs.

De Mirabeau, descente très rapide sur 1.500 m. jusqu'à la voie du chemin de fer. Tourner à droite *(à gauche Manosque à 21 kil. 300)*. Traverser la Durance sur le pont suspendu, et, de suite après, prendre à gauche.

Du Pont de Mirabeau à Gréoulx, voir pages 156-157.

En sortant de Gréoulx, descente assez rapide, tournant au dessous du village ; à 400 m. bifur., tourner à gauche, et prendre de suite à droite *(à droite les bains de Gréoulx à 500 m., et Saint-Martin-de-Brômes à 6 kil.)*. De ce point, route toute en montée douce et régulière jusqu'à Valensole en suivant la belle vallée de Laval.

VALENSOLE.

Canton. Alt. 571 m. Hab. 2.654. Hôtels. P. T. Foires : 31 Janvier, 10 Mars, 20 Avril, 25 Mai, 24 Juin, 1er Août, 5 Septembre, 9 Octobre, 25 Novembre, 27 Décembre.

Habitat préhistorisque et ligurien occupé par les Variacens au quartier d'Arlane, puis station romaine qui prit le nom de Valens-Solarium. On y a découvert des traces d'antiquités, des médailles consulaires, impériales, marseillaises et sarrasines, ainsi qu'un grand nombre de tombeaux et de lampes, etc.

La ville actuelle offre un coup d'œil très pittoresque ; elle est bâtie en amphithéâtre et ses rues sont très escarpées.

En arrivant dans la ville, prendre à droite, *(à gauche route de Manosque à 21 kil. 600)*, suivre la promenade, et, à son extrémité, tourner à gauche *(à droite route de Riez à 14 kil. 400)*. Montée assez forte, et, 400 m. plus loin, on atteint la côte 595 à la bifur. d'Estoublon, *(à 22 kil. 500 m.)*, suivre tout droit ; descente douce sur 2 kil. jusqu'à la côte 515, puis petite montée assez forte sur 600 m. jusqu'à la côte 565. A ce point tourner brusquement à gauche *(à droite route d'Oraison, à 11 kil. 700).* On s'engage sur un très beau plateau bien boisé au milieu duquel la route ondule sur 4 kil. environ, puis descend très fortement, avec tournants brusques, jusque sur les bords de la Durance, au croisement de la route de Manosque à Oraison. Tourner à gauche, *(à droite Oraison à 9 kil 800).* Succession de montées et de descentes courtes suivies d'une descente très rapide sur le hameau de Villedieu, avec deux tournants brusques. De ce point au pont de Manosque, route accidentée mais généralement en descente. Au pont de la Durance tourner à droite pour arriver à Manosque par une montée douce et en ligne droite.

MANOSQUE. *(voir page 123)*

Dans Manosque, tourner à gauche sur le cours et rejoindre la route nationale, puis à 1.200 m., à la côte 381, tourner de nouveau à gauche *(à droite route de Reillanne à 15 kil.)* De ce point, route très accidentée, mais en montée jusqu'au village de Pierrevert *(Alt. 440 m.),* puis descente très forte sur 2 kil. 500 jusqu'à la côte 330, où l'on traverse le ravin de Chaffène. Le reste de la route jusqu'à la Bastide est une succession de montées et descentes courtes, mais souvent rapides.

De La Bastide-des-Jourdans à Pertuis, voir pages 151-152.

De Pertuis à Meyrargues, descente jusqu'au pont du chemin de fer, puis route plate jusque sur la rive gauche de la Durance, où l'on passe au dessus de la prise du canal de Marseille pour arriver à la bifur. de Venelles ; prendre à gauche *(à droite le Puy Saint-Réparade à 5 kil. ; en face Venelles à 6 k. 200).* Partie plate et montée assez forte mais courte jusqu'à Meyrargues.

NOTES :

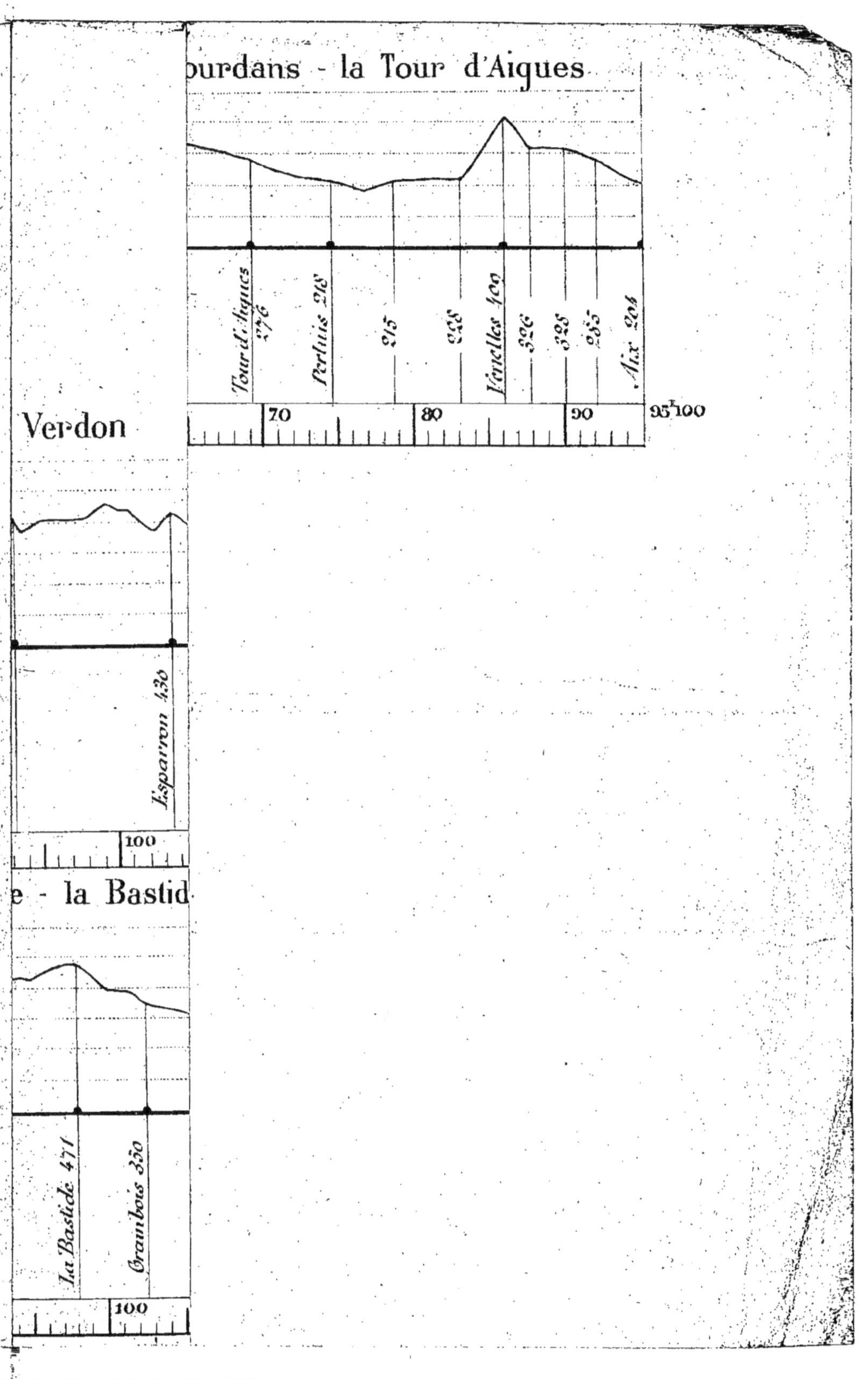

ourdans - la Tour d'Aigues
Tour d'Aigues 276
Pertuis 248
215
228
Vaucelles 400
326
328
285
Aix 204
70
80
90
95 100
Verdon
Esparron 430
100
e - la Bastide
la Bastide 471
Grambois 350
100

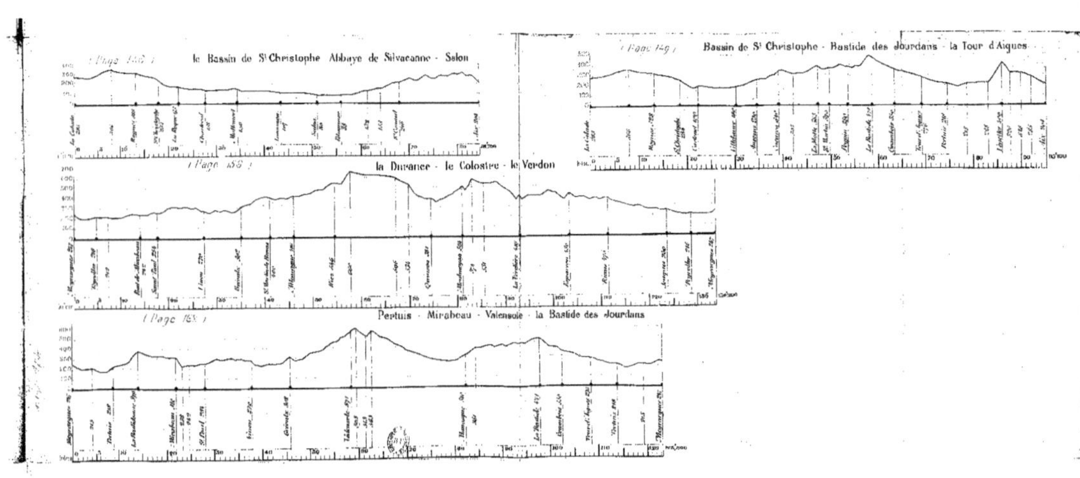

le Bassin de St Christophe - Abbaye de Silvacanne - Salon
Bassin de St Christophe - Bastide des Jourdans - la Tour d'Aigues
la Durance - le Colostre - le Verdon
Pertuis - Mirabeau - Valensole - la Bastide des Jourdans

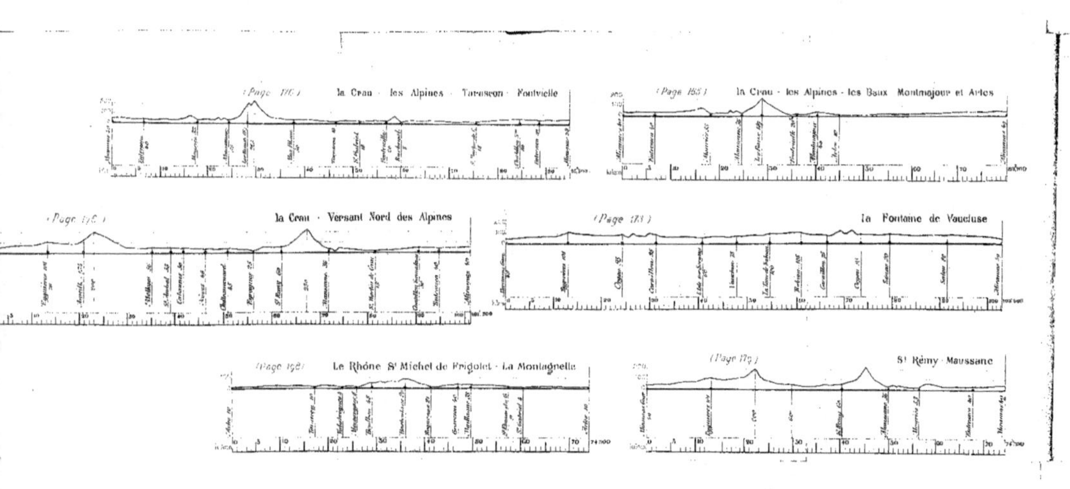

(Page 176) la Crau - les Alpines - Tarascon - Fontvieille
(Page 155) la Crau - les Alpines - les Baux - Montmajour et Arles
(Page 178) la Crau - Versant Nord des Alpines
(Page 173) la Fontaine de Vaucluse
(Page 198) Le Rhône - St Michel de Frigolet - La Montagnette
(Page 179) St Rémy - Maussane

MIRAMAS-GARE

1° La Crau—Les Alpines—Montmajour—Arles.
2° La Crau—Les Alpines—Tarascon—Fontvieille.
3° La Fontaine de Vaucluse.
4° La Crau—Versant Nord des Alpines.
5° Saint-Rémy—Maussane.
6° Miramas—Fos et la Coustière.

LA CRAU – LES ALPINES – LES BAUX
MONTMAJOUR ET ARLES

	Altitudes	Kilomètres	Totaux
Miramas	49	»	»
Entressèn	40	6 500	6 500
Mouriès	33	11 500	18
Maussane	36	6 500	24 500
Les Baux	187-209	3 800	28 300
Fontvieille	20	7 500	35 800
Montmajour	45	4 500	40 300
Arles	2 et 32	4 300	44 600
Miramas	49	35 500	80 100

MIRAMAS.

Commune. Alt. 49 m. Hab. 2.130. Hôtel. Buffet. P. T. Station : Ligne de Marseille (*53 kil.*) à Arles (*33 kil.*). Embranchement sur Salon; (*12 kil.*) et Orgon (*30 kil.*); sur Istres (*10 kil.*) et Port de Bouc (*26 kil.*). Foires : 20 Avril et 20 Novembre.

Village moderne créé en 1843 lors de l'établissement du chemin de fer de Marseille à Avignon et érigé en commune en 1894, au détriment de Miramas-le-Vieux déclassé.

En sortant de la gare, tourner à gauche, traverser le passage à niveau et tourner de nouveau à gauche.

La route, plate, traverse la Crau ; belle vue sur les Alpines.

ENTRESSEN.

Hameau. Alt. 40 m. Hab. 300. Station, à 2 k. 100 : ligne de Marseille (*58 kil.*) à Avignon (*63 kil.*).
Oasis dans la Crau, autour d'un lac de 3 k. 500 de circonférence ; très belle vue. Tour du XIII° siècle au bord de l'étang.

En arrivant à Entressen, prendre à droite *(à gauche Istres à 11 kil.)*, route plate. À 4 kil. 200 bifur. de Châtillon-Samatane *(auberge sur la route de Salon à Arles ; à droite Salon à 15 kil. ; à gauche Arles à 23 kil.)*, continuer tout droit ; route plate sur 2 kil., puis montée douce sur 1 kil. et descente assez rapide, jusqu'à la bifur. où l'on tourne à gauche : *(à droite Aureille à 5 kil.)*

MOURIÈS.

Commune. Alt. 33 m. Hab. 1.680. Hôtel. P. T. Station : Ligne d'Arles (*23 kil.*) à Eyguières (*15 kil.*). Foires : 30 Avril et 6 Novembre.
Grotte sépulcrale néolithique près du moulin de Vaquières ; retranchement ligurien au lieu dit : *les Caisses de Saint-Jean*. Ancienne ville romaine de *Terriciœ*, dont on a trouvé de riches vestiges à Servanne et à Malacercis (2 et 3 kil. Nord) ; cette ville fut détruite par les Wisigoths vers l'an 480.
Le château de Servanne, (2 k. au Nord,) conserve deux lions de grandeur naturelle, en pierre tendre, et un masque colossal d'Hercule, de un mètre de haut, de l'époque romaine, ainsi que deux sarcophages chrétiens des premiers siècles, provenant de Montmajour.
Ancien nom : *Morers* (1062) ; église Saint-Jacques-le-Majeur (1639). Temple protestant.

Dans le village, suivre tout droit : *(à droite Eygalières à 12 kil. 500 ; à gauche Saint-Martin-de-Crau à 8 kil. 500)*, route presque plate ; après le 4ᵐᵉ kil., deux petites montées courtes. A 400 m. avant Maussane, tourner à gauche : *(à droite, chemin qui revient à Mouriès)* ; 200 m. plus loin, aux premières maisons, continuer tout droit : *(à droite Saint-Rémy, à 9 kil. 500)*.

MAUSSANE.

Commune. Alt. 36 m. Hab. 1.370. Hôtel. P. T. Station : Ligne d'Arles (*17 kil.*) à Eyguières (*21 kil.*). Foire : 1er Mai.

Ancienne station romaine située près des marais des Baux (*aujourd'hui desséchés*) d'où son nom *Maou San* (malsain). Restes de voies romaines, d'aqueducs, de villas et de tombeaux. Eglise 1759. Petite ville assez pittoresque.

En entrant dans Maussane, à 100 m. après les premières maisons, prendre à droite, à l'angle d'une fontaine, le chemin des Baux : (*en face, Paradou à 1 kil. 500 ; à gauche, Saint-Martin-de-Crau à 10 kil.*). Le chemin commence à monter assez fortement sur 1 kil., puis de plus en plus fort jusqu'aux Baux ; le dernier kil. est très dur.

LES BAUX.

Commune. Alt. 187 et 209 m. Hab. 300. Hôtel.— P. T. et station à Maussane à 3 k. 800.

Vestiges de remparts et d'habitat ligurien. Camp retranché par Marius (*103 ans avant J.-C.*), placé sur la voie qui conduisait de Maussane à Glanum (*Saint-Rémy*) et dont il existe encore des tronçons au-dessus des carrières.

Deux bas-reliefs romains, les Gaïées, très frustes, et les Trémaïées, constituent, avec les Antiques de Saint-Rémy, les monuments les plus curieux de la Provence. Les Trémaïées représentent très probablement Caïus Marius, le vainqueur des Teutons, sa femme Julie et la prophétesse Marthe. Au bas, inscription très effacée où l'on peut lire encore :

F. CALDVS
A. E. POSVIT P.

Ce Caldus était peut-être un des lieutenants de Marius.

L'origine du nom des Baux vient de Baou (*sommet*). Balcio (*1031*).

Berceau de la famille des Princes de Baux, l'une des plus puissantes de Provence ; seigneurs de 79 villes, bourgs ou châteaux dits : Places Baussenques, libres de tout péage ou impôt et dont le nombre ne varia jamais, ces princes attribuant une influence magique à la combinaison du 7 et du 9.

Cette ville, qui compta près de 10.000 habitants, était entièrement protestante à l'époque des guerres de religion. Sur le fronton d'une gracieuse fenêtre Renaissance, on lit encore la devise calviniste : POST TENEBRAS LVX.

Ruines de maisons à façades élégantes des XVe et XVIe siècles. Restes considérables et colossaux du château (*Xe siècle*) en partie monolithe, détruit sous Louis XIII. Eglise romane des XIIe et XVe siècles. Sarcophage antique et cuve baptismale (*XIe siècle*). Petit musée à la mairie.

Ces belles ruines, situées sur un plateau taillé à pic sur trois côtés, entourées d'un paysage sauvage et étrange, dominant de près de 200 mètres les plaines de la Crau et de la Camargue, forment le centre le plus magnifique de l'un des plus grandioses sites de Provence.

A visiter aux environs : le Val d'Enfer où Dante composa, dit-on, une partie de son poème l'*Enfer*. Carrières très curieuses. Gisements très riches de bauxite, minéral duquel on extrait l'aluminium et dont le nom vient de la ville de Baux.

En sortant des Baux, reprendre le chemin par lequel on est arrivé ; descente très rapide et à 1 kil., prendre à droite : (*à gauche Maussane à 3 kil.*) la descente est un peu moins rapide sur 2 kil., légère montée sur 500 m. ; on traverse le chemin de fer et, à 400 m. après, tourner à droite : *(à gauche Paradou à 2 kil. 500)* descente douce ; à 1.500 m., nouvelle bifur. : *(à droite Tarascon à 11 kil.)* prendre à gauche ; on longe sur 1 kil., les extraordinaires carrières de Fontvieille dont nous conseillons la visite ; si l'on fait cette visite, s'arrêter en face de la station des carrières, à 400 m. après la précédente bifur., et prendre le chemin de gauche *(incyclable sur 200 m.)* qui domine l'immense excavation d'où l'on extrait des pierres depuis l'époque romaine.

Nota. — Ne pas s'engager dans l'intérieur des carrières sans guide, car elles sont dangereuses. Reprendre la route et, à 2 kil., Fontvieille.

FONTVIEILLE.

Commune. Alt. 20 m. Hab. 2.540. Hôtel. P. T. Station : Ligne d'Arles (*9 kil.*) à Eyguières (*29 kil.*). Foires : 28 Avril, 3 et 4 Septembre.

Ancien nom. *Fons vetus* (vieille fontaine), du ruisseau d'Auge qui vient de Mont-Pahon.

Aux époques préhistorique et romaine, la chaîne des collines de Fontvieille formait un vaste promontoire au milieu des étangs ; sa pointe extrême, à l'Ouest, était le Castellet (2 kil., entre Fontvieille et Montmajour) qui faisait face aux deux îles de Montmajour et de Corde. Ce promontoire a été longtemps habité à l'âge du bronze, ainsi que le démontrent les découvertes faites dans les grottes taillées de Cordes et du Castellet, le tumulo-dolmen de Coutignardes, les grottes de Bounias, de la Source, etc., qui se trouvent aux environs. La grotte du Castellet, fouillée en 1877, renfermait les restes de plus de cent individus et une grande quantité d'objets, on y a trouvé une superbe hache en porphyre vert, une autre en amphibolite, très belle, des instruments en os, des pointes de flèches en silex, une lame d'ivoire qui a dû faire partie d'une pendeloque, et 114 rondelles en calaïs provenant d'un collier ; cette pierre, bleue ou verte, très voisine de la turquoise et aussi rare qu'elle, ne se trouve que dans les montagnes du Caucase et dans les Indes.

Les autres sépultures ont fourni un grand nombre d'objets précieux pour l'histoire préhistorique de notre contrée (*voir Arles*).

La période romaine a également laissé de nombreux monuments autour de Fontvieille, aqueducs, tombes, etc., près des châteaux de Mont-Pahon et d'Auge (4 et 5 kil., Nord-Est).

Au quartier des Forges, Autel du sacrifice.

Cet autel est placé sur la face d'un rocher qui a été percé pour l'écoulement des eaux supérieures. Ce travail, assez considérable, prouve que ce lieu, aujourd'hui désert, était autrefois habité ou fréquenté assidûment.

Ce monument, situé au-dessus de l'aqueduc souterrain, représente un autel votif, surmonté d'une grande coquille qui semble personnifier la source ; à gauche se tient debout un taureau paré de bandelettes. Sur la face de l'autel on voit encore distinctement les noms de : M. LICINIVS APVLEIVS.

Fontvieille est une jolie ville, propre, coquette et animée.

Au milieu du village, bifur. : *(à droite Tarascon à 10 kil. ;*

à gauche Raphèle à 11 kil.), suivre tout droit. A 2 kil. et à droite, grotte du Castellet, citée plus haut. Légères montées courtes jusqu'à Montmajour.

MONTMAJOUR. *Alt. 45 m.*

Abbaye ruinée *(monument historique),* (gardien, pourboire.) Cette abbaye, bâtie sur une colline, encore entourée d'eau au X° siècle, fut fondée au VI°. C'était, croit-on, un lieu de retraite pour Saint-Trophime et plus tard pour Saint-Césaire, archevêque d'Arles. Cette abbaye a joué en Provence un rôle considérable ; ses abbés étaient propriétaires ou directeurs d'un grand nombre de couvents, d'abbayes, d'églises, de villages ou de hameaux ; leurs richesses étaient énormes, mais il faut reconnaître qu'une grande partie fut employée au dessèchement des marais de la région d'Arles et à l'assainissement de son territoire.

Ces ruines admirables se composent de constructions des XI°, XII° et XIII° siècles, réparées en partie depuis une vingtaine d'années. Vaste église Saint-Pierre, très belle. Cloître renfermant de nombreuses tombes armoiriées. Vaste crypte du XI° siècle. Belle tour de défense haute de 26 mètres, ornée de bossages et couronnée de machicoulis, élevée en 1369, du sommet de laquelle on a une vue magnifique sur Arles, La Crau, Châteaurenard et Avignon. Dans le flanc méridional de la colline, très curieuse église souterraine et monolithe (IV° ou V° siècle) de Saint-Pierre où l'on montre une anfractuosité de rocher taillée, dite confessionnal de Saint-Trophime.

A 100 m. à l'Est, chapelle Sainte-Croix, construite en 1019, au milieu d'un cimetière et entourée de tombes creusées dans le roc ; c'est un des échantillons les plus purs de l'architecture romane.

Ces admirables et pittoresques ruines méritent l'attention des touristes autant que celle des archéologues.

La route descend faiblement jusqu'à Arles ; à 2 kil. de Montmajour, tourner à gauche : (*à droite Tarascon à 15 kil.).*

ARLES. *(Voir page 183).*

D'Arles à Miramas, route plate et droite ; au retour prendre la route de droite à Châtillon-Samatane.

LA CRAU-LES ALPINES-TARASCON-FONTVIELLE

	Altitudes	Kilomètres	Totaux
Miramas-Gare	49	»	»
Entressen	40	6 500	6 500
Mouriès	33	11 500	18
Maussane	36	6 500	24 500
Les Baux	187-209	3 800	28 300
Mas-Blanc	30	9 500	37 800
Tarascon	10	9	46 800
Saint-Gabriel	18	5	51 800
Fontvieille	20	5	56 800
Barbegal	8	3 500	60 300
St-Martin-de-Crau	18	15 500	75 800
Châtillon-Samatane	50	9	84 800
Entressen	40	4 200	89
Miramas	49	6 500	95 500

De Miramas aux Baux voir pages 165-166-167.

En sortant des Baux par la route d'arrivée, après la descente et les 2 lacets, prendre à droite : *(à gauche Maussane à 3 kil.)*. Montée forte sur 1.500 m. On passe devant des carrières très curieuses à visiter, formées d'immenses excavations creusées dans la montagne et donnant l'impression d'une ville cyclopéenne. On atteint la côte 223 ; de ce point, descente rapide et mauvaise, avec tournants brusques, sur 4 k. 500. On rejoint la route de Saint-Rémy, ou l'on tourne à gauche : *(à droite Saint-Rémy à 3 kil. 300)* ; 200 m. plus loin, suivre tout droit : *(à droite Maillane à 4 kil. 200)*. Route plate jusqu'à Mas-Blanc.

MAS-BLANC.

Commune. Alt. 30 m. Hab. 130. Station : ligne de Tarascon *(9 kil. à Orgon, (26 kil.)*.

A 2 kil. de Mas-Blanc, prendre à droite : *(à gauche Saint-Etienne-du-Grès à 500 m.)* puis 400 m. après, suivre tout droit : *(à droite Maillane à 7 kil. 500)*, et 700 m. plus loin, laisser à gauche le petit chemin de Saint-Etienne-du-Grès. On traverse le hameau de Laurade d'où la route continue plate jusqu'à Tarascon.

TARASCON.

Chef-lieu de canton. Alt. 10 m. Hab. 9.025. Hôtels. P. T. Foires : 20 Mai, 26 Juillet, 8 Septembre. Station : ligne de Marseille (*100 kil.*) à Avignon *(121 kil.)*. Embranchements sur Orgon (*35 kil.*); sur Nîmes (*28 kil.*). Ville très ancienne, colonie Massaliote ; Eglise Sainte-Marthe élevée sur les ruines d'un temple antique *(1187, 1216 et 1470)*. Bel édifice à visiter en détail. Nombreux tableaux de maîtres. Magnifique château du roi René, construit vers 1445 sur les ruines d'un ancien château de 1291. Rue des arcades très originale. Beau pont suspendu (*1857*), d'où l'on jouit d'une vue admirable sur Tarascon et Beaucaire.

Sortir de Tarascon par la route d'arrivée, et, de suite après avoir passé sous la voie ferrée, prendre à droite. A 400 m. de ce point, prendre à gauche, *(à droite, Arles à 17 kil.)*. Route plate et droite jusqu'à **Saint-Gabriel**, où l'on tourne à gauche, *(à droite Arles à 13 kil. 800)* et 200 m. plus loin prendre à droite, *(à gauche Saint-Etienne-de-Grès à 3 kil.)* En face, sur le côteau, à 100 m. de la route, très curieuse chapelle de Saint-Gabriel ; reste de l'ancienne ville romaine d'**Ernaginum**.

Ancien port des utriculaires (*voir Arles*). Cette chapelle romane est bâtie avec les débris d'un ancien temple romain ; dans le tympan de la porte, très curieux bas-relief roman ; dans l'intérieur célèbre inscription de Fronton. Cette curieuse inscription est incrustée dans un des côtés du chœur. En voici la traduction : A Marcus Fronton Eupor, sévir augustal de la colonie Julia Augusta d'Aix, marin d'Arles, curateur de la dite corporation, patron des corporations des bateliers des Durances et des Utriculaires d'Ernaginum. Julia Nice, à son époux bien-aimé.

De la chapelle de Saint-Gabriel à Fontvieille, route presque plate. A 2 kil., bifur. : *(à gauche le Paradou à 8 kil.)* prendre à droite.

FONTVIEILLE. *(voir page 168)*.

En arrivant dans le village, bifur. : suivre tout droit. *(à droite Arles à 8 kil. 800 et Paradou à 6 kil. 500)*. Légère montée sur 1 kil. belle vue, puis descente assez rapide sur un second kil. Au bas de la descente la route croise les anciens aqueducs romains qui conduisaient les eaux à Arles, puis elle arrive à **Barbegale**, placée sur le canal de desséchement des marais des Baux. Ruines de l'aqueduc romain qui traversait la vallée sur une longueur de 1.500 mètres.

500 m. après, prendre à gauche : *(à droite Arles à 8 kil. 500)*. Petite montée sur 500 m. jusqu'à la cote 40, puis descente droite dans la partie la mieux cultivée de la Crau, sur 3 kil., jusqu'à la bifur. ou l'on tourne à gauche, *(à droite Arles à 8 kil.)*. Route droite. A 1 kil., continuer tout droit. : *(à droite, à 3 kil. 400, route d'Arles à Salon)*, et à 5 kil. nouvelle bifur. : prendre à droite. : *(à gauche Maussane à 7 kil. Route très pittoresque qui traverse les marais desséchés des Baux ; en face chemin vicinal de Vacquière)* au 3ᵉ kil. on arrive à Saint-Martin-de-Crau. : *(à droite Arles à 16 k. 400 ; en face Mas-Thibert à 11 kil. 500 ; à gauche vers le Nord, Mouriès à 9 kil. 600)* prendre à gauche, à l'Est. Route plate sur 9 kil. jusqu'à Châtillon-Samatane, ou l'on tourne à droite. : *(à gauche Mouriès à 7 kil. ; en face Salon à 15 kil.)*. Route plate sur 4 kil. 200 jusqu'à la bifur. d'Entressen ; tourner à gauche, *(en face Istres à 11 kil.)*. Le reste plat jusqu'à Miramas.

NOTES :

LA FONTAINE DE VAUCLUSE

	Altitudes	Kilomètres	Totaux
Miramas-Gare...........	...49....	»	»
Eyguières {Ville	...101....	....13	..13 .....
Eyguières {Gare........	....76....		
Orgon	....95....	....11 500..	..24 500..
Cavaillon...............	....95....	.....9 500..	..34 .....
L'Isle-sur-Sorgues. ...	.....60....	.....9 500..	..43 500..
Vaucluse	...75....	......7	..50 500..
La Tour de Sabran....	...100....	......7	..57 500..
Robion	...108....	.....6 500..	..64 .....
Cavaillon...............	....75....	.....5 500..	..69 500..
Orgon	....95....	.....9 500..	..79 .....
Sénas...................	....90....	......6	..85 .....
Salon..................	....80....	....12	..97 .....
Miramas	....49....	....11 500..	.108 500..

MIRAMAS. *(voir page 165)*.

En sortant de la gare tourner à gauche, traverser le passage à niveau, et suivre tout droit : *(à gauche Entressen à 6 kil. 500)*. La route plate traverse la Crau. A 3 kil., continuer tout droit : *(à droite Salon à 8 kil. 500)*. A 7 kil., bifur. : *(à droite Salon à 6 kil., à gauche Arles à 32 kil.)* suivre tout droit. La route, très bonne, est assez monotone et en plaine jusqu'à Eyguières, où elle monte légèrement avant d'arriver au village.

EYGUIÈRES.

Canton. Alt. 101 m. Hab. 2.330. Hôtel. P. T. Station : tête de ligne de Meyrargues *(47 kil.)*, et ligne d'Arles *(38 kil.)* à Salon *(8 kil.)*. Foires : 8 Mai et 25 Novembre. Ruines assez pittoresques d'un château du Moyen-Age. Belle église de Notre-Dame des Grâces. Monument Monnier.

Traverser la ville; sur la place, bifur. : *(à droite, Salon à 8 kil. 500, Alleins à 11 kil. 900, Lamanon à 5 kil. 300)* montée un peu forte dans le village, sortir par le côté Nord. La route monte sur 3 kil. Au 2ᵐᵉ kil., continuer tout droit *(à gauche Saint-Rémy à 25 kil.)* On aperçoit à gauche le château de Roquemartine. A 6 kil. 500, suivre tout droit : *(à droite Sénas à 2 kil. 200)*. La route après une montée douce jusqu'au dessous de la chapelle Saint-André, passe à **la Péagère-du-Rocher**, (ruines très pittoresques d'un château des XIᵉ et XIIIᵉ siècles et de l'ancien village de Sénas aux époques préhistoriques et romaines) puis elle descend jusqu'à la bifur. de la route de Sénas à Orgon en passant sous la voie ferrée; tourner à gauche *(à droite Sénas à 3 kil. 500)*. Route plate jusqu'à Orgon.

ORGON. *(voir page 141)*

En sortant d'Orgon, légère montée, et, à 500 m., prendre à droite *(en face, Plan d'Orgon à 3 kil. 500)*. Traverser le passage à niveau ; légère montée courte, un peu forte vers la fin; descente assez rapide et à 3 kil. 200, prendre à droite : *(à gauche Plan d'Orgon à 1.500 m.)*. Traverser la Durance, route plate jusqu'à Cavaillon.

CAVAILLON *(voir page 140)*.

Sur le Cours de Cavaillon, bifur. : *(2 routes, à droite Cheval-Blanc à 4 kil. 500 et Robion à 6 kil.)* suivre le Cours, passer devant l'Usine à Gaz, et, 400 m. après, prendre à droite : *(à gauche Caumont à 8 kil. 500)*. On traverse le Coulon *(tournant brusque)* et, 1 kil. plus loin, on tourne à droite, en laissant à gauche la route de Thor *(8 kil. 700)* puis 1.500 m. après on suit tout droit : *(à droite la Tour de Sabran à 6 kil. 500; à gauche Caumont à 7 kil. 500 et Thor à 7 kil. 500)*. Route plate jusqu'à l'Isle ; 500 m. avant l'Isle, prendre à droite ; *(à gauche Caumont à 8 kil. 500)*.

L'ISLE-SUR-SORGUES.

Canton. Alt. 60 m. Hab. 6.270. Hôtels. P. T. Station : ligne d'Avignon (*24 k.*) à Cavaillon (*9 k.*) et Carpentras (*16 k.*). Foires : 1ᵉʳ jeudi après le 19 Mars, 1ᵉʳ jeudi après le 12 Mai, 27 Août, 28 Octobre, 1ᵉʳ jeudi après le 8 Décembre.

Belle église du XVIIᵉ siècle, tour de 1558. Au-dessus de la porte de l'église, Gloire attribuée au sculpteur italien Angiolo. Statue attribuée à Puget. Tableaux de Mignard, Parrocel et médaillon attribué au Pérugin. Ville gracieuse, d'aspect pittoresque et très animé.

Sur le Cours, bifur. : *(à gauche Thor à 5 kil.)* et 500 m. après, tourner à gauche : *(à droite Apt à 33 kil.)*. On tra—

verse deux bras de la Sorgue et 700 m. plus loin, on prend
à droite la route de Vaucluse : *(à gauche Pernes à 9 kil.)*.

Route plate sur 4 kil. ; avant d'arriver à Vaucluse légère
montée.

VAUCLUSE.

Commune. Alt. 75 m. Hab. 702. Hôtels. P. T. Eglise du commencement du Xe siècle (monument historique), qui contient le tombeau de
Saint-Véran et de superbes chapiteaux. Colonne élevée à la mémoire
de Pétrarque, par l'Athénée de Vaucluse (*1800*). Vaucluse est célèbre
par sa fontaine qui sort d'une gigantesque masse rocheuse haute de
120 m. et taillée à pic au dessus du gouffre qu'elle surplombe.
Au dessus de la fontaine, sur le rocher, inscription latine rappelant
l'abaissement extraordinaire des eaux en 1682.
C'est à Vaucluse que Pétrarque se retira en 1337 et c'est là qu'il
composa la plus grande partie de ses poëmes. Il habitait une petite
villa située au-dessous du vieux château appelé à tort " Château de
Pétrarque " et qui appartenait au cardinal de Cabassol, évêque de
Cavaillon. Pétrarque quitta Vaucluse en 1353 et mourut dans sa solitude d'Arqua (*Italie*), le 18 Juillet 1374. *Pour se rendre à la Fontaine nous conseillons de laisser les bicyclettes à l'hôtel.*

Sur la place de Vaucluse, traverser la Sorgues et prendre
la rive gauche. Route très pittoresque qui passe *(à 2 kil.)*
devant le tombeau de Laure, puis devant le village de
Lagnes *(800 m. à gauche)* et, à 3 kil. 500 de Vaucluse, bifur. :
*(à droite l'Isle à 5 kil. ; enface, route de Cavaillon ; nom-
breux embranchements. Ne pas s'y engager sans carte)*,
prendre à gauche la route d'Apt. Route plate jusqu'à la
bifur. de la Tour de Sabran, : *(à droite Caumont à
14 kil.)* suivre tout droit, et à 2 kil. 300, tourner à droite :
(à gauche Gordes à 7 kil. 500 ; en face Apt à 23 kil.). La route croise la voie ferrée, la rivière le Coulon et 500 m. après,
tourne à droite : *(à gauche Ménerbes à 7 kil.)*. A 2 kil., on
passe au pied du village de Robion ; on laisse à gauche le
chemin du village de Taillade *(2 kil.)* et on suit tout droit la
route qui mène à Cavaillon.

De Cavaillon à Salon voir pages *140, 141, 142, 143 ;
et notice sur Salon, page 92.*

Sortir de Salon par la route d'Arles, et, après le passage à
niveau, prendre à gauche. *(En face Arles à 37 kil.)*. Route
plate, et, à 4 kil., bifur : *(à gauche Grans, à 2 kil. 500 ; à
droite, le Merle à 2 kil. 500)*, suivre tout droit, et 3 kil. 500
plus loin, prendre à gauche, *(à droite le Merle à 4 kil.)*. On
traverse le passage à niveau et le reste de la route est plat
et droit jusqu'à Miramas.

LA CRAU - VERSANT NORD DES ALPINES

	Altitudes	Kilomètres	Totaux
Miramas-Gare	....49....	»	»
Eyguières	.101 et 76.	....13 500..	...13 500.
Aureille	...134...	....7 500..	...21 ....
Mollèges	...56....	....14 500..	...35 500.
Saint-Andiol	...53....	....3 500..	...39 ....
Cabannes	...50....	....3	...42 ....
Noves	...45....	....4 500..	...46 500.
Châteaurenard	...45....	....4 500..	...51 ....
Eyragues	...23....	....5 500..	...56 500.
Saint-Rémy	...60....	....6	...62 500.
Maussane	...36....	....9 500..	...72 ....
St-Martin-de-Crau	...18....	...10	...82 ....
Chatillon-Samatane	...50....	....9	...91 ....
Entressen	...40....	....4 200..	...95 200.
Miramas	...49....	....6 500..	..101 700.

De Miramas à Eyguières *(Voir page 173)*.

EYGUIÈRES. *(Voir page 173)*.

En arrivant à Eyguières, 500 m. après la gare, prendre
le premier boulevard à gauche. La route légèrement ondulée passe par les cotes 111, 104, 109 et 112. A 7 k. 500
bifur. : *(à gauche Mouriès à 6 kil., route en plaine des plus
monotones à travers des plantations d'amandiers)* ; prendre
à droite, montée légère sur 1 kil.

AUREILLE.

Commune. Alt. 134 m. Hab. 600. Hôtel. Station : Ligne d'Arles
(31 kil.) à Eyguières *(7 kil.)*.
Habitat ligurien, ancienne station romaine. Tronçons bien conservés de la voie aurélienne qui a donné son nom à la ville actuelle.
Ruines du château construit au XIIe siècle par la République d'Arles.

Traverser le village. Montée assez forte sur 3 k. 500 passant par la cote 200 ; à la bifur., prendre à gauche : *(à droite*

Eyguières à 9 kil.) ; tournant brusque, puis descente sur 2 k. 500, qui s'accentue et devient assez rapide après la 2mo bifur. où l'on tourne à droite : *(à gauche Mouriès à 8 k. 500)*. Descente rapide dans un pittoresque vallon jusque dans la plaine d'Eygalières qu'on laisse à droite à 2 kil. On traverse le Canal des Alpines, le chemin de fer et l'on rejoint la route de Cavaillon à Saint-Rémy à la cote 57.

Prendre à droite, *(à gauche Saint-Rémy à 8 kil.)*.

La route plate et droite sur 2 kil. coupe deux chemins vicinaux à droite et à gauche, prendre le troisième à gauche *(à droite Eygalières à 3 kil. 500)* Chemin plat sur 2 kil. jusqu'à Mollèges.

MOLLÈGES.

Commune. Alt. 56 m. Hab. 760. Hôtel. P. T. Station à 3 kil.. ligne d^e Tarascon *(25 kil.)* à Orgon *(10 kil.)*. Eglise moderne de Saint-Pierre. Ruines pittoresques d'une forteresse à cinq tours.

En sortant du village, bifur. : *(à droite et à gauche deux chemins vicinaux)*, en face, deux chemins ; prendre celui de droite qui conduit directement à Saint-Andiol.

SAINT-ANDIOL.

Commune. Alt. 53 m. Hab. 1.230. P. T. Hôtel. Station : ligne de Barbentane *(18 kil.)* à Orgon *(10 kil.)* Eglise Saint-Andiol (1567). Mausolée, chaire et boiserie. Restes de fortifications. Château du XVII° siècle. Beau parc.

En entrant dans le village, bifur. : *(à droite vers le sud Orgon à 9 kil. 500 ; à gauche à l'Ouest, chemin des Paluds, à gauche au Nord, grande route de Noves à 5 kil.)*, prendre en face la route de Cabannes.

CABANNES.

Commune. Alt. 50 m. Hab. 1.585. Hôtel. P. T. Station de Barbentane *(15 kil.)* à Orgon *(13 kil.)*. Foire : 22 Juillet. Ruines d'un château du Moyen-Age et église Sainte-Madeleine *(1600)*.

En sortant de Cabannes, prendre à droite, en laissant le chemin vicinal de Noves ; 200 m. plus loin, tourner à gauche. La route gagne les bords de la Durance qu'elle suit jusqu'au pont de Bonpas. Route très pittoresque. Belle vue. Au pont de Bonpas, tourner à gauche *(à droite Caumont à 3 k. 500)* et 200 mètres plus loin, prendre à droite le chemin de Noves.

NOVES.

Commune. Alt. 45 m. Hab. 2.175. Hôtel. P. T. Station : ligne de Barbentane (*11 kil.*) à Orgon (*17 kil.*). Foire: 31 Août. Eglise Sainte-Baudile (*XII° et XIV° siècles*). Remparts percés de portes crénelées. Tour de l'Horloge. Chapelle de N-D. des Fonts de Vaquières, (*source miracu-leuse*). Ruines d'un château du Moyen-Age ou naquit Laure de Noves, chantée par Pétrarque.

Sortir de Noves par la route qui suit la Durance. Laisser à droite les chemins vicinaux que l'on trouve.

CHATEAURENARD.

Commune. Alt. 45 m. Hab. 6.194. Hôtels. P. T. Téléphone. Station : ligne de Barbentane (*7 kil.*) à Orgon (*21 kil.*). Habitat préhistorique, puis station romaine. Belles ruines de l'ancien château, construit par les comtes de Provence et dont il reste deux belles tours. Point de vue magnifique qui s'étend depuis Saint-Rémy jusqu'à Avignon. Ville pittoresque et très animée.

Dans la ville, tourner à gauche : *(à droite Rognonas à 5 kil., en face Graveson à 8 kil. 500).* Petite montée sur 1 kil. puis descente douce jusqu'à Eyragues.

EYRAGUES.

Commune. Alt. 23 m. Hab. 1.915. Hôtel. P. T. Foires : 26 Septembre et le 1er lundi de chaque Avent. Eglise fortifiée de Sainte-Maxime (*XI°siècle*).

Dans Eyragues, bifur. : *(à gauche Verquières à 7 kil.; à droite Graveson à 6 kil. 500 et Maillane à 3 kil. 500).* Prendre en face la route de Saint-Rémy ; montée très douce.

SAINT-RÉMY.

Canton. Alt. 60 m. Hab. 5.980. Hôtel. P. T. Téléph. Station de Ta-rascon (*15 kil.*) à Orgon (*20 kil.*). Foires : 25 Avril et 28 Octobre.

Ancien comptoir Massaliote ; puis ville romaine de **Glanum**. Egli-se Saint-Martin (*1825*) avec beau clocher de 1330. Maison de Michel Nostradamus. Jolie ville. Promenades et boulevards agréables. Foire d'Avril très originale.

A Saint-Rémy, bifur. : *(3 routes, au Nord Eyragues à 6 kil. ; par la route de la gare, Maillane à 6 kil. 500 et Graveson à 9 kil. ; en continuant la route d'arrivée, Mas-Blanc à 5 kil. 500 et Tarascon à 15 kil.)* prendre à gauche la route de Maussane. Légère montée, et à 1 kil. **"Les Antiques "**.

" Les Antiques " magnifiques monuments romains qui consti-tuent, avec la stèle des Baux, les trois plus intéressants monuments de la Provence. 1° Arc de triomphe formé d'une arcade de 7 m. 30, archivolte gracieuse, colonnes cannelées et bas-reliefs d'un beau dessin. 2° Le Mausolée en forme de pyramide, haut de 18 m., orné de bas-reliefs élégants et surmonté d'une coupole renfermant deux statues. qui représentent peut-être Marius et César. Sur la frise se trouve une inscription qui porte :

SEX. L. M. JVLIA
L. C. F. PARENTIBVS. SVIS.

Elle a donné lieu à bien des interprétations, et plusieurs auteurs croient qu'elle est apocryphe. Près des Antiques, ruines d'un camp retranché et tronçons d'une voie romaine, bien conservés.

De ce point, la route commence à monter assez fortement sur 3 kil. 500, puis descend rapidement jusqu'à Maussane; vallon très pittoresque.

MAUSSANE *(voir page 166)*.

Commune. Alt. 36 m. Hab. 1.370. Hôtel. P. T. Station : Ligne d'Arles (*17 kil.*) à Eyguières (*21 kil.*). Foire : 1er Mai.

En arrivant à Maussane, tourner à droite et 150 m. plus loin, prendre à gauche, *(à droite les Baux à 3 kil. 800; en face Paradou à 1 kil. 800)*. Route en descente légère qui passe entre les curieuses petites collines de la Penne et de Castillon. Ruines romaines et du Moyen-Age assez considérables. On traverse les marais desséchés des Baux, au milieu de belles cultures et de vastes tourbières. On longe l'étang du Comte, puis, après un tournant à droite, la route monte assez fortement sur deux kil. pour arriver sur le plateau de la Crau-sur-Durance. On croise la route qui conduit à Arles *(14 kil. à droite)* et à Mouriès *(8 kil. à gauche)*. De ce point, route plate jusqu'à Saint-Martin.

De Saint-Martin à Miramas, voir page *172*.

SAINT-RÉMY – MAUSSANE

	Altitudes	Kilomètres	Totaux
Miramas-Gare	49 et 76	»	»
Eyguières	101	13 500	13 500
Saint-Rémy	60	27	40 500
Maussane	36	9 500	50
Mouriès	33	6 500	56 500
Entressen	40	11 500	68
Miramas	49	6 500	74 500

De Miramas à Eyguières *(Voir page 173)*.

A 2 kil. d'Eyguières, prendre à gauche. *(à droite Or-gon à 10 kil.)* La route passe en face le château de Ro-quemartine puis au petit hameau de Saint-Pierre-de-Vence *(alt. 162 m.)* sur l'emplacement d'une villa romaine. A gauche chemin qui revient à Eyguières, prendre à droite, puis montée assez forte sur 6 kil. jusqu'à la bifur. où l'on tourne à droite ; *(à gauche Aureille à 3 kil. 500).* La route s'engage dans un assez beau vallon bien boisé et descend légèrement sur 2 kil. 500. Bifur. : *(à gauche Mouriès à 8 kil. 500)* prendre à droite. Descente rapide dans un pit-toresque vallon jusque dans la plaine d'Eygalières qu'on laisse à droite à 2 kil. On traverse le canal des Alpines, le chemin de fer, et l'on rejoint la route de Cavaillon à Saint-Rémy à l'alt. 57 m., où l'on tourne à gauche : *(à droite Ca-vaillon à 11 kil. et Orgon à 10 kil. 200).* Route plate jusqu'à Saint-Rémy et passant par les cotes 60 et 69.

SAINT-RÉMY. *(Voir page 178).*

De Saint-Rémy à Maussane, voir pages 178-179.

En arrivant à Maussane tourner à gauche : *(à droite Maus-sane à 100 m. et Paradou à 1.500 m.)* et 200 m., plus loin bifur. : *(à gauche petit chemin de Mouriès à 6 kil. 500)* prendre à droite. Après le 1er kil., deux petites montées cour-tes mais assez fortes. Route presque plate jusqu'à Mouriès.

MOURIÈS. *(Voir page 166).*

Dans le village, suivre tout droit: *(à gauche Eyga-lières à 12 kil. 500 ; à droite Saint-Martin-de-Crau à 8 kil. 500. Route très pittoresque).* Légère descente sur 500 m. puis montée assez forte sur 1.200 m. passant par les cotes 21 et 50. Bifur. : *(à gauche Aureille à 5 kil. et Eyguières à 11 kil. 500)* prendre à droite. Montée assez forte sur 500 m jusqu'à la cote 69, puis descente douce sur 1.500 jusqu'à la cote 59. Le reste de la route est presque plat jusqu'à la bifur. de Châtillon-Samatane ou l'on tourne à droite *(à gauche Salon à 15 kil. ; à droite Arles à 23 kil.).* De ce point à Entressen, route plate et droite.

ENTRESSEN. *(Voir page 166).*

A Entressen, tourner à gauche : *(en face Istres à 11 kil.)* route plate et droite jusqu'à Miramas.

ARLES

Section des Bouches-du-Rhône

Nota.— Pour Arles, section du Gard, voir à la Table.

ARLES

Section des Bouches-du-Rhône

ARLES

Peu de villes peuvent se flatter d'avoir une origine plus ancienne. En effet, le mamelon occupé par la ville actuelle a toujours été habité depuis la plus haute antiquité. A l'époque préhistorique, le territoire d'Arles formait un vaste marais alimenté par divers bras de la Durance dont les eaux, ainsi que celle du Rhône, venaient battre de tous côtés l'ilot sur lequel était construit l'oppidum et lui donnaient une physionomie lacustre et presque maritime (voir Orgon, Cavaillon, Pertuis, St-Gabriel, Mas-Thibert, Moutmajour, etc.).

On peut, se représenter l'aspect de la ville préhistorique assise sur son plateau de 16 à 20 m. d'altitude, entourée, à l'ouest par le Rhône, et baignée au nord, à l'Est et au Sud par un immense bassin, qui commençait à Tarascon et Saint-Rémy, s'étendait au sud des Alpines, aux confins de la Crau, et se prolongeait jusqu'au golfe de Fos. Il y a à peine deux siècles, toute la plaine, d'Arles à la mer, était encore recouverte par les eaux. Cet état existerait encore, si le Rhône n'était pas endigué depuis Mézoargues jusqu'à la mer ; et lors de la grande inondation de 1857, survenue par suite de la rupture de la digue de la Montagnette, toute cette immense région fut momentanément remise dans son état primitif. De cette véritable mer intérieure, émergeaient à l'état d'iles, les collines de Fontvieille, du Castellet, de Montmajour, de Cordes et l'extrémité des Alpines, qui formait un promontoire sur lequel se trouvait un habitat à l'emplacement de Saint-Gabriel.

C'est sur ces ilots que les hommes des âges préhistoriques avaient établi leurs demeures et leurs sépultures dans des monuments dolméniques tels que : La *grotte des Fées*, taillée de main d'hommes dans la colline de *Corde* ; la grotte de *Bounias*, et celle de la *Source* près de *Cordes* ; la *grotte du Castellet* et le *Tumulo-Dolmen* de *Coutignargues* au nord de *Montmajour*. Des fouilles pratiquées avec soin dans ces diverses sépultures, ont donné des résultats précieux pour l'histoire, l'archéologie et l'ethnographie de ces âges lointains. L'ilot d'Arles fut habité dès l'époque de la pierre taillée ; on y a trouvé des silex taillés, des haches en diorite et des armes de l'âge du bronze.

Vers la fin de cette époque, la communication de l'habitat d'Arles avec le petit archipel qui l'entourait ne pouvait avoir lieu que par eau ; mais ces nappes d'une faible profondeur, étaient seulement flottables, et l'on ne pouvait y naviguer qu'au moyen de radeaux soulevés sur des outres gonflées d'air de manière à ne déplacer qu'une tranche d'eau assez mince, navigation encore employée par les riverains de l'Euphrate, du Gange, de l'Indus et du Danube, régions occupées dans la préhistoire par la race aryenne qui envahit l'Europe probablement à l'époque de la pierre polie.

Ces premiers navigateurs, qui prirent, à l'époque romaine, le nom *d'utriculaires (utriculariœ naves)*, parcouraient toute la région d'Arles ainsi que la Durance, navigable encore sur une grande partie de son cours, et avaient comme ports principaux, Pertuis, (ou l'on construisait les barques). Cavaillon, Orgon et Ernaginum (St-Gabriel) qui était le siège principal de ces singuliers nautoniers. (Voir ces noms).

Il est donc probable qu'Arles. par sa situation privilégiée, devint un centre commercial assez important, bien des siècles avant notre ère, et que les Phéniciens, qui vinrent sur nos côtes au VIIIe siècle avant J.-C., ont remonté le Rhône, en traversant les immenses lagunes du Galèjon, et fait d'Arles une de leurs principales escales.

Les Phocéens, à leur tour, après avoir fondé Massalia (600 ans avant J.-C.), firent d'Arles une de leurs plus riches colonies, y ayant acquis une sorte de droit de cité et s'étant tout a fait assimilès les populations de cette région.

Ils donnèrent un essor rapide, au commerce, à la marine, à l'industrie et aux arts ; la ville ligurienne devint bientôt l'un des premiers comptoirs de la Provence et probablement le plus important,

Enfin 46 ans avant J.-C., trois ans après la réduction de la Gaule en province, la ville Gréco-ligurienne fut transformée en colonie romaine par César qui venait de soumettre Massalia.

Rome y envoya six mille hommes, conduits par Claudius Tiberius Nero, qui prirent possession de la ville.

C'est alors que furent construits ces innombrables monuments destinés à frapper les populations soumises, et a rappeler aux soldats la patrie absente. En quelques années, l'aspect de la ville fut entièrement changé.

Une armée d'ouvriers fut occupée à construire les mêmes édifices publics que ceux qui existaient à Rome, des temples, des arcs de triomphe, un cirque, des théâtres, un capitole, un forum, des aqueducs, des marchés, des bains, etc.

De commerciale et marchande, la ville devint bientôt patricienne et opulente et digne d'être comparée à Rome même, aussi prit-elle le nom de *Rome des Gaules (Gallula Roma Arelas)*.

Sous Constantin, qui s'y fixa, (306 à 337) d'immenses aqueducs apportèrent à la ville les eaux fraîches et limpides des sources des Alpines et de la fontaine de Vaucluse ; on retrouve des ruines de ces aqueducs aux environs d'Orgon, près de St-Rémy, dans le vallon des Baux, à Barbegal, ou la canalisation traversait la vallée sur des arcades dont il reste les débris; les eaux de la fontaine de Vaucluse se dirigeaint vers la chapelle romane du pont du Bonpas, traversaient la Durance au moyen d'un siphon en tuyaux de plomb, passaient près de Châteaurenard et se deversaient dans l'aqueduc précédent à St-Gabriel (*Ernaginum*).

Toutes ces eaux arrivaient à Arles sur le sommet du plateau, ou se trouvent les Arènes, et se distribuaient dans la ville; une partie traversait le Rhône dans des tuyaux en plomb et alimentait le faubourg de Trinquetaille, (*de* **Trencatella**, *bac-à-traille ou batellerie*) relié à la ville par un pont de bois et plus tard par un pont de pierre.

Arles atteignit son apogée sous le règne de Constantin, qui songea même en faire la capitale de tout l'empire ; aussi la ville prit-elle le nom de *Constantina*.

Mais en 480 elle fut prise et saccagée par les Wisigoths, conduits par Ewarik, leur roi, qui régnait sur la première Narbonnaise, c'est-à-dire depuis le Rhône jusqu'à l'Océan et qui avait Toulouse pour capitale. Ce prince se fixa à Arles où il mourut prématurément en 483.

Au printemps de 508, les Francs, qui venaient, avec Clovis, de vaincre les Burgondes à la bataille de **Voulon**, assiégèrent Arles qui fut bientôt réduit à la famine la plus extrême. Aucun historien n'a décrit la grande bataille qui fut alors livrée devant Arles; on sait seulement que les assiégeants la perdirent, que les goths tirèrent vengeance du désastre de Voulon par un terrible carnage, et ramenèrent dans Arles « *Un nombre immense de captifs* ».

En 536, l'esprit pusillanime du roi Vitigès fit plus, pour les francs, que n'avait pu faire leur épée sous Ewarik; Vitigès leur céda la ville, qui devint le partage de Childebert roi de Paris. — Mais le défaut d'esprit public entraîna rapidement la décadence des arts et du commerce, des mœurs, de toutes, les forces sociales attachées à la nationalité. L'antique éclat, de la ville de Constantin, commençait à n'être plus qu'un nom un souvenir du passé, lorsque l'invasion des Sarrasins (732) vint consommer sa ruine. La ville fut livrée aux flammes, presque détruite et ses habitants égorgés.

Les beaux monuments d'Arles, déjà fortement ruinés par les violences qu'une religion nouvelle imposait à l'art, disparurent à tout jamais, sauf la masse colossale des Arènes qui fut transformée en forteresse.

A cette nouvelle, Charles-Martel vint assiéger les barbares, qui s'étaient réunis dans Avignon, mit le feu à la ville et tua tous les maures qu'il rencontra. Il parcourut ensuite la Provence et en chassa les Sarrasins qui n'osèrent plus reparaître sur nos côtes qu'en 830.

Arles malgré ses désastres, conserva son indépendance et devint en 870 la capitale du royaume d'Arles dont Boson fut le premier roi. Mais à la chute de ce royaume, en 1150, elle profita des discordes survenues entre les comtes de Provence et les archevêques d'Arles d'un côté, et les empereurs d'Allemagne et les papes de l'autre, pour s'ériger en république qui subsista jusqu'en 1251, époque à laquelle elle rentra dans le royaume de Provence, où elle ne tint plus qu'un rôle secondaire jusqu'à sa réunion définitive à la France en 1482.

Arles constitue aujourd'hui une réunion unique en France de plus de 120 monuments de tous les âges, dont voici les principaux : **Abbaye de Saint-Césaire** *(1005-1280)*. Les **Aliscamps**, vaste nécropole dont il reste à peine un quart, qui portait à l'époque romaine le nom de *champs élysées*, composée de tombeaux et de monuments grecs, romains et du Moyen-Age. **L'Amphithéâtre**, construit probablement sous Caligula *(37-41)*, ou Adrien *(117-138)*, est le plus vaste de tous les monuments de ce genre que les romains aient élevés dans les Gaules. Son grand axe mesure 140 m. (*36 m. de plus que celui de Nîmes*), et son petit axe 103 (*32 m. de plus que celui de Nîmes*) Il était divisé en trois étages, dont deux seulement sont encore debout (*le premier d'ordre dorique, le second corinthien*), chaque étage est formé de 60 arcades. Ses gradins avaient un développement de plus de 12 k. et pouvaient contenir plus de 25.000 spectateurs

Au VIIIe siècle ce monument fut transformé en château des Arènes et devint une petite ville, où l'on bâtit plus de 200 maisons et une église. Le déblaiement n'en fut commencé qu'en 1825 par M. de Chartrouse, maire d'Arles.

Cloître Saint-Trophime *(1221-1380)*, roman et gothique, sculptures très remarquables. — **Clocher des Cordeliers** *(1469)*.—**Tour de l'Horloge** *(1547)*.—**Hôtel-Dieu** *(1574)*.—**Notre-Dame-de-la-Major**, sur fondations romaines (*XVI⁰ siècle*). — **Notre-Dame-de-la-Miséricorde** *(1451)*. — **Obélisque romain**, seul monolithe en granit gris (*de l'Estérel*) exécuté hors de l'Egypte. Il mesure 15 m. 30 de hauteur et faisait partie de la **Spina** du **Cirque**. Cet obélisque a porté à son sommet tous les emblèmes possibles : fleur de lys, soleil, boule, coq, aigle, bonnet phrygien, etc., excepté une girouette qui les eût remplacé tous avec avantage.

Palais de Justice *(1200)*.—**Palais de Constantin** dit de la **Trouille** (*de* **Trullus**, *édifice rond, Ducange, glossaire*) construit vers 310.—**Chapelle des Pénitents blancs** *(1537*, bleus *1522*, noirs *1429* .—**Porte de la Cavalerie** *1558*.—**Saint-Accurse** *1521*.—**Saint-Césaire** *1451-1627*. — **Saint-Honorat** *1054*.—**Saint-Jacques et Philippe** *1529* .

Cathédrale Saint-Trophime (*IX⁰ siècle*) dont le merveilleux portail date de 1221.—**Eglise Sainte-Croix** (*XVI⁰ siècle*).—**Théâtre Antique** (*Grec*).—**Remparts et Tours** de tous les âges.—**Fragment du Forum** romain.

Musée lapidaire et **Musée des médailles**, très riches et contenant des pièces uniques.—Nouveau musée d'éthnographie dit : **Museon Arlaten**, situé au deuxième étage de l'immeuble du tribunal de commerce. Renferme des pièces du plus haut intérêt pour l'histoire des mœurs, de l'industrie, des arts, et de la littérature de la Provence ancienne, ainsi que la reconstitution de diverses scènes et intérieurs provençaux.

Belles promenades bien ombragées. Beau pont sur le Rhône.

Cette belle et curieuse ville, qui caractérise si bien la Provence, mérite une longue visite, et une journée entière n'est pas de trop pour voir les merveilles qu'elle renferme.

LA CAMARGUE

La Camargue est un vaste delta, formé par les alluvions du Rhône, coupé par d'innombrables marais, étangs et canaux d'eaux saumâtres ou salées.

En traçant une ligne idéale partant de Chamône sur le Rhône, et passant par Tour-Vieille, Badon, l'étang du Valcarès et aboutissant à Albaron, on divise la Camargue en deux zones d'aspects bien différents.

La zone du nord, presque entièrement cultivée, et formée de terres labourables et de pâturages fins, présente un luxe, une puissance, et une variété merveilleuse de végétation, qu'il serait difficile de retrouver ailleurs, et dont la ressemblance est frappante avec les paysages de la Bretagne et de la Normandie, mais ayant en plus le soleil de la Provence.

C'est là qu'on trouve la terre du midi avec ses fleurs, son sol luxuriant, ses végétaux robustes, et son air léger, bleuâtre et transparent.

Les végétaux, plus largement développés, s'y étalent davantage et occupent plus d'espace. La terre humide, molle, profonde, abondante en humus, donne à ses productions des tiges élevées, tendres, flexibles et succulentes ; les graminées sont gigantesques et couvrent de leurs masses verdoyantes tout l'espace que leur laisse la culture.

Les grand mas, tels que : Beaujeu, Cabanes, Fiélouse,

Badon, Chartreuse, Méjanne, Romieu, Seignoret, Francony, Vert, etc., enfouis dans cette surabondance de végétation, et entourés de bosquets d'arbres séculaires, de vignes et de jardins, sont des séjours aussi agréables que productifs.

Ces domaines, d'une étendue plus ou moins considérable, et dont quelques uns ont été morcelés et subdivisés depuis 1793, appartenaient, en général, avant 1789, à l'Ordre de Malte.

La deuxième zone, celle du Sud, d'un aspect tout différent et absolument opposé, s'étend jusqu'à la mer et ne se compose en général et sauf quelques exceptions, que de dunes, de maigres paturages, de marais et d'étangs. Parmi ces derniers, on doit plus particulièrement distinguer celui de Valcarès, de forme elliptique ayant environ 3 lieues dans son grand diamètre et couvrant une surface de 1200 hectares. C'est le réservoir général de l'ile et ses eaux imprégnées de sel par des communications avec la mer, contribuent à alimenter d'autres étangs, sur les bords desquels sont établies les salines, aujourd'hui abandonnées, de Badon, du Valat, de Quarantaine et de la Vignolle, qui, dans leur temps prospère, ont, ensemble, produit jusqu'à 600.000 quintaux métriques de sel. Les seules salines aujourd'hui en activité sont celles dites de Giraud qui sont immenses.

On ne peut rien se figurer de plus sauvage que ces vastes plaines de terre livrées à elles-mêmes, s'étendant à perte de vue, dans un horizon dont rien ne vient couper la fastidieuse uniformité. Partout la plaine, grande, vaste, immense, éclatante de blanches efflorescences salines, semblables à une légère couche de givre, qui contraste étrangement avec l'air torride. Partout le soleil, partout du sable, des marais et des étangs ; rien qui récrée la vue et la console de cette désespérante monotonie.

C'est à peine, si, dans cette immense solitude, l'œil ébloui et fatigué d'une lumière pénétrante et des effets du mirage, trouve à se reposer sur de rares oasis, véritables iles végétales, où croissent des genévriers, des tamaris et une foule de graminées à chaume élancé.

Ce sol aride et saturé de sel, ne nourrit que des arbustes chauves et tortueux, des plantes durcies, ligneuses, tenaces, hispides ou hérissées de poils rudes, manifestant des propriétés énergiques, des parfums exaltés, des saveurs étranges, vives, aromatiques, brûlantes ou amères, comme les Inules, les Armoises et les Euphorbes.

Et cependant, quelque déserte que paraisse et que soit effectivement cette partie de notre département, quelque frappé qu'on soit à l'aspect des dangers et des difficultés qui semblent vous attendre dans un lieu aussi sauvage, et qui ne sont rien moins que chimériques, nous n'en persistons que plus obstinément à recommander cette région à l'attention des touristes, des botanistes, des conchyliologistes et surtout des chasseurs.

On peut y faire des chasses fructueuses et y recueillir un grand nombre de plantes rares et recherchées.

Seul, au milieu de ce morne désert, le voyageur risque souvent de traverser de grands espaces de 20, 30 et même 40 kilomètres sans rencontrer un seul homme qui vienne animer un moment la solitude qui l'entoure. Cette solitude, étrange, profonde, sévère, fait naître un sentiment d'une majestueuse grandeur et d'une intense poésie. Seulement de temps à autre, quelques troupes de chevaux ou de taureaux libres et sauvages, prennent la fuite devant lui, et s'enfoncent dans les marais, puis le désert rentre dans son repos absolu. Pourtant cette partie de la Camargue est moins déserte qu'elle ne le paraît ; elle est habitée par d'innombrable bandes d'oiseaux aquatiques, tels que canards, sarcelles, poules d'eau, etc. Parmi ces oiseaux règne, par droit de taille et de beauté, le flamand rose, qui nous vient d'Egypte. Nous en vîmes une fois, un vol de plus de 300 individus qui prenaient leurs ébats dans l'étang de la Roque, au Plan du Bourg.

La Camargue est environnée d'une ceinture de digues ou chaussées de 2 à 10 m. de large sur 1 à 15 m. de haut. Le développement de ces chaussées est de près de 300 k.; depuis le Grau du Pégoulier, en remontant le Grand Rhône, jusqu'à la tête de la Camargue ; puis, de ce point, en suivant le petit Rhône jusqu'au Grau d'Orgon, et, enfin, des Saintes-Maries jusqu'en face de la Tour Saint-Louis en suivant le littoral.

Vers la fin de la période néolithique et au commencement de l'époque ligurienne, la Camargue n'existait pas ; l'estuaire du Rhône formait un vaste triangle, délimité à l'Ouest par les collines de Lunel, Vauvert et Saint-Gilles, à l'Est par la Crau, (ancien delta de la Durance), et dont le sommet était près d'Arles. Pendant la période ligurienne, c'est-à-dire pendant 6000 ans au moins, le delta se forma peu à peu par exhaussement du fond et dépôts sur les rives Est et Ouest.

Enfin, à l'époque romaine, il ne restait plus de l'estuaire primitif qu'un grand golfe dont l'étang du Valcarès est le dernier vestige ; les deux caps extrêmes de ce golfe étaient, à l'Ouest, la pointe des Saintes-Maries, et à l'Est la pointe de l'Espiguette où se trouvait l'embouchure du grand bras du Rhône. La partie comprise entre les Salins de Giraud, le hameau de Barcarin, et l'embouchure du Galéjon n'était pas formée. Presque tous les auteurs admettent l'existence de la pointe des Saintes-Maries à l'époque romaine ; les preuves sont trop nombreuses pour soutenir le contraire ; (*on y a trouvé en abondance des monnaies grecques et de la période impériale, des poteries, des bronzes, etc*). Mais ce qu'ils n'admettent pas c'est que la pointe de l'Espiguette soit de la même époque. Eh ! bien il en existe une preuve irréfutable et la voici :

En mai 1884, nous avons trouvé sur la terrasse du Poste

des Douanes de Bauduc, un bloc de marbre blanc, portant une inscription antique en **Sigles** de 0,03 c. de haut, ainsi qu'un fragment de marbre statuaire, représentant en relief, la partie inférieure d'une tête très bien sculptée.

Le brigadier de ce poste, M. Gibert, nous rapporta qu'il avait trouvé ces débris en décembre 1883, entre les étangs de Bauduc et du Vaisseau, sur la rive de la goule de Sainte-Anne, au lieu dit le Platelet, à 3 k. du vieux Rhône et à 2 k. de la mer.

Une visite sur les lieux nous convainquit de la réalité du fait, car nous retrouvâmes plusieurs autres fragments de marbres ainsi qu'une grande quantité de débris de briques et de tuiles romaines dont la pâte est absolument caractéristique.

Ces deux marbres, sont aujourd'hui déposés au Musée d'Arles, auquel M. Gilles les à signalés.

Les sigles de l'inscription sont d'une bonne époque, et n'accusent aucune dégénérescence, nous les lisons comme suit :

> ODANI DEGVRSV
> OD HONOR
> T HECHE
> EY IN ANNO

L'importance de ce monument nous engagea à publier cette inscription, avant qu'elle ait été interprétée, n'en retenant pour notre compte que la dédice à l'embouchure du Rhône, qui est indiscutable.

(*Bulletin archéologique du Département de Vaucluse, 1885, page 137 et suivantes, Inscription votive aux embouchures du Rhône*).

Dans un ouvrage, nouvellement paru (*Le Pays d'Arles*), l'auteur a singulièrement défiguré cette inscription ainsi que les faits relatifs à sa découverte ; il n'y a pas moins de six erreurs dans sa citation, sans compter qu'il passe sous silence le nom de M. Gibert et le nôtre.

LA CRAU — LE RHONE — PORT-SAINT-LOUIS
LA CAMARGUE

Cet itinéraire étant absolument plat nous n'avons pas jugé nécessaire d'en dresser le profil en long.

	Altitudes	Kilomètres	Totaux
St-Martin-de-Crau	19	»	»
Mas-Thibert	4	12 500	»
Port-Saint-Louis	2	24 500	37
Salins-de-Giraud	8	7	44
Petit Badon	10	7	51
Mas-de-Fiélouse	8	9	60
Villeneuve-Romieu	6	8	68
Arles	3	16	84
St-Martin-de-Crau	19	16 400	100 400

SAINT-MARTIN-DE-CRAU.

Village. Alt. 19 m. Hab. 2.000. P. T. Station : à 2 kil. ligne de Marseille (*70 kil.*) à Arles (*16 kil.*). Eglise Saint-Martin (*1637*). Eglise moderne de style roman (*1869*) renfermant des tableaux curieux.

A la station de Saint-Martin-de-Crau prendre, au Sud, la route de Mas-Thibert, en Crau. Vers le troisième kil., on longe le canal de Langlade ; à 3 kil., vers le Sud, on aperçoit l'étang de Dezeaumes. Au huitième kil., bifur., prendre à gauche on traverse le canal de Langlade ; 2 kil. après, nouvelle bifur., prendre à droite. Au onzième kil., on traverse les deux canaux de la Vidange et du Vigueirat et l'on arrive au grand canal d'Arles à Bouc, et à Mas-Thibert.

MAS-THIBERT.

Village. Alt. 4 m. Hab. 900. P. T. Station : Ligne d'Arles (*20 kil.*) à Port Saint-Louis (*21 kil.*).

Ancien nom : *Tour d'Enseric (1167)*. Eglise moderne *(1852)*. La tour qui existait vers l'an 1000 devait être un signal placé sur la berge des *Fosses Mariennes*, canal de navigation creusé par les soldats de Marius *(103 ans avant J.-C.)* dans les marais du *Galéjon*, de la *Trincanière* et l'*Etang de Meyranne* et qui permettait aux galères romaines de remonter jusqu'à Arles en évitant les atterrissements du Rhône. L'armée de Marius fut ravitaillée par ce canal dont les canaux du Viguerat et de la Vidange suivent encore à peu près le tracé. Son embouchure se trouvait entre Fos et le poste de douane de la Roque, près du grau du Galéjon. A cette époque tout le territoire formé par les marais desséchés des Baux, les marais du grand Clar, du petit Clar, des Chanoines, de Meyranne, de la Trincanière, de Labondoux, du Coucou et de la Fous, était sous l'eau ; c'était un immense étang, qui partait des Baux, passait près d'Arles et aboutissait à la mer, en drainant toutes les eaux de la Crau, des Alpines de la plaine d'Eyragues, et alimenté par les branches de la Durance (*voir Arles, Orgon, Cavaillon, Pertuis*). Marius n'eut donc qu'à faire draguer un chenal dans ces lagunes pour obtenir un canal facilement navigable.

Plutarque dit même qu'il y dériva une partie du Rhône pour obtenir un écoulement régulier et un tirant d'eau plus fort. Après la défaite des Teutons « les Marseillais, à qui Marius avait donné les « *Fosses Mariennes* en récompense des services qu'ils lui avaient « rendu en approvisionnant son armée, firent élever des tours, à « l'embouchure du Galéjon, dont elles marquaient l'entrée (*tour de la* « *Roque*) et sur les bords des étangs pour indiquer la route (*Mas-* « *Thibert, etc.*), ainsi s'explique l'existence de nombreuses tours que « leur situation dans les marais rend impropres à la défense ». (*I. Gilles, Marius dans les Gaules, 1870*).

Combien de temps a duré la navigation de ce canal ? Plusieurs siècles sans doute ; elle durait encore au temps de Strabon qui vivait sous Auguste et Tibère (*29 ans avant J.-C. à 37 de notre ère*). L'inscription de Fronton, à Saint-Gabriel, indique qu'elle se faisait encore au IVe siècle, mais elle dut cesser vers cette époque, (*voir Saint-Gabriel*).

Vers la fin du XIIe siècle, les abbés de Montmajour commencèrent le desséchement de ce vaste marais qui mesurait près de 80 kil. de longueur ; continué par Van Ens, en 1642, il a été définitivement complété de nos jours par l'ouverture du canal de Bouc en 1835.

En sortant de Mas-Thibert, traverser le canal de Bouc, la voie ferrée et tourner à gauche. Le chemin suit la rive gauche du Rhône et le chemin de fer de Port-Saint-Louis ; il est très médiocre, incyclable après une période de pluie, et incertain par endroit ; on passe à la halte de la Porcelette puis on suit la voie du chemin de fer ; on tourne à droite, on traverse la voie ferrée en passage à niveau et l'on regagne la digue du Rhône à la ferme de Grand-Passan. Le chemin se dirige en plein Sud vers le hameau de Saint-Trophime qu'on laisse à droite à 500 m., puis à Barcarin, village de 800 habitants. Ruines romaines très nombreuses et chapelle fort ancienne. Eglise de Saint-Trophime (1650). Les ruines de Saint-Trophime et de Barcarin sont les restes d'une station romaine qui dut être assez importante et qui se trouvait probablement à l'ancienne embouchure du

Rhône. De ce point la route prend la direction du sud-est et se dirige en ligne droite jusqu'à Port–Saint-Louis.

PORT-SAINT-LOUIS.

Village. Alt. 1 m. Hab. 1.800. Hôtel. P. T. Station terminus : ligne d'Arles (*41 kil.*).

Le canal de navigation fut creusé en 1863, sous la direction de l'ingénieur Hippolyte Peut, pour éviter aux navires remontant le Rhône les atterrissements de son embouchure.

Magnifique bassin de 24 hectares formant port intérieur. Très belle vue du haut de la tour.

« Les alluvions du Rhône, qui pourraient être d'une si grande va-
« leur dans l'ensemble des richesses de la France, ne servent au-
« jourd'hui qu'à rendre l'accès du fleuve impossible aux navires en
« se déposant sous forme de barre à l'entrée. M. Surrel a calculé
« que les troubles apportés par les deux Rhônes à la mer s'élèvent
« chaque année à l'énorme masse de 21 millions de mètres cubes.
« Aussi n'est-il pas étonnant que la bouche du grand Rhône, où pas-
« sent plus des quatre cinquièmes des troubles, gagne continuelle-
« ment sur les eaux. » (E. Reclus, *Géog. Universelle*). Depuis l'époque romaine, cette embouchure s'est avancée dans la mer de la distance qui sépare Mas-Thibert de Port-Saint-Louis (*soit environ 30 k.*) Des tours de signaux, construites jadis à l'issue même du fleuve, sont espacées de distance en distance et en mesurent ainsi les progrès. La dernière de ces tours, celle de Saint-Louis, bâtie en 1737, sur le rivage même de la mer, en est actuellement éloignée de plus de 10 kil. Le progrès des alluvions a donc été, en cet endroit, d'environ 60 m. par année. Il est donc certain que, si l'on ne rouvre pas les graus du Sud, aujourd'hui aveuglés par des digues, le golfe de Fos sera complètement ensablé avant 50 ans.

Après avoir visité la pseudo-ville de Saint–Louis on peut pousser jusqu'à l'embouchure du Rhône qui est assez curieuse ; puis on revient à Saint-Louis où l'on traverse le Rhône en barque. On peut encore remonter jusqu'à Barcarin où l'on traverse également le Rhône en barque. Sur la rive droite il n'existe aucun chemin cyclable se dirigeant sur *Giraud*, et l'on est obligé de suivre les digues à pied. Nous faisons néanmoins passer les touristes par cet itinéraire parce que c'est la plus belle partie de la Camargue et la mieux caractérisée, tandis que le chemin qui part du petit Peloux et qui passe au Sambuc est monotone et sans intérêt. Il est donc nécessaire de demander au batelier quel est le chemin rural le moins mauvais et le plus direct. On traverse les immenses salins du plan de Bourg et de Giraud, très curieux, et l'on arrive à l'usine de produits chimiques de Giraud, la plus importante du Midi. Pour ne pas s'égarer il est nécessaire de demander le chemin du pont des Cocardes et du Petit Badon (*vicinal mauvais*) puis, à Badon, celui du pont des Écluses ; de ce point, le chemin est bon et direct jusqu'à Arles. Cette partie de la Camargue est très belle et très pittoresque. La vue s'étend sur un immense horizon. Au Sud le phare de Faraman *(10 kil.)*, vers l'Ouest *(à 30 kil.)* les Saintes-Maries. Après le pont des Ecluses on longe des étangs et l'on commence à voir le Valcarès. A gauche, à 1 k., ruines de l'abbaye d'Ulmet *(XIIIe siècle)*.

MAS-DE-FIÉLOUSE.

Vaste et beau mas dans un magnifique bois de chênes. La cuisine, type très pur du vieil intérieur provençal, a servi de modèle pour une reconstitution ethnographique du nouveau Muséon Arlaten d'Arles. Vieille chapelle. Nombreuses tombes romaines sur le bord du Valcarès. La route longe le Valcarès sur 6 kil. Vue grandiose, mais qui semble un peu monotone à ceux qui ne savent pas en goûter le charme sauvage et solitaire. L'étang du Valcarès a une superficie de 6.000 hectares, long. 14 kil., larg. 7 kil., profondeur moyenne 50 cent., son niveau est inférieur à celui de la mer.

VILLENEUVE-ROMIEU. *Hameau.*

Bifur. Prendre le chemin du Nord. Station du chemin de fer d'Arles aux Salins-de-Giraud. Ruines d'une ancienne chapelle romane. Ancien nom : *Cella de Villanova* (1040).

Le chemin suit la voie ferrée. Cette partie de la Camargue, la mieux cultivée, est très analogue aux campagnes du Nord de la France. A 9 kil., on rejoint le Rhône, où l'on tourne à gauche. 5 kil. plus loin, prendre à droite.

ARLES *(voir page 183).*

Chef-lieu d'arrond^t. Alt. 2 et 32 m. Habit. 25.000. Station : ligne de Paris *(778 kil.)* à Marseille *(86 kil.)*. Embranchements : Cette *(97 kil.)*, Fontvieille *(11 kil.)*, Saintes-Maries *(38 kil.)*, Salins-de-Giraud *(38 kil.)*, Port-Saint-Louis *(41 kil.)*. Hôtels. P. T. Foires : 9 Février, Fête-Dieu, 17 Septembre, 4 Décembre.

Sortir d'Arles par la route de Salon, légère descente jusqu'au Pont-de-Crau, puis route en montée à peine sensible jusqu'à Saint-Martin-de-Crau.

LES SAINTES-MARIES

Cet itinéraire étant absolument plat, nous n'avons pas jugé nécessaire d'en dresser le profil en long.

	Altitudes.	Kilomètres.	Totaux.
Arles................	....2 et 32..	»	»
Albaron.............	....3	.....15.....	.....15.....
Saintes-Maries......	....1	.....24.....	.....39.....
Albaron.............	....3	.....25.....	.....64.....
Saliers	....2	.....6.....	.....70.....
Arles	....2 et 32..	.....15.....	.....85.....

ARLES. *(voir page 183)*

Sortir d'Arles, par le pont de Trinquetaille, et de suite après le pont, tourner à gauche. A 3 kil. 500, bifur. : *(à gauche Villeneuve-Romieux à 11 kil. et le Sambuc à 20 kil.)* prendre à droite, route très belle bordée de grands arbres et traversant de belles cultures.

ALBARON.

Village. Alt. 3 m. Hab. 1000. P. Station : ligne d'Arles (*16 k.*), aux Saintes-Maries (*22 k.*).

A Albaron, tourner à gauche : *(à droite Saliers à 6 kil.)* et 200 m. plus loin, prendre à droite : *(à gauche chemin de Villeneuve-Romieu, qui longe le Valcarès ; route très pittoresque mais très médiocre ; vue admirable)*. La route, qui longe en partie le petit Rhône, est généralement mal entretenue, mais néanmoins cyclable. Suivre cette route jusqu'aux Saintes-Maries, que l'on aperçoit à l'horizon.

SAINTES-MARIES.

Commune. Alt. 1 m. Hab. 1.450. P. T. Café-Restaurant. Station : ligne d'Arles (*38 k.*). Fête le 25 Mai, 3 jours. *(Prévenir d'avance pour la nourriture et le coucher.*

Il n'existe peut-être pas au monde de pays d'apparence plus pauvre : cependant ce village est à visiter, non pas pour les maisons qui le composent, mais pour son église.

Il est aujourd'hui démontré que sur cette presqu'île, les Massaliôtes, avaient élevé un temple à Diane et que ce temple était encore debout à l'époque où le christianisme commença à se répandre.

Nous n'entreprendrons pas, après cent autres, la défense ou l'attaque de la légende des Saintes-Maries. Ceci n'est pas un article de foi et l'on peut très bien admettre que Lazare, les Saintes femmes, Marie-Madeleine et les autres disciples du Christ, n'ont jamais mis les pieds sur ce coin de terre, sans s'exposer à l'excommunication.

Quoi qu'il en soit, cette église n'en occupe pas moins une place importante dans l'histoire de la Provence, par l'antiquité de ses origines et par les légendes qui s'y rattachent.

La fondation de l'église actuelle, remonte à la fin du X° siècle ; elle fut élevée en 981 ou 982, par Guillaume 1er, fils de Boson 1er, comte de Provence, résidant à Arles.

Cette construction remplaça un monument plus ancien, détruit par les Sarrasins.

L'extérieur présente l'aspect d'une citadelle. Ses murailles, d'une grande hauteur, se terminent par des créneaux dominés aux angles par des tourelles et au milieu par les tours du clocher. A l'intérieur, il y a plusieurs morceaux d'architecture remarquables, entre autre les chapiteaux du chœur : il n'y a qu'une nef dont la voûte très élevée est construite en ogive ; l'aspect en est sombre et sévère. Au milieu de la nef, une grille circulaire entoure un puits d'une eau limpide, mais saumâtre. Sous le chœur, élevé de 1 m. 50 au-dessus du niveau du sol, est une chapelle souterraine.

Quelques débris de constructions plus anciennes sont encastrés dans les grands murs du monument.

Aux deux pieds droits d'une porte latérale, on voit deux lions en marbre de Paros corrodés par l'air salé de la mer et dont le style indique une origine probablement grecque, peut-être faisaient-ils partie de l'ancien temple de Diane d'Éphèse construit par les Massaliôtes.

Enfin dans le clocher se trouve la chapelle Saint-Michel qui contient les châsses renfermant les reliques,

En 1448, le roi Réné, procéda à des fouilles dans la crypte ; on découvrit une plaque de marbre où était gravée une inscription du consul romain Lucius Cornélius Balbus, ainsi que divers ossements et un coffret en plomb contenant un crâne. Ce sont ces restes qui constituent aujourd'hui les reliques dites de Marie Jacobé, Marie Salomé, de Jacques-le-Mineur, de Marcelle et Sara.

Le poète Mistral a placé dans le cadre de l'église des Saintes un des épisodes les plus touchants de sa magnifique épopée de **Mireille.**

La jeune amante de Vincent, brûlée d'amour et de soleil, vient prier et mourir devant les châsses vénérées.

> Déjà, déjà, di grandi santo.
> Vesié, la gleiso roussejanto.
> Dins la mar luencho flouquejanto.
> Creisse, comme un veisseu que pouji au ribeirès.

La fête patronale des Saintes, qui est célébrée le 25 Mai, est une des plus populaires, des plus anciennes et des plus curieuses de notre Provence, si riche en traditions et en souvenirs. Elle réunit principalement tous les Bohémiens, Gitanos, Gyptis, Tzingaras de la région, qui vénèrent Sainte-Sara comme leur patronne.

Revenir des Saintes-Maries par la même route. A 3 kil. 500 du village, bifur. : *(à gauche le Bac du Sauvage à 2 k. ; route d'Aigues-Mortes)*, suivre tout droit et à 4 kil. plus loin, tourner à droite : *(à gauche château d'Astoin à 3 kil. et à 5 k. 500 Pont de Sylveréal, autre route d'Aigues-Mortes)*, continuer jusqu'à Albaron, où l'on prend à gauche, pour arriver à Saliers : *(à droite Arles à 15 kil.).*

SALIERS.

Hameau. Alt. 2 m. Ancienne chapelle ayant appartenu aux Templiers. Bifur. : *(à gauche Saint-Gilles à 4 kil. 500)* suivre tout droit et 1 kil. plus loin, prendre à droite : *(à gauche Saint-Gilles à 4 kil.).* Route pittoresque, traversant de belles cultures jusqu'à Arles.

NOTES:

LE RHONE – SAINT-MICHEL DE FRIGOLET
LA MONTAGNETTE

	Altitudes	Kilomètres	Totaux
Arles	2 et 32	»	»
Tarascon	10	17	17
Valabrègues	4	6	23
Mézoargues	8	3	26
Boulbon	48	3	29
Barbentane	90	7	36
Rognonas	21	5	41
Graveson	40	6	47
Maillanne	38	2 500	49 500
Saint-Etienne-du-Grès	9	8	57 500
Saint-Gabriel	4	3	60 500
Arles	2 et 32	13 800	74 300

ARLES. *(Voir page 183)*.

Sortir d'Arles par l'Avenue de la Gare, et 200 m. après, prendre à gauche, *(à droite Fontvieille à 8 kil. et Saint-Gabriel à 10 kil. 500)*. Route plate, et assez agréable, sur 10 kil., on traverse le hameau de **Lansac**, et l'on suit tout droit : *(ancienne église des Templiers ; à droite Saint-Gabriel à 2 k.)*. On traverse le canal des Alpines et, en arrivant à Tarascon, tourner à gauche et passer sous le chemin de fer.

TARASCON *(voir page 171)*.

Sortir de Tarascon par la route qui suit la rive gauche du Rhône, de suite après le château du roi René. Route très pittoresque jusqu'à Valabrègues.

VALABRÈGUES.

Commune. Alt. 4 m. Hab. 1.820. P. T. Auberge.

Joli site et vue très pittoresque sur le village d'Aramon situé sur la rive droite du Rhône.

Prendre la route de Mézoargues, plate jusqu'à ce village.

MÉZOARGUES.

Commune. Alt. 8 m. Hab. 205. P. à Valabrègues. Café.
Eglise Saint-Pierre (XVIIe siècle). Château assez remarquable réparé à plusieurs époques.

Prendre la route qui passe devant le château de Sainte-Marie et qui conduit directement à Boulbon : *(à droite Tarascon à 7 kil. 500)*.

BOULBON.

Commune. Alt. 48 m. Hab. 1.020. P. T. Auberge.
Eglise Saint-Joseph *(1400)*. Ancien prieuré de Saint-Marcelin où se trouve un magnifique mausolée et le portrait du pape Jean XXII *(1316 à 1334)*. A visiter : le Pavillon et sa galerie de tableaux.

En arrivant à Boulbon, prendre à gauche : *(à droite Tarascon à 7 kil. 500)*. Route en descente douce jusqu'à la rencontre du Rhône *(cote 6)*. Vue magnifique et très originale sur la ville d'Aramon. De ce point à Barbentane, route en montée douce.

BARBENTANE.

Commune. Alt. 90 m. Hab. 2.800. Hôtel. P. T. Station à 3 kil. : ligne de Marseille *(115 k.)* à Avignon *(6 k.)*. Tête de ligne d'Orgon *(28 k.)*.
Nombreux et riches gisements néolithiques dans les vallons de la Montagnette. On y a recueilli de nombreux instruments en silex. Station romaine de **Belinto Mutatio** à l'état d'île au Xe siècle.
Eglise N.-D.-des-Grâces (XIVe et XVe siècles). Tour du château. Belle vue sur la Durance, le Rhône et Avignon.

En sortant de Barbentane, prendre la route qui conduit à la gare, en laissant à gauche 2 chemins ; on traverse le passage à niveau à la station ; suivre tout droit ; on traverse un deuxième passage à niveau et l'on arrive à Rognonas.

ROGNONAS.

Commune. Alt. 21 m. Hab. 1.330. Hôtel. P. T. Station : ligne de Barbentane *(1.500 m.)*, à Orgon *(28 k.)*. Eglise Saint-Pierre et Saint-Paul du Xe siècle. Curieuse vasque en pierre du IVe siècle transformée en fonds baptismaux. A 2 kil. sur la Durance beau pont de 410 m. sur 5 piles, construit en 1843, et viaduc du chemin de fer de 533 m. *(1848)*.

De Rognonas à Graveson 2 routes ; nous conseillons de prendre celle qui passe à la gare de Barbentane, longe la voie ferrée et la Montagnette. Belle vue sur ces collines ; 500 m., avant Graveson, tourner à gauche.

GRAVESON.

Commune. Alt. 40 m. Hab. 1.620. Hôtel. P. T. Station : ligne de Marseille (*109 kil.*) à Avignon (*12 kil.*). Eglise de la Nativité. Joli clocher (*1198*). Chapelle du Saint-Sépulcre (*1470*).

Nombreux et riches gisements néolithiques dans les terrains cultivés autour de la gare.

A visiter à 5 k. 500 (dont 2 k. 500 incyclables), l'Abbaye de **Saint-Michel de Frigolet.**

Pour se rendre à cette Abbaye prendre, à 2 kil. 500 de Graveson, le chemin *(incyclable)* qui traverse la voie ferrée au passage à niveau et se dirige vers Saint-Michel.

La route va en zig-zag de l'Est à l'Ouest, montante, caillouteuse et poudreuse, parallèlement à un ravin d'ordinaire sans eau, à travers deux parois de rochers dénudés, dont l'alignement monotone est rompu sur la droite, par la saillie d'une énorme masse calcaire (*la Roco Pè de Biou*), à la base fourchue, et à la teinte légèrement rougeâtre.

Mais la vue du monastère, qui se montre à l'endroit où la pente devient la plus raide, ranime les forces du touriste qui fait la route à pied.

Ce qui frappe, au premier coup d'œil, c'est une grande et belle église à trois nefs, flanquée de tours à flèches et développant au Midi sur une petite place, ses portes ogivales couronnées de rosaces.

La longueur de l'église est de 58 m., sa largeur de 23 m. et sa hauteur de 18 m. Ses trois nefs à neuf travées sans transept, se terminent chacune par un chœur complet ; le style est celui du XII° siècle.

L'abside du collatéral de gauche est l'ancienne chapelle de *N.-D.-de Bon-Remède*, curieux spécimen du style roman du XI° siècle en Provence.

Des peintures murales fort riches et des verrières magnifiques sont faites pour attirer l'attention du touriste.

A droite de l'église, se trouvent les bâtiments de la *maîtrise* ; à gauche, les *lieux réguliers*, où l'on remarque la salle capitulaire, ancienne église de *Saint-Michel*, datant en tout ou en partie du XI° siècle, et le cloître du X° siècle, dont l'aspect est tout à fait primordial. Ses quatre galeries sont voûtées en berceau, avec des têtes de monstre grossièrement taillées pour supports de leurs arcs doubleaux inégalement placés ; elles s'éclairent chacune sur le préau par six fenêtres cintrées, disposées deux à deux, sous de grands arcs qui relient des contreforts.

En face de l'église, on voit l'hôtellerie, la maison des religieuses de Saint-Joseph, la boulangerie, la basse-cour : derrière : l'habitation des pensionnaires, le logement des pauvres passants et enfin le cimetière.

Le nouveau monastère et l'église sont de M. l'abbé Pougnet, habile architecte, aussi connu à Marseille qu'à Avignon, pour ses nombreuses constructions d'église et de maisons religieuses.

Nous ne pouvons nous étendre sur l'histoire du monastère, mais quelques indications chronologiques sont nécessaires.

Guillaume 1er, comte de Provence, encourageait de toutes les manières la culture et les défrichements dans ces contrées désolées pendant des siècles par les Barbares. Les Bénédictins de l'abbaye de Montmajour ayant entrepris le défrichement des marais formés au confluent de la Durance et du Rhône, le prince leur céda la Montagnette, et fit bâtir pour eux un monastère avec une église (vers 980).

Le nom de Saint-Michel, qu'il lui donna, dut se présenter naturellement à l'esprit, tant de Guillaume que des colons. Il y a en Provence des centaines de points culminants qui portent le nom de l'archange, en souvenir de l'extermination des Sarrasins, ces *diables* dévastateurs de la contrée.

Les religieux, de leur côté, élevèrent sur un rocher voisin du monastère, une petite chapelle qu'ils placèrent sous l'invocation de *N.-D.-de-Bon-Remède.*

On ignore pour quel motif les moines de Montmajour abandonnèrent ou cédèrent leur nouvelle maison ; ce que l'on sait seulement, c'est que les évêques d'Avignon purent en disposer librement dès 1155, ainsi que le constate la charte du pape Adrien IV, énumérant à cette époque les possessions de cette église, et dont l'original est conservé dans les archives départementales de Vaucluse. L'un d'eux put la donner, dans le XIIIᵉ siècle, à une communauté qui, vers 1220 embrassa la règle des chanoines réguliers de Saint-Augustin, qui prit naissance à cette époque à l'abbaye de Saint-Ruf d'Avignon, et forma un prieuré canonial.

Sixte IV, sur la demande des Chanoines de Frigolet, d'Avignon et de Tarascon, sécularisa le Chapitre de Saint-Michel (1480), et le vieux monastère n'eut plus alors pour le desservir, l'habiter et le garder, qu'un prêtre séculier.

Deux ans après, le roi Louis XI ayant fondé dans l'église Sainte-Marthe de Tarascon, un Chapitre collégial, et le prieur de Saint-Michel de Frigolet devenant de droit le chef de ce Chapitre, le nom de monastère figure avec avantage dans un grand nombre de pièces ecclésiastiques, mais son importance n'est que fictive. Il n'est guère fréquenté que par les pèlerins et les curieux ; et ce ne fut que pour « seconder la dévotion des fidèles et favoriser leur affluence toujours croissante, que le prieur Henri de Robin-Graveson y installa, en 1647, des *Pères de Saint-Jérôme.* » Mais ceux-ci l'abandonnèrent en 1662, époque à laquelle un nouveau prieur, Forbin Lagoy, y installa les Augustins réformés du couvent d'Avignon.

Ces religieux qui, lors de la suppression des Jésuites, avaient établi dans le monastère une maison d'éducation, y demeurèrent jusqu'à l'époque de la Révolution.

Le monastère, depuis 1790 jusqu'en 1858, ne reçut d'autre atteinte que celle du temps et de l'abandon. Un collège y fut installé, vers 1840, par l'abbé Donat, dont un des premiers élèves fut l'illustre auteur de *mireio.* (Mistral).

En 1858 une nouvelle communauté de la **primitive observance de Prémontré** y fut installée.

C'est depuis l'établissement de cette communauté que les travaux dont nous venons de parler, ont été faits, et que Frigolet a vu renaître les beaux jours de son ancien pèlerinage. A l'époque des décrets d'expulsion, l'Abbaye de Frigolet soutint un siège qui est resté mémorable.

Revenir à Graveson par le même chemin jusqu'au passage à niveau et tourner à droite.

De Graveson à Maillanne route plate et directe.

MAILLANNE.

Commune. Alt. 38 m. Hab. 1.350. Hôtel. P. T. Eglise Sainte-Agathe (*1667*). Tour de 16 m. (*1741*). Patrie et séjour du poète Mistral.

En entrant à Maillanne, prendre à droite : (*à gauche*

Châteaurenard à 8 k. 500 et Eyragues à 5 k. 500 et, en sortant, à gauche, route de St-Rémy à 6 k. 500 et Mas-Blanc à 7 k.), Route plate et directe jusqu'à Saint-Etienne-du-Grès.

SAINT-ETIENNE-DU-GRÈS.

Village. Alt. 9 m. Hab. 1.200. Auberge, Station : Ligne de Tarascon *(6 kil.)* à Orgon *(29 kil.).*
Vestiges de ruines romaines et statue très fruste dite "la Mourgue".

En arrivant à la gare, passage à niveau ; tourner à gauche et, 100 m. plus loin, prendre à droite ; puis, en entrant dans le village, tourner de nouveau à droite *(à gauche Mas-Blanc à 2 k. 500).* En sortant du village prendre à gauche. La route, en plaine, suit le canal des Alpines et arrive à Saint-Gabriel.

SAINT-GABRIEL. *(Voir page 171).*

Au pied même de la chapelle prendre à droite *(à gauche Fontvieille à 5 k.)* et, 200 m. plus loin, tourner à gauche, *(à droite Tarascon à 5 k.)* 300 m. après, suivre tout droit *(à droite Lansac à 1.500 m.),* route plate et presque droite sur 8 k. 500. A ce point, prendre à droite, *(à gauche Fontvieille à 6 k. 500 et Montmajour à 2 k.)* ; route plate jusqu'à Arles.

NOTES

BRIGNOLES

BRIGNOLES

BRIGNOLES

Chef-lieu d'Arrondissement. — Alt. 215 m. Hab. 4.900. Hôtels. P. T. Station : Ligne de Gardanne *(56 k.)*, à Carnoules *(23 k.)* Foires : le jeudi avant les Rameaux, le mardi avant la Pentecôte, le samedi avant la Saint-Louis, la Saint-Louis, 11 Novembre, dernier samedi de Janvier.

A l'époque ligurienne le territoire de Brignoles était occupé par les *Suelteri*, peuplade qui avait pour capitale *Antea*, probablement près de Draguignan.

La rivière Caramy formait alors un vaste marais qui devait occuper une partie de la ville actuelle. Des habitats liguriens étaient disséminés sur les sommets des environs : au quartier de Tombarel, sur la route de Camps à la Celle, où existent encore les murs de ce retranchement ; à Ingardin; sur le sommet de la Loube; aux plaines de Rolland, près du Vicary; sur les collines du Val, etc., tous ces habitats ont laissé des traces nombreuses et incontestables. haches et pointes de flèches en pierre taillée et polie. Après l'invasion de César, ce territoire fut livré à la culture, et des villas y furent construites, mais certainement sans former d'agglomération proprement dite.

La voie romaine qui reliait Fréjus à Aix, par Cabasse (*Matavo*) et Tourvès (*Ad Turrem*), coupait, à Brignoles, une autre voie plus ancienne, venant de Cuers, passant par la Celle, (où elle existe encore sur plusieurs kilomètres) et continuant vers le Val. L'intersection de ces deux routes, assez fréquentées, placée entre Cabasse et Tourvès, et constituant le centre naturel du territoire, devint, vers le I° ou II° siècle, une station, puis une bourgade au III°. Enfin au VI° siècle, Brignoles était une ville importante et sa population allait toujours croissant. Au IX° siècle, les invasions des Sarrasins forcèrent les habitants à se réfugier autour du palais des comtes de Provence et à s'entourer de remparts et de bastions. Ce fut l'origine de la ville actuelle. Elle subit plusieurs sièges et fut prise par les Autrichiens sous les ordres du connétable de Bourbon *(1525)* ; en 1536 Charles-Quint s'en empara par ruse malgré la vigoureuse résistance des habitants, et la mit à feu et à sang. Lors des guerres de la ligue, le duc d'Epernon l'occupa en qualité de gouverneur de Provence, *(1595)*.

Les comtes de Provence s'étaient fait construire à Brignoles un château de plaisance où les comtesses venaient faire leurs couches, et cette ville était, après Aix, la première de la province ; elle dut sa prospérité à la beauté de ses environs, à la douceur et à la salubrité de son climat.

On trouve très fréquemment aux environs de cette ville, de nombreuses et belles monnaies de l'époque romaine, ainsi que des poteries et des haches en pierre polie (collection de M. Ricord, avocat à Brignoles).

Nous devons citer encore un monument très curieux qui se trouve à la *Gayole*, près de Saint-Julien et du Vicary (8 kil. Ouest de Brignoles). C'est une antique chapelle, remaniée vers le V⁰ ou VI⁰ siècle, mais dont certaines parties datent incontestablement du I⁰ ou du II⁰ siècle tout au plus. Adossée à la ferme, cette chapelle, convertie en grange, contient encore deux pilastres à chapiteaux, un monogramme du Christ en forme de roue, et la partie postérieure d'un magnifique sarcophage en marbre blanc dont la face est actuellement au séminaire de Brignoles. Ce sarcophage, d'après M. l'abbé Albanès (*Deux Inscriptions métriques du V⁰ siècle*) et M. Edmond Le Blant (*Les Sarcophages chrétiens de la Gaule*), *constitue le plus précieux de tous les tombeaux sculptés du temps des Antonins que l'on ait trouvés jusqu'à ce jour, et de l'avis des connaisseurs, c'est un monument unique*. La sculpture en est très pure et tout à fait grecque comme style.

D'après l'abbé Albanès et M. G. Reboul, l'inscription de *Syagria* qui se trouve sur le bandeau de la moulure supérieure, fût gravée au VI⁰ siècle. Il a encore était trouvé près de cette ferme, un autel chrétien antique, où est figuré un grand aigle au-dessus du monogramme du Christ et qui paraît unique aussi ; enfin plusieurs inscriptions importantes, parmi lesquelles deux inscriptions métriques du V⁰ siècle qui indiquent que le domaine de la Gayole appartenait à la famille d'*Ennodius Magnus Félix*, préfet du prétoire des Gaules et patrice à la fin du V⁰ siècle. Il existe encore une foule de débris antiques encastrés dans les murs de la ferme, ou épars sur le sol. (Emilien Lebrun et Gabriel Reboul, *Essai historique sur la ville de Brignoles, 1897*).

La ville de Brignoles conserve encore quelques vieilles rues très pittoresques, des maisons des XVI⁰ et XVII⁰ siècles, une maison romane du XII⁰ siècle et l'ancien palais des comtes de Toulouse, devenu sous-préfecture. La place Caramy qui ne manque pas d'originalité, la place Carnot où l'on voit l'ancienne maison du duc d'Epernon, et le cours de la Liberté, terminé par un joli square, forment des promenades agréables et bien ombragées.

L'église paroissiale (XII⁰ siècle), au portail roman, bien conservé, possède la dalmatique, la mitre et les gants de saint Louis d'Anjou.

Brignoles est la patrie de *Saint-Louis d'Anjou*, évêque de Toulouse, fils du roi de Naples Charles II (1274-1297) ; du poète d'*Arbaud le Porchère* (1590-1640) ; du général *Baille* (1768-1821) ; de *Foulque de Caille*, évêque de Riez (1240-1273) de *Féraud*, député aux Etats-Généraux (1736-1814) ; de l'oratorien *Lebrun*, (1661-1727) ; du célèbre peintre *Joseph Parrocel*

(1648-1704) dont la chapelle Sainte-Catherine, à Brignoles, conserve huit belles toiles, ses autres œuvres se trouvent à Versailles, à Notre-Dame de Paris, à Avignon, à Aix, au musée de Lonchamps de Marseille et au château de Chantilly ; de *Louis Parrocel*, peintre, fils du précédent (1634-1664), ses principaux ouvrages sont à Brignoles, à Avignon, à Arles, à Tarascon (Sainte-Marthe) et au musée de Longchamp de Marseille ; du poète philologue et homme politique *Raynouard* (1761-1836) qui a laissé de nombreuses tragédies, des poèmes et des études grammaticales et philologiques.

LA LOUBE

La montagne La Loube, quoique n'étant pas dans la commune de Brignoles, doit être décrite ici, car c'est de cette ville que l'on peut s'y rendre le plus directement, n'en étant éloignée que d'une dizaine de kilomètres.

Cette admirable montagne, qui atteint 835 m. d'altitude, dont 500 presqu'à pic sur la face nord, repose sur l'étage des grès verts du crétacé, puis sur les calcaires et marnes, de l'horizon de Fuveau ; sa partie inférieure est formée de calcaires marneux auxquels sont superposés les calcaires compactes du Bathonien ; enfin, le sommet est recouvert par une puissante assise de calcaires magnésiens, dits calcaires ruiniformes.

Le sommet de cette montagne, constitue une curiosité naturelle encore ignorée, qui n'a été décrite dans aucun guide, et que nous sommes les premiers à signaler.

Il a été beaucoup parlé, depuis quelques années, des sites extraordinaires de Montpellier-le-Vieux (*Aveyron*) des bois de Païolive (*Ardèche*) et de Mourèze (*Hérault*), qui sont devenus, en peu de temps, le rendez-vous d'innombrables touristes, grâce à l'étrangeté, à la singularité et la bizarrerie de leurs chaos de rochers.

Eh bien ! le Var peut, dès à présent, rivaliser avec ces trois département ! Il a aussi sa cité monolithe et ruinée. C'est le sommet de la Loube.

Qu'on se figure une cité antédiluvienne pétrifiée, formée de colonnes, de piliers, de menhirs, de champignons, de murailles, de ponts, de fortifications, de grottes, de rochers penchés ou écroulés les uns sur les autres, une forêt d'aiguilles aigues, ou émoussées, rongées par les pluies ou les neiges et dévorées par le soleil, et dont la hauteur varie entre 10 et 50 m. C'est un dédale de rues, de couloirs, de sentiers, circulant, dévalant ou grimpant entre ces masses fantastiques, noyées dans la verdure.

A chaque pas, mille accidents modifient l'aspect étrange du

paysage, et ce renouvellement incessant d'impressions admiratives et d'étonnements, fait naître un sentiment craintif et presque religieux, qui commande le respect et le silence devant ces majestueux et muets témoins des âges passés et des humanités disparues.

Car des hommes de l'époque néolithique ont vécu sur ces sommets livrés à toutes les intempéries de la nature.

Les ruines d'un habitat considérable et les pointes de flèches en silex et en pierre calcaire, que nous y avons ramassées, en sont les témoins irrécusables.

Aujourd'hui la solitude règne sur ce paysage désolé, mais pourtant merveilleux, et seuls, quelques aigles l'animent étrangement, de leur vol glissant et velouté.

A toutes ces beautés, un autre attrait s'ajoute : c'est la vue. Vue admirable, immense, sans limite ; des Alpes aux îles d'Hyères, de l'Italie au Ventoux, de la Sainte-Baume au Dauphiné.

Cette description, semblera peut-être exagérée, elle est pourtant au-dessous de la vérité.

Mais, il en est de ce paysage comme de toutes les choses dont l'étrangeté atteint à l'extraordinaire ; il faut prendre le temps de **comprendre** la merveille.

« Si l'on se promène à la mode anglaise c'est-à-dire si l'on
« cherche dans le guide une impression toute faite ; si, pas-
« sant devant un beau site, on en demande la définition au
« Joanne ou au Bœdeker pour ne relever les yeux que quand
« le tableau à déjà changé, il est inutile d'aller à Montpellier-
« le-Vieux. » (Martel : *Les Cévennes*).

Nous en dirons autant pour la Loube.

C'est pourquoi elle ne peut se juger que par une perception toute personnelle, et nullement d'après une lecture.

Pour se rendre au sommet de la Loube, le meilleur chemin est le suivant :

Sortir de Brignoles par la route de Tourves, et à 5 kil. tourner à gauche ; on traverse le Caramy, puis l'on oblique à droite. Route en montée très douce jusqu'à la bifur. de Saint-Julien, où l'on tourne à gauche. On pénètre dans l'admirable vallée, dite de la Roquebrussanne, dont l'aspect alpestre est rendu plus saisissant par les troupeaux de vaches bretonnes, que son propriétaire y élève en liberté (*M. de Gasquet, Château de Saint-Pré*). Vue magnifique sur la partie à pic de la Loube. La route monte fortement (*rampe de 4, 7, et 11 o/o*). A droite et à gauche, étage des grès verts, qui forment des amoncellements bizarres. A 3 kil. de la bifur. de Saint-Julien on arrive en face de la ferme de Menpenti. (*à 150 m. à gauche de la route, vacherie peinte en rouge*). On peut y remiser les bicyclettes. De ce point on rejoint la route que l'on continue sur 1 kil., puis on prend à gauche un bon chemin muletier qui conduit jusqu'au sommet de la Loube, (*durée de l'ascension, 45 à 60 minutes*). Vers le troisième kil. au pied même des escarpements (*versant Nord*), quitter le chemin et prendre le premier sentier à gauche pour aborder le plateau par son extrémité Ouest, où l'on rencontre les premiers rochers ruiniformes. Suivre toujours la crête sur une longueur de 2 kil. environ jusqu'au point extrême Est, où l'on rejoint le chemin d'arrivée par lequel on revient à la ferme de Menpenti.

Nous recommandons une extrême prudence, car la crête de la montagne est très dangereuse, et présente des crevasses et des à-pic très difficiles à franchir. Ne pas se presser. Port de vivres et de boissons.

Durée de l'excursion : environ six heures. Une journée est nécessaire.

BRIGNOLES (Var)

HOTEL FABRE DE PIFFARD

sur la route Nationale

GRILLON, propriétaire

Etablissement de 1er ordre

Chambre, 1.50 ; Déjeûner, 2.50 ; Dîner, 3 fr.

CAFÉ DU SPORT

Bière de la Hache

Louis COULOMB

Seul Dépositaire

En face le Palais-de-Justice

Superbe Terrasse ; Garage de bicyclettes, Pompes

Salon de Toilette — Jeu de Boules

BRIGNOLES — LE VERDON
MOUSTIERS-SAINTE-MARIE

Premier Jour

	Altitudes	Kilomètres	Totaux
Brignoles	215	»	»
Le Val	214	4 800	4 800
Châteauvert	180	9 700	14 500
Barjols	296	7 500	22
Tavernes	374	5	27
Montméyan	504	10 300	37 800
Quinson	381	7 400	44 700
Riez	546	20	64 700
Moustiers	621	15	79 700

Deuxième Jour

	Altitudes	Kilomètres	Totaux
Les Salles	438	9 500	»
Bauduen	493	6	15 500
Aups	503	15	30 500
Salernes	233	9 800	40 300
Entrecastaux	218	8 400	48 700
Carcès	115	7 500	56 200
Cabasse	194	11 500	67 700
Brignoles	215	14	81 700

BRIGNOLES *(voir page 205).*

DÉPOT D'ESSENCE : Justin Brun, Grande Rue.
Hôtel Fabre de Piffard.
CAFÉ du SPORT : Louis Coulomb, Propriétaire.

Dans Brignoles, sur la place Caramy, prendre à gauche

la route de Barjols, en légère descente. On traverse la rivière Caramy et de suite après le pont, prendre la 2ᵐᵉ route à droite *(1ʳᵉ à droite, Vins à 8 kil.)*. Montée assez forte sur 2 kil., jusqu'à la côte 275, puis descente rapide sur 1 kil., avec tournant très brusque et dangereux au milieu. Petite montée et descente avant le Val.

LE VAL.

Commune. Alt. 214 m. Hab. 1.175. Hôtel. P. T. Foires : 14 Septembre, 3 Février, 8 Août.

Charles ARNOUX, Mécanicien, sur la route de Bras.

Petite ville assez pittoresque située dans une position charmante au milieu d'une vaste et fertile plaine arrosée par 13 sources abondantes (*Treize Rais*).

Habitat préhistorique remarquable au camp de Malamort et débris romains nombreux à Miraval dans le vallon de Châteauvert.

(En entrant dans le village, à gauche Bras à 11 k. 200).

Traverser le village en ligne droite, sur la place, laisser à droite la route de Carcès à 11 k. 900. En sortant du Val, montée douce sur 500 m. puis assez forte sur 1 k. Belle vue. De ce point route presque toute en descente jusqu'à Châteauvert.

CHATEAUVERT.

Commune. Alt. 180 m. Hab. 160.

Il reste des vestiges de villas romaines à 800 m. à l'Est du hameau actuel, ainsi qu'une partie d'un petit temple, et les restes d'un château qui portait le nom de **Castrum Verum** ou **Viride**. Il n'y a pas d'agglomération, mais seulement trois maisons près du Pont sur l'Argens.

Cette vallée, dite de Bagarède ou Bagarelle, est une des plus belles des environs de Brignoles ; la route de Châteauvert à Correns, le long de l'Argens, est excessivement pittoresque et offre des sites admirables.

On traverse le pont de Bagarelle et l'on tourne à gauche *(à droite le vallon Sourd à 1.500 m. et Correns à 6 k.)*. De Châteauvert à Barjols, montée continuelle et assez dure vers la fin. Avant d'arriver à cette ville on jouit d'un magnifique paysage sur la vallée du Fauveris et la ville étagée à flanc de coteau.

BARJOLS.

Canton. Alt. 296 m. Hab. 2.415. Hôtel. P. T. Station : Ligne de Meyrargues (*43 kil.*) à Draguignan (*55 kil.*). Foires : lundi après le 17 Janvier, le 1ᵉʳ jeudi de Mars, 4ᵐᵉ lundi après Pâques, 27 Juin, dernier jeudi d'Août, 29 Septembre, dernier jeudi d'Octobre et 30 Novembre.

Autrefois, *Barjolium*, *Barjouls*. Vestiges d'habitat ligurien sur le plateau. Les Romains firent alliance avec les *Suelteriens* de cette bourgade et en firent un oppidum qui devint assez important. Dix siècles plus tard, après l'expulsion des Sarrasins, les habitants bâtirent un château-fort qui fut ensuite cédé au chapitre de la ville par les *Pontevès* ; enfin, en 1237, Raymond Bérenger V en prit possession. Après les guerres de religion qui ensanglantèrent Barjols pendant de longues années, ce château fut démantelé par les habitants eux-mêmes ; il en reste encore des ruines assez considérables.

Barjols, très pittoresquement bâti en amphithéâtre, au confluent des rivières de Fauvéris et du Biez, est l'un des sites les plus frais et les plus pittoresques du Var. De la route de Brignoles, au-dessus de la vallée du Fauvéris, on jouit d'un magnifique paysage, Belle esplanade et place, plantées de platanes. Ancien couvent des Carmes, cascades, grotte curieuse.

Dans la ville bifur. : *(à gauche Bras à 15 k. ; St-Maximin à 21 k. 100 m.)* Suivre le cours et à son extrémité tourner à droite. Très forte montée sur 700 m. *(Alt. 350 m.)* tourner à gauche *(en face Sillans à 15 k. 900 et Cotignac à 15 k. 500)*. Montée un peu forte, puis descente sur 2 k., jusqu'à la cote 332 et enfin montée légère jusqu'à Tavernes.

TAVERNES.

Canton. Alt. 374 m. Hab. 820. Hôtel. P. T. Foires et Fêtes : 2 Janvier, dimanche qui suit le 23 Juillet.

Village agréable situé sur le penchant d'une colline dans une jolie plaine. Vue superbe dans toutes les directions. Tour surmontée d'un campanile. L'église, en partie détruite par le tremblement de terre de Février 1887, a été nouvellement restaurée. Environs d'un aspect sauvage.

En entrant dans le village *(à gauche Varages à 5 k. 500)* tourner à droite, 1.400 m. après la ville, suivre tout droit ; *(à droite route de Fox-Amphoux à 5 k. 600)*. Montée assez forte sur 4 k. passant par les cotes 430, 438 et 468. De ce point descente jusqu'à la bifur., du grand Nans *(à droite Fox-Amphoux à 6 k. et Cotignac à 15 k. 200)*. Continuer tout droit ; assez forte montée avant d'arriver à Montméyan.

MONTMÉYAN. *(Voir page 160),*

En entrant dans le village laisser à gauche la route de la Verdière à 11 k. 200. On sort de Montméyan par une très forte descente avec tournants brusques *(à droite route de Régusse à 6 k. 500)*. Descente régulière jusqu'au Verdon. On traverse le canal d'Aix dont la prise se trouve à 2 k. en amont à l'entrée d'une gorge très étroite que l'on aperçoit du pont du Verdon, où l'on arrive de suite après. *(Alt. 354 m.)* De ce point vue admirable sur les grandioses gorges que l'on a à sa gauche. Le Verdon y coule entre des rochers à pic de 150 m. de hauteur et forme des défilés tels qu'il en est peu d'aussi encaissé et d'aussi profond. Il n'existe dans le Var que les gorges du Loup qui puissent rivaliser avec ce point de vue. Montée assez forte jusqu'à Quinson.

QUINSON *(Voir page 160)*.

Traverser le village et prendre la route de Riez.

Montée très dure sur 3 k. 500 jusqu'à la cote 534. Rampe de 7, 9 et 12 %. De ce point, montée douce sur 1.500 m., jusqu'à la cote 588. La route traverse, en rampe légère, un très beau plateau, bien boisé, sur 13 k., d'où l'on jouit d'une vue merveilleuse.

Vers le 7me kil., suivre tout droit : *(à gauche Montagnac à 1.700 m. ; à droite Montpezat à 2 k. et Baudinard à 7 k. 500)*, et à 4 k. 300 de cette bifur., tourner à angle droit à gauche *(à droite Ste-Croix à 3 k 600 ; en face route de Moustiers en partie incyclable)*. Route plate sur 2 kil. 300 puis descente légère sur 1 k. et très rapide jusqu'à Riez.

RIEZ *(Voir page 159)*.

(Dans la ville, au bout du cours, à gauche, Allemagne à 8 k. 500 ; à droite, Puymoisson à 7 kil.). Prendre à droite la route de Moustiers qui remonte le Collostre ; montée douce jusqu'à la cote 586 au village de Roumoules au pied duquel on passe. On continue à monter régulièrement et doucement jusqu'à la cote 716, à 6 kil. après Roumoules. De ce point descente très rapide sur 3 kil. avec 3 tournants très dangereux *(pente de 6 à 10 %)* ; au dernier kil., tournant nant brusque qui découvre une vue merveilleuse sur Moustiers où l'on arrive par une montée forte mais courte.

MOUSTIERS.

Canton. Alt. 621 m. Hab. 1.000. Hôtels. P. T. Foires : Jeudi gras, 23 Mars, 1er Mai, 8 Juin, 9 Septembre, 12 Octobre, 11 Novembre et 6 Décembre.

Station des époques néolithique et de la pierre polie dont on a retrouvé d'assez nombreux vestiges. Ville d'un cachet très original, au pied d'un rocher presque à pic de 150 m., de hauteur, séparée par un ravin, en deux quartiers, reliés par des ponts multiples, ce qui lui donne un aspect très gracieux. Cette ville doit son origine et son nom au monastère qu'y fonda l'évêque Maxime en 434. Les religieux de Lérins y construisirent un autre monastère au XIIe siècle. Église paroissiale dominée par un beau clocher roman. Au fond d'une gorge étroite et au dessus du village, chapelle de Notre-Dame, fondée, croit-on, par Charlemagne et agrandie aux XIVe et XVe siècles.

Les deux rochers qui dominent la ville, de chaque côté du ravin, sont reliés par la **Chaîne de l'Etoile**, chaîne de fer d'environ 230 m. de longueur, ornée au milieu d'une étoile dorée à cinq pointes. L'origine de cette chaîne est assez discutée. Elle passe pour être un vœu, soit de la ville de Moustiers, soit d'un seigneur de l'endroit fait prisonnier à l'époque des Croisades. D'après la légende il était convenu de fondre cette chaîne en argent ; mais dans la crainte qu'elle fut volée, et sur le conseil des religieux, on la fit en fer et l'on donna le surplus en numéraire au couvent. Vers la fin du XVIIe siècle et pendant le XVIIIe, Moustiers posséda des fabriques de Fayence dont les produits sont aujourd'hui très recherchés.

En sortant de Moustiers on laisse à sa droite la route d'arrivée et l'on prend en face la route d'*Aiguines*. Descente mauvaise et assez forte sur 3 k. jusqu'à la cote 535 au petit hameau de *Saint-Clair, (à gauche, route de la Palud à 16 k. et Castellane à 38 k. 500)*, suivre tout droit. La descente continue toujours mauvaise et assez rapide jusqu'au pont d'Aiguines à la cote 445. Vue magnifique à droite et à gauche sur les gorges du Verdon ; site grandiose, pont romain très curieux. Après le pont bifur. : *(à gauche Aiguines à 7 k. 200)*, tourner à droite. Route assez accidentée et dominant le Verdon jusqu'aux Salles ; vue admirable sur les montagnes de l'Orbitelle et de Sainte-Croix du Verdon.

LES SALLES.

Commune. Alt. 438 m. Hab. 420. Hôtel. Foires : 25 Mai et 31 Août.

Dans le village prendre à droite. *(à gauche Aups à 20 k. 100)*, route très légèrement accidentée suivant le Verdon sur 5 k. A ce point, et 300 m. avant le torrent du Vallat, tourner à gauche *(en face route de Fontaine-l'Evêque à 1.700 m. et Beaudinard à 6 k. 500 ; très forte montée)*. Avant cette bifurcation on laisse à gauche 2 chemins qui conduisent à Bauduen *(mauvais et incyclables)*. Montée assez forte sur 1 k. pour arriver au village.

BAUDUEN.

Commune. Alt. 433 m. Hab. 600. Hôtel. P. T. Foires : 2 Mai, 11 Novembre.

Station romaine de *Baudonium*, placée sur la voie de Fréjus à Riez, et dont il reste des inscriptions et une pierre milliaire d'Antonin le pieux, conservées dans l'ancien couvent de Saint-André.

En sortant de Bauduen, petite descente sur 500 m., puis montée très forte sur 6 k. 500 jusqu'à la cote 739. *(Rampe de 3, 4 et 9 %)*, suivie d'une montée plus douce sur 3 k. 500 où l'on croise, à gauche, la route des Salles à 13 k., et 100 m. plus loin, la route de Vérignon, à 5 k., qu'on laisse à gauche; la montée continue jusqu'à la cote 814, *(en coupant, à gauche, une autre route sur Vérignon à 4 kil. 200).* De ce point, d'où la vue est admirable, descente excessivement rapide sur 2 k., des cotes 814 à 617 *(pente de 7, 9 et 13 %).* Nombreux lacets et tournants très dangereux ; nous recommandons une extrême prudence *(à ne pas faire sans frein).* De la cote 617 jusqu'à Aups, descente plus douce de 4, 3 et 2 % et presque en ligne droite.

Environ 500 m. avant d'arriver à Aups, bifur.: *(Alt. 528 m., à droite Moissac à 5 k. 200),* tourner à gauche ; tournant un peu brusque pour arriver à Aups.

AUPS.

Canton. Alt. 503 m. Hab. 1.890. Hôtels. P. T. Station : Ligne de Meyrargues *(60 kil.)* à Draguignan *(38 kil.).* Foires : 15 Janvier, 2 Février, 1er et 25 Mars, 16 Avril, 2 et 12 Mai, 20 Juin, 31 Juillet, 14 Août, 8 Septembre, lundi après le 9 Octobre, 17 Novembre, 8 et 21 Décembre.

Habitat ligurien, puis *oppidum de Alpibus* placé près de la voie romaine qui conduisait de Fréjus à Riez. Jules César y séjourna. Nombreuses ruines antiques aux environs. Ancienne « infirmerie » romaine. Pierres milliaires.

Ruines d'un château. Eglise originale avec portail Renaissance. Eglise des Ursulines dont le jardin renferme le tombeau des ducs de Blacas. Belle place et fontaine en marbre. Promenade plantée de magnifiques trembles.

Ville très agréable et de beaucoup de cachet. Vieilles maisons des Xe, XIIe et XIVe siècles.

En sortant d'Aups, à gauche route de Tourtour *(8 k. 600)* et Ampus *(15 k. 800),* et 100 m. plus loin à droite, route de Fox-Amphoux et Tavernes *(19 k.)* A 1 k., de cette bifur., à la cote 494 on laisse à gauche la route de Villecroze à 6 kil. 800 et Draguignan à 29 kil., et 200 m. plus loin on suit tout droit *(à droite route de Sillans à 7 k. 800).* Route magnifique en pente très douce sur 3 k., puis descente assez rapide sur 2 k., et enfin très rapide avec tournants dangereux sur les 2 derniers, *(pente de 7 à 8 %),* vue admirable sur Salernes et les montagnes du Var. Au bas de la descente, route de Salernes à Barjols, *(à droite Barjols à 21 k. 900),* Prendre à gauche, descente plus douce jusqu'à Salernes, mais avec un tournant un peu rapide.

SALERNES.

Canton, Alt. 233 m. Hab. 2.715. Hôtel. P. T. Station : Ligne de Meyrargues *(68 k.)* à Draguignan *(30 k.).* Foires : lundi après le 6 Janvier, lundi Gras, lundi Saint, lundi après le 16 Mai, 24 Août, 1er dimanche de Septembre, 25 Novembre.

Restes considérables d'un camp retranché ligurien au quartier de **Candelon** sur la montagne des **Mures.** Remparts bien conservés formés de 5 lignes de murailles concentriques. Ancienne ville romaine de **Salernœ** qui fut peut-être fondée par des familles de l'ancienne Salernes d'Italie. Nombreux restes de cette époque au quartier de Saint-Loup dont la petite chapelle est en partie construite avec les restes d'un temple païen. Au dessus de la ville, ruines très pittoresques d'un château du Moyen-Age (XIII° siècle). Sur la place, ormeau séculaire dans le tronc duquel est bâtie une petite échoppe de cordonnier. Parmi les productions du territoire il faut citer les nombreuses fabriques de briques et carreaux dits "Tomettes de Salernes". Aux environs à 2 kil. au nord, admirable vallon de Saint-Barthélemy formé par de hauts rochers coupés à pic, dont l'espacement ne dépasse pas quelquefois une vingtaine de mètres ; ce vallon admirablement boisé et rafraîchi par un ruisseau mérite d'être visité.

Dans la ville, bifur. *(en face, route de Villecroze à 5 kil.; Flayosc à 15 k. 500 et Draguignan à 23 k.).* Prendre à droite par la rue qui fait face à l'ormeau, mauvais passage ; route en descente très douce et régulière jusqu'à Entrecastaux suivant la voie ferrée qu'elle coupe 2 fois et longeant la rivière de la Bresque, dont la vallée est admirable, et, à 4 kil. de Salernes, tellement étroite, que la rivière, la route et le chemin de fer se superposent tous les trois. L'arrivée sur Entrecastaux est des plus pittoresques. La vue du village offre un coup d'œil ravissant.

ENTRECASTAUX.

Commune. Alt. 218 m. Hab. 1.165. Hôtel. P. T. Station au hameau de Mentone à 5 kil. : ligne de Méyrargues (*75 kil.*) à Draguignan (*32 kil*). Foires : 25 Avril, 15 Juin, 25 Juillet, 4 et 6 Août.

Habitat préhistorique. Ancienne station romaine de Intercastra dont on a trouvé de nombreux vestiges : pierres sculptées, vases en verre, monnaies et bijoux d'or. Village très original situé entre trois collines qui ne laissent entre elles que la place des habitations et du lit de la rivière la Bresque. Eglise du XIII° siècle. Château du célèbre navigateur Bruni d'Entrecastaux (*1740-1793*), qui commanda l'escadre envoyée par Louis XVI à la recherche de Lapérouse. D'Entrecastaux revenait en France sans avoir retrouvé les traces de l'illustre Lapérouse, mais après avoir recueilli de riches collections scientifiques, lorsque, près d'arriver à Java, il mourut du scorbut le 20 Juillet 1793. A visiter : la chapelle Sainte-Anne construite sur l'emplacement d'un ancien temple païen et renfermant un beau tableau de Vanloo.

Avant d'entrer dans la ville, on laisse à gauche la route de Mentone-Station *(forte montée sur 4 kil.)* et de Lorgues ; en remontant 500 m. sur cette route, on découvre une vue des plus admirables et des plus gracieuses sur la vallée et le village d'Entrecastaux. En arrivant sur la place du Château *(très belle vue)*, on tourne très brusquement à droite et l'on descend dans une rue étroite et dangereuse. 1 kil. après la ville, suivre tout droit *(à droite route de Cotignac très mauvaise et presque incyclable).* La route descend assez rapidement jusqu'à la cote 128, puis remonte sur 1 kil. pour redescendre doucement jusqu'au croisement de la route de Carcès à Lorgues, où l'on tourne à droite *(à gau-che Lorgues à 13 k. 500)*. Route en descente douce jusqu'à Carcès. Vue admirable sur la vallée de l'Argens.

CARCÈS.

Canton. Alt. 115 m. Hab. 1.755. Hôtel. P. T. Foires : 14 Février, 22 Avril, 20 Mai. 27 Août, 15 Octobre et le 3ᵐᵉ dimanche après Pâques.

Restes d'habitats préhistoriques sur les collines.

Ville d'origine romaine. Plusieurs auteurs prétendent que l'ancien nom était *Carcer*, ce qui tendrait à prouver que les Romains avaient établi en ce lieu une prison, mais rien n'est moins certain. Ce village n'est réellement connu dans l'histoire que par la conduite d'un de ses anciens seigneurs.

En 1578, il se forma en Provence deux partis opposés, l'un catholique, commandé par le grand sénéchal et lieutenant du roi, comte de Carcès, l'autre huguenot, ayant à sa tête les barons d'Allemagne, des Arcs et d'Oraison. Ces deux partis ravagèrent la Provence, brûlèrent les communes et saccagèrent les campagnes ; mais les catholiques furent si exaltés, commirent tant de vols, de viols, de meurtres et de crimes, que le Parlement les condamna, par arrêt, et permit de courir sur eux et de les tailler en pièces. A cet ordre, une partie de la Provence prit les armes et, en peu de jours, 600 *Carcistes* périrent devant Cuers, 400 à Cabasse, autant à Lorgues, la garnison de Trans fut passée au fil de l'épée et le village de Carcès, où résidait le grand maître de tous ces crimes, ne dut son salut qu'à l'arrivée en Provence de Catherine de Médicis qui ordonna la cessation de ces massacres, contraires à sa politique. Mais la pacification n'était pas faite et ces guerres religieuses continuèrent de longues années.

Carcès est un village très pittoresque, surtout vu du côté Nord ; il possède les ruines du château des comtes de Carcès (*XVIᵉ siècle*); un beau pont sur l'Argens, près du confluent de l'Issole qui forme une jolie cascade au quartier Saint-Jean. Restes d'un temple antique.

Les environs sont agréables et les bords de l'Argens offrent de beaux paysages.

Lorsqu'on entre dans Carcès, tourner de suite à gauche, et après 2 coudes brusques toujours sur la gauche, on traverse le Caramy et l'on tourne à droite. Route en légère montée sur 1 k., jusqu'à la cote 167 ; puis 200 m. après, prendre à droite : *(à gauche abbaye du Thoronet à 6 k., chemin presque incyclable)* ; à 500 m. de cette bifur. après une petite descente, à droite de la route, magnifique cascade du Caramy grossie de l'Issole, qui forme une majestueuse cataracte tombant de 15 m. de hauteur. Ecluse du canal de Carcès datant de 1549. Cette cascade fut visitée par Louis XIV. Route légèrement accidentée suivant la rivière dans une très belle vallée. 3 k. 500 plus loin, bifur. : *(à droite route de Vins à 5 k. 500 et Brignoles à 13 k. 500)* Vieux pont très pittoresque au confluent du Caramy et de l'Issole, vue ravissante. Tourner à gauche, route en montée légère le long de l'Issole. 2 kil. plus loin, on laisse à gauche le chemin du Thoronet *(à 4 k., médiocre)*, puis on pénètre dans le beau défilé des Roches-Rouges où l'on remarque, à gauche, dans le flanc de la montagne, une grande grotte en partie bâtie qui a servi d'habitation préhistorique et de refuge aux habitants de Cabasse, lors des invasions des Sarrasins. De ce point à Cabasse, montée légère.

CABASSE.

Commune. Alt. 194 m. Hab. 950. Hôtel. P. T. Foires : mardi de Pâques et 30 Août.

Hôtel et Café Brun, sur la place du Château.

Il reste de la période néolithique un assez beau menhir de 2 m. 50 environ de hauteur, situé à Campdumy, à 2 k. à l'ouest de Cabasse, au nord de la route de Brignoles. Ce menhir, placé au milieu d'un champ de vignes, est incliné vers l'Ouest de 25 à 30 degrés environ : cette inclinaison est-elle accidentelle ou voulue ? Il serait curieux de vérifier si elle n'indiquerait pas le couchant aux époques des Solstices.

Cabasse est l'ancienne position ligurienne et la station romaine de *Matavo ou Mataconium* placée sur la voie, qui de Fréjus allait à Riez. Il reste de l'époque romaine plusieurs inscriptions curieuses : une, milliaire, qui porte le nom de César, se trouve dans le cimetière ; une autre porte les vœux des habitants de Matavo pour César-Caïus Germanicus, fils de Germanicus Auguste ; une troisième, très longue, se trouve dans l'église et a été élevée par Cornélia, fille de Quintus à la mémoire de sa famille. On a découvert dans ce territoire de nombreux tombeaux, des monnaies et des restes de monuments importants.

Le village actuel est très pittoresque, surtout vu du côté de la route du Luc. Les environs offrent des sites de toute beauté : et la vallée de l'Issole, entre Cabasse et Carcès, est admirable.

En entrant dans la ville, à gauche, vieille chapelle romane assez curieuse. Sur la place, bifur. : *(à gauche route de Luc à 10 k. 500)* suivre tout droit la Grand'Rue, puis 100 m. après tourner à droite par une petite ruelle à laquelle fait suite la route de Brignoles, *(En face route de Flassans à 8 k.)* Montée assez forte sur 1 k., puis descente douce dans la plaine de Campdumy au centre de laquelle se trouve le Menhir. Le reste de la route est légèrement accidenté jusqu'au croisement de la route de Brignoles à Flassans que l'on prend à droite.

COTIGNAC – LE VERDON – FONTAINE L'ÉVÊQUE
VALLÉE DE L'ARGENS

	Altitudes	Kilomètres	Totaux
Brignoles............	...215....	»	»
Le Val...............	...214....	....4 800...	...4 800..
Montfort............	...155....	....6 800...	..11 600..
Cotignac............	...245....	....7 800...	..19 400..
Sillans	...387....	....6 500...	..25 900..
Aups	...503....	....8 800...	..34 700..
Bauduen	...493....	...15	..49 700..
Fontaine-l'Evêque .	...434....	....3 200...	..52 900..
Beaudinard	...620....	....5	..57 900..
Montméyan	...504....	...13	..70 900..
Barjols	...296....	...15 500...	..86 400..
Châteauvert	...180....	....7 500...	..93 900..
Le Val..............	...214....	....9 500...	.103 400..
Brignoles...........	...215....	....4 800...	.108 200..

De Brignoles au Val *(voir pages 212-213)*.

Sur la place du Val, prendre à droite *(en face Châteauvert à 9 kil. 700.)* Route plate sur 1.500 m. puis montée légère jusqu'au tournant, à la cote 237. De ce point, descente assez rapide sur 1 kil. jusqu'à la cote 212, où la route tourne brusquement à droite, au-dessous d'une tuilerie. Bifur du Grand-Baou : *(à droite Carcès à 8 kil. 900)*. Prendre à gauche. Route en descente assez rapide dans un pittoresque vallon. Petite montée légère, et nouvelle descente un peu rapide jusqu'à la bifur. située dans la plaine, *(Alt. 147 m.)* où l'on suit tout droit, *(à gauche Correns à 4 kil. ; à droite Carcès à 7 kil. 200)*. On traverse la rivière l'Argens et l'on arrive à Montfort par une montée douce.

MONTFORT.

Commune. Alt. 155 m. Hab. 750. P. T. Foires : 1er Septembre et 3 Février. Constructions du Moyen-Age, bien conservées, dans la vieille ville. Ancienne Tour des Templiers, transformée en habitation, contenant un bel escalier en pierre, et une porte ornée de sculptures remarquables.

En sortant de Montfort, légère montée sur 1 kil., tourner à gauche, *(à droite Carcès à 5 kil.)* ; légère descente sur 1.500 m. jusqu'à la cote 171, suivie d'une montée douce sur 1 kil. passant par la cote 191. Le reste de la route est accidenté et presque tout en montée jusqu'à Cotignac.

COTIGNAC.

Commune. Alt. 245 m. Hab. 2.292. Hôtel. P. T. Station à 5 kil. Central-Var; Ligne de Meyrargues (60 kil.) à Draguignan (38 kil.). Foires et fête patronale : Lundi après le 2 Février ; 19 Mars, 9 Juin ; les lundi après le 8 Septembre, après le 15 Août, le 11 Novembre et le 8 Décembre.

Vestiges d'habitat préhistorique sur le plateau qui domine la ville. Ancienne station romaine. Le nom, qui dérive de **Coste-aigue** *(colline de l'eau)*, vient de deux belles sources qui se réunissent près de la chapelle de Saint-Martin et se dirigent vers la ville. On croit que cette ville fut fondée en 585, par plusieurs familles juives qui s'étaient cachées dans les grottes du rocher, pour éviter le banissement prononcé contre tous ceux de leur religion.

Pendant les guerres de religion, les habitants construisirent de fortes tours sur le rocher, et se fortifièrent dans les grottes ; ces constructions existent encore en partie.

Cette ville, bâtie au pied d'un banc de tuf de 80 m. d'élévation verticale, est très pittoresque et la vue d'ensemble est originale. Ses rues, dont plusieurs portent des noms hébraïques, sont bien percées, propres et aboutissent à un beau Cours.

A 1 k. au Sud, église de N.-D.-de-Grâce, (qui a remplacé un temple païen) célèbre comme pèlerinage, et visitée en 1663, par Louis XIV et sa mère Anne d'Autriche.

Sortir de Cotignac par le Cours ; à l'extrémité de celui-ci tourner à gauche. On longe le ravin, et l'on arrive au pont, où s'amorce la route de Fox-Amphoux *(à gauche à 9 k.500)*. Prendre à droite ; on suit le vallon en montée régulière et assez forte passant par les cotes 330, 352, 401 et 413, jusqu'à 1 k. avant Sillans, où l'on arrive par une descente rapide. En arrivant à ce village prendre à droite *(à gauche Barjols à 15 k. 500)*.

SILLANS

Commune. Alt. 387 m. Hab. 250. P. T. Station : ligne de Meyrargues *(60 k.)* à Draguignan *(38 k.)*. Foires : 11 Juin et 3 Août. Petit village dominant les bords de la Bresque, dans une situation très pittoresque. Aux environs, vestiges de villas romaines. Belle cascade de 30 m., formée par le torrent de la Marderie.

En sortant de Sillans, descente rapide avec tournants brusques jusqu'à la rivière la Bresque et la station du chemin de fer où l'on prend à gauche : *(à droite Salernes à*

6 kil.). Route en légère montée sur 500 m., puis en descente douce jusqu'à la ferme de Saint-Jean à la cote 425. De ce point, forte montée sur 2 kil., jusqu'à la cote 488, puis route légèrement accidentée passant par les cotes 485 et 500. A 7 kil. 500 de Sillans, tourner à gauche, *(à droite Salernes à 8 kil.),* et 300 m. plus loin, suivre tout droit. *(à droite Villecroze à 7 kil. 500).* De ce point *(Alt. 494),* légère descente jusqu'à Aups.

AUPS *(Voir page 216).*

(En arrivant à Aups, à gauche, route de Tavernes, à 19 kil.; à droite, route de Tourtour à 8 kil. 600 et Draguignan à 26 kil.) Après avoir traversé la ville, on passe, par un tournant brusque, sur un ravin, et par un second tournant et une légère montée, on arrive à la bifur. de la route de Moissac *(à 5 kil. 200).* Alt. 528 m., prendre à droite.

De cette bifur., montée de 2, 3, et 4 % sur 2 kil. 800 jusqu'à la cote 617, puis montée très forte en lacets avec tournants dangereux sur 1 kil. 500 jusqu'à la cote 814. *(Rampe de 7 et 9 %).* Du point 814, vue admirable sur toute la chaîne des Maures, les Alpes-Maritimes, les Basses-Alpes, la Sainte-Baume et Sainte-Victoire. Du col, la route est en descente douce sur 3 kil. 500 ; à 500 m., elle laisse à droite celle de Vérignon *(à 4 kil. 200),* puis 1.200 m. après, elle tourne à gauche, *(à droite 2ᵐᵉ route de Vérignon à 5 kil. ; très mauvaise)* et 300 m. plus loin, prendre encore à gauche en laissant à droite la route des Salles *(13 kil.).* On continue à descendre sur 1.500 m. jusqu'à la cote 739, puis la pente s'accentue en suivant le thalweg d'une magnifique vallée jusqu'à la cote 460, à 500 m. avant Bauduen. Montée courte et un peu forte pour arriver à ce village.

BAUDUEN *(Voir page 215).*

De Bauduen au Verdon, descente rapide sur 1 kil.; prendre à gauche : *(à droite les Salles à 5 kil.)* On traverse le torrent le Vallat, et après une montée légère, on arrive par une courte descente au hameau des **Sorps** *(Sorpius).* Alt. 415 m. Cette agglomération, où l'on trouve de nombreuses ruines romaines, est située à l'entrée d'une petite vallée qui offre aux voyageurs et aux touristes un spectacle grandiose.

FONTAINE-L'ÉVÊQUE.

Sur la pente d'un petit mamelon, au pied d'un figuier séculaire, sort en bouillonnant et avec impétuosité la Fontaine-l'Evêque, une des plus belles sources de France, qui donne encore, même au temps des eaux les plus basses, 5.300 litres d'eau par seconde. On présume qu'elle est principalement alimentée par les eaux pluviales qui se filtrent dans les terres de la plaine de Camp-Juel (*Canjuès*), camp ou champ de Jules. Le nom de Fontaine-l'Evêque lui vient, dit-on, d'un ancien évêque de Riez qui vint habiter ces lieux, vers le commencement du XVe siècle, mais tout porte à croire que son véritable nom soit *Saur*, du hameau des Sorps. On y remarque encore aujourd'hui les ruines assez bien conservées d'un ancien couvent et celles d'un Arc de triomphe qui doit dater de Jules-César.

Après un parcours d'environ 500 mètres au milieu d'arbustes sauvages, de peupliers et de quelques vieux chênes, les eaux se jettent dans le Verdon qui s'enfonce bientôt dans une gorge étroite mais profonde où les rochers, taillés à pic, atteignent parfois une hauteur de plus de 100 mètres. A 1 kil., à l'Ouest à l'entrée des gorges du Verdon, belles ruines d'un pont romain.

Nota. — Le chemin de Fontaine-L'Evêque étant incyclable, laisser les bicyclettes au hameau des Sorps.

Du hameau des Sorps, montée très forte de 7 et 8 °/₀ sur 3 kil. 400, jusqu'à la bifurcation de la route de Montpezat, qu'on laisse à gauche *(à 5 kil. 600)*. On atteint la cote 609, puis on tourne à droite, et par une succession de montées et de descentes, courtes mais dures, on arrive à Beaudinard.

BEAUDINARD.

Commune. Alt. 620 m. Hab. 270. Auberge. Foires : 24 Juin, 15 Août et 27 Septembre.

Ruines d'un château féodal dont il reste une belle tour. Chapelle N.-D. (*Alt. 710 m.*), d'où l'on jouit d'une vue superbe sur la vallée du Verdon. A 5 kil. sur le Verdon, pont Silvestre, d'une seule arche d'une grande hardiesse.

En sortant du village, descente assez rapide sur 400 m., puis petite montée sur 500 m. jusqu'à la bifur. de la route d'Aups qu'on laisse à gauche *(Moissac à 7 kil. 700 et Aups à 13 kil.)*.

Route en montée très douce sur 4 kil. 400 jusqu'au hameau **de Fontaine**. *(alt. 551 m.)*. De ce point, descente très rapide sur 1 kil. jusqu'à la cote 440, puis montée forte sur 500 m., jusqu'à la cote 570. Partie plate sur 1 kil., puis descente douce sur 800 m. jusqu'à la cote 562, où on laisse à gauche la route de Régusse *(à 3 kil. 100)*. Le reste de la route est en descente douce, passant par les cotes 562, 514 et 513 à la bifurcation de la deuxième route de Régusse *(à gauche à 4 kil.)*. Prendre à droite, descente assez rapide jusqu'à 500 m. avant Montméyan, où l'on arrive par une montée assez forte. En arrivant au village, tourner à gauche *(à droite Quinson à 6 kil. 900)*.

MONTMÉYAN *(voir page 160)*.

En sortant de Montméyan, suivre tout droit : *(à droite, route de La Verdière à 11 kil. 600)*, descente assez rapide sur 2 kil. 400 jusqu'à la bifur. du Grand-Nans, où l'on prend à gauche : *(à droite Tavernes à 7 kil. 400)*. Montée douce jusqu'à la cote 442, puis route presque plate jusqu'à la bifur. de la route d'Aups : *(à gauche à 11 kil. 500)*. Prendre à droite, et 600 m. plus loin, au Logis de Fox-Amphoux *(hameau)*, tourner de nouveau à droite : *(à gauche Fox-Amphoux à 1.200 m.)*. De ce point, route plate sur 1.200 m. puis on tourne à gauche, en laissant à droite la route de Tavernes *(à 5 kil. 600)*. Montée assez forte sur 1.200 m. jusqu'à la cote 503, puis descente assez rapide sur 3 kil. jusqu'au croisement de la route de Barjols que l'on prend à droite : *(à gauche Sillans à 11 kil. 700)*. Route en descente légère de la cote 346, jusqu'à la bifur. de la gare de Barjols, qu'on laisse à droite, enfin descente très rapide sur 1.500 m. avec tournants dangereux jusqu'à la ville.

BARJOLS *(voir page 212)*.

Sortir de Barjols en tournant à gauche au bas du Cours. A la sortie du tunnel sous lequel passe la route, vue magnifique sur la vallée de Fauvéris. Descente assez rapide au début et continuelle jusqu'à **Châteauvert**, *(à gauche, le vallon Sourd et Correns à 6 kil. voir page 226)*. On tourne à droite, et l'on traverse le pont de Bagarelle. Route en montée douce sur 5 kil. dans une belle vallée. La rampe s'accentue vers le 6me k. et devient assez forte jusqu'à 2 kil. avant le Val où l'on arrive par une descente rapide.

LE VAL *(voir page 212)*.

Traverser le village en ligne droite : *(à gauche Carcès à 11 kil. 900 ; à droite Bras à 11 kil. 200)*. Petite montée et descente en sortant du village, puis, après avoir traversé la rivière la Ribeirotte, montée forte sur 1 kil., avec tournant très brusque. Le reste en descente assez rapide jusqu'à Brignoles, de la cote 276 à 215.

L'ARGENS – VALLON SOURD – VALLÉE DE LA BRESQUE

	Altitudes	Kilomètres	Totaux
Brignoles............	...215....	»	»
Le Val	...214....	....4 800...	...4 800..
Correns.............	...160....	....8 800...	..13 600..
Châteauvert	...180....	....6 400...	..20 .....
Barjols	...296....	....7 500...	..27 500..
Tavernes	...374....	....5	..32 500..
Fox-Amphoux	...540....	....9 100...	..41 600..
Sillans.............	...387....	....7 500...	..49 100..
Salernes............	...233....	....6 300...	..55 400..
Entrecastaux........	...218....	....7 800...	..63 200..
Carcès.............	...115....	....7 500...	..70 700..
Vins...............	...185....	...11	..81 700..
Brignoles...........	...215....	....8	..89 700..

De Brignoles au Val (*voir pages 211-212*).

En arrivant sur la place du Val, prendre à droite, *(en face Châteauvert à 9 kil. 700)*. Route plate sur 1 kil. 500 puis montée légère jusqu'au tournant, à la cote 237. De ce point, descente assez rapide sur 1 kil., jusqu'à la cote 212 où la route tourne brusquement à droite au dessous d'une tuilerie. Bifur. : *(à droite Carcès à 8 kil. 900)* : Prendre à gauche. Route en descente assez rapide dans un pittoresque vallon. Petite montée légère et nouvelle descente un peu rapide jusqu'à la bifur. de Montfort, ou l'on tourne brusquement à gauche. *(En face Montfort à 1.400 m. ; à droite Carcès à 7 kil)*.

La route s'engage dans la belle vallée de l'Argens, passe devant le château de Pont-Fract, et 300 m. plus loin, au dessus d'un vieux moulin, situé près des ruines d'un pont romain, dont il reste deux culées bien conservées. La route assez accidentée, est très pittoresque jusqu'au village de Correns, dont l'aspect, vu de ce côté, est charmant et très gracieux.

(8)

CORRENS.

Commune. Alt. 160 m. Hab. 782. P. T. à Montfort. Hôtel. Foire : 1er dimanche d'Août.

Ancienne station romaine de **Coreno** ou **Corona**. Ce village, construit sur les bords de l'Argens, dans un site ravissant, est excessivement pittoresque, autant par son gracieux aspect extérieur, au Sud et au Nord, que par l'originalité de ses vieux quartiers et de ses rues étroites, tortueuses et en escaliers. Il existe au centre une vieille citadelle du Xe ou XIe siècle, appelée **Fort Gibron**, qui a soutenu plusieurs sièges opiniâtres : ce coin de la ville est absolument curieux. Au XIe siècle, le pape Sergius fonda à Correns, un **jubilé** ou **pardon**, qui, en 1613, amena dans cette ville 55.000 personnes en procession ; d'où ce proverbe du pays : **c'est le pardon de Correns** pour exprimer une grande foule. Ce jubilé a lieu environ tous les 7 ans, le 3 Mai, toutes les fois que l'Invention de la Sainte Croix tombe un vendredi.

Les environs de Correns sont admirables, et la vallée de l'Argens est de toute beauté. Devant l'église, ormeau plusieurs fois centenaire, dont le tronc mesure 5 m. de circonférence.

Sur la place du village, tourner à droite ; on traverse la rivière l'Argens sur un beau pont, vue très pittoresque. Légère et courte descente, puis route plate dans l'admirable vallon, où coule l'Argens, entre deux rangées de rochers bizarrement découpés. Végétation admirable. Vers le 4ᵐᵉ k., on passe devant le **vallon sombre** ou **Sourd**, situé sur la rive droite de l'Argens et formé par un déchirement de la montagne, où l'on voit le pont des fées et un long souterrain naturel creusé par l'Argens, et que les eaux doivent encore parcourir, car on les entend bruire dans les flancs du rocher. Restaurant très fréquenté l'été. (*Prévenir par lettre adressée à M. Pascal Roumey, hôtelier à Correns, Var*). En continuant la route, on arrive à Châteauvert à 1.500 m., où l'on tourne à droite.

De Châteauvert à Tavernes, voir pages 212-213.

TAVERNES. *(Voir page 213.)*

En entrant dans la ville, tourner à droite (*à gauche Varages à 5 kil. 500*), traverser la ville en ligne droite. A 1 k. bifur. (*en face Montméyan à 8 kil. 600*), prendre à droite, tournant très brusque, et montée dure sur 3 k. jusqu'à la cote 400, puis descente rapide jusqu'au hameau des Basti-des-Neuves ; 200 m. après, tourner à gauche (*à droite route de Barjols*). Descente douce dans la plaine de Fox-Amphoux. Vue magnifique.

Les Logis, hameau sur la route, bifur. : (*à gauche Montméyan 6 k. 800*). Pour monter au village de Fox-Amphoux, prendre en face puis à droite le chemin vicinal.

FOX-AMPHOUX.

Commune. Alt. 540. m Hab. 445. Foires : 3 Février, 15 Août. Habitat préhistorique. Cette ville tire son nom de Fox *(fort, forteresse)* et Amphoux, d'Alphonse, comte de Provence. Ce fut une petite station romaine. La situation de ce village est des plus belles. Il est bâti sur une hauteur et domine une plaine immense et magnifique, entourée de collines couvertes de belles forêts, où la Bresque prend sa source. Patrie du conventionnel Barras *(1755-1829)*. On voit encore le château de cette famille.

De Fox on rejoint la route par le chemin vicinal *(descente très rapide)* au bas duquel on tourne à gauche.; 600 m. plus loin, on laisse à droite le chemin de Cotignac. Sur 3 k. 800 la route est en montée, douce puis en descente légère ; elle coupe la voie ferrée, et de suite après, prendre à gauche en laissant à droite la route de Barjols. On traverse un plateau en longeant la voie ferrée, et l'on arrive à Sillans par une descente légère.

SILLANS. *(Voir page 221.)*

La route contourne le village, et descend très rapidement *(tournants brusques et dangereux)* jusqu'à la rivière la Bresque et la station du chemin de fer, où l'on prend à droite *(à gauche Aups à 9 k. 100)*. De ce point à Salernes, route très pittoresque et accidentée. Vers le dernier kilomètre on laisse à gauche la route d'Aups *(8 k. 600)*. Descente très rapide et tournant brusque sur Salernes ; vue admirable.

De Salernes à Carcès, par Entrecastaux, jusqu'à la bifur. de Vins, voir pages 217-218.

A 6 k. 500 de Carcès prendre à droite, *(à gauche route de Cabasse à 5 k.)*. On traverse le Caramy et l'Issole à leur jonction. Paysage gracieux. Petite montée assez dure ; deux tournants brusques, puis descente douce et à peu près régulière dans la fraîche et pittoresque vallée du Caramy, jusqu'à Vins.

VINS.

Commune. Alt. 185 m. Hab. 405. Foires : 22 Janvier et 25 Juillet. Station préhistorique et ancienne agglomération romaine. Ce village est situé dans une vallée étroite au fond de laquelle coule le Caramy. L'aspect en est pittoresque et fort étrange. Assez beau château des barons de Vins, célèbres pendant les guerres de religion. Beau pont, en partie romaine. sur le Caramy ; aux environs, restes d'un château féodal perché sur un rocher abrupt.

En sortant de Vins, petite descente sur 1 kil., le reste, très pittoresque, est en montée très douce jusqu'à Brignoles en suivant la rivière Caramy.

VALLÉE DE LA BRESQUE – PLATEAU DE VÉRIGNON
VALLÉE DE LA CASSOLLE

	Altitudes	Kilomètres	Totaux
Brignoles	215	»	»
Le Val	214	4 800	4 800
Carcès	115	11 900	16 700
Entrecastaux	218	7 500	24 200
Salernes	233	7 800	32
Villecroze	318	4 900	36 900
Tourtour	640	7	43
Vérignon	834	14 500	58 400
Aups	503	9 800	68 200
Moissac	540	6	74 200
Régusse	550	4 700	78 900
Montméyan	504	6 500	85 400
Fox-Amphoux (le Logis)	540	6 800	92 200
Cotignac	245	11	103 200
Carcès	115	7 400	110 600
Le Val	214	11 900	122 500
Brignoles	215	4 800	127 300

De Brignoles au Val, voir pages 211-212.

Sur la place du Val, prendre à droite (*en face Château-vert à 9 kil. 700*). Route plate sur 1 kil. 500, puis montée légère jusqu'au tournant, à la cote 237. De ce point, descente assez rapide sur 1 kil. jusqu'à la côte 212, où la route tourne brusquement à droite, au dessous d'une Tuilerie, tourner à droite : (*à gauche, route de Montfort à 3 kil. 700*). A 200 m., on traverse la rivière la Ribeirotte ; — à 150 m., à gauche du pont, belle et pittoresque cascade **du Grand-Baou**, formée par la Ribeirotte, qui tombe dans un vaste entonnoir de 20 m. de profondeur. Pour visiter cette cascade, prendre le sentier à l'Ouest du pont et le suivre vers le Nord (*on peut laisser les bicyclettes à la ferme située à 50 m.*

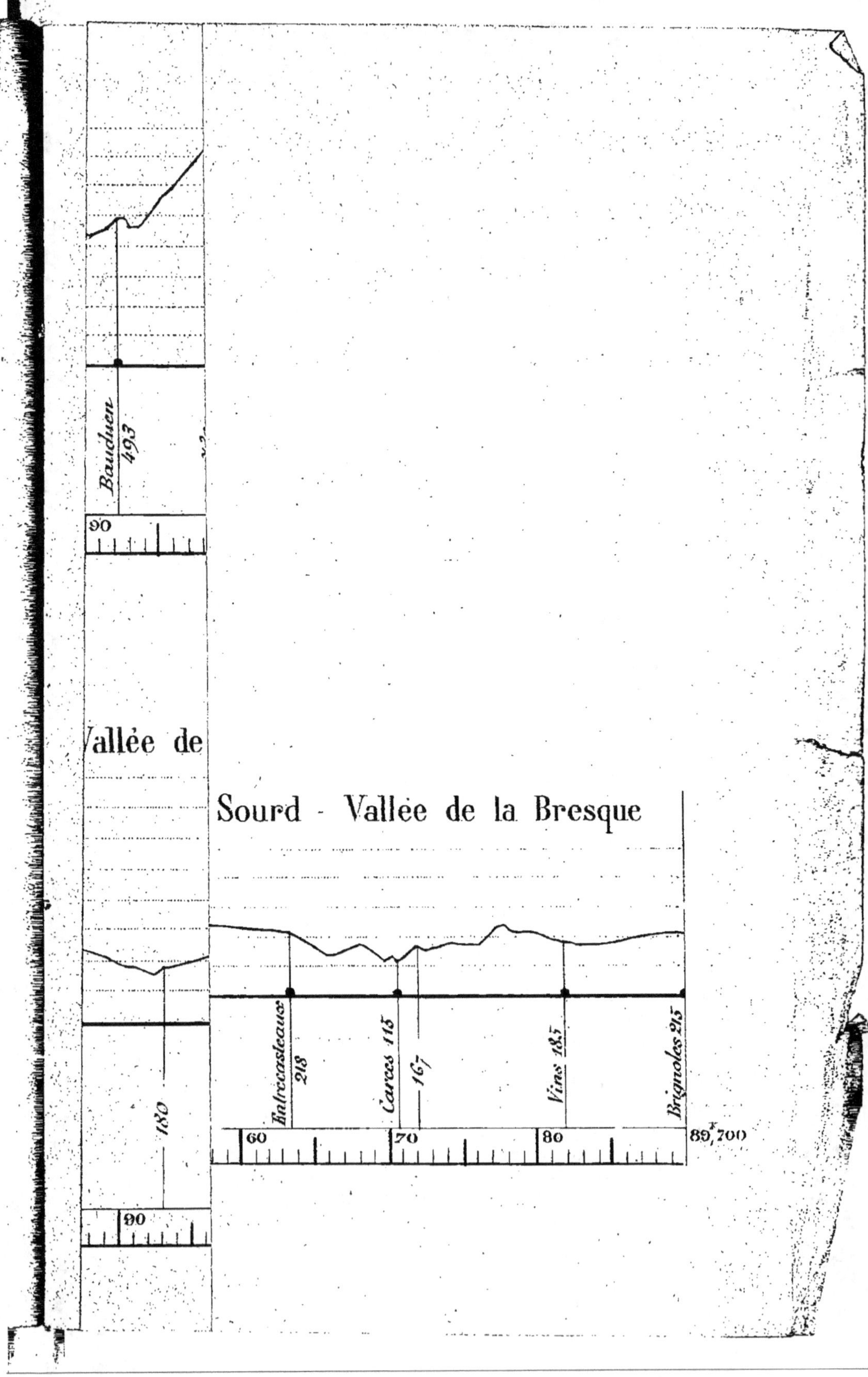
Bauduen
493
90
Vallée de
Sourd - Vallée de la Bresque
180
90
Entrecasteaux
218
Carcès 115
167
Vins 185
Brignoles 215
60
70
80
89,700

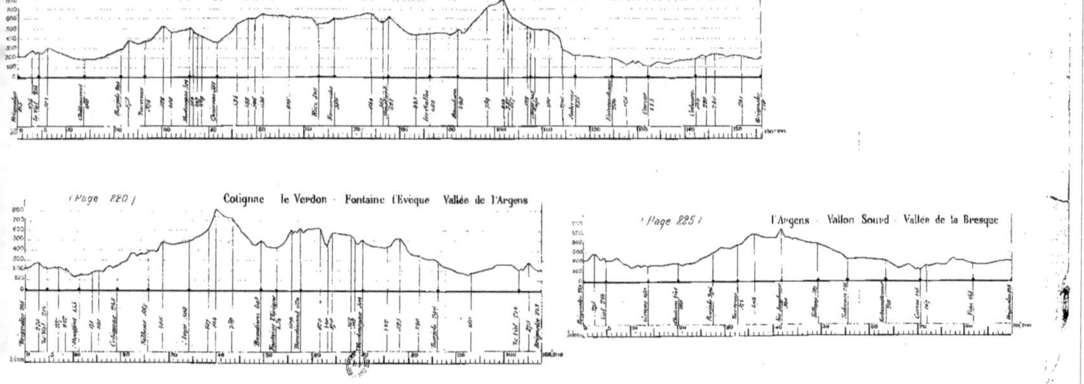
Brignoles
Quinson
Moustiers
Aups
Carcès
Brignoles
(Page 280)
Cotignac   le Verdon   Fontaine l'Evêque   Vallée de l'Argens
(Page 285)
l'Argens   Vallon Sourd   Vallée de la Bresque

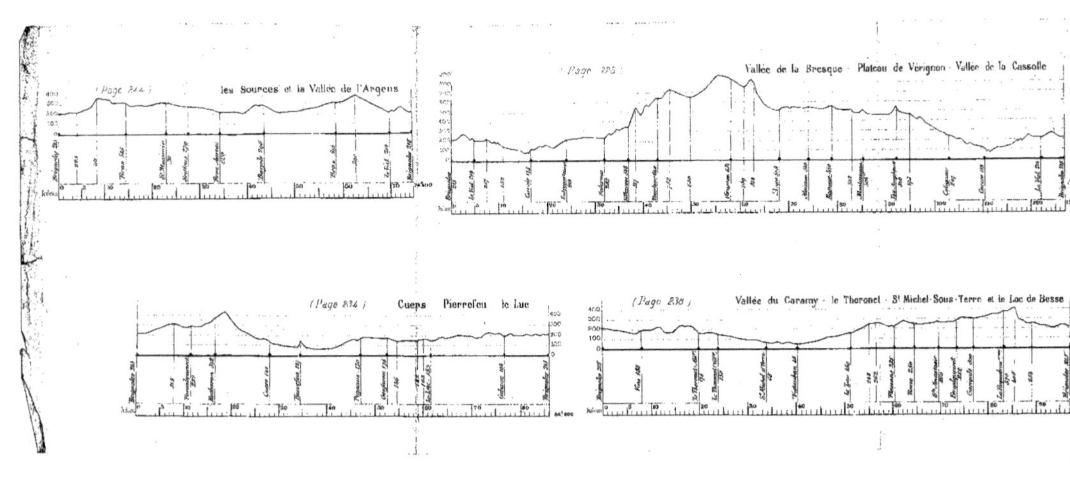
(Page 344)   les Sources et la Vallée de l'Argens
(Page 345)   Vallée de la Bresque · Plateau de Vérignon · Vallée de la Cassolle
(Page 334)   Cueps   Pierrefeu   le Luc
(Page 335)   Vallée du Caramy · le Thoronet · St Michel-Sous-Terre et le Lac de Besse

à droite après le pont). — Route légèrement accidentée sur 3 kil. jusqu'à la bifur. de Montfort : *(à gauche Correns à 5 kil. 800)* suivre tout droit. Route presque plate sur 3 kil. et montée assez forte avec tournants brusques jusqu'à Carcès.

CARCÈS. *(Voir page 218).*

La traversée de la ville est dangereuse, descente rapide avec tournants brusques. Sur la place, suivre tout droit : *(à droite Cabasse à 11 kil. 500 ; le Thoronet à 12 kil. 400)* après avoir traversé la rivière l'Argens, prendre à droite *(à gauche Cotignac à 7 kil. 400).* Route en montée douce et très pittoresque ; vue magnifique sur la vallée de l'Argens. Au 3me kil., tourner à gauche : *(en face Lorgues à 13 kil. 500).* Montée assez forte sur 1 kil., puis route accidentée sur 2 kil. jusqu'à la bifur. de Cotignac : *(à gauche à 8 kil., incyclable)* montée très douce jusqu'à Entrecastaux. Vue remarquable à l'entrée de la vallée; à droite, vieux pont romain bien conservé.

ENTRECASTAUX. *(Voir page 217).*

D'Entrecastaux à Salernes, l'ensemble de la route est en montée douce. Vue ravissante sur le village d'Entrecastaux et cluse très pittoresque de la *Bouissière* où la gorge est si étroite que la rivière, la route et le chemin de fer se superposent tous les trois. L'entrée dans Salernes est mauvaise.

SALERNES. *(Voir page 216).*

Sur la place, prendre à droite *(à gauche route de Sillans à 6 kil. 300).* Route en montée douce sur 800 m., jusqu'au passage à niveau où l'on prend à gauche *(à droite route de Lorgues à 14 kil. 400 et Draguignan à 22 kil. 200).* Route très accidentée, mais dont l'ensemble est en montée forte jusqu'à Villecroze.

VILLECROZE.

Commune. Alt. 318. Hab. 810. Hôtel. P. Foires : 25 février, 1er dimanche d'Août, 8 Août et 13 Novembre. Ancienne station romaine dont on a trouvé de nombreuses ruines, principalement dans la plaine. Restes d'aqueducs et de bains. Ce bourg fut entièrement détruit par les Sarrasins. Après l'expulsion de ces derniers, les habitants rétablirent leurs demeures sur le même point. Le centre de ce nouveau village fut occupé par un château dont il res e de belles ruines. Grotte curieuse, creusée par les eaux dans une masse de tuf.

A l'entrée de cette grotte, construction bien conservée du XII° siècle. Ce coin de paysage offre un tableau des plus pittoresques. Aux environs, nombreux vallons, cascades et belles sources.

Dans la ville, prendre à gauche ; *(à droite route de Lorgues à 13 kil. 800)*, montée légère et petite descente sur 1 kil., jusqu'à la bifurcation de la route de Tourtour, que l'on prend à droite, *(à gauche Aups à 5 kil. 800)*, montée forte sur 1.300 m., jusqu'à la cote 517. Rampe de 6 et 8 %. De ce point, descente rapide sur 800 m. jusqu'à la cote 442, puis nouvelle montée sur 1.500 m., jusqu'à la cote 540. Le reste est en descente jusqu'à 500 m. avant Tourtour, où l'on monte fortement pour atteindre la cote 640. Cette dernière partie de la route est médiocre.

TOURTOUR.

Commune. Alt. 640 m. Hab. 391. Auberge. Foires ; 16 Avril et Dimanche après le 9 Octobre. Habitat préhistorique et ancienne station romaine de TORTORIUM situé sur la route d'ANTEA (*Draguignan*) à Riez. Gracieux village situé au sommet d'une montagne d'où l'on a une vue féerique sur une vaste étendue de terre et de mer, et d'où l'on aperçoit la Corse, les Alpes-Maritimes, les Basses-Alpes, le Lubéron et le Ventoux. Source très abondante du Rosaire. Dans la campagne, tour de Grimaud, trophée qui rappelle que le sieur de Grimaldi, seigneur d'Antibes, battit complètement près de là une armée de sarrasins qui s'étaient établis dans le Fraixinet. Près de cette tour, nombreuses tombes sarrasines. Ancien château de Latour (*XVI° siècle*). Vieux château de la Beaume avec cascade superbe. Aux quartiers de **Florejia**, ruines d'un monastère de Cisterciens, fondé en 1130 et transféré au Thoronet en 1160. Au pied du village, ruines romaines où l'on trouve de nombreuses monnaies d'Auguste à Constantin, ainsi que des armes ou instruments de l'époque néolithique.

En sortant de Tourtour, un peu après la chapelle de Saint-Anne, prendre à gauche *(à droite chemin de Lorgues, incyclable)*. Tronçon de route très mauvais et en descente forte sur 1 kil. On rejoint la route d'Aups, que l'on prend à droite *(à gauche Aups à 6 kil. 600 ; à droite Ampus à 8 kil. 200)*, 500 m. plus loin, prendre à gauche *(à droite route de Flayosc, très mauvaise)*. La route monte fortement sur 1.500 m jusqu'à la cote 732, puis descend régulièrement jusqu'à la bifurcation d'Ampus où l'on tourne à gauche, *(à droite Ampus à 2 kil. 400)*. De ce point, route assez médiocre en descente douce sur 3 k. 600, jusqu'à la rivière la Nartubie que l'on traverse à la cote 640 *(sur la rive opposée, tronçon bien conservé de la voie aurélienne)*. Montée assez forte sur 2 kil., jusqu'à la cote 825, puis descente douce jusqu'à 500 m. avant Vérignon, où l'on arrive par une petite montée.

VÉRIGNON.

Commune. Alt. 834. Hab. 77. Habitat préhistorique considérable sur le plateau de Notre-Dame de Liesse. Petite station romaine placée sur la voie de Fréjus à Riez. Aux environs, à 2 kil. sur la route de Bauduen, deux bornes milliaires bien conservées.

De Vérignon, route en descente douce sur 3 kil. 500 jusqu'à la bifur. de la route de Bauduen qu'on laisse à droite *(incyclable)*; tourner à gauche, forte montée sur 800 m., jusqu'à la nouvelle bifurcation de Bauduen *(à droite Bauduen à 9 kil. 800; les Salles à 14 kil. 500)*. De cette bifur., petite montée sur 200 m. jusqu'au col d'Aups *(Alt. 809 m.)*. Vue merveilleuse sur toute l'immense plaine d'Aups, les Alpes-Maritimes, l'Estérel, la Corse, la Loube, la Sainte-Baume, Sainte-Victoire et le Ventoux. De ce point, longue descente très rapide sur 5 kil. 400 jusqu'à Aups. La première partie, sur 2 kil. est excessivement rapide et dangereuse ; 3 tournants très brusques et très mauvais. *(A ne pas faire sans frein. Pente de 6 à 9 %.)*

AUPS *(Voir page 216).*

Après avoir visité Aups, revenir sur ses pas jusqu'à la bifur. de la route de Bauduen *(alt. 528 m.)* par où l'on est arrivé et suivre tout droit. Route en montée douce sur 2 kil. jusqu'à la cote 538, puis presque plate jusqu'à 1 kil. avant Moissac où l'on monte légèrement pour atteindre la cote 580 à la bifur. située au dessous et à 900 m. de Moissac.

MOISSAC.

Commune. Alt. 540 m. Habit. 210. Foires : 19 Mars et 6 Août. Habitats préhistoriques aux quartiers du Grand-Camp et du Camp d'Olivier sur les côteaux au Nord-Est de Moissac ; débris romains, à la campagne des Courts. Village présentant un aspect agréable. Vaste panorama sur une plaine verdoyante. Beau point de vue.

Sortir de Moissac par la route d'arrivée et à 900 m., à la bifur., prendre à droite. De ce point à Régusse, route en descente légère sur la moitié du parcours jusqu'à la cote 501, puis montée douce jusqu'à Régusse.

RÉGUSSE.

Canton. Alt. 550 m. Habit. 573. Hôtel, P. T. Foires : 24 Juin et 10 Août. Cette petite ville fût bâtie par les Hongrois au XVIᵉ siècle sous le nom de Régusso. C'était autrefois un centre important dont il reste encore des remparts et des tourelles bien conservés, bâtis par les marquis de Grimaldi. Belle église dont le clocher, recouvert de tuiles brillantes, est assez imposant. Village pittoresque.

Suivre la Grand'Rue, et à 800 m. de Régusse, prendre à gauche : *(en face Beaudinard à 9 kil. 800).* De ce point, route en descente douce sur 3 kil. jusqu'à la seconde bifur. de Beaudinard, à la cote 513 : *(à droite Beaudinard à 10 k. 300)* suivre tout droit ; descente rapide sur 1 kil. *(vue très belle)* et forte montée en arrivant à Montméyan.

MONTMÉYAN. *(Voir page 160).*

En sortant de Montméyan, suivre tout droit : *(à droite route de la Verdière à 11 kil. 600)* descente rapide sur 300 m. puis douce sur 2 kil. 100 jusqu'au **Grand-Nans.** Bifur. où l'on prend à gauche : *(à droite Tavernes à 7 k. 400).* Descente douce jusqu'à la bifur. **du Logis** de Fox-Amphoux, passant par les cotes 442 et 420. A 500 m. avant le **Logis** laisser à gauche la route d'Aups *(à 12 kil,)* et suivre tout droit : *(à droite route de Barjols à 10 kil. 500 ; Tavernes à 7 kil.).* On passe au-dessous du village de **Fox-Amphoux** *(voir page 227)* et l'on arrive à la bifur. de Sillans *(alt. 460 m.)* où l'on tourne à droite *(en face Sillans à 6 k. 800).* Route en montée douce sur 1.500 m. passant par la cote 473, puis en descente assez rapide jusqu'au croisement de la route de Barjols à Sillans *(à droite Barjols à 9 kil. 800 ; à gauche Sillans à 6 kil. 800)* suivre tout droit. Montée assez forte sur 1 kil. jusqu'à la cote 433, puis descente douce et régulière jusqu'à Cotignac.

A 1.500 m. de cette ville, après avoir traversé la rivière la Cassolle, tourner à droite *(à gauche Sillans à 5 kil. 400).* Descente très rapide et tournants brusques en arrivant dans la ville.

COTIGNAC. *(Voir page 221):*

(Sur la place, à gauche, route d'Entrecastaux à 8 kil.) Pour sortir de Cotignac, traverser le cours et suivre la rive droite de la vallée. Très belle vue sur l'ensemble de la ville. Descente assez rapide sur 1.500 m., puis légère montée jusqu'à la bifur., à 2 kil. 400 *(à droite Montfort à 6 kil. 100).* Suivre tout droit. Route très accidentée, mais presque toute en descente jusqu'à Carcès. A 1.500 m. avant cette ville *(à droite 2ᵐᵉ bifur. sur Montfort à 5 kil.),* prendre à gauche pour arriver au Pont-sur-l'Argens par une descente légère où l'on tourne à droite *(à gauche Lorgues à 16 kil.).* Très forte montée dans le village de Carcès. Sur la place, bifur : *(à gauche le Thoronet à 12 kil. 400 et Cabasse à 11 kil. 500).* Suivre tout droit.

CARCÈS *(voir page 218).*

Descente sur 1 kil. avec 2 tournants brusques. Au 5° kil., à la cote 152, bifur. de Correns *(à droite Correns à 5 kil. 800)* suivre tout droit. De ce point, route accidentée et en montée douce jusqu'au pont de la rivière la Ribeirotte ; 200 m. plus loin, tourner à gauche *(à droite Montfort à 3 kil. 700).* Montée assez forte sur 3 kil. jusqu'à la cote 237, puis descente douce et régulière jusqu'au Val.

Du Val à Brignoles, voir page 224.

NOTES

CUERS – PIERREFEU – LE LUC

	Altitudes	Kilomètres	Totaux
Brignoles.........	...215....	»	»
Forcalqueiret...	...282....	....11 700..	...11 700.
Rocbaron.........	...372....	.....5 200..	...16 900.
Cuers............	...141....	....11 400..	...28 300.
Pierrefeu........	...147....	.....6 500..	...34 800.
Pignans..........	...170....	....12 300..	...47 100.
Gonfaron	...175....	.....5 500..	...52 600.
Le Luc...........	...150....	.....9	...61 600.
Cabasse..........	...194....	....10 600..	...77 200.
Brignoles........	...215....	....14	...86 200.

Sortir de Brignoles par la place du Palais de Justice, où l'on prend à gauche la route de Forcalqueiret. Montée très douce sur 3 kil. 500. *(Au premier tournant, à droite passage à niveau et chemin de la Celle.)* La route longe la voie ferrée. On passe au pied du beau rocher de Candéron. La montée s'accentue légèrement et devient un peu forte à 2 kil. 500, après avoir traversé un passage à niveau. En arrivant sur le plateau, bifur. Prendre à droite *(à gauche Camps à 1.800 m.)*. Route presque plate sur 1.500 m. On laisse à gauche une deuxième route vers Camps *(cote 313)* et l'on descend assez rapidement jusqu'au pont de l'Issole. A 300 m. de ce pont, prendre à droite *(à gauche Sainte-Anastasie à 3 kil. 500)*.

FORCALQUEIRET.

Commune. Alt. 282 m. Hab. 274. T. à la gare. Station : ligne de Gardanne *(67 k.)* à Carnoules *(12 k.)*. Foire : 29 Août.

Traverser le village en ligne droite et, 300 m. après, prendre à gauche *(en face Garéoult 2 kil. 900)*. Montée assez forte sur 1 kil. jusqu'à la cote 307. A ce point, tourner à gauche *(à droite, ancienne route de Cuers, mauvaise)*. La route monte assez fortement dans un très beau vallon, au pied des ruines considérables et fantastiques du château des

Barons de Forcalqueiret. On continue à monter fortement jusqu'à Rocbaron.

ROCBARON.

Commune. Alt. 372 m. Hab. 156. Foire 6 Août.

Petit habitat préhistorique et ancienne station romaine. Village assez pittoresque, bâti sur un côteau et dominé par les ruines importantes de son ancien château féodal.

En sortant de Rocbaron, nouvelle montée assez dure sur 1.500 mètres, jusqu'au col de Rocbaron à la cote 462. De ce point, vue merveilleuse sur toute la plaine de Pierrefeu, la chaîne des Maures, l'Estérel et la rade d'Hyères.

Après le col, tourner à droite *(à gauche route de Puget-Ville à 5 kil. 500, descente très rapide avec tournants très dangereux)*. Descente très forte sur 7 kil. 900, avec tournants brusques et dangereux jusqu'au croisement de l'ancienne route de Cuers que l'on prend à gauche *(à droite ancienne route incyclable)*.

CUERS.

Canton. Alt. 141 m. Hab. 3.380. Hôtel. P. T. Station : ligne de Marseille *(90 k.)* à Vintimille *(170 k.)*. Foires : 1er Janvier, 1er Mars, 25 Avril, 24 Juin, 14 Juillet, 1er Août et 28 octobre.

Restes d'habitat préhistorique sur le sommet de la colline. Station romaine de **Corcis**, dont on a retrouvé de nombreux vestiges au quartier appelé **Cros Aurélien**. Cette ville est encore entourée d'une partie de ses anciennes murailles et conserve les ruines d'un château féodal, sur l'emplacement duquel une statue de la Vierge a été érigée en 1865. Un souterrain appelé : **Caverne du Loup**, creusé dans la montagne, a dû servir de caveau ou de prison à l'ancien château. Sur le **Puits**, près de la chapelle, se trouve un abîme très profond qui doit se terminer par une vaste grotte.

De la chapelle, on jouit d'une vue magnifique sur la plaine et la chaîne des Maures, depuis Hyères jusqu'à Fréjus.

Dans la ville, bifur. *(à droite route de Solliès-Pont à 6 kil., à gauche Carnoules à 12 kil.)*. Prendre à droite l'avenue de la Gare. Route toute en descente très douce, passant par les cotes 122, 91, 74 et 64, jusqu'à 500 m. avant Pierrefeu, où l'on arrive par une courte montée assez forte en laissant à droite la route de la Crau *(11 kil. 500)*.

PIERREFEU.

Commune. Alt. 147 m. Hab. 2.374. Hôtel. P. T. Foires : 20 Avril. 5 Mai, 24 Juin, 24 Juillet et 1er jeudi d'Octobre.

Habitat préhistorique aux quartiers du Gourdon et de l'Anticaille, murs bien conservés ; nombreuses haches et pointes de flèches,

Station romaine du nom de Petra Foci. Cette ville est une des plus jolies, des plus saines et des plus agréables du Var. On y découvre une vue admirable sur la magnifique plaine qui s'étend entre Carnoules et Cuers, et, sur le merveilleux massif des Maures, couvert de pins et de chênes-lièges, qui font la fortune de cet heureux pays. Au midi, la superbe vallée de Sauvebonne étale son abondante végétation. Pierrefeu avait autrefois une cour d'amour semblable à celle de Signes.

Dans la ville, tourner à gauche, *(à droite deuxième route de la Crau)*. A 600 m., tourner encore à gauche, *(à droite route de Collobrières à 14 kil. 800)*, et 800 m. plus loin, prendre à droite, *(à gauche route de Puget à 6 kil.)*. Jusqu'à ce point la route descend fortement pour arriver à la cote 66, elle s'engage dans la belle vallée du Réal-Martin, passe, en montée douce, au hameau **des Vidaux**, et 1.800 m. après, oblique à droite, *(à gauche chemin de Carnoules à 3 kil., mauvais)* montée douce et régulière jusqu'à Pignans.

PIGNANS.

Commune. Alt. 170 m. Hab. 1.755. Hôtel. P. T. Station : ligne de Marseille *(105 k.)* à Vintimille *(155 k.)*. Foires : 17 Janvier, lundis de Pâques et de Pentecôte, dimanche après le 8 Septembre, 13 Octobre, 21 Novembre.

Habitat préhistorique sur le sommet de la montagne : petite station romaine du nom de **Pignaviense**. Tronçon de la voie romaine de Fréjus à Toulon. Au quartier de Campaud : tuiles, tombes, monnaies et inscriptions romaines. Dans l'église, deux inscriptions romaines ; bons tableaux des écoles espagnoles et italiennes : belles grilles en fer forgé et repoussé du XVIIe siècle. Pignans est la patrie de Jules Gérard, le célèbre tueur de lions. Aux environs, pèlerinage de Notre-Dame des Anges, d'où l'on découvre un panorama merveilleux. Beau vallon de la Coudière alimentée par des sources d'eau glaciales.

En entrant dans la ville, prendre à droite, *(en face, route de Flassans à 8 kil. 600, et à gauche, Carnoules à 3 kil.)* Après la ville, petite descente légère sur 500 m. jusqu'à la cote 167, suivie d'une montée douce jusqu'à 1.500 m. avant Gonfaron à la cote 192, puis descente légère jusqu'à Gonfaron. *(A l'entrée de ce village, à gauche, route de Flassans à 8 kil. 700 et dans le village, à droite, route de la Garde-Freinet à 21 kil.)*.

GONFARON.

Commune. Alt. 175 m. Hab. 2.525. Hôtel. P. T. Station : ligne de Marseille *(110 k.)* à Vintimille *(150 k.)*. Foires : lundi après le 15 Février, 2me dimanche de Juin. 12 Octobre.

Grotte sépulcrale de la période néolithique. Vastes habitats préhistoriques sur les sommets des collines de Saint-Jean *(à 3 kil.)* et de la Roquette : nombreux débris. Gonfaron est un charmant village bâti sur une éminence et dont l'aspect est très pittoresque. A visiter : l'ermitage de Notre-Dame du Figuier, un des plus beaux sites de la Provence. Grotte curieuse à la Roquette.

En entrant dans la ville, bifur. *(à gauche Flassans à 8 kil. 500 et 150 m. plus loin, à droite Les Mayons à 6 k. 700).*

De Gonfaron au Luc, très belle route en descente douce passant par les cotes 146 et 142, montée légère sur les deux derniers kil. jusqu'à 500 m. avant le Luc *(cote 169)* et descente douce vers la ville.

LE LUC.

Canton. Alt. 150 m. Hab. 2.747. Hôtels. P. T. Station : ligne de Marseille *(121 k.)* à Vintimille *(139 k.)*. Foires : 15 Janvier, 8 Juin, 1er dimanche de Septembre, 1er lundi après le 1er Septembre, 11 Octobre, 8 Décembre.

Magnifique habitat préhistorique retranché au sommet de la colline du quartier de **Fouirette**, entouré de murs formés de très grosses pierres ; sa situation était exceptionnelle au point de vue de la défense naturelle de la vallée du Luc. Il existe deux autres habitats semblables aux quartiers des **Magons** et au **Camp Redon**. Ancienne ville romaine assez considérable du nom de **Lucus** qui lui vint d'un temple dédié à Diane *(Luca)*. Cette gracieuse ville est situé en partie aux flancs d'un côteau et en partie dans la plaine. Jolie place bien ombragée ; maisons élégantes et belles fontaines. Ruines d'un vieux château qui a conservé ses anciennes portes fermées par des herses. Les vieilles maisons qui l'entourent sont assez curieuses. Ce château fut visité en 1702 par Philippe V, roi d'Espagne, et fut habité par Jean-Jacques Rousseau, protégé du comte du Luc. Belle église du XIIIe siècle *(monument historique)*. A côté, remarquable tour octogonale, construite en 1517. Dans le jardin de l'hospice, bas-relief en marbre, assez fruste, représentant une chasse aux sangliers et provenant d'un sarcophage du IV siècle. Nombreux débris de l'époque romaine : monnaies, tombeaux, urnes funéraires et inscriptions au quartier du **Paradis**, à 1 kil. du Luc. Dans le même quartier, ancien établissement thermal romain. Ces eaux ont les mêmes propriétés que celles de Contrexeville, Vittelle et Evian.

Traverser la ville et prendre en face la route de Cabasse : *(à droite Vidauban à 11 kil. ; à gauche Flassans à 9 kil.)*. Montée douce sur 4 kil. ; le reste est accidenté mais l'ensemble est en montée un peu forte, sauf sur les 2 derniers kil. où l'on descend rapidement sur Cabasse. Tournant brusque sur le pont de l'Issole.

De Cabasse à Brignoles, voir page 219.

VALLÉE DU CARAMY
LE THORONET — SAINT-MICHEL-SOUS-TERRE ET LE LAC DE BESSE

	Altitudes	Kilomètres	Totaux
Brignoles................	...215....	»	»
Vins....................	...185....	....8	...8 .....
Le Thoronet (Abbaye)....	...175....	...12	..20 .....
Le Thoronet (Village)....	...150....	....3 800....	..23 800..
St-Michel-sous-Terre .	....65....	...10 600....	..34 .....
Vidauban................	....48....	....6	..40 400..
Le Luc	...150....	...11	..51 400..
Flassans	...235....	....9	..60 400..
Besse...................	...250....	....4 400....	..64 800..
Sainte-Anastasie.......	...265....	....4 800....	..69 600..
Forcalqueiret..........	...282....	....3 900....	..73 500..
Garéoult...............	...300....	....3 600....	..77 100..
La Roquebrussanne ..	...370....	....6 300....	..83 400..
Brignoles..............	...215....	...13 600....	..97 .....

Sortir de Brignoles par la route du Val, et immédiatement après avoir traversé la rivière Caramy, prendre la route de droite *(à gauche le Val)* qui descend en pente douce jusqu'à Vins. Sites des plus pittoresques et route bien ombragée. Petite montée légère en arrivant à Vins.

VINS *(Voir page 227).*

En sortant de Vins, petite montée, puis route accidentée sur 3 kil. et descente courte assez rapide avec tournants brusques jusqu'au point de jonction du Caramy avec l'Issole *(beau paysage).* De suite après le pont, prendre à droite *(à gauche Carcès à 6 kil. 200).* Route en légère montée sur 2 kil. jusqu'à la bifur. de Combecave, où l'on tourne à gauche *(à droite Cabasse à 2 kil. 400).* La route *(médiocre)* monte assez fortement sur 3 kil. et traverse les curieuses mines de bauxite dont la terre d'un rouge intense colore tout le chemin ; le reste presque tout en descente. A 200 m. avant l'abbaye du Thoronet, tourner à droite *(à gauche chemin de Carcès, incyclable).*

ABBAYE DU THORONET.

Abbaye Cistercienne, bâtie en 1136, sur des terres données par les comtes de Provence et principalement par Raymond Bérenger III. Les religieux y séjournèrent 648 ans. En 1635 elle fut réunie à l'évêché de Digne, puis vendue sous la Révolution par l'Etat, qui n'a conservé que la propriété de l'Eglise et du Cloître. Cette riche abbaye est certainement le plus curieux monument faisant époque dans l'histoire de l'art. C'est la transition du roman encore pur tendant vers le gothique. L'église, en forme de croix latine, a trois nefs : celle du milieu, élancée et dans de belles proportions, se termine en voûte légèrement ogivale. L'abside est en demi-cercle, cintré dans le haut. Les transepts sont terminés par des chapelles circulaires où l'on voit encore des restes de peinture. Le cloître qui est attenant à l'église est encore le mélange du cintre et de l'ogive. Il forme un carré au milieu duquel était le cimetière des religieux. La voûte circulaire est légèrement ogivale comme celle de l'église ; des baies cintrées règnent tout autour, elles sont divisées au milieu par une colonnette courte et massive, dont le style se rapproche du Lombard. Sur l'un des côtés du jardin, on remarque une petite salle hexagone qui formait l'ancien lavabo. Dans la galerie faisant face au couchant, on trouve à gauche, une grande salle à moitié souterraine dont la voûte, en ogive, est soutenue par deux colonnes courtes et très massives et dont le chapiteau est corinthien dégénéré. C'était la salle capitulaire. En dehors du cloître, il reste les ruines du réfectoire, d'immenses magasins et du moulin du couvent, ainsi qu'une partie moderne qui servait d'hôtellerie. Ce monument a été partiellement réparé depuis 1879. Ce site réellement délicieux, tout auprès de la rivière de l'Argens, au milieu d'une forêt, en partie déboisée aujourd'hui, sur les bords de vallons tortueux, parsemé de blocs de pierres et de rochers détachés des flancs d'une montagne, au pied de laquelle sommeille l'Abbaye dans une solitude calme et profonde, donne au voyageur une impression d'intense poésie.

De l'Abbaye du Thoronet au village, route presque toute en descente.

LE THORONET

Commune. Alt. 150 m. Hab. 668. Hôtel. T. Foires : 8 Septembre, lundi après le 8 Septembre ; 4ᵐᵒ dimanche après Pâques.

Habitat préhistorique considérable au quartier de Saint-Victor sur une colline entourée par une boucle de l'Argens. Station romaine placée sur la voie aurélienne de Fréjus à Cabasse. Nombreux débris de cette époque : Colonnes, poteries, monnaies, inscriptions, etc.

Le village actuel est agréablement situé sur la rive droite de l'Argens dans une charmante petite vallée entourée de collines pittoresques.

En sortant du Thoronet, descente assez rapide sur 500 m. bifur. : suivre tout droit, *(à gauche Lorgues à 8 k. 200)*, et 400 m.

plus loin, à la cote 142, prendre à gauche, *(à droite le Canet du Luc à 7 kil.).* Chemin assez accidenté sur 3 kil., mais presque tout en descente dans une belle vallée jusqu'à la rivière l'Argens. De ce point à St-Michel-sous-Terre, route en descente douce et très pittoresque *(médiocre).*

SAINT-MICHEL-SOUS-TERRE.

En arrivant au moulin d'Entraigues, situé sur la gauche de la route, laisser les bicyclettes, et visiter à pied Saint-Michel-sous-Terre.

A 300 m. au Nord du moulin d'Entraigues, la rivière l'Argens plonge du haut d'un rocher de 15 m. de haut et forme une belle et majestueuse cascade ; puis 200 m. plus loin elle s'engouffre sous un énorme tunnel naturel pour ne reparaître qu'à 230 m. en aval en formant une série de petites cascades et de rapides ; la voûte du tunnel, effrondée en partie vers le milieu, éclaire largement le cahot fantastique des rochers énormes roulés et bouleversés par la force des eaux ; cet étrange et magnifique souterrain peut être facilement traversé en été, lorsque les eaux sont basses. A la sortie, chapelle antique de Saint-Michel, entièrement creusée dans le rocher, et qui a été un lieu de refuge pour les premiers chrétiens. But d'excursion très recommandé et des plus intéressants. A visiter dans le tunnel naturel, les beaux et curieux travaux hydrauliques élevant et conduisant les eaux de source à Vidauban.

De Saint-Michel à Vidauban, route légèrement accidentée et dont l'ensemble est en descente douce. En arrivant sur la route nationale, tourner à gauche, *(à droite le Luc).*

VIDAUBAN.

Commune. Alt. 48 m. Hab. 2.630. Hôtel. P. T. Station : ligne de Marseille (*130 k.*) à Vintimille (*130 k.*). Foires : 11 Mai, 12 Août et 8 Octobre.

Restes d'habitat préhistorique sur la colline de Sainte-Brigitte. Station romaine importante du nom de **Vicus Albanorum**, puis **Castrum** de Vidalbani, située sur la voie aurélienne de Fréjus à Riez. On y a trouvé, aux quartiers de Riba, de Sainte Maisse et de Châteauneuf, à Blais, de nombreux débris de cette époque, ainsi que les traces d'un campement de l'armée de Lépidus sur la rive droite de l'Argens, un peu au dessous du pont actuel. De l'ancienne voie aurélienne, il reste la culée d'un beau pont sur la rivière, au hameau des Rondins. La ville actuelle est située dans une belle plaine, elle est agréable et bien percée. Sur la place, assez jolie fontaine monumentale, inaugurée en 1897. A visiter, aux environs, le vieux château d'Astros, construction remarquable, qui appartenait jadis à la Commanderie de Malte. Parc superbe et chapelle de Saint-Lambert.

Dans la ville, deux routes : à gauche Lorgues à 10 kil. 500; à droite la Garde-Freinet à 19 kil. 500. Sortir de Vidauban par la route d'arrivée et la suivre tout droit. Montée douce, passant par les cotes 48, 62, 89 et 94 à la bifur. de la route du Thoronet, à 7 kil. De ce point, montée forte sur 700 m., jusqu'à la cote 117 ; le reste en montée très douce jusqu'au Luc.

LE LUC *(Voir page 237.)*

En entrant dans la ville, suivre tout droit *(à droite Cabasse à 10 kil. 600 et 200 m. plus loin, à gauche, Gonfaron à 5 kil. 500)*.

Du Luc à Flassans, route très accidentée, succession de montées et descentes assez rapides, passant par les cotes 182, 137, 248, 203, 262, 227 et 201, puis descente assez forte sur Flassans, avec tournants brusques.

FLASSANS.

Commune. Alt. 235 m. Hab. 1.170. Hôtel. P. T. Foires : 12 Mai et 20 Août.

Habitat préhistorique sur le sommet de la colline, en partie recouvert par les ruines du village du Moyen-Age. Endroit très pittoresque à visiter. Vue superbe. La ville actuelle, bâtie au pied d'une colline abrupte est partagée en deux parties par la rivière l'Issole. Elle fut construite en 1447 par les habitants de l'ancien village et leur seigneur Gautier de Pontevès. Les rues sont larges et propres. Deux belles places ornées de magnifiques platanes. Patrie de Jean de Pontevès, comte de Carcès, sénéchal de Provence, chef des catholiques pendant les guerres de religion (*1512-1582*).

En entrant dans la ville, prendre à droite *(à gauche Gonfaron à 8 kil. 500 et Pignans à 8 kil. 600)*, et 200 m. plus loin, tourner à gauche *(en face Brignoles à 13 kil. 400)*.

De Flassans à Besse, bonne route en montée douce sur 2 kil. jusqu'à la cote 286, puis en descente légère jusqu'à Besse.

BESSE.

Canton. Alt. 250 m. Hab. 1.145. Hôtel. P. T. Station : Ligne de Gardanne (*74 kil.*) à Carnoules (*5 kil.*). Foires : 21 Septembre, la Trinité et Sainte-Madeleine.

Agglomération probablement d'origine romaine. Ancienne place forte. Cette jolie petite ville, aux rues bien alignées, ornée de deux places ombragées, est située sur les bords d'un ravissant petit lac, large de 200 m., profond de 30 et très poissonneux, qui est alimenté par la rivière l'Issole ou Nissole. De gracieuses villas dispersées sur les bords du lac forment un charmant paysage qui mérite d'être visité.

Aux environs, campagne de Font-Belle, source très abondante et magnifiquement ombragée, site très pittoresque. A l'Est, ruines du château de Blanquefort, qui appartenait au couvent de la Celle. Au Nord, chapelle de Saint-Quinis (*Alt. 603 m.*) dans un bois touffu, site très pittoresque et belle vue. Sur une des places de Besse, on voit la maison du célèbre Gaspard de Besse, dont la légende est si connue. A 3 kil. au sud, château de Montenard, où est né le peintre moderne du même nom.

En sortant de Besse, à 500 m., prendre à droite (*à gauche Carnoules à 5 kil. 300*). Route en montée douce et à peu près régulière jusqu'à Sainte-Anastasie.

SAINTE-ANASTASIE.

Commune. Alt. 265 m. Habit. 410. Hôtel. Station : Ligne de Gardanne (*70 kil.*) à Carnoules (*9 kil.*). Foires : 14 Juillet, Saint-Just, ou le dimanche qui suit.
Ce petit village, bâti à flanc de côteau sur les bords de l'Issole, offre un coup d'œil assez pittoresque.

En sortant de Sainte-Anastasie, petite montée assez forte, puis route très légèrement accidentée jusqu'à 400 m. avant Forcalqueiret, où on laisse à droite la route de Brignoles (*à 11 kil. 300*).

FORCALQUEIRET (*Voir page 234*).

Après avoir traversé le village, petite montée sur 400 m. et bifur. Suivre tout droit (*à gauche Cuers à 13 kil. 300*). Route légèrement accidentée, traversant l'Issole dans une petite gorge bien boisée.

GARÉOULT.

Commune. Alt. 300 m. Hab. 740. Hôtel. P. T. Foires : 3 Août, 25 Septembre.
Ancienne station romaine du nom de **Garildis** ou **Garaudum** ; on a trouvé de nombreux débris de cette époque, au nord de ce village, à Saint-Martin et près de **Gardelle**, ferme qui a conservé une forme de l'ancien nom.
Garéoult est un assez joli village, bâti au milieu d'une vaste et riche plaine, arrosée par l'Issole.
Les rues sont bien ombragées et très larges.
A visiter, au sud, le pic de Saint-Clément, d'où l'on a une vue superbe sur les îles d'Hyères et les Alpes.

En sortant du village, petite montée jusqu'à la bifur. à 500 m., où l'on tourne à droite (*à gauche Méounes à 8 kil. 400*). Route très légèrement accidentée jusqu'à la Roquebrussanne, on passe devant les deux curieux gouffres dits : *le grand et le petit Lautien,* formés par deux excavations profondes de 20 à 30 m. et larges de 100 à 150 et dond le fond est rempli par un lac.

LA ROQUEBRUSSANNE (*Voir page 66*).

Avant d'entrer dans le village, prendre à droite (*à gauche*

Méounes à 7 kil. 400) ; à la sortie, suivre tout droit *(à gauche Mazaugues à 5 kil. 700, très médiocre)*. Montée assez forte sur 2 kil., passant par les cotes 386 et 405. *(En arrivant au sommet, à droite, chemin muletier qui conduit au sommet de la Loube. Voir Brignoles, page 205)*.

De ce point, descente très rapide sur 3 kil. 500 avec tournants dangereux *(pente de 2, 4, 7 et 11 %)*. Vallée magnifique et vue splendide. Eaux abondantes. A la fin de la descente, tourner à droite *(à gauche Tourvès à 5 kil. 100)*. Route en descente douce sur 3 kil. jusqu'au pont de Saint-Pré, où l'on prend à gauche *(à droite château de Saint-Pré et la Celle à 3 kil. Chemin assez bon)*. Après avoir traversé la rivière Caramy, on rejoint la route de Tourvès à Brignoles, que l'on prend à droite *(à gauche Tourvès à 6 kil. 800)*. Route en montée très douce sur 1.800 m., le reste en descente légère jusqu'à Brignoles.

NOTES :

LES SOURCES ET LA VALLÉE DE L'ARGENS

	Altitudes	Kilomètres	Totaux
Brignoles	215	»	»
Bras	315	14	14
Saint-Maximin	311	8 400	22 400
Seillons (Village)	393		
Seillons (Route)	279	5	27 400
Brue-Auriac	229	6 500	33 900
Barjols	296	9 500	43 400
Bras	315	15	58 400
Le Val	214	11 200	69 600
Brignoles	215	4 800	74 400

Sortir de Brignoles par la route de Tourvès. A 3 kil. 500, prendre à droite en traversant le passage à niveau : *(en face Tourvès à 10 kil. 300)*. Route en montée douce sur 1 kil., puis en montée un peu forte sur un second kil., et enfin très forte sur 2 kil. 500 jusqu'à la cote 361. Vue magnifique sur toute la plaine de Brignoles et d'Aix. De ce point, la route qui passe dans une belle forêt de chênes, est toute en descente douce sur 3 kil. jusqu'à la bifur. de la route du Val, où l'on suit tout droit : *(alt. 317 m. ; à droite le Val à 8 kil. 500)*. De ce point, descente rapide et assez mauvaise sur 1 kil. jusqu'à la cote 290. Tournant brusque à droite, puis montée douce jusqu'à Bras : *(avant d'entrer dans le village, bifur., à droite, route de Barjols à 15 kil.)*.

BRAS.

Commune. Alt. 315 m. Hab. 1.020. Hôtel. P. T. Foires : 3 Août, 1er mardi et deux derniers dimanches de Septembre.

Vestiges d'habitats préhistoriques et liguriens aux environs. Station romaine de Brachium dont on a trouvé de nombreux vestiges. Monnaies, tombes, urnes, etc. Eglise assez curieuse du XIIe siècle. Restes du château. Ce village présente une assez jolie vue du côté du Nord, sur la route de *Brue-Auriac*.

A visiter les **Gouffres bénis,** lacs aux eaux très profondes, qui devinrent rouges lors des tremblements de terre de Lisbonne le 1er Novembre 1755 et au dernier tremblement de terre de Février 1886.

Traversée du village mauvaise, rue étroite en descente rapide. Tourner à gauche : *(à droite route de Brue-Auriac à 8 kil. 900 ; presque incyclable sur 4 kil. en sortant de Bras)*. Route légèrement accidentée mais généralement en descente douce jusqu'à Saint-Maximin.

SAINT-MAXIMIN *(voir page 101)*.

Café Français, nécessaire de réparations, pompes, garage. Hôtel Crouzet, très recommandé.

Sur la place de Saint-Maximin, prendre à droite : *(en face, Pourcieux à 6 kil. 500 ; Ollières à 4 kil. 600 ; à gauche Tourvès à 7 kil. 500 et Saint-Zacharie à 17 kil. 300)*. En sortant de Saint-Maximin, à 300 m., suivre tout droit : *(à gauche Esparron à 18 kil. 800)*. Route en descente douce et en ligne droite sur la première moitié, puis petite montée et descente un peu rapide vers la rivière de la Meironne, que l'on traverse par un tournant brusque *(cote 279)*. On passe au pied du village de Seillons.

SEILLONS.

Commune. Alt. 393 m. Hab. 419. Foires : 4 Septembre et 30 Novembre.

Petit habitat préhistorique. Village perché au sommet d'un côteau et dominé par une église et un château. De cette hauteur on a un panorama immense sur les Alpes Maritimes et les Alpes Provençales. A visiter, l'énorme pi'connier du château, le jardin avec ses terrasses et le château du Marquis de Régusse, bâti sur l'emplacement de l'ancien, de sanglante mémoire, rasé sous la Révolution.

En quittant Seillons, route légèrement accidentée sur 1.500 m. jusqu'au moulin des **Sources de l'Argens**, situé à droite de la route, à la cote 268 ; tournant brusque sur le pont. A 150 m., à gauche, magnifique source de l'Argens. La rivière sort impétueusement du fond d'une combe circulaire qui forme un beau bassin. De ce point, légère montée sur 2 kil. jusqu'à la bifur. de Bras : *(à droite Bras à 6 kil. 400)* partie plate sur 1 kil. jusqu'à la cote 279, puis descente assez rapide sur Brue-Auriac.

BRUE-AURIAC.

Commune. Alt. 220 m. Hab. 430. Auberge.

Ce village doit son origine à Georges de Roux, marquis de Brue (1703-1792), négociant armateur de Marseille, aussi riche qu'audacieux, qui rendit de grands services à la France, colonisa la Martinique et envoya longtemps ses corsaires à la poursuite des vaisseaux anglais. Village formé de deux rues droites et d'un cours, garni de beaux arbres, qui aboutissent au château. Tous les environs de Brue-Auriac forment une des plus belles propriétés de rapport de la Provence, soit par les variétés de ses cultures, soit par son étendue (*2000 hectares environ*) appartenant à feu M. J. Clapier, aujourd'hui à la famille Garcin de Marseille.

Après le cours, prendre à droite : *(en face Varages à 10 kil. 100, et la Verdière à 15 kil. 500)*. Route admirable dans un beau vallon bien boisé. Nombreux tournants assez brusques. A 3 kil. 700, suivre tout droit (*à droite Bras à 8 kil. 700)*. De ce point, montée très douce sur 1 kil. jusqu'à la cote 205, puis assez forte sur 2 kil. 500 jusqu'à la cote 285. Route toujours très belle, paysage superbe. De ce point, descente assez rapide jusqu'à Barjols, traversant le ravin sur un pont très hardi. Au fond du vallon, à droite, ancien pont du Xme siècle, très pittoresque et servant de passage à une ancienne voie romaine. Après le dernier tournant, vue admirable sur Barjols.

BARJOLS. *(Voir page 212)*.

Sortir de Barjols par la route d'arrivée, montée assez forte sur 1.500 m., puis descente assez rapide sur 4 kil. 500 jusqu'à la bifur. de Brue, où l'on tourne à gauche *(en face Brue à 3 kil. 700)*. Route assez bonne et très pittoresque, en montée régulière jusqu'à 1 kil. avant Bras, où l'on arrive par une descente assez rapide.

BRAS. *(Voir page 244)*.

En arrivant dans le village, tourner immédiatement à gauche. Tournant brusque, montée assez forte et mauvaise sur 2 k. jusqu'à la bifur. du Val, où l'on prend à gauche, *(à droite Brignoles à 11 kil. 600)*. Montée assez dure sur 1 kil. jusqu'à la cote 362. De ce point, route très pittoresque et toute en descente jusqu'au Val, où l'on tourne à droite en arrivant.

Du Val à Brignoles, voir page 224.

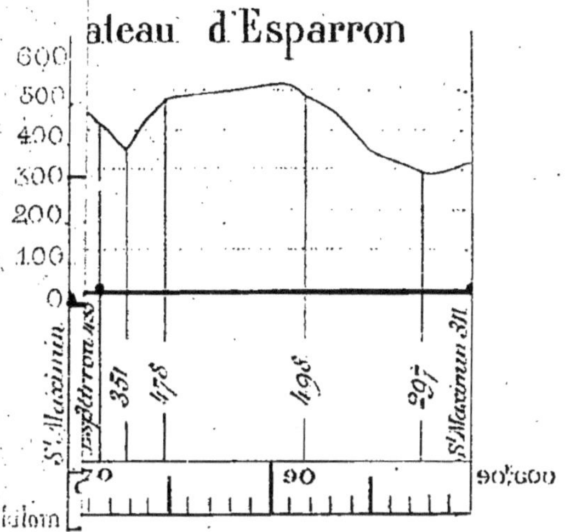
aleau d'Esparron
600
500
400
300
200
100
0
St Maximin
351
478
498
207
St Maximin 311
0
90
90,600
kilom

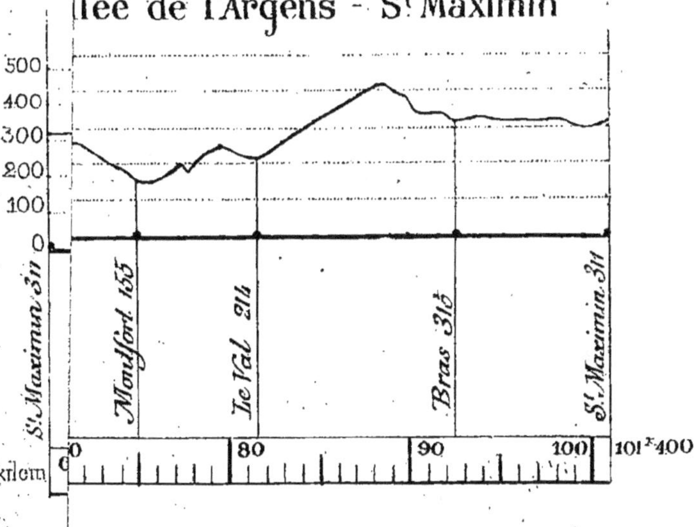
llée de l'Argens - St Maximin
500
400
300
200
100
0
St Maximin 311
Montfort 155
le Val 214
Bras 315
St Maximin 311
0
80
90
100
101,400
kilom

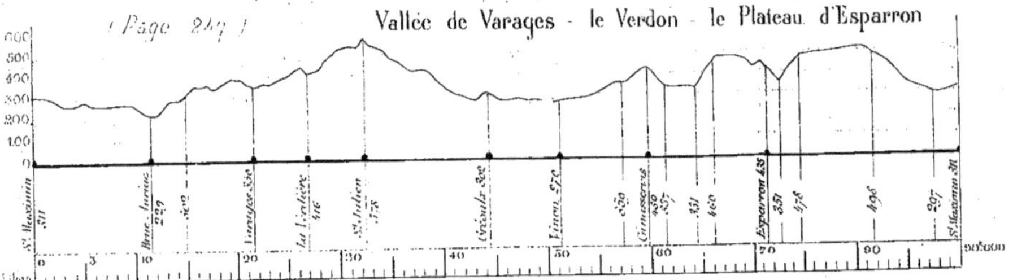

Vallée de Varages - le Verdon - le Plateau d'Esparron
(Page 247)
St Maximin 311
Bne Juvinie 229
430
Varages 340
la Verdière 416
St Julien 378
Ginioulx 300
Vinon 270
630
Ginasservis 430
457
431
460
Esparron 438
351
378
498
297
St Maximin 311

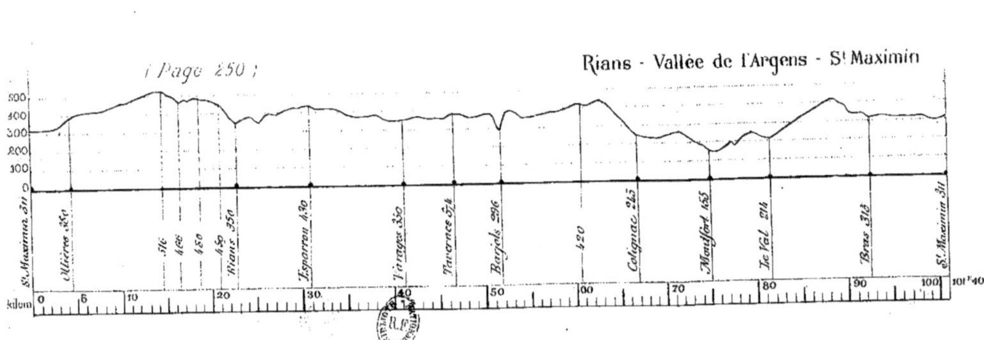

Rians - Vallée de l'Argens - St Maximin
(Page 250)
St Maximin 311
Ollières 350
516
466
480
450
Rians 350
Esparron 430
Varages 350
Tavernes 374
Barjols 296
420
Cotignac 243
Montfort 655
le Val 214
Bras 315
St Maximin 311

VALLÉE DE VARAGES — LE VERDON
LE PLATEAU D'ESPARRON

	Altitudes	Kilomètres	Totaux
Saint-Maximin	...311. ..	»	»
Brue-Auriac	...229....	....11 5.0..	...11 500.
Varages	...350....	....10 100..	...21 600.
La Verdière	...416....	.....5 400..	...27 ....
Saint-Julien	...578....	.....5 500..	...32 500.
Gréoulx	...302....	....12	...44 500.
Vinon	...270....	.....7	...51 500.
Ginasservis	...430....	.....8 500..	...60 ....
Esparron	...435....	....11 500..	...71 520.
Saint-Maximin	...311....	....19 100..	...80 600.

De Saint-Maximin à Brue-Auriac, voir page 245.

Sortir de Brue en continuant tout droit *(à droite Barjols à 9 kil. 500)*. Route en montée assez douce sur 2 kil., puis en descente légère sur 1 kil., suivie d'une montée un peu forte sur 3 kil. jusqu'au hameau des **Annelles** *(alt. 327 m.)*, où l'on arrive par 2 tournants dangereux. De ce point, partie presque plate sur 1 kil., puis descente très rapide avec tournants dangereux sur 1.500 m. vers Varages et passant par les cotes 311 et 295. Un peu avant Varages, tourner à droite *(à gauche Esparron à 10 kil. 200)* montée très dure mais courte pour arriver au village.

VARAGES.

Commune. Alt. 350 m. Hab. 1.051. Hôtel. P. T. Station du Central-Var, ligne de Meyrargues *(37 kil.)* à Draguignan *(61 kil.)* Foires 2 et 3 juin.

Habitat préhistorique sur le sommet de la colline ; probablement ancienne station romaine. Cette petite ville est située sur un mamelon dominant une riante vallée, au fond de laquelle coule une petite rivière aux bords verdoyants, alimentée par l'abondante source de la Foux. Site et paysage exceptionnellement pittoresques. A visiter : l'église, de style ogival *(1660)*, ornée d'un clocher aux tuiles vernies.

Grotte spacieuse et assez curieuse, à côté de laquelle on remarque les ruines d'un fort qui commandait le passage du torrent. Restes d'un château-fort des Templiers, démoli en 1321. Sont nés à Varages : le général de Gassendi, professeur d'artillerie de Napoléon à l'Ecole de Brienne ; Louis Niel, ancien maire et promoteur des chemins de fer du Var ; le docteur Arlaud, le seul survivant de la *Belle-Poule*.

Dans Varages, prendre à gauche *(en face Tavernes à 5 kil. 500)*. Montée assez forte sur 500 m. environ, jusqu'à la cote 425, puis descente sur 800 mètres jusqu'à la cote 364, au fond d'un ravin, où l'on tourne très brusquement à gauche. De ce point, montée assez forte sur 1.500 m. jusqu'à la cote 400. Le reste est en montée très douce jusqu'à la Verdière.

LA VERDIÈRE *(Voir page 161)*.

Dans la Verdière, suivre le Cours ; descente très rapide dans la ville et tournant très brusque à gauche *(à droite Montméyan à 11 kil. 600)*. Au bas de la descente, après avoir traversé le ravin *(alt. 416 m.)*, prendre à droite *(à gauche Esparron à 10 kil. 600)*. Montée assez dure sur 500 m., puis douce sur 1.500 m., jusqu'à la cote 490. A 1 kil. de ce point, suivre tout droit *(à gauche Ginasservis à 6 kil. 400)*. Route très légèrement accidentée jusqu'en face le village de Saint-Julien. A la bifur. de Saint-Julien, si l'on veut monter au village, prendre le chemin vicinal qui est en face *(à gauche Ginasservis à 6 kil. 400)*. Si l'on veut continuer sans s'arrêter à Saint-Julien, prendre immédiatement à droite la route de Gréoulx.

SAINT-JULIEN-LE-MONTAGNIER.

Commune. Alt. 578 m. Hab. 1.904. Hôtel-Restaurant. Foires : La Trinité, Saint-Julien et le dimanche après le 28 Août.

Habitat préhistorique et peut-être station romaine. Saint-Julien doit son surnom à sa situation. Bâti sur un côteau, il domine un immense panorama ; la vue s'étend sur une grande partie des Hautes et des Basses-Alpes, du Var, des Bouches-du-Rhône et de Vaucluse.

Après la visite du village, revenir par le chemin vicinal et tourner à gauche. Très forte descente sur 1.500 m. avec tournant dangereux. Après avoir traversé le hameau des Guis, la route est à peu près plate sur 1.500 m., puis en légère montée, et enfin en descente douce vers Gréoulx. Cette dernière partie est des plus pittoresques, et c'est dans un vallon resserré que l'on serpente, pour arriver en vue de Gréoulx, qui apparaît au dernier tournant.

(Le chemin étant très étroit sur toute la descente, être très prudent).

Avant de traverser le Verdon, à gauche, nouvelle route de Vinon presque plate sur tout son parcours. On franchit la rivière, et l'on arrive à Gréoulx, par une forte montée.

GRÉOULX. *(voir page 157)*.

En sortant de Gréoulx, descente rapide sur 1 kil., puis route accidentée, mais plutôt en descente, jusqu'à Vinon. Au pont de Vinon tourner à gauche, *(à droite Manosque à 14 kil. 300)*, après le pont, à gauche, nouvelle route de Gréoulx, puis petite montée assez dure dans le village, dont la traversée est mauvaise.

VINON *(voir page 157)*.

En sortant du village suivre tout droit *(à droite Saint-Paul à 10 k. 100)*, montée assez douce sur 5 kil. 500 jusqu'à la cote 359. De ce point, descente douce jusqu'à la bifur. située à 400 m. avant Ginasservis, où l'on prend à droite *(à gauche Saint-Julien à 6 kil. 400 et la Verdière à 9 kil.)*

GINASSERVIS.

Commune. Alt. 430 m. Hab. 660. Auberge. Foires : 14 septembre, 12 décembre.

En sortant de Ginasservis, descente très rapide sur 1.500 m. avec deux tournants dangereux, de la cote 420 jusqu'à la cote 337 ; à la bifur. de Rians, suivre tout droit *(à droite Rians à 10 kil. 500)*. Route en descente légère jusqu'à la cote 331 au croisement de la route de Rians à la Verdière ; *(à droite Rians à 9 kil. 300 ; à gauche la Verdière à 8 k. 700)* Prendre à gauche, et 200 m. plus loin, tourner à droite. Montée assez forte sur 3 kil. 500 environ, dans les bois de Montmajor ; nombreux lacets. Route très pittoresque, puis descente rapide sur 2 kil., jusqu'à la station d'Esparron. Très belle vue sur Esparron et Saint-Martin. De ce point au village, montée assez forte. En arrivant aux premières maisons, prendre la deuxième route à droite en montant *(première route, à droite, Rians à 8 kil. ; à gauche la Verdière à 10 kil. 600 et Varages à 10 kil. 400)*. Forte montée pour traverser Esparron.

ESPARRON.

Commune. Alt. 435 m. Hab. 367. Station du Central Var. Ligne de Meyrargues (*27 kil.*) à Draguignan (*71 kil.*). Foire : 15 Août. (*Voir page 161*).

Traverser le village et prendre la route de Saint-Maximin.

Descente assez rapide sur 1 kil. jusqu'à la cote 351, puis montée forte sur un deuxième kil. pour atteindre la cote 478 où l'on tourne à droite *(à gauche chemin de Saint-Martin à 4 kil. 500)*. On passe devant l'Oratoire de Saint-Louis-le-Vieux. De ce point la route est en montée douce sur 7 kil. jusqu'à la cote 498 ; puis en descente assez rapide jusqu'à la Verrière, hameau en face du village de Seillons ; le reste est en descente douce jusqu'à Saint-Maximin.

RIANS – VALLÉE DE L'ARGENS – SAINT-MAXIMIN

	Altitudes	Kilomètres	Totaux
Saint-Maximin	311	»	»
Ollières	380	4 600	4 600
Rians	350	18 200	22 800
Esparron	430	8	30 800
Varages	350	10 400	41 200
Tavernes	374	5 500	46 700
Barjols	296	5	51 700
Cotignac	245	15 500	67 200
Montfort	155	7 800	75
Le Val	214	6 800	81 800
Bras	315	11 200	93
Saint-Maximin	311	8 400	101 400

SAINT-MAXIMIN. (*Voir page 101*).

Sortir de Saint-Maximin par la route de Trets et prendre de suite à droite. Route en plaine sur 2 kil. 500, puis en montée douce, dans une belle forêt de chênes, jusqu'à Ollières.

OLLIÈRES.

Commune. Alt. 380 m. Hab. 219. Foire : 26 Juillet.
Restes d'habitat préhistorique sur la colline, au nord. Ce village est entouré de forêts, et offre un coup d'œil assez gracieux.

En sortant d'Ollières, on laisse à gauche 2 chemins vicinaux. La route est en montée douce sur 3 kil., puis en montée assez forte, dans un très beau vallon bien boisé, sur 5 kil. environ, jusqu'à la cote 516. Nombreux tournants brusques. De ce point, route droite et toute en descente jusqu'au château **La Tardive**, à la cote 480. On continue à descendre doucement jusqu'à la bifur. de **Daumas**, à la cote 459 *(à gauche Puits-de-Rians à 4 k. 400 ; Pourrières à 11 k. 100 ; Vauvenargues à 16 kil. 100)*. Prendre à droite, tournant brusque. Le reste de la route est en descente rapide jusqu'à Rians.

RIANS. *(Voir page 130).*

Dans la ville, tourner à droite *(à gauche Jouques à 11 kil. 500 ; Saint-Paul à 12 kil. 600 et Ginasservis à 12 kil.)*. De Rians à Esparron, route légèrement accidentée, passant par les cotes 346, 357, 351, 360 et 425, au-dessous d'Esparron.

ESPARRON. *(Voir page 161).*

En arrivant aux premières maisons du village, suivre tout droit *(à gauche Ginasservis à 11 kil. 500 ; la Verdière à 10 kil. 500)*. Route en descente légère sur 3 kil. On passe en dessous du ravissant village de Saint-Martin, situé à 1.400 m. au sud de la route.

SAINT-MARTIN.

Commune. Alt. 450 m. Habit. 230. Foire : 22 Décembre. Habitat préhistorique sur le sommet de la colline. Ancienne station romaine. Le village est bâti sur le versant Nord d'une colline boisée. Eglise de 1600 sur les ruines de l'ancien village, détruit par les Sarrasins. Magnifique château, admirablement conservé. Superbe parc, garni d'arbres séculaires. Vue splendide sur la Sainte-Baume, les Alpes, le Lubéron et le Ventoux.

De la bifur. de Saint-Martin à Varages, route un peu accidentée, mais dont l'ensemble est en descente douce.

A 400 m. avant Varages, tourner à gauche *(à droite Brue à 10 kil. 100)* ; petite montée courte mais forte jusqu'au village. *(100 m avant les premières maisons, à gauche la Verdière à 5 kil. 600)*.

VARAGES *(voir page 247)*.

Traverser le village ; la route est en descente douce sur
2 kil. jusqu'à la cote 390, puis en montée légère jusqu'un
peu avant Tavernes. En arrivant à ce village, tourner à
droite *(en face, Montméyan à 10 k. et Fox-Amphoux à 7 k.)*.

TAVERNES *(voir page 213)*.

Descente légère sur 1.500 m. jusqu'à la cote 332, puis
montée un peu forte jusqu'au passage à niveau du chemin
de fer, près de la station de Barjols. De ce point, descente
un peu rapide sur 500 m. jusqu'à la bifur. : *(pour aller à
Barjols, prendre à droite, descente très rapide sur 700 m.
avec tournants brusques. Barjols voir page 212)*.
Tourner à gauche ; montée un peu forte et tournant brusque, qui se termine par une petite descente et un passage
à niveau que l'on traverse.
De ce point, la route, à peu près plate, suit la voie ferrée.
Au 3ᵐᵉ kil., à la cote 346, passage à niveau et 200 m. plus
loin, on laisse à gauche la route du Logis de Fox-Amphoux
(à 6 kil.). On continue à longer la voie ferrée presque toujours en plaine jusqu'à la bifur. de Roguette, *(all. 422)* où
l'on tourne à droite ; *(à gauche Fox-Amphoux à 4 kil. 800 ;
en face Sillans à 6 kil. 800)*. De ce point, sur 1 kil., petite
descente et légère montée jusqu'à la cote 433, puis descente
rapide avec tournant brusque jusque dans le ravin de Cotignac, où l'on tourne à droite, *(à gauche Sillans à 5 kil. 500)*
pour arriver à Cotignac par une descente très rapide avec
tournants brusques et dangereux.

COTIGNAC *(voir page 221)*.

En arrivant à Cotignac, on laisse à gauche la route
d'Entrecastaux à 8 kil. Traverser le cours et suivre la rive
droite de la vallée. Très belle vue sur l'ensemble de la ville.
Descente assez rapide sur 1.500 m., puis montée un peu
forte jusqu'à la bifur. à 2 kil. 400 *(à gauche Carcès à 5 k. 400)*
prendre à droite. De ce point, route en descente assez douce
passant par les cotes 191 et 171 jusqu'à la bifur. de Carcès à
Montfort, où l'on tourne à droite *(à gauche Carcès à 5 kil.)*.
On arrive à Montfort par une légère descente.

MONTFORT *(voir page 220)*.

En sortant de Montfort, descente légère jusqu'au pont de

la rivière l'Argens, à la cote 147 *(à droite Correns à 4 kil.; à gauche Carcès à 7 kil. 200)*. Suivre tout droit; route en montée douce et légèrement accidentée jusqu'à la bifur. du Grand-Baou à la cote 212, où l'on tourne à droite *(à gauche Carcès à 8 kil. 900)*. Montée assez forte sur 1 kil., jusqu'à la cote 237, puis descente douce, et plat sur 1.500 m. jusqu'au Val.

LE VAL *(Voir page 212)*.

Sur la place, tourner à gauche *(à droite Châteauvert à 9 kil. 700)* et 100 m. plus loin, prendre à droite. Route en montée douce et presque droite sur 7 kil. 500 jusqu'à la cote 362, dans une vallée très boisée et très pittoresque. De la cote 362, descente très forte et mauvaise sur 1 kil. jusqu'à la bifur. du chemin de Brignoles *(alt. 317 m.; à gauche Brignoles à 11 kil. 600)*. De ce point, descente rapide et assez mauvaise sur 1 kil. jusqu'à la cote 290. Tournant brusque à droite, puis montée douce jusqu'à Bras. Aux premières maisons du village, on laisse à droite la route de Barjols à 15 kil.

De Bras à Saint-Maximin, voir page 245.

NOTES :

....

....

....

....

....

RADIUMTHÉRAPIE

*INSTRUMENTATION, TECHNIQUE,
TRAITEMENT DES CANCERS,
CHÉLOÏDES, NÆVI, LUPUS,
PRURITS, NÉVRODERMITES, ECZÉMAS;
APPLICATIONS GYNÉCOLOGIQUES.*

PAR

Le Dʳ Louis **WICKHAM**   ET   Le Dʳ **DEGRAIS**

MÉDECIN DE SAINT-LAZARE
ANCIEN CHEF DE CLINIQUE
DERMATOLOGIQUE DE LA FACULTÉ DE PARIS
LAURÉAT DE L'ACADÉMIE

CHEF DE LABORATOIRE
A L'HOPITAL SAINT-LOUIS
LAURÉAT DE L'ACADÉMIE
DE MÉDECINE

Préface de M. le Professeur FOURNIER
MEMBRE DE L'ACADÉMIE DE MÉDECINE

Avec 20 planches coloriées et 72 figures.

PARIS
LIBRAIRIE J.-B. BAILLIÈRE ET FILS
19, RUE HAUTEFEUILLE, 19
—
1909